여러분의 합격을 응원하는 해커스공무원의 특별 혜택

KB136543

FREE 공무원 영어
특강

해커스공무원(gosi.Hackers.com) 접속 후 로그인 ▶
상단의 [무료강좌] 클릭 ▶ 좌측의 [교재 무료특강] 클릭

 필수 단어암기장
[PDF]

해커스공무원(gosi.Hackers.com) 접속 후 로그인 ▶
상단의 [교재·서점 → 무료 학습 자료] 클릭 ▶
본 교재의 [자료받기] 클릭

 합격예측 **모의고사 응시권 +**
해설강의 수강권

5B28726A5BAA28QT

해커스공무원(gosi.Hackers.com) 접속 후 로그인 ▶
상단의 [나의 강의실] 클릭 ▶ 좌측의 [쿠폰등록] 클릭 ▶
위 쿠폰번호 입력 후 이용

* ID당 1회에 한해 등록 가능

 공무원
보카 어플

GOSIVOCA241REAL

구글 플레이스토어/애플 앱스토어에서
'해커스공무원 기출 보카 4800' 검색 ▶ 어플 설치 후 실행 ▶
'인증코드 입력하기' 클릭 ▶ 위 인증코드 입력

* 쿠폰 등록 후 30일간 사용 가능
* 해당 자료는 [해커스공무원 기출 보카 4800] 교재 내용으로 제공되는 자료로,
공무원 시험 대비에 도움이 되는 유용한 자료입니다.

 해커스공무원 온라인 단과강의
20% 할인쿠폰

B4BE69C3E96CBF7D

해커스공무원(gosi.Hackers.com) 접속 후 로그인 ▶
상단의 [나의 강의실] 클릭 ▶ 좌측의 [쿠폰등록] 클릭 ▶
위 쿠폰번호 입력 후 이용

* 쿠폰 등록 후 7일간 사용 가능(ID당 1회에 한해 등록 가능)

 해커스 회독증강 콘텐츠
5만원 할인쿠폰

39FEB2CF8D3F62QV

해커스공무원(gosi.Hackers.com) 접속 후 로그인 ▶
상단의 [나의 강의실] 클릭 ▶ 좌측의 [쿠폰등록] 클릭 ▶
위 쿠폰번호 입력 후 이용

* 쿠폰 등록 후 7일간 사용 가능(ID당 1회에 한해 등록 가능)
* 특별 할인상품 적용 불가
* 월간 학습지 회독증강 행정학/행정법총론 개별상품은 할인쿠폰 할인대상에서 제외

무료 모바일 자동 채점 + 성적 분석 서비스

교재 내 수록되어 있는 문제의 채점 및 성적 분석 서비스를 제공합니다.

* 세부적인 내용은 해커스공무원(gosi.Hackers.com)에서 확인 가능합니다.

바로 이용하기 ▶

쿠폰 이용 관련 문의 1588-4055

단기 합격을 위한
해커스 커리큘럼

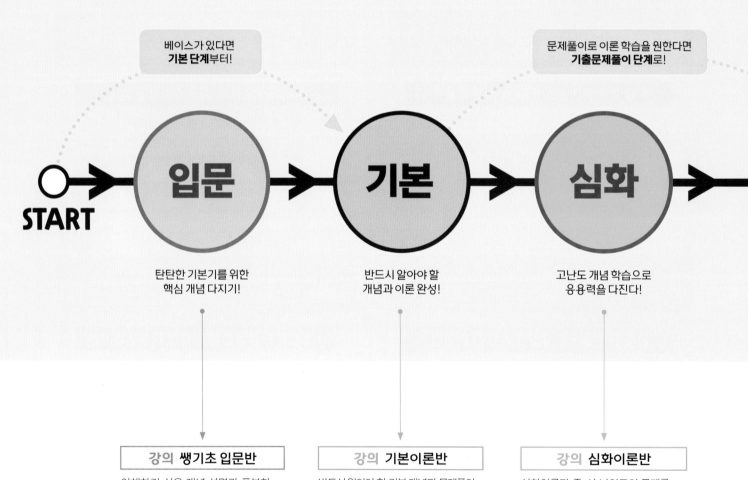

베이스가 있다면 **기본 단계**부터!

문제풀이로 이론 학습을 원한다면 **기출문제풀이** 단계로!

START

입문

기본

심화

탄탄한 기본기를 위한
핵심 개념 다지기!

반드시 알아야 할
개념과 이론 완성!

고난도 개념 학습으로
응용력을 다진다!

강의 쌩기초 입문반

이해하기 쉬운 개념 설명과 풍부한
연습문제 풀이로 부담 없이 기초를
다질 수 있는 강의

강의 기본이론반

반드시 알아야 할 기본 개념과 문제풀이
전략을 학습하여 핵심 개념 정리를
완성하는 강의

강의 심화이론반

심화이론과 중·상 난이도의 문제를
함께 학습하여 고득점을 위한 발판을
마련하는 강의

* 커리큘럼은 과목별·선생님별로 상이할 수 있으며, 자세한 내용은 해커스공무원 사이트에서 확인하세요.

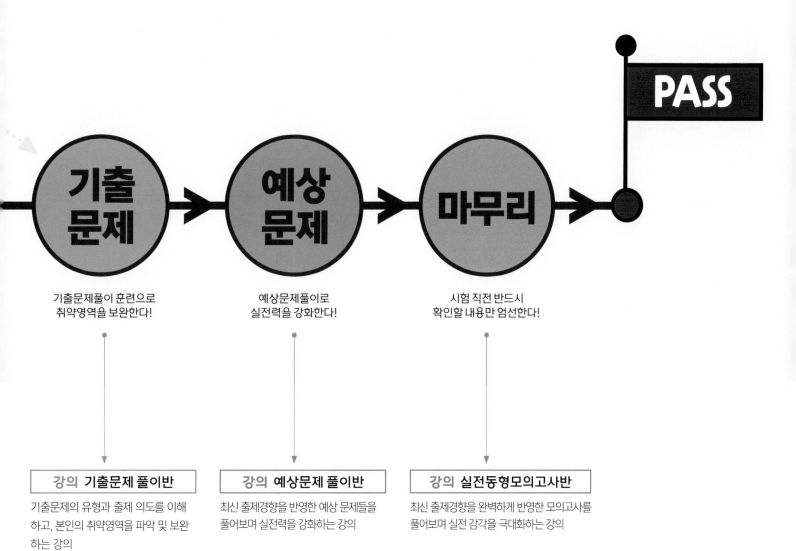

PASS

기출
문제 → 예상
문제 → 마무리 →

기출문제풀이 훈련으로
취약영역을 보완한다!

예상문제풀이로
실전력을 강화한다!

시험 직전 반드시
확인할 내용만 엄선한다!

강의 기출문제 풀이반

기출문제의 유형과 출제 의도를 이해
하고, 본인의 취약영역을 파악 및 보완
하는 강의

강의 예상문제 풀이반

최신 출제경향을 반영한 예상 문제들을
풀어보며 실전력을 강화하는 강의

강의 실전동형모의고사반

최신 출제경향을 완벽하게 반영한 모의고사를
풀어보며 실전 감각을 극대화하는 강의

강의 봉투모의고사반

시험 직전에 실제 시험과 동일한 형태의
모의고사를 풀어보며 실전력을 완성하는 강의

나의 목표 달성기

나의 목표 점수

_____ 점

나의 학습 플랜

☐ 막판 2주 학습 플랜
☐ 막판 1주 학습 플랜

* 일 단위의 상세 학습 플랜은
p.12에 있습니다.

각 모의고사를 마친 후 해당 모의고사의 점수를 아래 그래프에 ●로 표시하여 본인의 점수 변화를 직접 확인해 보세요.

	1회	2회	3회	4회	5회	6회	7회	8회	9회	10회	11회	12회
100점												
90점												
80점												
70점												
60점												
50점												
40점												
30점												
20점												
10점												
0점												

해커스공무원

실전동형
모의고사
영어 **1**

해커스공무원

"공무원 시험 책을
처음 펼쳤던 날을 기억하시나요?"

공무원 시험 준비를 하면서
때로는 커다란 벽에 부딪혀 앞이 캄캄해졌던 때도 있었을 겁니다.
또 때로는 그 벽 앞에 주저앉아 포기하고 싶었던 때도 있었을 겁니다.

하지만, 기억하시나요?
새로운 도전에 대한 떨림과 각오로 책을 처음 펼쳤던 날.

이제 그 도전의 결실을 맺을 순간을 앞두고 있습니다.
합격의 길, 마지막까지 해커스가 함께하겠습니다.

최신 출제 경향을 완벽 반영하여 적중률을 높인 12회분의 모의고사와
중요한 문법 포인트를 한눈에 보는 〈문법 필살기 노트〉,
그리고 효과적인 어휘와 표현 암기를 위한 〈필수 단어암기장〉까지

『해커스공무원 실전동형모의고사 영어 1』로 함께하세요.

공무원 시험,
합격자는 바로 당신입니다!

: 목차

실전 문제로 시험 완벽 대비! 문제집

약점 보완 해설로 실력 마무리! **해설집**

 채점용 정답지·OMR 답안지 [부록]

 정답·해석·해설 [책 속의 책]

 문법 필살기 노트 [별책부록]

 필수 단어암기장

해커스공무원(gosi.Hackers.com) 접속 후 로그인 ▶
상단의 [교재·서점 → 무료학습자료] 클릭 ▶
본 교재 우측의 [자료받기] 클릭하여 이용

합격으로 이끄는 이 책의 특징과 구성

실전 감각을 극대화하는 모의고사 수록!

1. 실전동형모의고사 12회분

① 실전동형모의고사 12회분

실제 공무원 영어 시험과 동일한 영역별 문항 수 및 문제 유형으로 구성된 실전동형모의고사 12회분을 제공하여 실전 감각을 극대화하고 실전 대비를 더욱 철저히 할 수 있도록 하였습니다.

② 제한 시간 제시

모의고사 1회분을 푸는 제한 시간(20분)을 제시하고, 시작 시각과 종료 시각을 기입하도록 하여 효율적인 시간 안배 연습을 할 수 있도록 하였습니다.

③ 문제집 내 QR코드를 통한 모바일 자동 채점 및 성적 분석 서비스 이용

매 회차를 끝낸 직후 해당 실전동형모의고사의 정답을 모바일 페이지에서 입력하고 채점 결과 및 성적 분석 서비스를 이용할 수 있도록 각 회차마다 QR코드를 삽입하였습니다.

2. 실전동형모의고사 채점용 정답지 · OMR 답안지

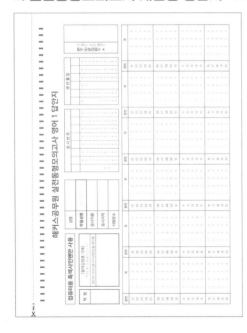

① 실전동형모의고사 채점용 정답지

모든 회차의 정답을 한눈에 확인할 수 있도록 채점용 정답지를 제공하여 빠른 채점이 가능합니다.

② OMR 답안지

모의고사를 풀어본 후 실제 시험처럼 답안지를 작성하는 훈련을 할 수 있도록 실전동형모의고사의 OMR 답안지를 제공하여 실전 감각을 높일 수 있도록 하였습니다.

목표 점수 달성을 위한 체계적인 학습 구성!

1. 나의 목표 달성기

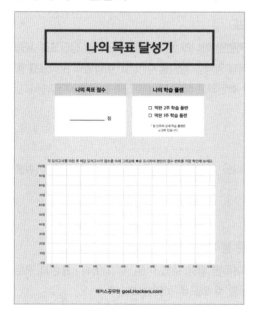

① 목표 점수 기입란

목표 점수를 기입하도록 하여 목표 의식을 가지고 본 교재를 학습할 수 있도록 하였습니다.

② 점수 변화 그래프

각 모의고사에 대한 자신의 점수를 기입할 수 있는 점수 변화 그래프를 제공하여 목표 점수를 달성하기까지 자신의 실력 변화를 스스로 확인할 수 있도록 하였습니다.

2. 막판 학습 플랜

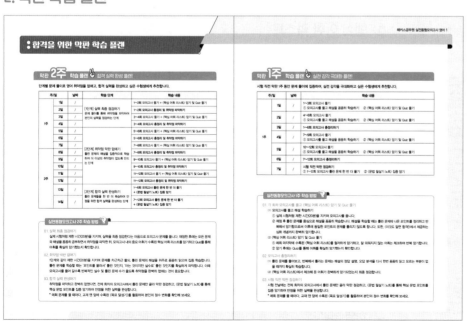

12회분의 모의고사 풀이와 총정리를 2주에 걸쳐 진행할 수 있도록 구성한 2주 학습 플랜과 단기간에 빠르게 모의고사를 풀고자 하는 학습자를 위한 1주 학습 플랜을 제공하였습니다.

합격으로 이끄는 이 책의 특징과 구성

한 문제를 풀어도 확실하게 푼다, 상세한 해설과 어휘 정리!

1. 약점 보완 해설집

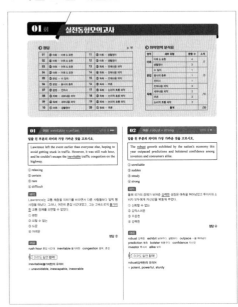

① 정답표 & 취약영역 분석표

모든 문제에 대해 정답과 영역뿐만 아니라 세부 유형이 표시된 정답표를 제공하여 자신이 맞거나 틀린 문제의 영역을 확인할 수 있고, 취약영역 분석표를 통해 자신의 취약영역을 스스로 확인하고 해당 영역을 집중 보완할 수 있습니다.

② 해석 · 해설 · 어휘

모든 문제에 대한 정확한 해석을 제공하며 상세한 해설과 필수 학습 어휘를 제공하였습니다.

③ 이것도 알면 합격! & 구문 분석

해당 문제와 관련해서 더 알아두면 좋을 문법 이론, 추가 어휘 · 표현과 구문 분석을 제공하여 심화학습을 할 수 있도록 하였습니다.

2. 핵심 어휘 리스트

① 핵심 어휘 리스트

매회 모의고사에 나온 어휘와 표현을 따로 정리해두어 모의고사를 풀어본 후에 중요한 어휘와 표현을 다시 한번 복습하며 암기할 수 있도록 하였습니다.

② Quiz

간단한 퀴즈를 통해 핵심 어휘 리스트의 어휘와 표현을 확실히 암기했는지 확인할 수 있도록 하였습니다.

③ 온라인 〈필수 단어암기장〉 제공

해커스공무원(gosi.Hackers.com)에서 교재에 수록된 어휘 중 반드시 알아두어야 할 어휘와 표현을 따로 모은 〈필수 단어암기장〉을 제공합니다. 이를 통해 반드시 알아두어야 할 어휘와 표현을 편리하게 복습 및 암기할 수 있도록 하였습니다.

시험 직전까지 완벽하게, 최종 점검 필수 합격 자료!

1. 문법 필살기 노트

각 문법 포인트와 관련된 O/X 문제와 반드시 외워두어야 할 핵심 암기 리스트를 제공하여 시험 당일 또는 시험 직전 마무리 학습을 할 수 있도록 하였습니다.

2. 해커스공무원 합격예측 모의고사 무료 응시권

시험 전 자신의 실력을 최종적으로 점검해볼 수 있도록 [해커스공무원 합격예측 모의고사 무료 응시권]을 제공합니다. 또한 응시 당일에는 철저한 성적 분석이 반영된 성적표와 해커스 스타 선생님의 해설 강의까지 확인할 수 있습니다.

:공무원 영어 최신 출제경향 및 합격 학습 전략

■ 문법

문법 영역에서는 **동사구, 준동사구, 접속사와 절**을 묻는 문제가 자주 출제되며, 세부 빈출 포인트로는 **분사, 수 일치, 관계절, to 부정사**가 있습니다. 최근에는 한 문장 안에서 여러 문법 요소를 묻거나 한 문제의 모든 보기가 하나의 문법 포인트로 구성되는 등, 다양한 형태의 문법 문제가 등장하고 있습니다.

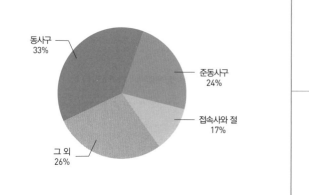

■ 독해

독해 영역에서는 **빈칸 완성(단어·구·절), 주제·제목·요지 파악, 내용 일치·불일치 파악** 유형의 출제 비중이 순서대로 높은 편이며, 특히 최근에는 **문장 삽입**을 비롯한 논리적 흐름 파악 유형의 출제 빈도가 증가하고 있습니다.

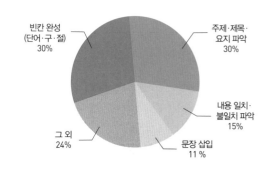

■ 어휘

어휘 영역에서는 유의어 찾기와 빈칸 완성 문제가 대부분 출제되지만, 이 가운데에서는 유의어 찾기 유형의 비중이 가장 높습니다. 이때 지문과 보기에 사용되는 어휘 및 표현의 난이도는 수능 영어 수준에서부터 고난도 수준까지, 매우 다양합니다.

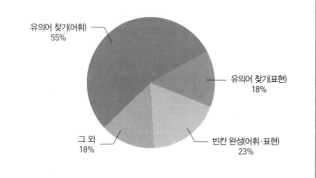

합격 학습 전략

길고 복잡한 문장에서 문법 포인트를 정확하게 파악해야 합니다.

기본 개념을 탄탄히 한 후 세부적인 문법 요소까지 학습하여 실력을 쌓는 것이 중요합니다. 문법 문제는 이론을 알고 있더라도 실전에서 혼동하기 쉬우므로 빈출 포인트 관련 문제를 많이 풀고, 지엽적인 포인트까지 익혀 둡니다. 문장의 기본 원리와 주요 문법 개념을 체계적으로 정리한 다음, 부족한 부분을 집중적으로 보완해 나가며 학습하는 것이 좋습니다.

합격 학습 전략

구문을 정확하게 해석하고 지문의 내용을 빠르게 파악해야 합니다.

시험에 자주 나오는 구문을 해석하는 법을 익히고, 문제를 풀 때 이를 응용해 보는 연습을 하는 것이 중요합니다. 독해 영역은 공무원 영어 시험에서 출제 비중이 가장 높아 문제풀이 시간이 충분하지 않으므로, 문제마다 시간 제한을 두어 빠르고 정확하게 답을 찾는 훈련을 반복합니다.

합격 학습 전략

어휘, 표현, 생활영어까지 모든 유형을 대비하기 위해 폭넓게 학습해야 합니다.

유의어와 파생어까지 폭넓게 학습해 어휘의 양을 늘리는 것이 중요하며, 다양한 전치사를 포함한 표현 또한 함께 외워 둡니다. 특히 예문을 통해 문맥 속 어휘의 뜻을 유추하는 연습을 하는 것도 도움될 수 있습니다. 생활영어 문제에 대비하기 위해서는 상황별·주제별 관용 표현이나 속담을 암기하는 것이 좋습니다.

합격을 위한 막판 학습 플랜

막판 2주 학습 플랜 ✌ 합격 실력 완성 플랜!

단계별 문제 풀이로 영어 취약점을 없애고, 합격 실력을 완성하고 싶은 수험생에게 추천합니다.

주/일		날짜	학습 단계	학습 내용
1주	1일	/	[1단계] 실력 최종 점검하기 문제 풀이를 통해 취약점을 파악하여 본인의 실력을 점검하는 단계	1~2회 모의고사 풀기 + 〈핵심 어휘 리스트〉 암기 및 Quiz 풀기
	2일	/		1~2회 모의고사 총정리 및 취약점 파악하기
	3일	/		3~4회 모의고사 풀기 + 〈핵심 어휘 리스트〉 암기 및 Quiz 풀기
	4일	/		3~4회 모의고사 총정리 및 취약점 파악하기
	5일	/	[2단계] 취약점 막판 없애기 틀린 문제의 해설을 집중적으로 학습하여 더 이상의 취약점이 없도록 만드는 단계	5~6회 모의고사 풀기 + 〈핵심 어휘 리스트〉 암기 및 Quiz 풀기
	6일	/		5~6회 모의고사 총정리 및 취약점 파악하기
	7일	/		7~8회 모의고사 풀기 + 〈핵심 어휘 리스트〉 암기 및 Quiz 풀기
2주	8일	/		7~8회 모의고사 총정리 및 취약점 파악하기
	9일	/		9~10회 모의고사 풀기 + 〈핵심 어휘 리스트〉 암기 및 Quiz 풀기
	10일	/		9~10회 모의고사 총정리 및 취약점 파악하기
	11일	/		11~12회 모의고사 풀기 + 〈핵심 어휘 리스트〉 암기 및 Quiz 풀기
	12일	/		11~12회 모의고사 총정리 및 취약점 파악하기
	13일	/	[3단계] 합격 실력 완성하기 틀린 문제들을 한 번 더 복습하여 만점을 위한 합격 실력을 완성하는 단계	1~6회 모의고사 틀린 문제 한 번 더 풀기 + 〈문법 필살기 노트〉 집중 암기
	14일	/		7~12회 모의고사 틀린 문제 한 번 더 풀기 + 〈문법 필살기 노트〉 집중 암기

실전동형모의고사 2주 학습 방법 💡

01. 실력 최종 점검하기

실제 시험처럼 제한 시간(20분)을 지키며, 실력을 최종 점검한다는 마음으로 모의고사 문제를 풉니다. 채점한 후에는 모든 문제와 해설을 꼼꼼히 공부하면서 취약점을 파악한 뒤, 모의고사 내의 중요 어휘가 수록된 핵심 어휘 리스트를 암기하고 Quiz를 통해 어휘를 확실히 암기했는지 확인합니다.

02. 취약점 막판 없애기

1단계와 같이 제한 시간(20분)을 지키며 문제를 차근차근 풀되, 틀린 문제의 해설을 위주로 꼼꼼히 읽으며 집중 학습합니다. 틀린 문제를 학습할 때는 '포인트를 몰라서' 틀린 것인지, '아는 것이지만 실수로' 틀린 것인지를 확실하게 파악합니다. 이때 모의고사를 풀어 갈수록 반복적인 실수 및 틀린 문제 수가 줄도록 취약점을 완벽히 없애는 것이 중요합니다.

03. 합격 실력 완성하기

취약점을 파악하고 완벽히 없앴다면, 전체 회차의 모의고사에서 틀린 문제만 골라 막판 점검하고, 〈문법 필살기 노트〉를 통해 핵심 문법 포인트를 집중 암기하여 만점을 위한 실력을 완성합니다.

* 매회 문제를 풀 때마다, 교재 맨 앞에 수록된 〈목표 달성기〉를 활용하여 본인의 점수 변화를 확인해 보세요.

막판 1주 학습 플랜 실전 감각 극대화 플랜!

시험 직전 막판 1주 동안 문제 풀이에 집중하여, 실전 감각을 극대화하고 싶은 수험생에게 추천합니다.

주/일		날짜	학습 내용
1주	1일	/	1~3회 모의고사 풀기 ① 모의고사를 풀고 해설을 꼼꼼히 학습하기　② 〈핵심 어휘 리스트〉 암기 및 Quiz 풀기
	2일	/	4~6회 모의고사 풀기 ① 모의고사를 풀고 해설을 꼼꼼히 학습하기　② 〈핵심 어휘 리스트〉 암기 및 Quiz 풀기
	3일	/	1~6회 모의고사 총정리하기
	4일	/	7~9회 모의고사 풀기 ① 모의고사를 풀고 해설을 꼼꼼히 학습하기　② 〈핵심 어휘 리스트〉 암기 및 Quiz 풀기
	5일	/	10~12회 모의고사 풀기 ① 모의고사를 풀고 해설을 꼼꼼히 학습하기　② 〈핵심 어휘 리스트〉 암기 및 Quiz 풀기
	6일	/	7~12회 모의고사 총정리하기
	7일	/	시험 직전 막판 점검하기 ① 1~12회 모의고사 틀린 문제 한 번 더 풀기　② 〈문법 필살기 노트〉 집중 암기

실전동형모의고사 1주 학습 방법

01. 각 회차 모의고사를 풀고 〈핵심 어휘 리스트〉 암기 및 Quiz 풀기
  (1) 모의고사를 풀고 해설 학습하기
      ① 실제 시험처럼 제한 시간(20분)을 지키며 모의고사를 풉니다.
      ② 채점 후 틀린 문제를 중심으로 해설을 꼼꼼히 학습합니다. 해설을 학습할 때는 틀린 문제에 나온 포인트를 정리하고 반
        복해서 암기함으로써 이후에 동일한 포인트의 문제를 틀리지 않도록 합니다. 또한, 〈이것도 알면 합격!〉에서 제공하는
        심화 개념까지 완벽히 암기합니다.
  (2) 〈핵심 어휘 리스트〉 암기 및 Quiz 풀기
      ① 매회 마지막에 수록된 〈핵심 어휘 리스트〉를 철저하게 암기하고, 잘 외워지지 않는 어휘는 체크하여 반복 암기합니다.
      ② 암기 후에는 Quiz를 통해 어휘를 확실히 암기했는지 확인합니다.

02. 모의고사 총정리하기
  (1) 틀린 문제를 풀어보고, 반복해서 틀리는 문제는 해설의 정답 설명, 오답 분석을 다시 한번 꼼꼼히 읽고 모르는 부분이 없
      을 때까지 확실히 학습합니다.
  (2) 〈핵심 어휘 리스트〉에서 체크해 둔 어휘가 완벽하게 암기되었는지 최종 점검합니다.

03. 시험 직전 막판 점검하기
    시험 전날에는 전체 회차의 모의고사에서 틀린 문제만 골라 막판 점검하고, 〈문법 필살기 노트〉를 통해 핵심 문법 포인트를
    집중 암기하여 만점을 위한 실력을 완성합니다.
  * 매회 문제를 풀 때마다, 교재 맨 앞에 수록된 〈목표 달성기〉를 활용하여 본인의 점수 변화를 확인해 보세요.

공무원 영어 직렬별 시험 출제 영역

■ 문법　■ 독해　□ 어휘

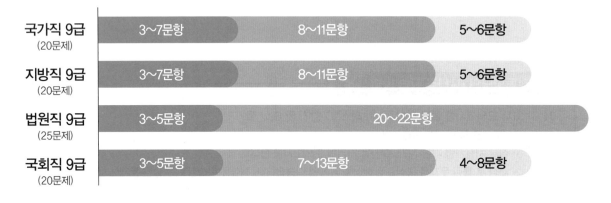

	문법	독해	어휘
국가직 9급 (20문제)	3~7문항	8~11문항	5~6문항
지방직 9급 (20문제)	3~7문항	8~11문항	5~6문항
법원직 9급 (25문제)	3~5문항	20~22문항	
국회직 9급 (20문제)	3~5문항	7~13문항	4~8문항

공무원 영어 시험은 직렬에 따라 20문항 또는 25문항으로 구성되며, 크게 문법/독해/어휘 3개의 영역으로 나눌 수 있습니다.

국가직 · 지방직 · 국회직 9급 영어 시험은 총 20문항이며, 독해 영역이 약 50%를 차지하고 나머지 50%는 문법과 어휘 영역으로 구성됩니다. 이때 어휘 영역의 경우 세부적으로 어휘 및 표현, 생활영어로 구분됩니다. 한편, 법원직 9급 영어 시험은 총 25문항이며, 독해 영역이 약 80%를 차지하고 나머지 20%는 문법 영역으로 구성됩니다.

공무원 영어 시험의 영역별 출제 문항 수는 변동이 적은 편이므로, 영역별 문항 수에 따라 풀이 시간을 적정하게 배분하는 연습을 할 수 있습니다.

실전동형 모의고사

잠깐! 실전동형모의고사 전 확인 사항

실전동형모의고사도 실전처럼 문제를 푸는 연습이 필요합니다.

✔ 휴대전화는 전원을 꺼주세요.

✔ 연필과 지우개를 준비하세요.

✔ 제한 시간 20분 내 최대한 많은 문제를 정확하게 풀어보세요.

매회 실전동형모의고사 전, 위 상황을 점검하고 시험에 임하세요.

01 회

실전동형모의고사

제한 시간 : 20분 시작 시 분 ~ 종료 시 분 점수 확인 개/ 20개

※ 밑줄 친 부분의 의미와 가장 가까운 것을 고르시오. [01~04]

01

Lawrence left the event earlier than everyone else, hoping to avoid getting stuck in traffic. However, it was still rush hour, and he couldn't escape the inevitable traffic congestion on the highway.

① relaxing

② certain

③ rare

④ difficult

02

The robust growth exhibited by the nation's economy this year outpaced predictions and bolstered confidence among investors and consumers alike.

① unreliable

② sudden

③ steady

④ strong

03

Several employees from the IT department came forward when management asked for volunteers to set up the new client portal.

① protest

② facilitate

③ establish

④ investigate

04

When creating a political strategy, it's important to allow for the varying viewpoints and issues of citizens in different regions of the country.

① assume

② determine

③ consider

④ encourage

05 밑줄 친 부분 중 어법상 옳지 않은 것은?

While the use of virtual reality in medicine has made ① it easier to manage various psychological disorders and improve training for doctors, experts in the field believe ② that the full potential of this technology, which holds promise for areas like preventive healthcare, rehabilitation, and surgery, ③ have yet to be fully realized. Regardless, it has already ④ dramatically changed how medical professionals approach and understand treatments.

06 어법상 옳지 않은 것은?

① We had the car's old engine replace with a brand-new one.

② Never in my life had I seen such a breathtaking sunset.

③ All new employees are required to be trained on the company's data security policies.

④ My friend insisted that we go to the new Mexican restaurant in town.

08 다음 글의 내용과 일치하지 않는 것은?

Selenium is a vital mineral. Although the body only requires small amounts of it, it is very important. Are you aware of its benefits? It protects the body against cell damage and is fundamental for thyroid function. Most people get selenium from foods such as fish, meat, poultry, beans, and Brazil nuts. However, there's a catch. Some regions have soils that are naturally low in selenium. If the soil lacks it, then what does that mean? It means that crops and livestock do, too. This can result in a selenium deficiency in humans. If you are deficient in selenium, you might feel weak and tired all the time. There's also a good chance you'll have trouble concentrating. So, be sure to get enough of it in your diet, but if you can't, consider taking supplements.

① Selenium has an effect on thyroid function.

② Foods such as meat and Brazil nuts are sources of selenium.

③ Livestock and agriculture are depleting selenium in soils.

④ A selenium deficiency can affect energy levels and concentration.

07 우리말을 영어로 잘못 옮긴 것은?

① 너는 항상 요리를 하곤 했다.

→ You used to cook all the time.

② 그는 사진을 찍기 위해 그의 친구들 옆에서 포즈를 취했다.

→ He posed besides his friends for a picture.

③ 그는 3일에 한 번씩 달리기를 한다.

→ He goes for a run every three days.

④ 이 책은 그 사전의 절반만큼 크다.

→ This book is half as large as the dictionary.

09 다음 글의 내용과 일치하는 것은?

As the king of England, Charles I ruled with absolute power and made people pay high taxes. During his reign, England was in significant debt due to its participation in various wars, but Charles I had a taste for luxury, spending a great deal of money on art and other extravagances. In 1642, the English Civil War began as a result of his tensions with Parliament over financial mismanagement and other matters. After years of bloody battles, the Parliamentarians won. The king was executed in 1649, and a key Parliamentarian, Oliver Cromwell, took control of the country. He believed in a strict Puritan society and put an end to many forms of entertainment, shutting down theaters and inns and outlawing dancing, gambling, and even certain sports. Cromwell remained in power until his death in 1658.

① Charles I was an uncontroversial monarch who shared power with Parliament.

② The cost of maintaining Charles I's court was low.

③ Supporters of the British monarchy won the English Civil War.

④ Various forms of entertainment were banned under Oliver Cromwell's rule.

※ 밑줄 친 부분에 들어갈 말로 알맞은 것을 고르시오. [10~11]

10

A: I just got this new eco-friendly water bottle. It's made entirely of recycled materials and even has a built-in filter for purifying tap water.

B: _____

A: Really? Great minds think alike! I just wanted to reduce my plastic usage and thought this was a good start.

B: It definitely is. Plus, having a built-in filter can be super handy during trips.

A: I know, right? I'm planning to take it with me on my hiking trip next week.

B: That's a great idea. I hope you have a good time.

① I have the same one.

② I bet it was expensive.

③ That's easier said than done.

④ Well, the environment is important.

11

A: A stray cat has been coming to my door almost every day to beg for food. What do you think I should do?

B: Are you able to adopt it? You were talking about potentially getting another cat.

A: I can't. My current landlord will only let me have one cat.

B: _____

A: That's a good idea. It is pretty friendly, so it could just be lost.

B: You could post a picture of it on social media. Someone in your neighborhood might recognize it.

A: Yeah. Hopefully, I'll be able to help.

① You just moved, though. I thought you liked it.

② I think you should find out if it belongs to someone.

③ There are missing posters everywhere. Have you seen them?

④ It's dangerous out there. It could get hit by a car.

12 두 사람의 대화 중 자연스럽지 않은 것은?

① A: I can't believe I wasted all that money.

B: There's no use crying over spilled milk.

② A: This project is taking forever!

B: Rome wasn't built in a day.

③ A: Sarah agreed to go skating with me.

B: She's on thin ice.

④ A: Today is my first time performing on stage.

B: Break a leg.

13 다음 글의 제목으로 알맞은 것은?

Some of the most profound learning moments come not from direct instruction but from observation. As we grow up, we emulate our parents, unconsciously replicating their actions and absorbing social norms. A toddler does not need to be told that a smile means something different from a frown or that a gentle touch conveys affection. They will see it and internalize it. Similarly, in nature, a baby bird doesn't require explicit lessons to learn how to forage for food or navigate the skies. It watches and mimics its parents and understands innately how to exist in the world.

① What Are the Stages of Observational Learning?

② Direct Instruction Is Key to Learning

③ Observation Helps Us Understand the World

④ Facial Expressions: A Means of Conveying Affection

14 다음 글의 주제로 알맞은 것은?

Lots of young children are picky eaters, but a diet of crackers and chicken nuggets will not give them the nutrition they need to grow and thrive. Getting children to expand their diet is not easy, but with the right approach, it can be accomplished. One strategy is to involve children in the food preparation process. By being allowed to help in the kitchen, they'll feel a sense of ownership over the meal and be more likely to try it. Another is for parents to always model healthy eating habits themselves. If children see their parents enjoying a range of nutritious foods, they are more inclined to follow suit. Above all, to encourage a more diverse diet, parents should not turn mealtimes into a battleground. Reprimanding children for not eating their vegetables or forcing them to finish all the food on their plate can create negative associations with food and make the problem worse.

① getting children to finish all the food on their plate

② handling battles with children during mealtimes

③ preventing negative associations with food from developing

④ encouraging children to eat healthy types of food

15 다음 글의 요지로 알맞은 것은?

Young children naturally crave the attention of their caregivers and will communicate this by engaging in a variety of behaviors, some of which are not genuine expressions of need but tactics to remain in the spotlight. Many modern parents, believing that it is their duty to be as present and engaged as possible to ensure their child's future success, give in to attention-seeking behavior when they should not. They cater to their child's every whim, failing to realize that such an approach might foster a sense of entitlement and dependency. Over time, children whose parents have failed to set boundaries may come to believe that the world revolves around them and struggle to handle situations where they are not the center of attention. Therefore, while giving a child undivided attention may be well-intentioned, doing so may stifle the child's independence and resilience.

① Modern parents are more attentive than parents from previous generations.

② Not setting boundaries for attention-seeking behavior can have consequences.

③ There are strategies for improving the behavior of children.

④ Children engage in attention-seeking behavior when they are ignored.

16 밑줄 친 부분에 들어갈 말로 알맞은 것은?

Diversity in marketing has become increasingly important; as populations become more multicultural, there's a growing expectation that all segments of society feel seen and heard. As a result, most brands recognize the need to showcase people of different ethnicities, body types, genders, and levels of ability. One standout example is Nike, which not only promotes products such as the Nike Pro Hijab for Muslim female athletes and plus-size athletic wear but also advocates for societal change with campaigns like "Nike: Unlimited you" in support of athletes and individuals of all fitness levels. The video for this campaign, which is filled with people of various ages, backgrounds, and capabilities, exemplifies Nike's dedication to being _____ and to making everyone feel represented.

① original ② conservative

③ inclusive ④ consistent

17 다음 글의 흐름상 어색한 문장은?

Although meetings are a necessary part of business, statistics show they frequently consume excessive time without delivering the value to match. ① Employees spend an average of 31 hours in meetings monthly, but as much as 50 percent of this time is considered wasted. Part of the issue is that meetings are often too long. ② Studies show that the ideal length of time for a meeting is between 15 and 20 minutes, yet most last between 31 and 60. This unnecessary time is often used to discuss topics irrelevant to the meeting's objective—that is, if the meeting even has one. ③ Many employees have reported not feeling confident enough to speak up during meetings because they fear their ideas might be dismissed. A staggering 63 percent of meetings do not have a predefined agenda. ④ This approach makes it easy for discussions to veer off track and for decisions to be made hastily. Clearly, to make meetings more effective, businesses need to practice time management and have an objective in mind.

18 주어진 문장이 들어갈 위치로 알맞은 것은?

In September 2022, U.S. Senator Amy Klobuchar introduced two pieces of legislation aimed at addressing this issue.

In the past, numerous barriers obstructed the right of U.S. citizens to vote, including reduced voting hours and the deletion of names from voter rolls. (①) These obstacles disproportionately affected marginalized communities, limiting their voice in the democratic process. (②) The Same Day Voter Registration Act mandates that states offer registration at polling places on Election Day. (③) Meanwhile, the SAVE VOTERS Act prevents states from removing individuals from voting rolls without justification. (④) Both bills signify a commitment to ensuring every eligible American has an opportunity to participate in elections.

19 주어진 글 다음에 이어질 글의 순서로 알맞은 것은?

The Silk Road was more than just a network of trade routes connecting East and West.

(A) For instance, Buddhism was spread from India to China, while Chinese inventions like paper reached the West.

(B) While it's true that an abundance of goods such as silk, tea, and spices were conveyed along it, ideas and culture were perhaps its most precious cargo.

(C) Similarly, musical instruments, artistic styles, and mathematical concepts traveled from one civilization to another, enriching societies along the route.

① (A) – (B) – (C)
② (B) – (A) – (C)
③ (B) – (C) – (A)
④ (C) – (A) – (B)

20 밑줄 친 부분에 들어갈 말로 알맞은 것은?

Cognitive biases are common ways of interpreting and simplifying information in the world around us. One of the most prevalent biases is known as the availability bias, which is the tendency to overestimate the significance of available news. For example, if someone has just read a news report on a robbery, that person may overestimate its importance and believe that robberies are occurring more frequently. Availability bias might also occur in the aftermath of a highly publicized plane crash. The continuous coverage of such a disaster might cause individuals to suddenly perceive air travel as more dangerous than it actually is. As a result, they might cancel or postpone their travel plans, although the actual risk of a plane crash hasn't changed significantly. This tendency eventually develops into what's called the confirmation bias, which results in the individual seeking out and favoring information that supports the belief that robberies or plane crashes occur frequently _____ _____.

① even if the facts say otherwise

② from a media perspective

③ from times past

④ in certain locations

정답·해석·해설 p. 2

01회 핵심 어휘 리스트

☑ 잘 외워지지 않는 어휘 및 표현은 박스에 체크하여 한 번 더 확인하세요.

□ congestion	몡 정체, 혼잡	□ engage in	~에 참여하다
□ robust	혱 강력한	□ genuine	혱 진정한, 진실한
□ exhibit	동 보여주다, 설명하다	□ tactic	몡 전략, 전술
□ come forward	나서다	□ undivided	혱 전적인, 완전한
□ allow for	~을 고려하다	□ stifle	동 억누르다, 억압하다
□ deficiency	몡 결핍	□ resilience	몡 회복력
□ deplete	동 고갈시키다	□ segment	몡 부분
□ absolute	혱 절대적인	□ ethnicity	몡 인종, 민족
□ extravagance	몡 사치(품)	□ advocate	동 옹호하다, 지지하다
□ parliament	몡 의회	□ exemplify	동 보여주다
□ execute	동 처형하다	□ original	혱 독창적인
□ put an end to	~을 없애다	□ inclusive	혱 포용적인
□ monarch	몡 군주	□ excessive	혱 과도한
□ purify	동 정화하다	□ objective	몡 목표
□ profound	혱 뜻깊은, 심오한	□ speak up	목소리를 내다
□ observation	몡 관찰	□ staggering	혱 무려, 충격적인
□ affection	몡 애정	□ senator	몡 상원 의원
□ internalize	동 내면화하다	□ address	동 해결하다
□ innately	閉 선천적으로	□ obstruct	동 침해하다, 방해하다
□ approach	몡 접근법	□ marginalized	혱 소외된
□ ownership	몡 주인 의식	□ mandate	동 의무화하다, 명령하다
□ a range of	다양한	□ signify	동 의미하다
□ follow suit	따라 하다, 따르다	□ abundance of	많은
□ reprimand	동 질책하다	□ prevalent	혱 일반적인, 널리 퍼져 있는
□ association	몡 연관(성)	□ coverage	몡 보도

Quiz 각 어휘 및 표현의 알맞은 뜻을 찾아 연결하세요.

01 congestion	ⓐ 내면화하다	06 genuine	ⓐ 소외된
02 purify	ⓑ 선천적으로	07 undivided	ⓑ 전적인, 완전한
03 internalize	ⓒ 절대적인	08 objective	ⓒ 일반적인, 널리 퍼져 있는
04 reprimand	ⓓ 정화하다	09 marginalized	ⓓ 포용적인
05 innately	ⓔ 정체, 혼잡	10 prevalent	ⓔ 목표
	ⓕ 질책하다		ⓕ 진정한, 진실한

Answer | 01 ⓔ 02 ⓓ 03 ⓐ 04 ⓕ 05 ⓑ 06 ⓕ 07 ⓑ 08 ⓔ 09 ⓐ 10 ⓒ

02회 실전동형모의고사

제한 시간 : 20분 시작   시   분 ~ 종료   시   분 점수 확인   개/ 20개

※ 밑줄 친 부분의 의미와 가장 가까운 것을 고르시오. [01~04]

01

The new software doubled efficiency, and its impact on productivity generated comparable results.

① intimate

② similar

③ evaluated

④ major

02

Bricolage is a creative process involving construction using a medley of readily available materials. For example, making a sculpture from recycled cardboard, buttons, and old magazines is bricolage.

① treatment

② celebration

③ assortment

④ function

03

Employee manuals have been handed out to all of the new staff members.

① distributed

② corrected

③ checked

④ gathered

04

The opportunity to be reelected this year was passed up on by the city's longtime mayor.

① anticipated

② rejected

③ frustrated

④ supported

05 밑줄 친 부분에 들어갈 말로 가장 적절한 것은?

Political observers lament the decline in voter turnout, with many viewing this trend as a _____ to the democratic process.

① refinement

② cornerstone

③ modernization

④ detriment

06 밑줄 친 부분 중 어법상 옳지 않은 것은?

The location ① at which games take place matters in sports ② played in front of a crowd of spectators, with some believing ③ what the enthusiasm and energy of home fans is ④ invigorating to local players, thereby giving them an advantage.

07 밑줄 친 부분이 어법상 옳지 않은 것은?

① When he went into the nursery, he found the awake baby.

② She could have won the game if she had paid attention.

③ The proposal was turned down by the board of directors.

④ He doesn't try as hard as he is able to.

08 우리말을 영어로 잘못 옮긴 것은?

① 그들은 나들이를 떠나기 전에 점심을 준비했다.

→ They prepared lunch before leaving for the outing.

② 체육관에서의 그의 격렬한 운동은 그를 지치게 만들었다.

→ His intense workout at the gym left him exhausted.

③ 선수들은 코치에 의해 그들의 기술을 연습하게 되었다.

→ The athletes were made practice their skills by the coach.

④ 낡은 것들을 제외하고 모든 아파트들이 비쌌다.

→ All of the apartments were expensive except for the old ones.

※ 밑줄 친 부분에 들어갈 말로 가장 적절한 것을 고르시오.
[09~10]

09

> A: Do you still go jogging?
> B: _____
> A: It depends. How early do you go?
> B: Pretty early. I prefer to exercise before work.
> A: I don't think I'd be able to make it at that early.
> B: That's OK. Let me know if you ever change your mind.

① Not when it's too cold outside.

② Can you remember the last time you went?

③ Absolutely. I've been trying to get back into shape.

④ Yes. Would you like to join me sometime?

10

> A: Did you hear? Apparently, management has come up with a new seating arrangement.
> B: Really? I think the current setup works just fine.
> A: I guess they believe a new seating plan will increase productivity.
> B: I see. Do you know when this move is going to take place?
> A: I think sometime next week. I guess you won't be here for that.
> B: _____

① No worries. I'll make sure they set you up in a good spot.

② Good point. We have been falling behind a bit lately.

③ Sounds good. Mine's the one in the back next to the window.

④ That's right. I'll be away on vacation until the end of the month.

11 두 사람의 대화 중 자연스럽지 않은 것은?

① A: How have you been adjusting to life in the city?

B: To be honest, I hated it at first, but I'm coming around.

② A: I thought the event was supposed to take place rain or shine. What happened?

B: Well, that's what the forecast predicted.

③ A: Have you had a chance to read that novel I recommended?

B: I couldn't put it down!

④ A: I heard you've been taking cooking classes. How's that going?

B: Great! I learned how to make pasta from scratch last week.

12 다음 글의 제목으로 가장 적절한 것은?

In their book *The Human Evolutionary Transition: From Animal Intelligence to Culture*, Magnus Enquist, Johan Lind, and Stefano Ghirlanda propose that human culture evolved thanks to our capacity to remember the order of information. Their theory is supported by research where scientists tested bonobos' memory abilities. Even though it was expected that bonobos would be most likely to possess the memory capacity after us, since these great apes are our closest relatives, the results revealed that they had difficulty remembering sequential information. For instance, they struggled to remember sequences like a yellow square followed by a blue square, even after extensive training. What this research suggests is that the human ability to recall sequences is unique. Since recalling the order of information is essential for planning, learning, and having conversations, it may have been the key that unlocked human culture. For example, by recalling the sequence of steps required to make fire or tools, early humans would have been able to share these skills with others, leading to collective knowledge and cultural practices.

① Humans' Closest Living Relatives
② Loss of Sequential Information Recall in Bonobos
③ An Ability Unique to Great Apes
④ Role of Sequential Memory in Culture's Evolution

13 다음 글의 주제로 가장 적절한 것은?

Time is a commodity. Being on time shows that we value the commitments we've made and understand the implications of our actions on others. Yet, we all have those friends who always run late when they're supposed to meet us. We understand that unexpected things sometimes happen in life. However, when those friends seem oblivious to the stress and irritation they cause, we might feel disregarded. Just like we as functional adults manage to make it to work on time each day, we should view our time commitments in personal relationships as equally important. People who fail in this regard will send a clear message: their time is more valuable than ours.

① reasons people are consistently late for appointments
② importance of being punctual in personal relationships
③ ways to cultivate good time management skills
④ the stress of managing work-related commitments

14 다음 글의 요지로 가장 적절한 것은?

As the oceans warm and acidify due to climate change, corals face extinction, a significant problem as they provide a crucial ecosystem for more than a quarter of all marine species. As a potential solution, thermodynamicist Matthew Powell-Palm and his team are working on cryopreserving corals. The process involves treating the corals with a special chemical solution and then freezing them in liquid nitrogen. In such a state, it may be possible for living specimens to remain frozen for hundreds of years. The corals can then be thawed and reintroduced to the oceans at some point in the future when climate change has been reversed, and this would help to restore reef ecosystems.

① The impacts of climate change on the oceans may be reversible.
② Corals are going extinct as a result of climate change.
③ Cryopreservation can keep corals alive for hundreds of years.
④ Frozen corals could be used to rebuild reefs in the future.

15 다음 글의 내용과 일치하지 않는 것은?

Traditional wine-making begins with hand-harvesting grapes when they reach optimal ripeness. The grapes are then carefully sorted to remove any damaged fruit. Crushing the grapes into a pulpy mixture called "must" is the next step. Historically, people would stomp on them with their bare feet to do this. This may not sound very sanitary, but it's safe as human pathogens cannot survive in the acidic wine environment. The must is then left to ferment, a natural process where yeast converts sugars in the grapes to alcohol. After fermentation, the liquid is separated from any solids and transferred to barrels or tanks to age. This process, which can range from several months to several years, gives the wine flavor and complexity. Once matured, the wine is bottled, sealed, and stored until it is ready for consumption.

① 손상된 포도는 와인을 만드는 데 사용되지 않는다.

② 인간 병원균은 산성의 와인 환경에서도 살아남을 수 있다.

③ '과즙액'이라고 하는 혼합물은 발효 과정에서 알코올이 된다.

④ 와인은 숙성 과정에서 풍미를 얻는다.

16 다음 글의 흐름상 어색한 문장은?

People have a deep-seated desire for happiness, often influenced by the positive-thinking movement and consumerism. ① However, author Monica C. Parker notes that the pursuit of happiness has become an obsession, with people often misjudging what brings them joy and then incorrectly perceiving their emotional baseline as unhappiness. ② Instead of doing this, she advocates for the adoption of a "small self" mindset. ③ What she means is that individuals should recognize that they are a small part of something much larger and embrace the emotions and experiences that come with this realization. ④ The Declaration of Independence states that people have the right to pursue happiness. Such a perspective not only makes us more humble, empathetic, and generous but also opens us up to wonder, which can provide a more profound and sustained form of contentment.

17 주어진 글 다음에 이어질 글의 순서로 가장 적절한 것은?

HIV has been considered incurable since it was first identified in the early 1980s, but a recent exception suggests otherwise.

(A) They have enabled the man to no longer test positive for HIV, and scientists are now hopeful that this breakthrough can pave the way for new treatment strategies.

(B) In 2023, a 53-year-old man referred to as the "Dusseldorf patient" was cured of HIV after receiving a stem cell transplant.

(C) This procedure had been carried out to help him fight leukemia, but it also had the unintended effect of introducing HIV-resistant stem cells into his body.

① (A) – (B) – (C)

② (B) – (A) – (C)

③ (B) – (C) – (A)

④ (C) – (A) – (B)

18 주어진 문장이 들어갈 위치로 가장 적절한 것은?

It's also important that you be prepared.

You feel you deserve a raise or more flexible hours at work, but you're afraid to ask. This is completely natural. Negotiating can be uncomfortable due to a fear of rejection or a struggle with self-doubt. However, you'll never get what you don't ask for. (①) Even if you receive a "no," it's better to keep the conversation going by asking what you can do to get a "yes" in the future. (②) Don't just go in with an arbitrary demand but come equipped with reasons and data to back up your request. (③) For instance, if you want a raise, research salary ranges for industry professionals with similar positions and levels of experience to you. (④) Knowing your worth and presenting it effectively can make all the difference in achieving your career goals.

※밑줄 친 부분에 들어갈 말로 가장 적절한 것을 고르시오.
[19~20]

19

We tend to think of being selfish as shameful. We want to avoid being seen as "takers" so strongly that many of us go out of our way to prioritize others. However, constantly neglecting one's own needs can lead to emotional exhaustion. Putting ourselves first at times is not about neglecting others but about ensuring we don't deplete our own resources to the point where we're no longer effective. _____, being what we may consider selfish from time to time—by setting boundaries or simply saying "no"—can actually be the most selfless act of all. After all, we can't be there for others if we're falling apart ourselves.

① Promptly

② Doubtfully

③ Ironically

④ Conveniently

20

There are many ways to be productive, but perhaps the most time-honored among them is the simple list. Lists not only help us organize our tasks but also visually represent what we've accomplished as we cross each item out. Studies have also shown that they make us more effective because they alleviate the anxiety an individual may experience when they know they have unfinished tasks. Not all lists are equally effective, though. When creating a list, some people just scrawl down ambiguous reminders for themselves like "bank," thinking they'll remember the specifics later. However, instead of being so vague with their list, they should aim for clear directives. By_____, they can reduce the time they'll waste trying to remember what they initially intended to say.

① sorting tasks by importance

② arranging tasks into similar groups

③ adding details to it

④ being realistic about how long things will take

정답 · 해석 · 해설 p. 13

실전동형모의고사 02회
모바일 자동 채점 + 성적 분석 서비스 바로 가기

QR코드를 이용해 모바일로 간편하게 채점하고 나의 실력이 어느 정도인지, 취약 부분이 어디인지 바로 파악해 보세요.

02회 핵심 어휘 리스트

☑ 잘 외워지지 않는 어휘 및 표현은 박스에 체크하여 한 번 더 확인하세요.

☐ efficiency	몡 효율성		☐ solid	몡 고체	
☐ generate	동 만들어 내다		☐ pursuit	몡 추구	
☐ comparable	혱 비슷한		☐ embrace	동 받아들이다	
☐ intimate	혱 친밀한		☐ declaration	몡 선언	
☐ readily	뷔 쉽게		☐ humble	혱 겸손한	
☐ hand out	배포하다		☐ empathetic	혱 공감적인	
☐ distribute	동 나눠주다, 분배하다		☐ generous	혱 관대한	
☐ observer	몡 전문가		☐ contentment	몡 만족	
☐ refinement	몡 개선		☐ carry out	실시하다	
☐ detriment	몡 손상, 손실		☐ unintended	혱 뜻밖의	
☐ turn down	거절하다		☐ negotiate	동 협상하다	
☐ apparently	뷔 듣자 하니		☐ arbitrary	혱 근거 없는, 임의의	
☐ transition	몡 전환, 변화		☐ selfish	혱 이기적인	
☐ sequential	혱 순차적인		☐ shameful	혱 부끄러운	
☐ extensive	혱 폭넓은, 광범위한		☐ neglect	동 등한시하다	
☐ collective	혱 집단적인		☐ exhaustion	몡 소진, 고갈	
☐ implication	몡 영향		☐ selfless	혱 이타적인	
☐ oblivious	혱 의식하지 못하는		☐ promptly	뷔 신속히	
☐ disregard	동 등한시하다, 무시하다		☐ time-honored	혱 유서 깊은	
☐ punctual	혱 시간을 지키는		☐ represent	동 표현하다, 나타내다	
☐ solution	몡 용액		☐ alleviate	동 완화하다	
☐ thaw	동 해동하다		☐ ambiguous	혱 모호한	
☐ optimal	혱 최적의		☐ specifics	몡 세부 사항	
☐ sanitary	혱 위생적인		☐ initially	뷔 처음에	
☐ ferment	동 발효되다		☐ sort	동 분류하다	

Quiz 각 어휘 및 표현의 알맞은 뜻을 찾아 연결하세요.

01 generate	ⓐ 비슷한		06 pursuit	ⓐ 겸손한
02 apparently	ⓑ 집단적인		07 humble	ⓑ 만족
03 comparable	ⓒ 해동하다		08 generous	ⓒ 추구
04 thaw	ⓓ 손상, 손실		09 contentment	ⓓ 완화하다
05 detriment	ⓔ 듣자 하니		10 alleviate	ⓔ 등한시하다
	ⓕ 만들어 내다			ⓕ 관대한

Answer | 01 ⓕ 02 ⓔ 03 ⓐ 04 ⓒ 05 ⓓ 06 ⓒ 07 ⓐ 08 ⓕ 09 ⓑ 10 ⓓ

03회 실전동형모의고사

제한 시간 : 20분 **시작** 시 분 ~ **종료** 시 분 **점수 확인** 개/ 20개

※ 밑줄 친 부분의 의미와 가장 가까운 것을 고르시오. [01~02]

01

> After 40 years of working hard for the same company, he happily found himself eligible to retire.

① social　　　　　　② natural

③ qualified　　　　　④ flexible

02

> As part of their skills training, the new workers will learn the ropes of the assembly process.

① become capable　　② feel skillful

③ feel afraid　　　　④ become conscious

03 밑줄 친 부분 중 어법상 옳지 않은 것은?

> I recently purchased a blender ① from your company, and I am writing to you today to complain. Despite being advertised as a dual-voltage blender, ② accepting both 110V and 220V power standards, it clearly does not classify as one. Upon plugging the blender in, it immediately died, leaving me with no way ③ to make smoothies. As the higher power standard ④ what is used in my country has destroyed the blender, please replace it immediately.

04 우리말을 영어로 잘못 옮긴 것은?

① 토론에 참석한 학자들 중 3분의 1이 수학 교수였다.
　→ One-third of the academic scholars attending the debate were math professors.

② 이사회가 그들의 제안을 활용했더라면, 비용은 낮춰질 수 있었다.
　→ If the board had used their proposal, costs could have been kept down.

③ 전화벨이 울렸을 때 나는 보고서를 쓰고 있었다.
　→ I had been writing my report when the phone rang.

④ 그가 생각한 것보다 늦은 시간이어서, 그는 서둘러 출근해야 했다.
　→ Being later in the day than he thought, he had to rush to get to work.

05 밑줄 친 부분의 의미와 가장 가까운 것은?

> If you find your job to be too demanding, sometimes the best option is to reorganize your workflow, lifestyle, or habits.

① frivolous　　　　　② adjustable

③ volatile　　　　　　④ strenuous

06 밑줄 친 부분에 들어갈 말로 가장 적절한 것은?

Since my father was an ideal parent, I _____ him during my childhood and tried to emulate him.

① looked forward to ② looked up to

③ put up with ④ cut down on

07 어법상 옳은 것은?

① She needed to reach to her boss so he could forward her the notes for the meeting.

② Had you not warned me about this, I wouldn't have been prepared.

③ The men who is fixing the computer told me to pick it up in three days.

④ The better our satellite technology gets, the most objects we can detect in space.

08 우리말을 영어로 옳게 옮긴 것은?

① 내가 TV를 틀었을 때 그 쇼는 이미 시작했다.
→ The show had already started by the time I turned on the TV.

② 비가 계속 내리는 날씨가 그를 우울하게 만들었다.
→ The persistently raining weather made him feel depressing.

③ 많은 정예 운동선수들에게, 스포츠에서의 성공은 오랫동안 계속 훈련하는 것과 관련되어 있다.
→ For many elite athletes, success in their sport is tied to train for years on end.

④ 내가 아이였을 때, 나는 목에 수건을 두르고 내가 슈퍼히어로인 체했다.
→ When I was a kid, I used to wear a towel around my neck and make it believe I was a superhero.

09 다음 글의 흐름상 가장 어색한 문장은?

In a teaching hospital, it can be difficult to differentiate the ranks of physicians, but there is a clear hierarchy at play. ① At the top of the rankings are the attending physicians who have completed all of their educations and are practicing a specialty on their own, while overseeing doctors still in training. ② Under the supervision of the attendings are residents who have completed medical school but are pursuing more training for their individual specialty. ③ The length of a medical residency depends on the specialty chosen and can last from 2 years for family medicine to nearly a decade for surgeons. ④ Interns, also known as first-year residents, are lowest on the experience ladder, having less than a year of training since their medical school graduation.

10 다음 글의 요지로 가장 적절한 것은?

The next time you're tempted to buy that trendy top or those stylish jeans, take a moment to ask yourself if you really need them. Our love of "fast fashion" is playing an increasingly significant role in the deterioration of the planet. People are buying an increasing amount of clothes to keep up with how rapidly trends change, which has a devastating environmental impact. Fabrics like viscose, rayon, and modal are made from trees, and up to 100 million of them are chopped down annually to produce wood-based fibers. Cotton, on the other hand, is cultivated, but it requires the most pesticides of any global crop. These toxic chemicals remain in the fabric indefinitely and are released in tiny doses over time. So by choosing to forgo spontaneous clothing purchases, you'll be doing the earth — not to mention yourself — a favor.

① The increased consumption of clothes is damaging the world, even with natural fabrics.

② Many of the fabrics used in modern clothing are made from a variety of natural materials.

③ Cutting-edge techniques are being used to manufacture natural fabrics around the world.

④ Quickly changing fashions are leading people to buy more new clothing.

11 밑줄 친 부분에 들어갈 말로 가장 적절한 것은?

A: Well, sir, I've finished unclogging the sink. Everything should be fine now.

B: What was the root of the problem?

A: Nothing major, just some pieces of food stuck in the pipes.

B: So that's what caused the blockage.

A: Exactly. _____

_____ .

B: I'll be sure to do that next time.

① The total for the repairs comes to $75

② Eating more organic foods would be good for your health

③ It's a common problem in old houses with small pipes

④ In the future, make sure that you run food through the disposal

12 다음 글에 나타난 화자의 심경으로 가장 적절한 것은?

Christmas shopping had become a bit too much for the old man, so he was determined to reduce his workload. Instead of sending actual gifts to family and friends, he decided to send Christmas cards with checks enclosed. In each card he wrote, "Buy your own present!" After dropping the cards in the mail, he enjoyed a stress-free holiday season that was marked, as usual, by a series of festive family dinners and get-togethers. However, a few weeks into the new year, he realized that he himself had received far fewer cards and gifts than in past years. He kept his concerns to himself, but the peculiarity of the situation still gnawed at him from time to time. Then, weeks later, as he sorted through a cluttered pile of papers on his desk, he found his answer: a stack of checks that he had forgotten to include with the cards.

① excited and funny

② carefree and serene

③ stunned and foolish

④ mysterious and fearful

13 주어진 문장 다음에 이어질 글의 순서로 가장 적절한 것은?

Smartphones can do just about anything and they have dazzling display screens that tempt us to constantly check them.

(A) To prevent this from happening, try lowering the screen's brightness setting; keeping it at maximum creates an unnecessary draw on the power. Another tip is to switch off services such as Wi-Fi and Bluetooth when you aren't using them.

(B) But as most smartphone owners know, using a phone relentlessly to open apps and check social media is the quickest way to ensure its power will be drained before the day is done.

(C) Following these suggestions will help ensure that your phone lasts while you're on the go.

① (B) – (C) – (A)

② (B) – (A) – (C)

③ (C) – (A) – (B)

④ (C) – (B) – (A)

※ 밑줄 친 부분에 들어갈 말로 가장 적절한 것을 고르시오. [14~15]

14

A: Where should we visit next year for our anniversary?

B: I think we should travel somewhere new, exotic, and far away.

A: In that case, Madagascar would be perfect.

B: _____

① Perfect! We wouldn't need to travel a long way.

② Why would we want to leave home?

③ There will be lots of new things there.

④ We go there all the time, though.

15

Financial literacy is one of the most important things one can learn early in life. It includes learning how to create a budget, understanding savings and debt, and planning for the future. These are all important considerations to everyone in society, no matter their socio-economic level, as financial illiteracy can ruin even the rich. As the old saying goes, "_____." Not knowing how to manage one's money can cause people to waste massive amounts of money without even noticing. For instance, without a budget, it can be difficult to know how much money is being spent on unnecessary items. Further, not understanding interest can result in spending too much money on high-interest loans or not growing savings at the best rate. When one understands these things, it is easier to prepare for future and handle unforeseen financial setbacks.

① money talks

② money is the root of all evil

③ in for a penny, in for a pound

④ a fool and his money are soon parted

16 다음 글의 제목으로 가장 적절한 것은?

When manufacturing plants began closing in Flint, Michigan, the city found itself in a financial emergency. One way it tried to deal with the problem was to cut the rising costs of supplying water to the city. Instead of sourcing its water from the Detroit water system, which utilized a comprehensive treatment process, the state decided to pump water from the nearby Flint River, a tributary known for its filth. Not long after, residents began complaining about the water coming from their taps. Its color was brown, and it smelled and tasted funny, residents said. The state government insisted the water was fine, with one official even drinking it on air to show how safe it was. But tests done by the Environmental Protection Agency determined that there were dangerously high concentrations of iron and lead in the water. With residents' concerns validated, an official state of emergency was declared. Residents were instructed to use bottled water exclusively for drinking, cooking, cleaning, and bathing. In the meantime, the city of Flint reversed its decision and sourced water from Detroit once more. The tap water did look cleaner, but residents were encouraged to go on using bottled water, as Flint's corroded pipes would need to be replaced before the water supply could be deemed safe for consumption.

① Ways to Solve an Economic Problem

② Dark Water: The Damage Done by Flint's River Water

③ How Can Switching to Bottled Water Benefit All People?

④ Bounty of Flint's Rivers and Streams

17 밑줄 친 (A), (B)에 들어갈 말로 가장 적절한 것은?

In some of Asia's largest cities, rising real estate prices have left lower-to middle class workers unable to earn enough to pay rent for even the smallest dwelling. ____(A)____, the number of "working homeless" — those who are employed and can afford everything they need except for housing — has increased significantly over the years. With no practical solution as of yet, many end up lodging in 24-hour establishments. In mainland China and Hong Kong, for instance, there are thousands who take to McDonald's restaurants. Known informally as "McRefugees," one can find them hunched over a table trying to get a night's rest before they have to go to work the next day. The situation is similar in Tokyo. As far back as 2007, more than 5,000 residents of the city were found to spend their nights at various round-the-clock businesses. ____(B)____, Internet cafes and public bathhouses regularly reported having people spending their nights there. Using such services, while certainly not ideal, is sometimes the only option for many workers without a place to settle.

	(A)	(B)
①	Therefore	On the contrary
②	Nonetheless	In addition
③	Nonetheless	Subsequently
④	Therefore	Indeed

18 다음 글의 내용과 일치하지 않는 것은?

After Disney's CEO Michael Eisner decided to name his successor in 2003, a multiyear drama ensued in which he chose and then discarded several people. He handled the situation so badly that shareholders revolted and he was eventually let go. When it came time for Disney to choose another new leader 15 years later, corporate heads were nervous. The company's then-president Roger Iger was determined to avoid the same mistakes by being more cautious. Not only was he pressured by what happened in the past, but he knew that handpicked chief executives do not do well on average. Even though top-ranking companies make careful selections, their investments and profits usually drop when they get another director. This is why Disney was worried about a repeat situation wherein they could see their stock prices fall as a result of management changes.

① Michael Eisner spent many years selecting his successor as Disney CEO.

② Disney revolted over the replacement of the CEO.

③ Roger Iger knew that handpicked CEOs perform well.

④ Profits usually drop when a new CEO is hired.

19 주어진 문장이 들어갈 위치로 가장 적절한 것은?

> Another surprise came when a classmate took me to a Chinese restaurant that she said was "the best in town."

Prior to arriving in the US for college, I was confident that I wouldn't experience any culture shock. Although I'd grown up in China, I was a big fan of American movies and music. I also spoke English rather fluently. (①) As it turns out, the American food was what shocked me the most. (②) My college roommates were eager to introduce me to their favorite dishes, and while I appreciated their kindness, I realized that the American food I'd had in China was very different from what people here actually ate. (③) Compared to the American dishes made in China, the desserts were excessively sweet, a lot of dishes were too salty or greasy, and the portions were humongous. A lot of my experiences with American food in China had apparently been altered to appeal to the Chinese market. (④) The food wasn't bad, but it wasn't like any of the Chinese food I'd ever had in my country! Though my palate is slowly adjusting, I think it's time I started cooking my own food.

20 밑줄 친 부분에 들어갈 말로 가장 적절한 것은?

Brown dwarfs are elusive celestial bodies that have more mass than gas planets like Jupiter, but less mass than the lightest star. They are in an in-between category all their own, though they do share certain characteristics with the latter. The birth of a brown dwarf is similar to that of stars — both are made from a collapsed cloud of gas and dust that rotates and gathers mass. In the same vein, they can host planets and other natural satellites, and they can also produce certain wavelengths of light. But whereas stars continually shine and emit visible light, brown dwarfs cannot. The large density of stars allows them to produce a high core temperature whereby hydrogen fuses with helium, a reaction that creates a tremendous amount of energy. Compared to this, the less-dense brown dwarf emits mainly weak, infrared radiation, as it simply does not have enough mass to sustain the fusion reaction in the way that a self-luminous body does. This is why brown dwarfs _____.

① have much more mass than stars do

② can sometimes be classified as planets

③ are often referred to as failed stars

④ are the ideal type of energy source

정답·해석·해설 p. 23

실전동형모의고사 03회
모바일 자동 채점 + 성적 분석 서비스 바로 가기

QR코드를 이용해 모바일로 간편하게 채점하고 나의 실력이 어느 정도인지, 취약 부분이 어디인지 바로 파악해 보세요.

03회 핵심 어휘 리스트

☑ 잘 외워지지 않는 어휘 및 표현은 박스에 체크하여 한 번 더 확인하세요.

□ eligible	휑 자격이 있는, 적격인	□ sort through	~을 자세히 살펴보다
□ assembly	몡 조립	□ cluttered	휑 어수선한
□ skillful	휑 솜씨가 좋은, 숙련된	□ stack	몡 뭉치, 많음
□ frivolous	휑 경솔한	□ dazzling	휑 현혹적인, 눈부신
□ adjustable	휑 조정 가능한	□ relentlessly	휜 끊임없이, 가차 없이
□ volatile	휑 변덕스러운	□ budget	몡 예산안
□ strenuous	휑 몹시 힘든	□ unforeseen	휑 예기치 않은
□ emulate	됭 모방하다	□ setback	몡 차질
□ look up to	~를 존경하다	□ comprehensive	휑 광범위한
□ put up with	~을 참다	□ tributary	몡 (강의) 지류
□ cut down on	~을 줄이다	□ filth	몡 오물, 불결
□ persistently	휜 계속, 끊임없이	□ validate	됭 입증하다
□ hierarchy	몡 체계, 계급	□ corrode	됭 부식시키다
□ supervision	몡 감독	□ practical	휑 실질적인
□ deterioration	몡 악화	□ take to	(위험을 피해) ~로 가다
□ cultivate	됭 재배하다	□ round-the-clock	휑 24시간의
□ pesticide	몡 농약, 살충제	□ ensue	됭 뒤이어 일어나다
□ indefinitely	휜 무기한으로	□ revolt	됭 반발하다
□ forgo	됭 포기하다, 그만두다	□ humongous	휑 엄청 많은, 거대한
□ spontaneous	휑 즉흥적인	□ palate	몡 입맛, 미각
□ unclog	됭 뚫리게 하다	□ elusive	휑 규정하기 어려운, 찾기 힘든
□ disposal	몡 (음식물) 처리기, 처리	□ density	몡 밀도
□ enclose	됭 동봉하다, 둘러싸다	□ whereby	휜 (그것에 의하여) ~하는
□ peculiarity	몡 이상함, 특이한 점	□ infrared	휑 적외선의
□ gnaw at	~를 괴롭히다	□ fusion	몡 핵융합, 융합

Quiz 각 어휘 및 표현의 알맞은 뜻을 찾아 연결하세요.

01 unforeseen	ⓐ 경솔한	06 pesticide	ⓐ 부식시키다
02 eligible	ⓑ 엄청 많은, 거대한	07 setback	ⓑ 농약, 살충제
03 frivolous	ⓒ 즉흥적인	08 revolt	ⓒ 차질
04 humongous	ⓓ 자격이 있는, 적격인	09 corrode	ⓓ 반발하다
05 palate	ⓔ 예기치 않은	10 assembly	ⓔ 조립
	ⓕ 입맛, 미각		ⓕ 처리, 처분

Answer | 01 ⓔ 02 ⓓ 03 ⓐ 04 ⓑ 05 ⓕ 06 ⓑ 07 ⓒ 08 ⓓ 09 ⓐ 10 ⓔ

01 밑줄 친 부분에 들어갈 말로 가장 적절한 것은?

> Unlike public announcements and broadcasts, _____ advertisements are those that convey information about a product or service for the purpose of making money.

① classified
② commercial
③ environmental
④ political

※ 밑줄 친 부분의 의미와 가장 가까운 것을 고르시오. [02~04]

02

> For centuries, doctors unsuccessfully tried to eradicate smallpox, but a worldwide vaccine program led by the WHO finally got the job done.

① categorize
② follow
③ enhance
④ eliminate

03

> The heat from the fire set off the building's automatic alarm systems.

① turned on
② fell off of
③ gave in to
④ took a break from

04

> The school's headmaster announced that the band program would be discontinued the following semester.

① terminated
② exercised
③ recruited
④ performed

05 어법상 옳은 것은?

① I found the movie really bored, but everyone else liked it.
② You'll need to making an appointment if you'd like to consult with your doctor before surgery.
③ We must move the furniture because we are having a Christmas party on Saturday evening.
④ There are nearly 300 apartments in the building, much of which are already sold.

06 밑줄 친 부분의 의미와 가장 가까운 것은?

> The mayor took a stand against businesses that pollute the local environment. She urged the city council to pass a new law that would fine companies and force them to clean up any damage they cause.

① argued for
② objected to
③ quickly exposed
④ strongly supported

07 밑줄 친 부분 중 어법상 옳지 않은 것은?

Some art critics think the recent auction price of the *Salvator Mundi* was not justified, ① calling it a "triumph of branding and desire over connoisseurship and reality." They even say the painting, ② which sold for $450 million, may not actually be a Leonardo da Vinci work. Among those who question the painting's origin ③ is curators from the Louvre. They believe the painting, with its authenticity ④ unverified, should be attributed to Leonardo's workshop instead of to the artist himself. Unfortunately for its buyer, this change would make the painting worth less than $2 million.

08 우리말을 영어로 잘못 옮긴 것은?

① 그가 출근하는 길에 교통 체증에 갇혔고, 설상가상으로, 작은 사고도 있었다.
→ He got stuck in traffic on the way to work and, to make matters worse, he was in a small accident.

② 그 상은 누구든지 퍼즐을 가장 빨리 푸는 사람에게 수여될 것이다.
→ The prize will be awarded to whomever solves the puzzle the fastest.

③ 그녀가 오늘 아침에 아침을 먹지 않았더라면, 지금 매우 배가 고플 것이다.
→ If she had skipped breakfast this morning, she would be very hungry now.

④ 나의 강아지가 자랐기 때문에, 우리는 그에게 더 큰 집을 사 주었다.
→ Since my dog had grown, we bought him a bigger house.

09 밑줄 친 (A), (B)에 들어갈 말로 가장 적절한 것은?

People with extroverted personalities tend to be the life of the party. They are outgoing, enthusiastic, and talkative in most situations. This is because they derive gratification outside of themselves. As a result, they are more likely to be exuberant and happy when they are in large groups, but can become restless and depressed if they are forced to spend too much time on their own.
_____(A)_____, people with introverted personalities tend to be uncomfortable when they have to interact with others. These people shun the spotlight in favor of time alone spent in self-reflection and contemplation, from which they gain satisfaction. _____(B)_____, introverts are more likely to be found thinking about an issue or trying to work out a solution to a problem on their own than they are to be working with others or discussing them.

	(A)	(B)
①	Conversely	As a result
②	Likewise	Furthermore
③	By contrast	On the other hand
④	Therefore	In other words

10 다음 글의 주제로 가장 적절한 것은?

Today, our electronic devices often connect through peer-to-peer wireless connections. Some devices, like mobile phones, computers, speakers and earphones can be paired to one another directly through a secure connection. When properly configured, they share a key value that identifies each device and allows them to work together. This type of wireless connection is possible through Bluetooth technology. Other connections can be made indirectly through an existing wireless network. By signing into the wireless network, the devices can connect and share information and hardware. These connections have a larger range, as devices anywhere on the network connect to each other. For instance, music can be streamed from one phone to all of the speakers in a building as long as they're on the same network. This type of connection is known as a Wi-Fi peer-to-peer network.

* peer-to-peer: 피어 투 피어식의(서버의 도움 없이 일대일 통신을 하는 관계의)

① how mobile devices encourage contact between people

② how people take advantage of new devices

③ how devices wirelessly connect

④ how the development of networking has been delayed

11 밑줄 친 부분에 들어갈 말로 가장 적절한 것은?

A: This printer gets more and more frustrating every day.

B: I know. Every day there's something new. What's it doing now?

A: It keeps claiming to be out of ink.

B: The cartridge is probably not quite fitted all the way in the slot.

A: What can I do to resolve the error?

B: You probably just need to reseat the print cartridge.

A: _____?

B: Open up the compartment, insert the cartridge, and push it down completely.

① What does this particular error code mean

② Where should we go for a replacement

③ Can anyone fix it for a reasonable price

④ How do I install the cartridge properly

12 우리말을 영어로 잘못 옮긴 것은?

① John은 오늘 아침에 약을 먹을 것을 잊어버렸다.

  → John forgot taking his medicine this morning.

② 그녀의 남동생의 눈은 그녀의 눈보다 더 짙다.

  → Her brother's eyes are darker than hers.

③ 내가 코트 옆에서 조깅할 때 테니스 공이 나의 머리를 쳤다.

  → A tennis ball hit me in the head as I jogged by the courts.

④ 그 고양이는 며칠 만에 헛간에서 쥐들을 제거했다.

  → The cat rid the barn of mice in only a few days.

13 두 사람의 대화 중 가장 자연스러운 것은?

① A: Can you tell me what day it is?

　B: I think the time is almost up.

② A: Do you want to try out the new café?

　B: Sure, let's give it a shot.

③ A: I can't wrap my head around this problem.

　B: Oh, you should put a hat on.

④ A: Have you heard this new song yet?

　B: That's not what I heard.

14 다음 글의 제목으로 가장 적절한 것은?

When India's Mughal emperor Shah Jahan's wife died in 1631, he set about creating a burial place to show his love for her. He hired 20,000 workers who toiled for 20 years to build a compound of the finest materials on the banks of the Yamuna River in Agra. The result was the Taj Mahal. The massive complex covers 22 hectares and features gardens, waterworks, and secondary buildings, but the centerpiece is the massive white domed mausoleum. Shah Jahan's devotion and desire to honor his deceased wife cost the equivalent $915 million. This building, and its hybrid Persian-Indian design, acts as a monument to his wife and a testament of his love for her.

* mausoleum: 묘, 웅장한 무덤

① How Persian and Indian Cooperation Impacted Design

② The Working Conditions in 17th Century India

③ The True Story Behind the Death of Sha Jahan's Wife

④ Taj Mahal: A Tribute to a Beloved Spouse

15 글의 흐름상 가장 어색한 문장은?

Philosophers and anthropologists have very different approaches, but they both study the same basic topic: the human condition. ① Philosophers study the nature of human existence with hopes of understanding our position in society through logic. ② Anthropologists, on the other hand, are more concerned with how we actually live in society, examining our diets, actions, and cultural practices. ③ In many cases, there is great overlap between these two fields, which can lead experts from each field to refer to the work of the other. ④ Anthropology and philosophy are both considered social sciences as they involve researching human civilization. Philosophers must consider the physical aspects usually in the domain of anthropologists, and anthropologists must consider the philosophical ethics of civilizations.

16 밑줄 친 부분에 들어갈 말로 가장 적절한 것은?

For hundreds of years, people of African descent were enslaved in the American South. Despite the efforts of slaveholders to wipe out the slaves' identities, these people were able to keep elements of their culture, language, and religion alive across generations. In addition, they were also able to pass on information _____, information that could easily have been lost. The stories that were passed down from parents to their children were not simply random tales. They told about the family's ancestors and their experiences. This gave the listeners a direct connection to their own family history and passed on important biographical information. Being prevented from learning to read or write, this was the only way that the enslaved people could pass down their families' stories.

① quite difficult to explain in writing

② about those in power

③ that has not been deciphered

④ of great historic importance

17 다음 글의 요지로 가장 적절한 것은?

As medical knowledge and technology improve, humans are reaching retirement age healthier and more active, and are living longer. This has resulted in concerns that society will need to change to ensure that seniors maintain their quality of life and remain an important part of society. One of the keys to achieving this is making sure they remain integrated with family, friends, and other members of the community. Another is helping them feel they are active participants in it, through activities such as volunteer work. Guaranteeing that the elderly remain active, integral citizens will establish a framework within which the aging population will stay happy and healthy as they live longer.

① Technology and knowledge are helping seniors feel more connected to society than ever.

② Volunteer work is the key to remaining valuable after retirement.

③ Establishing a functional connection to society increases the elderly's quality of life.

④ Extended lifespans have increased the cost of social services.

18 주어진 글 다음에 이어질 글의 순서로 가장 적절한 것은?

Although often taken for granted due to its ubiquity today, the mechanical clock is one of the most important steps forward in humanity's economic success.

(A) Unfortunately, these were extremely subjective, and depended not only on being able to see the sun, but also on one's perception of its location. Businesspeople had no real way to plan their activities. However, once accurate mechanical clocks were invented, time could be objectively measured and shared.

(B) Prior to the invention of mechanical clocks, time was measured rather imprecisely, which made business activity difficult to coordinate. People determined when to do things by looking at the location of the sun in the sky and individually deciding the general time of day, such as sunup, midday, and sundown.

(C) Having precise, synchronized measurement of time allowed businesspeople to set their hours, schedule meetings, coordinate trade activities, and monitor their production schedules. All of these made economic success possible.

① (A) – (B) – (C)

② (B) – (A) – (C)

③ (B) – (C) – (A)

④ (C) – (A) – (B)

19 주어진 문장이 들어갈 위치로 가장 적절한 것은?

> In fact, even Socrates bemoaned that, "The children now love luxury; they have bad manners, contempt for authority; they show disrespect for elders and love chatter in place of exercise."

Members of every generation have a tendency to criticize those that succeed them. Millennials are only the latest to have to suffer through this seeming rite of passage. In article after article, they have been variously described, however unfairly, as lazy, egotistical, and self-entitled. (①) If these assertions are to be believed, one might easily mistake Millennials for causing the end of culture or society itself. (②) Apart from the obvious faults in this logic, a look back through history will show that every generation has made similarly grandiose complaints about the next. (③) This sentiment is nearly identical to what older generations are saying about Millennials today. (④) It is also reminiscent of what the Greatest Generation said about Baby Boomers, and what Baby Boomers said about Generation X. The day may yet come when Millennials become likewise overly critical of Generation Z.

20 다음 글의 내용과 일치하지 않는 것은?

> Red soil, which is mostly found in India and the Middle Eastern region, can be mistakenly thought of as colored sand. It can include varying amounts of sand, silt, and clay, and therefore feels smoother than sand that can be found at a beach. The presence of iron oxide in the soil is what gives it its reddish hue, although it can look yellower depending on the angle of the sun. Despite having such a vivacious appearance, red soil is relatively low in nutrients and is frequently a poor foundation in which to plant crops. That said, under the right conditions and with crops such as cotton, wheat, and tobacco, red soil can produce a substantial yield. In certain regions, such as beaches, red soil can act as a popular tourist attraction, such as at Hormuz Island in Iran. There, red soil is mixed with darker shades of sand by the waves at the beaches, producing a wide array of colorful patterns.

① The sand, silt, and clay in the red soil makes it less coarse than other sand.

② Iron oxide is responsible for the red soil's appearance.

③ Red soil presents difficulty with regard to growing every type of crop.

④ Some beaches with red soil serve as attractions to tourists.

정답·해석·해설 p. 34

실전동형모의고사 04회
모바일 자동 채점 + 성적 분석 서비스 바로 가기

QR코드를 이용해 모바일로 간편하게 채점하고 나의 실력이 어느 정도인지, 취약 부분이 어디인지 바로 파악해 보세요.

04회 핵심 어휘 리스트

☑ 잘 외워지지 않는 어휘 및 표현은 박스에 체크하여 한 번 더 확인하세요.

□ eradicate	통 박멸하다	□ equivalent	형 상당하는, 동등한
□ set off	(경보 장치를) 울리다, 유발하다	□ testament	명 증명하는 것, 증거
□ pollute	통 오염시키다	□ tribute	명 애정의 표시, 헌사
□ urge	통 촉구하다	□ spouse	명 배우자
□ fine	통 벌금을 부과하다 명 벌금	□ overlap	명 공통부분 통 중복되다
□ argue for	~에 찬성 의견을 말하다	□ ethics	명 윤리, 도덕 원리
□ object to	~을 반대하다	□ descent	명 혈통, 가문
□ expose	통 폭로하다, 드러내다	□ wipe out	말살하다
□ connoisseurship	명 감정업, 감식안	□ pass on	전달하다
□ authenticity	명 진품임, 확실성	□ decipher	통 해독하다, 판독하다
□ attribute	통 (작품 등이) ~의 것이라고 하다	□ framework	명 구조, 틀
□ derive	통 얻다, 이끌어내다	□ lifespan	명 수명
□ gratification	명 만족감, 희열	□ coordinate	통 조직화하다, 조정하다
□ exuberant	형 활기가 넘치는	□ synchronize	통 시간을 맞추다, 동시에 일어나다
□ restless	형 불안한	□ bemoan	통 한탄하다, 탄식하다
□ contemplation	명 사색	□ contempt	명 경멸, 멸시
□ configure	통 (프로그램 등을) 설정하다	□ authority	명 권위
□ compartment	명 칸, 구분	□ egotistical	형 자기중심의
□ particular	형 특정한	□ entitle	통 권리[자격]를 부여하다
□ replacement	명 교체	□ sentiment	명 정서, 감정
□ toil	통 힘써 일하다	□ reminiscent	형 연상시키는
□ compound	명 복합체 통 혼합하다	□ vivacious	형 생기 있는
□ centerpiece	명 중심부	□ substantial	형 상당한
□ devotion	명 헌신	□ a wide array of	다수의
□ deceased	형 죽은, 고인이 된	□ coarse	형 거친

Quiz 각 어휘 및 표현의 알맞은 뜻을 찾아 연결하세요.

01 eradicate	ⓐ 연상시키는	06 deceased	ⓐ 얻다, 이끌어내다
02 particular	ⓑ 박멸하다	07 derive	ⓑ 복합체; 혼합하다
03 reminiscent	ⓒ 활기가 넘치는	08 urge	ⓒ 죽은, 고인이 된
04 testament	ⓓ 특정한	09 entitle	ⓓ 공통부분; 중복되다
05 pollute	ⓔ 증명하는 것, 증거	10 overlap	ⓔ 권리[자격]를 부여하다
	ⓕ 오염시키다		ⓕ 촉구하다

Answer | 01 ⓑ 02 ⓓ 03 ⓐ 04 ⓔ 05 ⓕ 06 ⓒ 07 ⓐ 08 ⓕ 09 ⓔ 10 ⓓ

05회 실전동형모의고사

제한 시간 : 20분 **시작** 시 분 ~ **종료** 시 분 **점수 확인** 개/ 20개

※ 밑줄 친 부분의 의미와 가장 가까운 것을 고르시오.
[01~02]

01

The real-estate developer will ensure that the new skyscraper downtown has been underlined erected by the end of the month.

① occupied
② demolished
③ decorated
④ constructed

02

We have decided to delay the release of the software on account of the programming team's report that the errors being submitted by testers were consistently appearing across all systems, leading us to believe that they are persistent errors that will require larger code rewrites.

① rapid
② continuous
③ temporary
④ fresh

03 두 사람의 대화 중 가장 어색한 것은?

① A: Do you have time to meet me for lunch?
  B: It's about a quarter past three.

② A: What are you thinking of ordering today?
  B: I'm not that hungry, so I'm considering getting a salad.

③ A: I don't think I can finish this.
  B: We should wrap it up and take it to go.

④ A: Should we split the check?
  B: I'll cover it this time.

04 밑줄 친 부분에 들어갈 말로 가장 적절한 것은?

A: Are you all set for our trip?
B: Almost. I still have one last thing to finish up.
A: What is it?
B: I'm waiting to get my dress back from the dry cleaner's.
A: _____?
B: I would, except I want to wear it on the trip.
A: You should call and see if it's ready then.
B: Yeah. It would be nice to be finished packing.

① Would you like me to go and get it for you
② How come you didn't remember it earlier
③ Have you finished packing everything else
④ Why don't you pick it up when you return

05 밑줄 친 부분 중 어법상 옳지 않은 것은?

A significant number of collisions ① occur between automobiles and bicycles every year. In 2015, there were 45,000 such collisions in the US, with fatalities ② causing by these accidents up by 12 percent over the previous year. Many bicyclists are leaving their homes to go for what they assume will be a safe ride, and never ③ to come back. Cities should be making cycling ④ as safe as possible and encouraging citizens to take advantage of the opportunity, not only for their own health, but for the sake of the environment.

06 어법상 옳은 것은?

① Hiring experienced employees is one of the guarantee way to create an effective workforce.

② He continued to work hard to manage the clients lest the company lose market share.

③ Residents of the city anxiously are waited the announcement of the election results, after a long, contentious campaign.

④ The newspapers criticized her for present her children with the competitive scholarship.

07 주어진 글 다음에 이어질 글의 순서로 가장 적절한 것은?

During the Cold War era, the US government developed a contingency plan that would go into effect if an unexpected catastrophe were to result in a complete loss of leadership.

(A) While the event is going on, he or she remains in a remote, classified location with Secret Service escorts and a briefcase that holds the country's nuclear codes. Though such a scenario has thankfully never arisen in real life, it has captured the interest of TV producers; there is even a popular series based on it.

(B) The first step is selecting what is called a "designated survivor." The choice is made well in advance of any meeting that the President, the Vice President, and the Cabinet members must all attend. Examples of such gatherings include presidential inaugurations and State of the Union speeches.

(C) The selected individual is usually a lower-ranking Cabinet or Congress member who must have been born in the US and be over 35 years of age. Should something happen to all of the high-ranking officials during an event, the designated survivor automatically becomes the Acting President of the United States.

① (B) – (A) – (C)　　　　② (B) – (C) – (A)

③ (C) – (A) – (B)　　　　④ (C) – (B) – (A)

08 다음 글의 내용과 일치하는 것은?

Perhaps the most famous shipwreck in history was the *Titanic*, which sank on its first voyage in 1912. Setting sail from Southampton, England, the transatlantic liner attracted an assortment of passengers, many of whom were attracted by its manufacturer's claim of its safety, as it had been advertised as being unsinkable. However, tragedy struck four days into the journey when the vessel hit an iceberg in the North Atlantic. As water filled the watertight compartments that were supposed to keep the boat afloat, its buoyancy was impaired and it quickly sank. This combined with an insufficient number of lifeboats made the sinking of the *Titanic* one of the largest scale maritime disasters at the time.

① The ship was supposed to arrive in England after one week.

② Passengers were attracted by the *Titanic*'s luxury features.

③ Cheap materials used on the boat failed when it struck an iceberg.

④ The *Titanic* did not have enough lifeboats for its passengers.

09 다음 글의 주제로 가장 적절한 것은?

Boxers used to fight with their bare fists until around the 18th century when gloves were added to the sport. It is commonly presumed that their mandatory use was stipulated for safety reasons; a cushion would protect the hands, face, and body. In truth, while gloves lessen the number of abrasions and broken hands, a forceful punch with gloves is extremely destructive, and boxers punch harder with gloves since their hands can endure it. One doctor noted that "Gloves do not lessen the damage to the brain, as it rattles inside the skull from a heavy blow. In fact, matters are made worse because gloves add more weight to the fist. A full-force slam to the head is comparable to being hit with a 5-kilogram wooden mallet travelling at 32 kilometers per hour." The truth of the statement can be evidenced by the fact that prior to the addition of gloves, no fatalities were recorded in bare-knuckle boxing matches. Nowadays, 3 to 4 boxers succumb to injuries on average per year, with many more suffering from permanent brain or head trauma.

① medical care in modern boxing

② boxers' average punch velocity

③ gloves' lack of provided protection

④ the number of brain injuries in boxing

10 글의 흐름상 가장 어색한 문장은?

There's long been discussion in the U.S. about ensuring that children eat nourishing, high-quality lunches at school. As it stands, the food served at the vast majority of public schools is laden with sodium, fat, sugar, and additives. ① Despite parents and educators voicing their worries, no significant action has been taken. ② Funds have not been allocated for this purpose in federal and local government budgets, nor has there been any move on the part of officials to find concrete ways to address the problem. ③ It's clear that how our children eat is not a pressing issue for government officials. ④ A bill has already been passed to restrict the access children have to unhealthy foods. If this nation truly cares about the younger generation, then healthy school lunches need to be given higher priority.

※ 밑줄 친 부분의 의미와 가장 가까운 것을 고르시오.
[11~12]

11

He didn't notice the waiter approach, as he was thoroughly absorbed in the conversation he was having.

① engaged in

② indifferent to

③ distracted by

④ offended with

12

A brave worker blew the whistle on his employer for using banned substances in the manufacture of the company's products.

① had an effect on

② made fun of

③ pointed a finger at

④ kept pace with

※ 밑줄 친 (A), (B)에 들어갈 말로 가장 적절한 것을 고르시오.
[13~14]

13

Many past philosophers and artists seemed to regard sleep as something to _____(A)_____. Jean-Paul Sartre, for one, considered it horrifying when a passenger was soothed to sleep on a train, his body swaying passively with the train's movements. Descartes believed that the "I" ceases to exist when an individual falls asleep, which was why he was known to sleep very little. The great Leonardo da Vinci similarly only slept for 20 minutes every 4 hours, so as not to waste his precious time. All in all, it's clear that sleep was no great _____(B)_____ for these gentlemen.

	(A)	(B)
①	be shunned	priority
②	be praised	dilemma
③	be feared	expertise
④	be embraced	stimulus

14

The wetlands on the southern coast of Louisiana are not only beautiful but economically vital as well. Unique for their ecological significance as a sanctuary for fish and wildlife, the wetlands also buffer the impact of hurricanes on the port of South Louisiana, one of the largest and most strategic ports in the United States. ____(A)____, more than 10 percent of the country's oil reserves, and a quarter of its natural gas supply, go through the region on the way up the vast internal waterway system of the Mississippi River. ____(B)____, the coast is being eroded at a rate of up to 90 square kilometers per year. That's why it is a matter of utmost economic necessity that the wetlands be restored.

	(A)	(B)
①	In addition	Similarly
②	In fact	Likewise
③	In addition	Therefore
④	In fact	Unfortunately

15 주어진 문장이 들어갈 위치로 가장 적절한 것은?

Their counterparts are generally independent and curious individuals, just like their furry companions.

A lot of pet owners insist that there are "dog people" or "cat people," and that their personalities depend on which group a person falls into. A recent study revealed that there might be some truth behind the theory. (①) Canines are pack-oriented and far more sociable than felines. (②) Similarly, dog owners on the whole tend to be more extroverted and have high sociability. (③) Cat owners enjoy alone time and are open to new experiences in the same way that a lot of felines are self-sufficient and inquisitive, lending the two groups a similar disposition and demeanor. (④) Though the results may be mere coincidence, the statistics were consistent enough to lend credence to the hypothesis.

16 우리말을 영어로 잘못 옮긴 것은?

① 그녀는 최근 후기를 읽으면서 딸이 볼 영화를 골랐다.

→ Reading the recent reviews, she selected a movie for her daughter to watch.

② 시도가 실패로 끝나더라도 항상 시도해 볼 가치가 있다.

→ It's always worth trying, even if the attempt results in failure.

③ 30분 후에, 그는 설문의 모든 질문에 대답했다.

→ After 30 minutes, he had answered to all of the questions on the survey.

④ 만약 날씨가 나쁘지 않다면 그 배는 항상 정시에 떠난다.

→ The ship always leaves on time unless the weather is bad.

※ 다음 글의 내용과 일치하지 않는 것을 고르시오. [17~18]

17

IV(Intravenous) therapy is the delivery of fluids and medication via a needle to hospital patients. It is also a growing trend, with smaller, nonmedical facilities providing IVs to visitors to treat a number of afflictions. These establishments offer customers an assortment of vitamin-infused IV "cocktails" that are purported to cure hangovers, jet lag, colds, and even dull complexions. Despite these claims, critics are quick to point out the hazards — namely, the infection risk associated with needle use, as well as the possibility that it could prevent patients with serious illnesses like diabetes from seeking proper medical treatment. Most alarmingly, these clinics are not regulated or monitored by the Food & Drug Administration. As a result, they set their own standards for what constitutes effective and safe treatment. While some may be harmless, though of limited effectiveness, others can be hazardous, presenting cocktails that cause adverse reactions in clients. Doctors say that water, rest, and over-the-counter pain medications can provide the same benefits, minus the expensive fees and health risks.

① IV therapy has been growing more popular, and many facilities are now offering it.

② Clinics help patients with diabetes by using standard medical treatment.

③ Many clinics offering IV therapy do not need to answer to government agencies.

④ Proper hydration and rest is recommended as cheaper and more cost-effective.

18

In Plato's *Republic*, a character named Glaucon proposes that morality is nothing but a social construct. In other words, people choose to be virtuous and fair because they are concerned about how they will appear to others. He goes on to say that all people would act much less honorably if their action could not be seen at all. To illustrate, he tells a story about a magic ring of invisibility. In the tale, a seemingly good, law-abiding man puts it on and no longer sees the point in acting respectably; he begins doing as he pleases. Essentially, the story suggests that even the best of us are corruptible and that our morality stems not so much from an inherent place in our souls than from the fact that society holds us responsible for our actions.

① People act in a moral way due to worries about how others will see them.

② Those who are invisible to others might not choose to behave ethically.

③ A moral man with a magic ring will consider it necessary to act morally.

④ People who are inherently good can still be corrupted without human society.

※ 밑줄 친 부분에 들어갈 말로 가장 적절한 것을 고르시오.
[19~20]

19

Although text-based communication has now existed for decades, people have not gotten better at clearly expressing nuances through words. The absence of intonation and emphasis in plain text often causes people to misinterpret meaning and intent. For better or worse, _____ :
a message of positive intent written in a serious manner can now be relayed properly with the addition of a simple smiley face. No longer is it uncommon for emoticons to be included in formal communications, as these tiny images are even working their way into previously guarded communication, such as interactions with one's boss. Their ability to smooth over any potential wrinkles that unclear wording may have has led to their ubiquitous use among practically all technology-users today.

① people are abandoning non-verbal communication

② emoticons have come to the rescue

③ informal communication is a thing of the past

④ the use of emoticons creates ambiguity

20

Palau is an uninhabited island in the South Pacific that harbors Jellyfish Lake. As its name suggests, this body of water is filled to the brim with golden jellyfish; some 13 million of them inhabit the reservoir. Each day the animals take part in a spectacle few have witnessed. The jellyfish begin their morning at one side of the lake and, over the course of a day, journey across to the other side. This is because the tissues of this particular species contain zooplankton that convert sunlight into energy for them, so they need to follow the sun as it passes overhead. Another reason for the daily _____ is the anemones that share the lake with them. White anemones prey on the jellyfish, but they only grow in the shade. By travelling with the sun from east to west, the jellyfish can stay relatively safe from these predators.

① standstill

② camouflage

③ migration

④ assimilation

정답·해석·해설 p. 44

실전동형모의고사 05회
모바일 자동 채점 + 성적 분석 서비스 바로 가기

QR코드를 이용해 모바일로 간편하게 채점하고 나의 실력이 어느 정도인지, 취약 부분이 어디인지 바로 파악해 보세요.

05회 핵심 어휘 리스트

☑ 잘 외워지지 않는 어휘 및 표현은 박스에 체크하여 한 번 더 확인하세요.

□ skyscraper	몡 고층 건물, 마천루	□ additive	몡 첨가제
□ erect	통 건설하다	□ voice	통 표하다, 나타내다
□ demolish	통 철거하다	□ absorb in	~에 열중시키다
□ consistently	뷔 일관되게	□ indifferent	혱 무관심한
□ continuous	혱 계속되는, 지속되는	□ expertise	몡 전문 지식
□ collision	몡 충돌 사고	□ stimulus	몡 자극
□ workforce	몡 인력, 노동자	□ sanctuary	몡 보호 지역, 안식처
□ market share	시장 점유율	□ buffer	통 완화하다, 보호하다
□ contentious	혱 논쟁을 불러일으키는	□ inquisitive	혱 호기심이 많은
□ classified	혱 기밀의	□ disposition	몡 기질
□ designate	통 지정하다	□ demeanor	몡 태도
□ inauguration	몡 취임식	□ coincidence	몡 우연의 일치
□ shipwreck	몡 난파선	□ credence	몡 신빙성
□ liner	몡 여객선	□ assortment	몡 (여러 가지) 모음, 종합
□ vessel	몡 선박	□ complexion	몡 안색
□ buoyancy	몡 부력	□ virtuous	혱 도덕적인
□ insufficient	혱 부족한, 불충분한	□ corruptible	혱 타락하기 쉬운
□ mandatory	혱 의무적인	□ inherent	혱 내재된
□ abrasion	몡 찰과상	□ smooth over	(문제 등을) 바로잡다
□ rattle	통 덜덜 떨다	□ wrinkle	몡 결점, 사소한 문제점
□ fatality	몡 사망자	□ to the brim	가득, 넘치도록
□ succumb	통 굴복하다, 쓰러지다	□ standstill	몡 정지
□ velocity	몡 속도	□ camouflage	몡 위장
□ nourishing	혱 영양분이 많은	□ migration	몡 이동, 이주
□ laden	혱 가득한	□ assimilation	몡 흡수, 동화

Quiz 각 어휘 및 표현의 알맞은 뜻을 찾아 연결하세요.

01 indifferent	ⓐ 계속되는, 지속되는	06 buoyancy	ⓐ 첨가제
02 laden	ⓑ 영양분이 많은	07 collision	ⓑ 찰과상
03 complexion	ⓒ 무관심한	08 fatality	ⓒ 부력
04 continuous	ⓓ 속도	09 abrasion	ⓓ 사망자
05 velocity	ⓔ 안색	10 camouflage	ⓔ 위장
	ⓕ 가득한		ⓕ 충돌 사고

Answer | 01 ⓒ 02 ⓕ 03 ⓔ 04 ⓐ 05 ⓓ 06 ⓒ 07 ⓕ 08 ⓓ 09 ⓑ 10 ⓔ

06회 실전동형모의고사

제한 시간 : 20분 시작   시   분 ~ 종료   시   분 점수 확인   개/ 20개

※ 밑줄 친 부분의 의미와 가장 가까운 것을 고르시오. [01~04]

01

Fashion reviewers loved the designer's new collection, but consumers did not like the fabrics or absurd colors used in it.

① ridiculous
② vivid
③ bright
④ elaborate

02

Emergency workers discovered that rescuing the victims of the mudslide would be difficult because the continued rain and flooding made their efforts more arduous.

① critical
② amiable
③ destructive
④ laborious

03

Dr. Fritz was worried that his patient did not understand how to treat her disease, so he explained it in detail.

① elegantly
② decisively
③ comprehensively
④ cautiously

04

Around the perimeter of the construction site, protesters stood for 12 hours to call attention to the environmental damage the project would do.

① spotlight
② obscure
③ announce
④ connect

05 어법상 옳은 것은?

① The desks in the kindergarten classroom were far smaller than that in high school classes.

② Kevin was lain on the sofa all day watching television.

③ You'll miss your time in school after you'll be graduating next year.

④ The value of antique furniture depends on when it was created.

06 우리말을 영어로 가장 잘 옮긴 것은?

① 지난주 동안 번개 폭풍으로 인해 두 번의 심각한 산불이 일어났다.

→ Two major wildfires have caused by lightning storms over the last week.

② 그 선장은 모든 선원들이 해 질 녘까지 배에 다시 승선할 것을 명령했다.

→ The captain ordered that all crew be back on board the boat by nightfall.

③ Caroline은 강풍이 간판을 쓰러뜨린 후에 그것을 다시 세워야 했다.

→ Caroline had to put the sign back up after strong winds knock it over.

④ 누구나 그 병에 걸릴 수 있지만, 그것은 건강한 사람들에게는 덜 해롭다.

→ Anyone can be affected by the disease, but it is less harmful to the health.

07 우리말을 영어로 잘못 옮긴 것은?

① 일부 문화에서는 집에 들어갈 때 신발을 벗고 주인에게 인사하는 것이 관습이다.

→ It is customary to remove one's shoes and greet the host when entering a home in some cultures.

② 구급대원들은 병원으로 가는 길에 어떤 시간이라도 허비할 여유가 없다.

→ Paramedics cannot afford to waste any time on the way to the hospital.

③ 연방법은 적절한 허가 없이 위험한 화학물질이 수송되는 것을 막는다.

→ Federal law prevents hazardous chemicals from transporting without the appropriate permits.

④ 시의회 구성원들은 연말에 그들의 임금을 인상하기 위해 투표했다.

→ City council members voted to give themselves a raise at the end of the year.

08 다음 글의 요지로 가장 적절한 것은?

Effective person-to-person communication entails more than simply the exchange of words between a speaker and a listener. It is not enough to verbalize what one means; the nuance and emotion behind the thought must be conveyed through nonverbal means as well. The speaker's stance, movements, and eye contact all add extra information to the words being spoken. However, these can vary from individual to individual and between different societies, so being an effective nonverbal communicator requires an ongoing commitment to improving nonverbal communication skills. There are three major steps that one can take in order to be a more effective nonverbal communicator. First, be sure that the body language you are using matches the words you are saying, to prevent confusion for others. Second, adjust your nonverbal communication clues to your audience, taking into account age, emotional state, and culture. Third, avoid using nonverbal clues and body language that can be construed as negative to prevent making others uncomfortable or stressed, which can hinder effective communication. By following these nonverbal steps, a speaker can be sure that his or her listeners get the full message that is being communicated.

① We can prevent stress by avoiding negative topics.

② We are often restricted by cultural variations in language.

③ We need to strive to ensure that our actions accurately express what we intend.

④ We would be wise to use detailed and specific words to communicate with others.

09 다음 글의 제목으로 가장 적절한 것은?

While we can't predict what the future may hold, we can be sure that advances in computing and robotics will greatly affect how we live. One unique aspect of this change is how we entertain ourselves. Since their invention less than a century ago, computers have already changed our lives, be it our ability to communicate over great distances or our reliance on social media for staying informed about the world. They also allow us to stream movies, music, and TV shows and their entertainment capabilities are only increasing. Soon, computer-generated virtual reality may allow even more personalized and immersive entertainment. Further, artificial intelligence in robots has the possibility of making robots not only useful tools, but also companions and entertainment sources. We may be able to talk to robots, play with them, and otherwise interact with them in order to entertain ourselves. We've already invented robotic pets that fulfill this role, but in the future, we may have humanoid robots to entertain ourselves with. We have been developing newer and more advanced robots at a breakneck pace. These changes have radically altered mundane, everyday tasks in our lives. But they are proving even more impactful on how we spend our free time, and technology will continue to affect this for years to come.

① Why Will Technological Advances Arise in the Future?

② How Will Technology Influence Entertainment?

③ What Will Virtual Reality Contribute to Technological Development?

④ What Changes Will Space Exploration Cause in the Future?

10 다음 글의 내용과 일치하지 않는 것은?

In the United States, the right of citizens to bear arms is constitutionally guaranteed. According to the Second Amendment, the ability to purchase firearms is protected, as gun ownership is considered necessary for American citizens to be able to protect themselves and the nation. Today, American citizens hold more than 393 million guns, meaning there are 20 percent more guns in the country than people. This is a gun ownership rate nearly three times higher than the next country. Unfortunately, with so many guns in circulation, the country has an exceptionally high rate of gun-involved homicides also, especially with regard to mass shootings. Surprisingly, when these events occur, the reaction in the country is not a drop in weapon sales. In fact, just the opposite occurs: gun sales skyrocket. For instance, after the San Bernardino shootings that killed 14 people, handgun sales rose by 62 percent. Researchers believe that this increase is the result of multiple factors. For one, people feel insecure in the aftermath of such events and purchase firearms to protect themselves. Others stockpile weapons under the impression that widespread outrage and media coverage will result in additional firearm regulations.

① In the United States, gun ownership is protected by the country's basic principles.

② Guns owned by the citizens currently outnumber the people in the United States.

③ Citizens tend to sell their stocks of firearms when they believe regulations are coming.

④ Firearm sales surge after highly publicized gun-related crimes in the US.

11 두 사람의 대화 중 가장 어색한 것은?

① A: When is the last day to submit an application?

　B: You have to submit it by next Friday.

② A: Can I get a window seat?

　B: I'm sorry. They've all been taken already.

③ A: Where should we have Marlene's birthday party?

　B: I don't mind hosting it at my house.

④ A: I heard that you learned to make kimchi.

　B: It's always good to hear from you.

12 밑줄 친 부분에 들어갈 말로 가장 적절한 것은?

A: Good morning. Thank you for calling AutoBarn Rent-A-Car. This is Jade. How may I assist you today?

B: Hi. I'm planning to bring my family to the beach this weekend, so I need to rent a van.

A: I'm sorry, we don't have any vans available. However, we do have some SUVs.

B: _____?

A: Yes, no problem. Our smallest SUV has six seats and we have larger ones that can fit up to nine.

B: Oh, I think the smallest one would work. How much is that one?

A: It's $75 per day, plus gas.

B: That's perfect. That's less than I expected.

① Are your vehicles equipped with navigation systems

② Can I request a car with an automatic transmission

③ Would any be able to fit five people and a dog

④ Do I need to make a reservation

13 밑줄 친 (A), (B)에 들어갈 말로 가장 적절한 것은?

Charter schools operate as an alternative to traditional state-run public schools. They receive only a portion of their funding from the state, but are subject to significantly fewer regulations. Proponents argue that these schools have higher graduation rates than more traditional schools. Additionally, charter school students tend to score somewhat better on standardized tests. Therefore, they believe, an increased amount of public money and resources should be sent to charter schools. In addition, they contend that charter schools create competition in the marketplace, forcing all competitors to improve in quality by resulting in the closure of worse schools and leaving only quality institutions. ____(A)____, critics argue that diverting resources away from public education, and the lack of standardization, creates an uneven quality across schools, leading to wasted spending on fraudulent schools. They contend that the test scores at charter schools are non-representative due to having selective admission criteria. ____(B)____, the test scores have become increasingly meaningless, as the lack of standardized curriculums has resulted in various education goals and measures of success between different charter schools.

	(A)	(B)
①	In contrast	Instead of this
②	Therefore	For example
③	In contrast	Furthermore
④	Therefore	Regardless of this

14 다음 글의 주제로 가장 적절한 것은?

In recent decades, employers have come to recognize that the well-being of individual workers is an important factor in the overall success of a corporate entity. As a result, they have instated programs to ensure both the physical and emotional health of their workers, benefits as varied as increased health insurance, expanded leave programs, more time flexibility, and better-equipped break rooms and lounge areas in the office. While these can be expensive outlays from the company's point of view, the return is overall positive, as they increase employee productivity and retention, saving money in the long run.

① improving staff health insurance

② ways to attract additional workers

③ benefits of backing employees' well-being

④ maximizing long-term profits through employee retention

15 주어진 글 다음에 이어질 글의 순서로 가장 적절한 것은?

Although our lives are physically much easier than those of our ancestors, who had to perform grueling physical labor, people today are more mentally stressed than in the past.

(A) Does this indicate that people will forevermore be negatively affected by the technology that we are surrounded by in our daily lives?

(B) A recent study shows that this does not necessarily have to be so. By limiting when we use technology to a specific time, people can get its benefits without suffering from digital-related stress.

(C) One of the biggest sources of stress in the modern world is the same factor that makes our lives less physically taxing: technology, which can cause constant distraction and sleep deprivation, among other problems.

① (A) – (C) – (B) ② (B) – (A) – (C)

③ (C) – (A) – (B) ④ (C) – (B) – (A)

16 다음 글의 흐름상 가장 어색한 문장은?

The lymphatic system consists of a number of organs and nodes that help the body stay healthy by ridding it of toxins, waste, and other undesirable materials, and by transporting a fluid called lymph that contains disease-fighting white blood cells. Of these lymphatic system components, the largest, and one of the most important, is the spleen. ① The organ's main job is to filter the blood, monitoring red blood cells as they flow through it and recycling those that are defective. ② From these damaged cells, the spleen can harvest iron and return it to the bone marrow to allow the further production of hemoglobin. ③ During the filtering process, the spleen also detects dangerous microorganisms and prompts an immune response to fight them in the body. ④ To ensure proper functioning of the spleen system, it is important to drink plenty of water and avoid taking in unnecessary toxins and pollutants. Despite these important functions, the body can actually survive without the spleen, as other organs will work harder to perform similar functions if this small organ is damaged by injury or infection.

17 주어진 문장이 들어갈 위치로 가장 적절한 것은?

At this point he set about exposing various items to these waves, starting with eggs, which exploded after a short time, and corn kernels, which popped perfectly.

In 1946, a Raytheon technician named Percy Spencer was working on a way to increase the level of power in magnetron tubes — vacuum tubes that produce electromagnetic energy — when he made an important discovery. (①) After working all morning with the magnetron, Spencer reached into his pocket to take out a peanut cluster bar at lunch. (②) Surprisingly, he found that the candy bar had melted into a sticky, gooey blob. (③) Believing that this was somehow related to the technology he was working with, Spencer wondered how other food items would react to the waves created by the magnetron. (④) Within a year, Spencer and his team had taken his discovery and created a box that used electromagnetic energy to cook food — the first commercial microwave oven.

18 다음 글의 내용과 일치하지 않는 것은?

Naples, Italy's third-largest city and the capital of the Campania region, is world-famous for being the birthplace of the modern pizza, which was first made there in the mid-1800s, but in recent years, the city has also become known for its massive, ongoing trash problem. Starting in the 1980s, landfills in the region filled up and by 1999 all of them had to be closed. Without a proactive response from the city, trash piled up in the streets. The situation grew so dire that the national government declared it an emergency and sent in cleaning crews that removed seven million tons of rubbish. This trash was then incinerated in a new factory that produced enough refuse-derived fuel to power more than 200,000 local homes.

① 피자는 수 세기 전에 나폴리에서 유래되었다.
② 1980년대 이후 나폴리 주변의 매립지가 가득 차 문을 닫아야 했다.
③ 이탈리아 정부는 쓰레기를 처리할 청소부들을 나폴리 매립지에 보냈다.
④ 나폴리의 쓰레기는 그 지역의 한 공장에서 야기되었다.

19 밑줄 친 (A), (B)에 들어갈 말로 가장 적절한 것은?

Scientists have only recorded worldwide thermometer-based temperature readings since the 1880s. However, they have been able to establish environmental temperatures dating back thousands of years by measuring the isotope levels of ice-core samples. Isotopes are distinct versions of molecules that differ based on the number of neutrons they contain. For instance, oxygen has three isotopes with 16, 17, or 18 neutrons. Researchers measure the number of each oxygen isotope in the samples they collect. Because oxygen-18 isotopes are the heaviest, water containing these evaporates more slowly than water with more oxygen-16 isotopes, which are the lightest. The ratio of each isotope _____(A)_____ in core samples depending on the air temperature when they formed. This is because air temperatures affect the water cycle and which isotopes are more prevalent in water at a particular time. Those formed during hotter periods have more oxygen-18 isotopes. As a result, researchers can use the isotope ratios and algorithms to determine how _____(B)_____ the temperature was when the ice core formed.

	(A)	(B)
①	varies	high
②	emits	variable
③	varies	normal
④	emits	constant

20 밑줄 친 부분에 들어갈 말로 가장 적절한 것은?

To date, scientists have identified two million individual species on Earth and believe that millions more may actually exist. This large number of species is due to the type of evolution first described by Charles Darwin in *On the Origin of Species.* According to Darwin's book, the _____ is due to a process of speciation in which the individuals of a species that are best suited to a space in the ecosystem will survive to pass on their genes. Over many generations, the genetic lineage of these individuals is reinforced and eventually, a new species is formed. Darwin based this idea on observations of finches in the Galapagos Islands. Although they were all of the same type of bird, different individuals had specialized beaks that allowed them to thrive by taking advantage of a particular food source on the islands, which over time came to be the marker of a separate species.

① protection of ecosystems

② diversification of extant organisms

③ discovery of unique life forms

④ importance of protecting species

정답·해석·해설 p. 55

06회 / 핵심 어휘 리스트

☑ 잘 외워지지 않는 어휘 및 표현은 박스에 체크하여 한 번 더 확인하세요.

☐ absurd	혱 터무니없는		☐ skyrocket	동 급등하다
☐ elaborate	혱 정교한, 정성을 들인		☐ insecure	혱 불안한
☐ arduous	혱 힘든, 고된		☐ outnumber	동 ~보다 수가 더 많다
☐ amiable	혱 쾌활한, 상냥한		☐ surge	동 급증하다
☐ destructive	혱 파괴적인		☐ equip with	~을 갖추다
☐ laborious	혱 힘든, 어려운		☐ fraudulent	혱 부정한, 사기를 치는
☐ decisively	부 단호하게		☐ selective	혱 선별적인, 까다로운
☐ comprehensively	부 철저히, 완전히		☐ instate	동 배치하다, 임명하다
☐ perimeter	명 주변, 주위		☐ flexibility	명 유연성
☐ obscure	동 ~을 애매하게 하다 혱 모호한		☐ grueling	혱 심한, 기진맥진케 하는
☐ on board	승선한, 탑승한		☐ taxing	혱 아주 힘든, 부담이 큰
☐ customary	혱 관습의		☐ deprivation	명 부족, 박탈
☐ paramedic	명 구급대원, 의료 보조원		☐ detect	동 검출하다, 탐지하다
☐ entail	동 수반하다		☐ prompt	동 유발하다, 자극하다
☐ verbalize	동 말로 표현하다		☐ infection	명 감염
☐ stance	명 자세, 태도		☐ commercial	혱 상업적인, 민영의
☐ vary	동 다르다, 다양하다		☐ proactive	혱 적극적인, 주도적인
☐ construe	동 ~으로 해석하다, 이해하다		☐ send in	~을 파견하다
☐ breakneck	혱 아주 빠른		☐ incinerate	동 소각하다
☐ mundane	혱 평범한, 일상적인		☐ variable	혱 변화하는
☐ contribute	동 기여하다		☐ constant	혱 일정한
☐ exploration	명 탐사, 탐험		☐ lineage	명 혈통, 계통
☐ constitutionally	부 헌법상		☐ reinforce	동 강화하다
☐ in circulation	유통되고 있는		☐ diversification	명 다양화
☐ exceptionally	부 이례적으로, 유난히		☐ extant	혱 현존하는

Quiz 각 어휘 및 표현의 알맞은 뜻을 찾아 연결하세요.

01 infection	ⓐ ~보다 수가 더 많다	**06** exploration	ⓐ 헌법상
02 stance	ⓑ 감염	**07** flexibility	ⓑ 승선한, 탑승한
03 perimeter	ⓒ 자세, 태도	**08** constitutionally	ⓒ 유연성
04 outnumber	ⓓ 철저히, 완전히	**09** on board	ⓓ 선별적인, 까다로운
05 instate	ⓔ 주변, 주위	**10** selective	ⓔ 관습의
	ⓕ 배치하다, 임명하다		ⓕ 탐사, 탐험

07회 실전동형모의고사

제한 시간 : 20분 시작   시   분 ~ 종료   시   분 점수 확인 개/ 20개

01 밑줄 친 부분에 들어갈 말로 가장 적절한 것은?

> Chad is a nation that is _____ to drought, leaving its people vulnerable to severe instances of malnutrition when crops are ruined from lack of rainfall.

① suspensive
② susceptible
③ sympathetic
④ copious

02 밑줄 친 부분과 의미가 가장 가까운 것은?

> My wife and I spent a long time deciding whether we wanted to go all out for our vacation this year.

① take a chance on

② take another look at

③ put everything on

④ do away with

※ 밑줄 친 부분에 들어갈 말로 가장 적절한 것을 고르시오. [03~04]

03

> A: The weather is so nice these days. Why don't we go camping?
> B: That's a good idea. But aren't you forgetting something?
> A: I don't think so. Am I?
> B: _____.
> A: Oh, that's no problem. My brother said he'd lend us all his gear.

① We should invite your brother

② It's supposed to rain this weekend

③ We already have another appointment

④ We don't have any equipment

04

> A: Hi, I bought this shirt here last week, but it doesn't fit.
> B: Oh, I'm sorry to hear that. Would you like a refund?
> A: Actually, I'd like to exchange it.
> B: Okay. _____
> A: It's a medium, so I think a small would work.
> B: Give me a minute and I'll find you one.
> A: Thank you so much.

① What size do you need?

② I think it'll look great on you.

③ Would you like it in another color?

④ They're on the shelf over there.

05 우리말을 영어로 잘못 옮긴 것은?

① 잘 훈련된 개들은 언제나 그들의 주인들을 기쁘게 해 주려고 노력한다.

　→ Well-trained dogs always try to please their owners.

② 나의 선생님이 없었다면, 나는 좋은 발표를 할 수 없었을 텐데.

　→ Had it not been for my teacher, I couldn't have given a great presentation.

③ 그녀가 그녀의 남동생에 대한 이야기를 하고 있는 동안 그에게 전화를 받았다.

　→ She got a call from her brother while she was telling a story about him.

④ 그녀를 설득한 것은 그의 많은 성과가 아니라 그의 상냥한 마음씨였다.

　→ It was not his many successes and his kind heart that won her over.

06 글의 제목으로 가장 적절한 것은?

Although global warming is a serious problem, there are many who disagree that humans are causing this phenomenon. However, despite their denial, nearly 97 percent of researchers who specialize in studying the environment agree that humans are having a direct impact on climate change. They insist that we must make some changes soon if we are to stop climate change from growing worse and save the planet. One of the most common proposals is rethinking our transportation, electric, and industrial systems. These three factors alone account for 80 percent of the emissions that are causing climate change. By switching to cleaner, renewable fuel sources in only these three economic sectors, we could greatly cut pollution and reduce our effect on climate change.

① To Save the Planet, Reduce Human Activities

② Increased Industrial Output Causes Higher Global Temperatures

③ It Is Up to Us to End Human-Induced Climate Change

④ Scientists Disagree Over the Cause of Global Warming

07 글의 내용과 일치하지 않는 것은?

A hospital in New Jersey is demonstrating how health services react when they do not have adequate funding. In addition to reneging on their word to increase hourly pay for nurses, hospital administrators are under attack for letting nearly 50 janitorial employees go last week. This could be especially detrimental to public safety, as the cleaning crew plays an integral part in maintaining a sterile environment for patients and staff. The dismissed workers began protesting in front of the entrance, joined by a surprisingly large number of doctors and other medical professionals. A spokesman from the hospital put out a statement today, saying that a press conference will be held tomorrow morning to explain the need for the downsizing.

① The hospital's physicians protested a decision alongside discharged employees.

② Janitors at the hospital play a vital role in maintaining workplace hygiene.

③ Some hospital employees had to be fired in order to finance the nurses' raise.

④ A recent cutback will be explained tomorrow by the hospital.

08 글의 흐름상 가장 어색한 문장은?

Zambia, located in southern Africa, is quickly becoming a hotspot for the more adventurous traveler. ① As a safari destination, of course, it is one of the best places to witness exotic wildlife in their habitat. Tour agencies offer walking, canoeing, and guided jeep safaris. ② During the dry season in Zambia, visibility is increased due to the lack of foliage, and animals are forced to share water sources. But the living attractions are not the only reason for visiting. Zambia also boasts the world's largest waterfall, Victoria Falls. ③ In addition to their impressive size, the falls have a unique feature called the Devil's Pool. This is a natural swimming spot at the falls' lip that is created by rocks during the drier months. ④ The stone barrier lets brave visitors swim right up to the edge where the water cascades down, without engulfing them. However, visitors are only allowed to access Devil's Pool through seasonal boat tours with a guide.

09 주어진 문장이 들어갈 위치로 가장 적절한 곳은?

Although it was a new genre for Bloom, the work received largely favorable reviews from readers and was much praised by fellow critics.

Literary critics are known for possessing an acerbic tongue, and Harold Bloom has perhaps one of the sharpest. (①) He is especially intolerant of poor writing; he'll censure a bad piece even if he was the one who composed it. (②) Bloom has produced numerous prestigious essays and scholarly articles, but he has also authored exactly one fictional story. (③) In 1979, he published *The Flight to Lucifer* as a sequel to a 1920 fantasy novel. (④) Notwithstanding this, he went on record stating that the book had no redeeming qualities and was absolutely atrocious. The mortified Bloom went so far as to disown the entire thing, demonstrating that no one was exempt from his biting critique.

10 글의 내용과 일치하지 않는 것은?

German historian Hans Kaufmann has come up with a new theory that could rewrite our understanding of a famous artist. According to Kaufmann, the well-known story of how artist Vincent Van Gogh sliced off part of his ear in a fit of madness may be a cover up. After scrutinizing police records and Van Gogh's letters, Kaufmann now believes that he may have been attacked by long-time friend and fellow artist Paul Gauguin. This new theory holds that the friends were involved in a scuffle and Gauguin, a talented fencer, grabbed a rapier and maimed his friend after Van Gogh threw a glass of wine at him. As an act of self-preservation, he then pushed the idea that Van Gogh was mad. If proven true, Kaufmann's theory means that Van Gogh's mental issues could be pure fabrication.

① Hans Kaufmann theorized that Gauguin sliced off Van Gogh's ear.

② Hans Kaufmann studied official reports and personal correspondence.

③ Hans Kaufmann thinks Van Gogh lied to protect his friend.

④ Hans Kaufmann does not believe Van Gogh was truly mad.

※ 밑줄 친 부분과 의미가 가장 가까운 것을 고르시오. [11~12]

11

To prove an argument's validity and logic, one must refrain from making comments that are beside the mark.

① irrelevant
② stamped
③ strange
④ false

12

Our early human ancestors abandoned their nomadic ways for an agricultural lifestyle.

① disciplined
② wandering
③ collaborative
④ unassuming

13 어법상 옳은 것은?

① The professor required that we not cheat during the test.

② Neither the storm will strike the coast is not yet known.

③ Laura is a much active social media user and posts several times per day.

④ The more a challenge is difficult, the more determined he is to overcome it.

14 글의 제목으로 가장 적절한 것은?

Introspection is the process of reflecting on our emotions, internal thoughts, and memories to determine their higher meaning. Introspection allows us to learn about ourselves and our mental state, both current and past. This introspective knowledge is often considered to be the basis for all other thought, as it is our most direct form of knowledge, requiring no external input.

① How to Deal With Emotions Through Introspection
② What Introspection Tells Us About the World
③ The Drawbacks of Introspection
④ Introspection's Role in Understanding Ourselves

15 글의 주제로 가장 적절한 것은?

In an idealized world, the aim of educators should be to help students become the best they can be based on their individual passions and strengths. Examinations should merely be a tool to aid in the attainment of that goal. In reality, however, the educational system has an unhealthy obsession with testing. It strictly focuses on preparing students for entrance exams. This is problematic because companies rarely seek graduates who are good at little else besides taking tests. Rather, the companies crave creativity and problem-solving skills. But the current system, regrettably, does not cater to that.

① how test obsession leads to job success
② tools for helping students retain information
③ the current education system's promotion of creativity
④ an unhealthy emphasis on testing

16 글의 내용과 일치하는 것은?

People in societies around the world celebrate events by toasting with champagne, and having a drink to relax is a normal part of life for many people. However, research indicates that this is more detrimental to one's health than many people assume. Medical professionals know that in addition to the damage excess drinking can do to the body, alcohol is a carcinogen. Yet, most people who drink alcohol do not know this. In fact, less than half of the American public is aware that alcohol can cause cancer. Some believe that this ignorance is due to the interference of the alcohol industry. Liquor manufacturers lobby politicians to prevent legislation that would require them to notify consumers of the risks of consuming alcohol, such as warning labels. Further, they fund research that shows purported benefits of drinking in moderation. Together, these hide the true dangers of drinking and confuse consumers.

* carcinogen: 발암 물질

① 전 세계 대부분의 사회에서는 주류 소비를 비정상적인 활동으로 본다.
② 최근 연구에 따르면 술을 마시면 건강을 증진시키는 데 도움이 된다.
③ 50% 이하의 미국인들이 술과 암 발생의 연관성에 대해 알고 있다.
④ 주류업체들은 과도한 음주의 위험성에 대해 연구자들의 주의를 촉구한다.

17 주어진 글 다음에 이어질 글의 순서로 가장 적절한 것은?

World leaders and economies were in a flutter as the UK prepared to leave the European Union by the summer of 2019. But while the financial consequences may have been extreme for Britain for a few years, the rest of the world did not suffer Britain's fate.

(A) Another statistic from the International Monetary Fund emphasized the misplaced anxiety even more. Over the past 20 years, the UK's share of the global GDP had been steadily declining.

(B) In 2015, it only accounted for about 2.4 percent of the total. This meant that on a global scale, an economic slowdown in Britain would barely nudge the world's larger markets.

(C) In a report released by international investment banking group Goldman Sachs, for instance, the spillover effect into the US, the UK's top import partner, would be a mere 0.1 percent.

① (A) – (C) – (B)

② (B) – (A) – (C)

③ (B) – (C) – (A)

④ (C) – (A) – (B)

18 밑줄 친 부분 중 어법상 옳은 것은?

① Before people gets excited about finding a low-fat version of their favorite food, there's something they should know. Low-fat foods aren't ② usual as healthy as they may sound. Manufacturers add additional sugar to ③ help them being made lower fat foods that are still tasty and have a good texture. This increases the calorie count and ④ hinders people on some diets from getting the benefits of a lower fat snack.

※ 밑줄 친 부분에 들어갈 말로 가장 적절한 것을 고르시오.
[19~20]

19

Free will has been a subject of debate for centuries among philosophers, and none take a more adamant stance against it than determinists. Determinism refers to the school of thought that claims everything, including our own actions, happens the way it does because of prior events that lead up to it. To put it simply, _____.
Many determinists abide by this notion based on the idea that our universe came about through cause and effect that follows natural laws. Free will, the idea that an individual can make choices and act without influence or prompting from outside factors, cannot be reconciled with determinism. In this regard, the ability to make a personal selection is not possible for determinists. They believe we are merely under the illusion that we have the freedom to choose A, B, or C, when in fact, whatever we pick is the inevitable outcome of everything in the past.

① everything can only occur in one specific way

② one's fate is uncertain at the time of birth

③ ensuring freedom is the goal of philosophy

④ all decisions are based on personal goals

20

Founded in 2004, Global Rescue is a crisis response company comprised of highly trained specialists from around the world, including military personnel, paramedics, and nurses. The team has been at the site of most major natural disasters, rescuing victims in highly dangerous situations. Although no one questions the good they do, their tendency to rescue mostly wealthy individuals and professionals is another issue. Global Rescue does make the effort to help anyone in danger, but being a private company with paying members means that aid is tier-based. At times, rescuers have had to pick up customers in perfectly fine condition first, leaving behind non-clients in dire need of medical attention. _____
has disturbed some of the staff, who are specialists trained to provide immediate assistance when someone is dying. It distresses them because they know how to save a person's life but cannot take action unless that person is a member. Global Rescue certainly provides a vital service for many who work in high-risk situations, such as war journalists or mountain guides, but it has also left others to wonder whether profiting should belong in rescue work at all.

① Charging more to wealthy people

② Prioritizing people for rescue

③ Ignoring the causes of natural disasters

④ Working in high-risk situations

정답·해석·해설 p. 66

실전동형모의고사 07회
모바일 자동 채점 + 성적 분석 서비스 바로 가기

QR코드를 이용해 모바일로 간편하게 채점하고 나의 실력이 어느 정도인지, 취약 부분이 어디인지 바로 파악해 보세요.

07회 핵심 어휘 리스트

☑ 잘 외워지지 않는 어휘 및 표현은 박스에 체크하여 한 번 더 확인하세요.

☐ drought	몡 가뭄	☐ maim	동 불구로 만들다
☐ vulnerable	혱 피해를 입기 쉬운, 상처 입기 쉬운	☐ fabrication	몡 위조
☐ suspensive	혱 불안한, 확실치 못한	☐ unassuming	혱 겸손한, 주제넘지 않은
☐ susceptible	혱 영향을 받기 쉬운	☐ determined	혱 결연한, 단호한
☐ copious	혱 풍부한, 막대한	☐ introspection	몡 자기 성찰
☐ specialize in	~을 전문으로 하는	☐ attainment	몡 달성, 성취
☐ emission	몡 배기가스, 배출	☐ obsession	몡 집착, 강박
☐ renege	동 (약속을) 어기다, 저버리다	☐ crave	동 요구하다, 갈망하다
☐ integral	혱 필수적인	☐ excess	혱 과도한 몡 초과
☐ sterile	혱 살균한, 소독한	☐ interference	몡 간섭, 참견
☐ spokesman	몡 대변인	☐ legislation	몡 법률의 제정, 입법 행위
☐ downsizing	몡 인원 삭감	☐ purported	혱 ~이라고 알려진
☐ discharge	동 해고하다	☐ in moderation	적당히, 알맞게
☐ cutback	몡 감축, 삭감	☐ in a flutter	동요하여, 당황하여
☐ exotic	혱 이국적인	☐ nudge	동 자극하다, 슬쩍 찌르다
☐ visibility	몡 가시성, 눈에 보임	☐ manufacturer	몡 제조업체
☐ acerbic	혱 신랄한, 매서운	☐ hinder	동 방해하다
☐ prestigious	혱 훌륭한	☐ adamant	혱 단호한, 확고한
☐ redeeming	혱 (결점 등을) 보완하는, 상쇄하는	☐ abide by	~을 따르다, 준수하다
☐ atrocious	혱 형편없는	☐ come about	생기다, 발생하다
☐ mortify	동 굴욕감을 주다	☐ reconcile	동 조화시키다
☐ exempt	혱 면제된	☐ inevitable	혱 피할 수 없는
☐ biting	혱 신랄한, 통렬한	☐ comprised of	~으로 구성된
☐ scrutinize	동 면밀히 검토하다	☐ in dire need of	~을 절실히 필요로 하는
☐ scuffle	몡 실랑이, 옥신각신함	☐ prioritize	동 ~에 우선순위를 매기다

Quiz 각 어휘 및 표현의 알맞은 뜻을 찾아 연결하세요.

01 acerbic	ⓐ 과도한; 초과	06 renege	ⓐ ~으로 구성된
02 emission	ⓑ 신랄한, 매서운	07 sterile	ⓑ 동요하여, 당황하여
03 interference	ⓒ 가시성, 눈에 보임	08 in a flutter	ⓒ 가뭄
04 excess	ⓓ 간섭, 참견	09 comprised of	ⓓ 살균한, 소독한
05 visibility	ⓔ 피할 수 없는	10 drought	ⓔ 면밀히 검토하다
	ⓕ 배기가스, 배출		ⓕ (약속을) 어기다, 저버리다

Answer | 01 ⓑ 02 ⓕ 03 ⓓ 04 ⓐ 05 ⓒ 06 ⓕ 07 ⓓ 08 ⓑ 09 ⓐ 10 ⓒ

08회 실전동형모의고사

제한 시간 : 20분 **시작** 시 분 ~ **종료** 시 분 **점수 확인** 개/ 20개

※ 밑줄 친 부분의 의미와 가장 가까운 것을 고르시오.
[01~02]

01

> Although the authorities threatened to fine both motorists and pedestrians, traffic laws in the city continue to be <u>flouted</u>.

① coveted   ② resumed

③ disregarded   ④ circumvented

02

> The head of the HR at the firm said that she was disappointed with this year's batch of applicants. Based on feedback from interviewers, she thinks the applicants should prepare better. Most of the interviewers said that many of the answers the applicants gave during their interviews were <u>dull</u>.

① bland   ② detailed

③ inspiring   ④ brave

03 두 사람의 대화 중 가장 어색한 것은?

① A: I must have called him ten times.

   B: Maybe he's still mad at you, so he didn't answer.

② A: Let's eat out somewhere.

   B: I just had dinner, actually.

③ A: It's too bad you had to cancel your vacation.

   B: I'm really glad you enjoyed it.

④ A: Did you get the text message I sent you this morning?

   B: Sorry, I left my phone at home.

04 밑줄 친 부분에 들어갈 말로 가장 적절한 것은?

> A: Have you finished the research for our group project?
>
> B: Not quite. It's taking longer than I thought.
>
> A: Really? I didn't think it would be that difficult. You should be able to find most of the information on the Internet.
>
> B: To be totally honest, I've been busy with my other classes. I need to turn in five assignments next week.
>
> A: _____?
>
> B: It would really be appreciated if you could.

① How will you finish your assignments

② How can you do this to the group

③ Do you need help with the research

④ What else will you be doing this week

05 밑줄 친 부분 중 어법상 옳지 않은 것은?

> Some people never ① <u>consume</u> expired food, while others have no problem eating things well past their expiration date. But just when should food be discarded? In point of fact, ② <u>as much as</u> 35 percent of food in the United States — $160 billion worth — is thrown away even when it's still edible. So much perfectly good food is being ③ <u>wasting</u> due to the confusion regarding the meaning of dates on food packages and the fact ④ <u>that</u> people associate these dates with how safe the food is.

06 어법상 옳은 것은?

① The security system prevented her from gain access to the website.

② He will lose the chance to earn big profits unless he invests in the stock.

③ The promotion of his friend must have been caused him to feel uncomfortable at work.

④ Listening to music was one of my relax hobby today.

07 주어진 글 다음에 이어질 글의 순서로 가장 적절한 것은?

Some people appear to have no bounds to their positivity while others walk around with a dark raincloud above their heads. And pessimists are often told that they should "look on the bright side," but it's easier said than done.

(A) Participants were given images of disturbing situations to look at and asked to think "positively" about the possible outcomes while their brains were scanned. Those who were classified as optimists consistently showed less activity in specific regions of the brain associated with stress compared with their pessimistic counterparts.

(B) A new study found that this difference among people may be biological. Researchers divided the study participants into optimists and pessimists based on their responses to a questionnaire.

(C) That is, the way their minds are inherently formed means that worriers cannot break free of their tendencies even when they imagine optimistic endings.

① (A) – (B) – (C) 　　② (A) – (C) – (B)

③ (B) – (C) – (A) 　　④ (B) – (A) – (C)

08 다음 글의 내용과 일치하는 것은?

Zole-X Corporation regrets to announce that a company-wide hiring freeze will be implemented. Company spokesperson Mary White explains that the temporary halt in employee acquisition is a panacea to the dips in revenue the organization suffered earlier this year. Zole-X is a major employer in the Hartville region with an employee roster of 50,000 spread across several warehouses, factories, and offices. The company was founded in 1992 and has since been a leader in network security solutions and production. Deployed in conjunction with an overall streamlining effort and on the advice of an outside consulting agency, the freeze will allow Zole-X to avert any layoffs in the foreseeable future. Selected personnel will be required to undergo additional training to diversify their skill sets and cover the potential dearth of new talent that may occur as a consequence of the freeze. A year hence, Zole-X will reassess operations to determine the policy's effectiveness.

* panacea: 만병통치약　　　* dearth: 부족

① The hiring freeze is expected to cause profits to fall.

② Zole-X Corporation has plans to eliminate 50,000 positions.

③ An external advisor's input impacted the decision to freeze hiring.

④ Employee training will also be halted as part of the hiring freeze.

09 다음 글의 주제로 가장 적절한 것은?

Some countries are wary about becoming multicultural, fearing that they may lose their unity and identity. Here's what research says about that. In Canada, multiculturalism contributes to the people's national identity. It bridges the gap between French and English-speaking citizens who reside there, and makes them feel as one. The largely homogenous South Korea views multiculturalism as a symbol of modernization. Being multicultural is associated with liberal, forward-thinking nations. In both cases, the atmosphere of openness and tolerance toward other cultures has afforded them opportunities not had by countries that are less open. Canada and South Korea have had an influx of outside talent, foreign investment, and international students. The result has been a boost to their economies, and they now rank as leaders in the international arena. For example, foreign-born residents make up only 20 percent of the current Canadian population, yet proportionally they win more literary, research and performing arts awards. In addition, Canadian culture gets a boost from the ethnic restaurants and supermarkets that are now part of the communities across the country. Finally, immigrants who become citizens have high voter rates and invest in local projects.

① multiculturalism as a national identity

② multiculturalism and its advantages

③ reasons for sudden boosts in economies

④ nations with advanced thinking and talents

10 글의 흐름상 가장 어색한 문장은?

More than ever these days, high school graduates are choosing to take a year off from academics before heading to university. ① Known as a "gap year," this time off gives students a chance to gain valuable work or volunteer experience, travel the world, or pursue other hobbies. ② But critics dismiss the increasingly common practice as an unnecessary diversion, arguing that it increases the chances of young people not wanting to continue on their educational path. ③ This is a valid argument, as some do end up losing their way, but a gap year can provide a host of benefits to others who take them. ④ A few gain admission to university before requesting to defer their freshman year. Many educators believe that the experience helps teens blossom into independent adults, resulting in more mature individuals who have a better idea of what they want in life.

※ 밑줄 친 부분의 의미와 가장 가까운 것을 고르시오.
[11~12]

11

Parents can be overly frugal at times, but as time goes by, some feel they were deprived of the good things while young.

① averse to

② kept from

③ exchanged for

④ impressed on

12

In order to get the hang of tying the appropriate knots, new sailors often have to practice them many times.

① be amazed by

② become skilled at

③ make do with

④ make a mess of

※ 밑줄 친 (A), (B)에 들어갈 말로 가장 적절한 것을 고르시오.
[13~14]

13

The Literary Digest successfully predicted the outcomes of five consecutive US presidential elections between 1916 and 1932 by using public opinion surveys. In 1936, though, this string of accurate ____(A)____ came to an end. After tabulating 2.3 million survey responses, the publication confidently proclaimed that Alf Landon would defeat Franklin D. Roosevelt. However, Roosevelt collected 62 percent of the actual votes. The result ____(B)____ with the expectation because of selection bias. *The Literary Digest* mailed out its ballots based on lists of names in telephone directories, and telephones were a luxury item in the 1930s, available only to the affluent.

	(A)	(B)
①	reproaches	was forged
②	occurrences	contracted
③	forecasts	contrasted
④	analyses	was forgone

14

As individuals with our own sets of eyes and ears, we experience a subjective reality that is unique to us based on our personal observations. However, we should not let our interpretations of reality be in opposition to facts. ____(A)____ we pursue a nuanced interpretation, it might lead to overgeneralizations. For example, a person whose female friends wear high heels may assume that all women wear high heels. Yet, when this person observes a larger population, he or she will realize this assumption is false. This example may be harmless, but such thinking can lead to prejudices. ____(B)____, such thinking is dangerously commonplace, occurring in everything from trivial instances, as in the previous example, to more-damaging situations with lasting consequences. To combat this tendency, people need to critically analyze the conclusions they come to and the data they're presented.

	(A)	(B)
①	If	In contrast
②	If	Likewise
③	Unless	As a result
④	Unless	Unfortunately

15 주어진 문장이 들어갈 위치로 가장 적절한 것은?

This idea couldn't be further from the truth, as it provides benefits for participating students.

Two out of three college seniors say they feel unprepared to enter the job market after they graduate. (①) Yet much of this uncertainty can be assuaged by taking advantage of Career Services, free job counseling offered at schools. (②) Unfortunately, many do not even know about the service, while others fail to realize it is free and end up not making use of it. (③) Furthermore, there are those who do not believe the guidance program can help them at all. (④) Students who utilize Career Services' programs feel less intimidated entering the workforce, so it is imperative that schools encourage their students to utilize this valuable resource.

16 우리말을 영어로 잘못 옮긴 것은?

① 그가 극장에서 볼 새로운 영화가 있었다.
→ There was a new movie for him to watch at the theater.

② 저는 당신 친구와의 언쟁을 엿들을 수밖에 없었습니다.
→ I couldn't help overhearing your discussion with your friend.

③ 그 행사는 왕실에 의해 몇 세기 동안 매년 참석 되어왔다.
→ The ceremony has attended by the royal family every year for centuries.

④ 오직 지연이 없는 경우에, 우리는 일을 끝낼 수 있다.
→ We can finish the job, provided there are no delays.

※ 다음 글의 내용과 일치하지 않는 것을 고르시오. [17~18]

17

Flowering plants offer the incentive of sweet nectar to entice insect pollinators, but some orchids rely on sexual deception instead. They produce petals that bear a close resemblance to the females of a particular bee, and some use particular colors of petals in order to attract males. While visual deception works best at shorter ranges, chemical deception is more effective from afar, leading some to produce pheromones that duplicate those produced by female bees. Unsuspecting males are attracted to the dummy females and try mating with them, picking up pollen that inadvertently gets deposited onto the next orchid they encounter. Researchers had long been perplexed by the efficacy of using this trick as an evolutionary strategy, since it concentrates on luring in a single species. Multiple pollinators can mean more opportunities for pollination. However, a team discovered that the pollen picked up in such cases were often dropped or moved to unrelated species, rendering the act futile. Deceptive orchids deal with one reliable pollinator that solely specializes in fertilizing them, so their pollen is adeptly spread among their own species.

① Every type of flowering plant provides pollinators with nectar.

② Bees pollinate orchids by picking up pollen accidentally.

③ Deceptive orchids entice bees by stimulating both their sight and smell.

④ Attracting a wide range of pollinators isn't always an efficient approach.

18

People in their forties and fifties often experience a phenomenon known as a "midlife crisis." As people age, their health tends to decline, and they invariably lose their parents. This makes them more aware of their own mortality. Consequently, they begin to think about their accomplishments, reassessing them in terms of their previous goals. If, after this period of reflection, they believe they have fallen short, they may decide that it is necessary to make adjustments to their lives while they still have the chance. This may involve transitioning to a new career or pursuing a passion that had been put on hold. On the other hand, the changes people make during this period can just as easily be harmful, because in the pursuit to find oneself anew, one might make reckless financial and personal decisions.

① The combination of worsening health and dying parents causes people to question their lives.

② People rethink their lives, successes, and failures by comparing them to earlier dreams.

③ People give up making changes to their lives even when their goals haven't been met.

④ The choices people make during a midlife crisis can be negative as well as positive.

※ 밑줄 친 부분에 들어갈 말로 가장 적절한 것을 고르시오.
[19~20]

19

According to the ancient Greek philosopher Epicurus, humans retain an unfounded terror regarding death. He contended that a person dying inflicts no material harm to those who are currently living. For the departed also, _____: they no longer exist as an individual and therefore do not feel any pain. Epicurus dismissed the notion that the common attitude toward death could logically arise from the thought of an unpleasant afterlife. Though he accepted the concept of souls, he argued that they must be composed of atoms. Since the body's atoms disperse once people die, he believed that there is no way the soul can be harmed in the afterlife—thus concluding that humans' fear of their own eventual demise was irrational.

① death is a cause for celebration

② being dead is of no consequence

③ living is a much worse fate

④ treatment is of the gods' choosing

20

Most websites have grown to become approximately twice as large now as they were three years ago due to their more frequent use of videos and images, not to mention the addition of new data tracking and security technologies. While these are all things that enhance a website's appearance and provide a better experience for the viewer, the increased bulk and higher level of involvedness is causing them to become more sluggish. To make matters worse, mobile consumption of web content has increased dramatically, forcing developers to _____ numerous versions of sites in order to accommodate each Internet-accessible device that hits the market. This grows the density of the code that needs to be written, which contributes to a website's complexity and ultimately causes it to load less quickly than before, even if it isn't something immediately noticeable to most users.

① deteriorate

② create

③ relocate

④ abandon

정답·해석·해설 p. 77

실전동형모의고사 08회
모바일 자동 채점 + 성적 분석 서비스 바로 가기

QR코드를 이용해 모바일로 간편하게 채점하고 나의 실력이 어느 정도인지, 취약 부분이 어디인지 바로 파악해 보세요.

08회 / 핵심 어휘 리스트

☑ 잘 외워지지 않는 어휘 및 표현은 박스에 체크하여 한 번 더 확인하세요.

☐ flout	통 무시하다, 어기다	☐ tolerance	명 관용
☐ covet	통 갈망하다, 몹시 탐내다	☐ proportionally	부 비례적으로
☐ resume	통 재개하다	☐ dismiss	통 일축하다, 묵살하다
☐ circumvent	통 피하다, 우회하다	☐ diversion	명 기분 전환, 오락
☐ bland	형 재미없는, 단조로운	☐ defer	통 연기하다, 미루다
☐ turn in	제출하다, 건네주다	☐ consecutive	형 연이은, 연속적인
☐ appreciate	통 고마워하다, 가치를 인정하다	☐ proclaim	통 공포하다
☐ confusion	명 혼동, 혼란	☐ affluent	형 부유한
☐ pessimist	명 비관주의자	☐ reproach	명 비난
☐ disturbing	형 충격적인, 불안한	☐ forge	통 위조하다
☐ counterpart	명 상대	☐ combat	통 싸우다
☐ implement	통 시행하다	☐ assuage	통 완화하다, 달래다
☐ halt	명 중단 통 중단하다	☐ take advantage of	~을 이용하다
☐ revenue	명 수익	☐ intimidate	통 겁을 주다
☐ roster	명 직원 명단	☐ imperative	형 필수적인
☐ deploy	통 전개하다	☐ deception	명 속임수, 기만
☐ in conjunction with	~과 함께	☐ inadvertently	부 우연히, 자기도 모르게
☐ streamline	통 간소화하다, 합리화하다	☐ efficacy	명 효능, 효험
☐ avert	통 피하다, 막다	☐ adeptly	부 뛰어나게
☐ layoff	명 강제 해고	☐ inflict	통 (괴로움 등을) 가하다, 안기다
☐ undergo	통 받다, 겪다	☐ disperse	통 흩어지다, 해산하다
☐ reassess	통 재평가하다	☐ demise	명 죽음
☐ effectiveness	명 유효성	☐ irrational	형 비논리적인
☐ homogeneous	형 동족의, 역사적 상동의	☐ bulk	명 규모, 크기
☐ modernization	명 현대화	☐ accommodate	통 맞추다, 부응하다

Quiz 각 어휘 및 표현의 알맞은 뜻을 찾아 연결하세요.

01 flout	ⓐ 유효성		**06** turn in	ⓐ 상대	
02 in conjunction with	ⓑ 무시하다, 어기다		**07** counterpart	ⓑ 강제 해고	
	ⓒ ~과 함께			ⓒ 재평가하다	
03 assuage	ⓓ 완화하다, 달래다		**08** layoff	ⓓ 재개하다	
04 effectiveness	ⓔ 비난		**09** deploy	ⓔ 전개하다	
05 undergo	ⓕ 받다, 겪다		**10** reassess	ⓕ 제출하다, 건네주다	

Answer | 01 ⓑ 02 ⓒ 03 ⓓ 04 ⓐ 05 ⓕ 06 ⓕ 07 ⓐ 08 ⓑ 09 ⓔ 10 ⓒ

09회 실전동형모의고사

제한시간 : 20분 시작 시 분 ~ 종료 시 분 점수 확인 개/ 20개

※ 밑줄 친 부분의 의미와 가장 가까운 것을 고르시오.
[01~04]

01

Film studios try to be extremely circumspect about how much information they reveal about each of its movies prior to their release.

① cautious
② casual
③ hasty
④ isolated

02

Many customers who complained about the hotel's rooms after it was remodeled said the decorations were too pretentious.

① appalling
② flawless
③ modest
④ showy

03

After the artist's abstract painting had been hung, he was upset to find that it was upside down.

① balanced
② privileged
③ inverted
④ compelled

04

The art critic has a soft spot for the early works of Pablo Picasso, which he says are some of the artist's best.

① adores
② collects
③ scrutinizes
④ mentions

05 어법상 옳은 것은?

① I'll respond right away as soon as I'll receive your invitation.

② The top speed that a dog can run at is faster than those of a human.

③ People who work hard generally get further in life than the laze.

④ The restaurant's dishes are expensive compared to how much the separate ingredients cost.

06 우리말을 영어로 가장 잘 옮긴 것은?

① 내가 그 번호로 전화를 걸자마자 상대편의 누군가가 전화를 받았다.

→ Hardly did I finish dialing the number when someone on the other end picked up.

② 건물 주인은 바깥에 있는 차량을 옮겨달라고 요구했다.

→ The owner of the property demanded that the vehicle outside be moved.

③ 팀원 중 단 한 명만이 문제를 이해하고 해결책을 제시할 수 있었다.

→ Only one member of the team was understood by the problem and was able to provide a solution.

④ 그녀는 대학을 위해 대출받은 빚을 갚았다.

→ She paid back the loan that she will take out for college.

07 우리말을 영어로 잘못 옮긴 것은?

① 집에 도착하자마자 당신의 식료품을 치우고 부엌을 정돈하는 것은 현명하다.

→ It is prudent to put away your groceries and clean the kitchen as soon as you get home.

② 그들이 그들의 우상을 만나게 되었을 때, 그들은 너무 긴장해서 눈을 마주칠 수 없었다.

→ When they got to meet their idol, they were too nervous to make eye contact.

③ 그 경찰관은 그 남자가 협조하지 않으면 체포될 것이라고 그를 위협했다.

→ The police officer threatened the man with arresting if he did not cooperate.

④ 그 시위자는 자신을 건물의 앞에 수갑 채웠다.

→ The protester handcuffed himself to the front of the building.

08 다음 글의 요지로 가장 적절한 것은?

Everyone has opinions about a variety of issues, and many openly make claims based on those views, which they use to try to get others to think about an issue in a certain way. What should we do when we are faced with these kinds of unproven claims? One of the most important things to do is to fact-check them when they are made. This will help us avoid being taken in by attempts to direct our thoughts or decisions. There are a few things we must do when presented with a dubious claim: 1. Ask for elaboration. A claim may be a summary of a more complicated idea that requires context to better understand and appreciate. 2. Request sources. Find out where the claimant discovered this information so that you can review the source itself and see if your interpretations match up. 3. Pose questions. Determine the extent of the claimant's knowledge of the topic and how much personal investment they have in whether or not the claim is true. If it is of no great concern to them, further scrutiny is unnecessary.

① We can question the sincerity of a claimant who lacks proper sources.

② We should engage in skeptical inquiry to assess unverified assertions.

③ We must construct an argument of our own before confronting claims.

④ We evaluate which claims are true or false for ourselves.

09 다음 글의 제목으로 가장 적절한 것은?

Technology is changing in a multitude of exciting and sometimes frightening ways. Not only are more concepts being created and developed all over the world, but independent inventors are making use of crowd-funding platforms to finance their own creations. In Japan, for instance, a team has created a prototype for a real flying car. In the United States, a man has built a large exoskeleton that can lift lumber and other heavy objects. In the UK, after having successfully developed a trial model, plans are underway to release a commercial quantum computer, which will operate at speeds well beyond current computers. It's unclear how such technologies will enter our everyday lives. They may take the form of social media and smart phones, which required their gradual adoption by millions of people until they became the standard for modern communication. Or they may be introduced like electric scooters, which suddenly popped up all over cities and became instantly adopted as the preferred mode of transportation for many. Some may be temporary trends that people lose interest in quickly, while others may endure, and others still may be but a stepping stone to the next innovation.

① What Urban Changes Did New Vehicles Cause?

② How Will Flying Cars Change the Automobile Market?

③ What Benefits Will Next-Level Computers Offer?

④ How Will Technology Affect the Future of the World?

10 다음 글의 내용과 일치하지 않는 것은?

Often called Earth's lungs, forests are ecosystems dominated by the presence of trees. These important areas cover nearly one-third of Earth's surface and are found on every continent, aside from Antarctica. However, not all forests are the same, as various factors related to their location have a great impact on forest ecology. Near the equator, where temperatures, precipitation, and humidity levels are constantly high, we find the most iconic type of forest, the tropical rainforest. These lush jungles have incredibly high biodiversity and are home to an unmatched number of plant and animal species. At extreme northerly latitudes in North America, Europe, and Asia, where winters are long and harsh, are the taiga. These forests have much lower floral biodiversity and are dominated by coniferous trees, which are more tolerant of the freezing temperatures, low rainfall, and low-light conditions found in the area. In places away from the polar and tropical zones, most woodland takes the form of temperate deciduous forests. The seasonal weather changes in these forests allow them to have great diversity of both trees and understory vegetation, which refers to the plants that form the forest's underlying layer.

① There are forests on every continent on Earth.

② Consistently high temperatures and precipitation characterize tropical rainforests.

③ The harsh conditions of the taiga limit the types of trees that can inhabit it.

④ Temperate deciduous forests make up most woodland outside of tropical and polar zones.

11 두 사람의 대화 중 가장 어색한 것은?

① A: Do you ever go bowling?

B: Only once in a while.

② A: What do you think of this song?

B: It's got a really nice melody.

③ A: Have you been to Hawaii?

B: No, it's been on my bucket list.

④ A: Can you give me a lift later?

B: Just make a left over there.

12 밑줄 친 부분에 들어갈 말로 가장 적절한 것은?

A: Hello, this is the Spencer Center Box Office. I'm Hans. How can I assist you today?

B: I'd like to reserve a ticket to the play *Monica's Mother* for Friday night.

A: OK. We still have a few floor seats and some on the balcony.

B: _____?

A: No. The balcony seats are more expensive, but they are larger and more comfortable.

B: I see. I don't think I need that. I'd prefer to save some money.

A: Then I recommend the floor seats.

B: OK, I'll take two.

① How long will the show play

② Can I get four seats together

③ Which has a better view of the stage

④ Are they both the same price

13 밑줄 친 (A), (B)에 들어갈 말로 가장 적절한 것은?

Experimental learning is an approach to education that prioritizes experience over rote memorization and recall of text material. While some qualities of experimental learning are necessarily present in schools of all types, such as in a high school science class, only a few schools tailor their curriculum with this approach in mind. Notably, experimental learning puts an emphasis on how the students feel and react to the scholastic activities. Therefore, this focus is best achieved in smaller classes in which the teacher can give his or her full attention to individual students. Teachers encourage students to think critically about the activities. ____(A)____, if students are conducting experiments about the force of gravity, a teacher will follow up after with several questions. The teacher will ask students why they think the results happened, which probes their existing knowledge about gravitational forces rather than just feeding them the answers. ____(B)____, students are asked how the subject, such as gravity, can be used elsewhere in life. This forces students to look at their own experiences, such as when flying in a plane, as well as to think creatively about potential uses.

	(A)	(B)
①	Nonetheless	Still
②	For example	Moreover
③	Nonetheless	Specifically
④	For example	On the other hand

14 다음 글의 주제로 가장 적절한 것은?

Many people continue to go to work in an office, but due to the changing nature of work and technology, the majority of work is conducted on a computer and online, leading to the question of whether an office setting is even necessary. For some, the flexibility of home is advantageous, cutting down on the time spent commuting and its related costs. For others, the change brings its own set of complications. Many find an office environment conducive to work, such that it's harder to be productive outside it. Moreover, working from home presents all different kinds of distractions and responsibilities one can get away from while in an office.

① increased demands of working remotely

② flexibility for workers in an office

③ pros and cons of working from home

④ hidden costs of the office environment

15 주어진 글 다음에 이어질 글의 순서로 가장 적절한 것은?

Being confined to a wheelchair as the result of a life-altering accident brings a host of new challenges. This necessarily means that regular routines and activities will have to change according to this new lifestyle.

(A) What if these installations cannot be made? In the case of elderly people who have mobility trouble, assisted living is a common solution, but can people manage to get by on their own?

(B) In many cases, they can, but this may involve moving to locations with more accessibility options, such as an apartment building with an elevator and close access to public transportation.

(C) For example, one's home will have to be fitted with ramps instead of steps on the outside, or to have a mobile stairlift installed for homes with an upstairs floor.

① (A) – (C) – (B) 　② (B) – (A) – (C)

③ (C) – (A) – (B) 　④ (C) – (B) – (A)

16 다음 글의 흐름상 가장 어색한 문장은?

Melatonin is a hormone produced by humans that regulates the sleep-wake cycle. Its production is prevented when the eyes take in sunlight; thus it is brought on by night time and the associated darkness. Humans first produce it in infancy, and its effect takes place later at night during teenage years. ① People who experience difficulty falling asleep often take melatonin supplements, but these do not guarantee the intended effect of easier, longer, or sounder sleep. ② This is partly a reflection of the continued uncertainty about the role melatonin plays in the human body. ③ For example, melatonin has been observed to interact with the immune system, but it is as yet unknown what function it serves. ④ White blood cells in the immune system locate foreign bodies in the bloodstream and attack them. For now, there are no known side effects from melatonin supplements, so its consumption is considered harmless regardless of effectiveness.

17 주어진 문장이 들어갈 위치로 가장 적절한 것은?

This forced them to think of another use for their product and they decided to market it as a type of insulating material instead, but it was only moderately useful in this regard.

In the 1950s, two engineers wanted to create a new type of wallpaper that would be both tactile and three-dimensional. They attempted to achieve this effect by gluing together two shower curtains. (①) When the glue began to harden, air pockets between the two curtains created bubbles that gave precisely the effect the engineers were seeking. (②) Sadly for them, nobody else was seeking wallpaper with such properties, and the invention proved to be a failure. (③) With two disappointments behind them, they caught wind of IBM's plan to release a new computer product. (④) They figured that their invention might be useful when wrapped around fragile items in transit so as to cushion them from damage. Thus, the concept of bubble wrap was born.

18 다음 글의 내용과 일치하지 않는 것은?

Ittoqqortoormiit, located on the east coast of Greenland, was settled in the early 20th century and is home to only a few hundred residents. Because of both the latitude of Greenland and its proximity to water, the settlement rarely experiences nonfreezing temperatures. This makes travelling by boat a challenge, since the surrounding waters remain frozen roughly nine months of the year. Even travel by land is prohibitive when as much as six feet of snow and ice can accumulate. Therefore, passage by helicopter is the preferred mode of transport to reach a major airport or city. Despite all this, the settlement is gradually becoming of interest to tourists. Its distinctive houses, some of which are no longer occupied, are becoming more attractive to visitors as summer homes.

① Ittoqqortoormiit의 주민들은 천 명이 채 되지 않는다.

② 바다를 통한 Ittoqqortoormiit로의 여행은 1년 중 대부분 시기 동안 불가능하다.

③ Ittoqqortoormiit에는 더욱 튼튼한 관광 산업이 필요하다.

④ 관광객들은 Ittoqqortoormiit만의 특징적인 빈집들을 이용하고 싶어 한다.

19 밑줄 친 (A), (B)에 들어갈 말로 가장 적절한 것은?

When a metal is combined with one or more metals or elements, the result is known as an alloy, which exhibits properties of its constituents. An amalgam is specifically an alloy of which one part is mercury. Although undiluted mercury in liquid form is known to be toxic to humans, it is generally harmless as a hardened amalgam; otherwise it wouldn't be such a popular substance among dentists for filling cavities. Amalgams are preferable in dentistry for several reasons. They are relatively inexpensive, though far more _____(A)_____ in their metallic appearance, compared to substances that resemble the color of teeth. Furthermore, they are easily malleable when first placed on teeth, after which they _____(B)_____ to withstand great pressure and last longer than other restorative substances. However, advances in substance production have resulted in new resins that are closing the gap on amalgams in both durability and cost, making it likely for amalgams to be phased out of dentistry within a generation.

	(A)	(B)
①	conspicuous	harden
②	expensive	fail
③	uncomfortable	fail
④	dangerous	harden

20 밑줄 친 부분에 들어갈 말로 가장 적절한 것은?

Beetles make up roughly 22 percent of all known extant species on earth, outnumbering vertebrates by massive numbers. The reason for this wide range of speciation is both simple and complex. For one thing, there is relatively little evidence in the fossil record of extinct species of beetles when compared with other animal classifications. What this means is that most of the times a species of existing beetle evolved, the new species developed _____. Whereas there are records of many mammals, fish, and plants that have gone extinct, proportionately more species of beetles that ever existed are still around. It is also thought that beetles may divide into new species at a faster rate than other animal species, although this has yet to be supported. Researchers are still on the lookout for beetle species that they have yet to document, given that new species are being discovered every year.

① more complex defense mechanisms

② evolutionary traits necessary for survival

③ social divisions that protected the species

④ faster ways to locate prey species

정답·해석·해설 p. 88

실전동형모의고사 09회
모바일 자동 채점 + 성적 분석 서비스 바로 가기

QR코드를 이용해 모바일로 간편하게 채점하고 나의 실력이 어느 정도인지, 취약 부분이 어디인지 바로 파악해 보세요.

09회 핵심 어휘 리스트

☑ 잘 외워지지 않는 어휘 및 표현은 박스에 체크하여 한 번 더 확인하세요.

☐ circumspect	휑 신중한	☐ vegetation	몡 식물
☐ hasty	휑 성급한	☐ characterize	동 (~의) 특징이 되다
☐ pretentious	휑 겉치레뿐인	☐ recall	몡 기억(하는 능력) 동 기억해 내다
☐ appalling	휑 소름 끼치는	☐ tailor	동 조정하다, 맞추다
☐ flawless	휑 결점 없는	☐ probe	동 탐색하다, 살피다
☐ modest	휑 수수한	☐ conducive	휑 도움이 되는
☐ privileged	휑 특권을 가진	☐ pros and cons	장단점, 찬반양론
☐ inverted	휑 뒤집힌	☐ hidden cost	간접 비용
☐ compel	동 강요하다	☐ a host of	다수의
☐ get far	성공하다	☐ installation	몡 장치, 설치
☐ prudent	휑 현명한, 신중한	☐ assisted living	생활지원시설
☐ dubious	휑 의심스러운, 불확실한	☐ accessibility	몡 접근성이 있음
☐ elaboration	몡 상세함, 정교함	☐ ramp	몡 경사로
☐ scrutiny	몡 철저한 조사	☐ infancy	몡 유아기
☐ sincerity	몡 진정성	☐ supplement	몡 보조 식품, 보충
☐ skeptical	휑 회의적인	☐ foreign body	이물질
☐ inquiry	몡 질문, 조사	☐ insulating	휑 단열의, 전열의
☐ assertion	몡 주장	☐ catch wind of	~의 낌새를 채다
☐ prototype	몡 견본, 원형	☐ latitude	몡 고도
☐ stepping stone	발판, 디딤돌	☐ proximity	몡 가까움, 근접
☐ dominate	동 가장 중요한 특징이 되다	☐ prohibitive	휑 금지하는, 엄청나게 비싼
☐ presence	몡 존재	☐ distinctive	휑 독특한
☐ precipitation	몡 강수량	☐ malleable	휑 펴 늘일 수 있는, 잘 변하는
☐ unmatched	휑 타의 추종을 불허하는	☐ speciation	몡 종 형성, 종 분화
☐ seasonal	휑 주기적인, 계절적인	☐ division	몡 분화, 구분

Quiz 각 어휘 및 표현의 알맞은 뜻을 찾아 연결하세요.

01 pretentious		ⓐ 의심스러운, 불확실한
02 scrutiny		ⓑ 겉치레뿐인
03 dubious		ⓒ 후회되는, 유감스러운
04 malleable		ⓓ 철저한 조사
05 stepping stone		ⓔ 펴 늘일 수 있는, 잘 변하는
		ⓕ 발판, 디딤돌

06 dominate		ⓐ 견본, 원형
07 accessibility		ⓑ 장단점, 찬반양론
08 prototype		ⓒ 접근성이 있음
09 pros and cons		ⓓ 뒤집힌
10 inverted		ⓔ 가장 중요한 특징이 되다
		ⓕ 성공하다

Answer | 01 ⓑ 02 ⓓ 03 ⓐ 04 ⓔ 05 ⓕ 06 ⓔ 07 ⓒ 08 ⓐ 09 ⓑ 10 ⓓ

10회 실전동형모의고사

제한 시간 : 20분 **시작** 시 분 ~ **종료** 시 분 점수 확인 개/ 20개

※ 밑줄 친 부분에 들어갈 말로 가장 적절한 것을 고르시오.
[01~02]

01

> Amy: What's wrong, Jun?
>
> Jun: I was stuck on the highway for almost two hours because I ran out of gas!
>
> Amy: Don't you normally fill up the tank when it gets close to empty?
>
> Jun: _____.
>
> Amy: Oh, I see. That's why you should have your car checked regularly.

① Yeah. I should try a different highway next time

② My fuel gauge was broken

③ Yes, that's why the tank is full

④ I'm going to bring it in for a checkup soon

02

> A: I can't believe so many people are here already! The show doesn't start for another hour.
>
> B: I know. I thought we would have plenty of time to get a good spot up front.
>
> A: Can we get any closer to the stage?
>
> B: Not a chance.
>
> A: _____.
>
> B: I guess so, at least two or three hours beforehand.

① We should've waited for everyone to leave

② We should've stayed at home today

③ We should've bought tickets in the front

④ We should've gotten here earlier

※ 우리말을 영어로 잘못 옮긴 것을 고르시오. [03~04]

03

① John은 훌륭한 아파트를 놓쳤는데, 왜냐하면 그가 더 낮은 가격의 아파트를 살펴보고 있었기 때문이다.
→ John missed out on a great apartment, because he was looking at lower-cost apartments.

② GPS를 이용했음에도, 우리는 숲을 지나는 도보 여행 중 길을 잃었다.
→ Even with a GPS, we got lost on our hike through the woods.

③ 비가 그쳤다. 퍼레이드는 계획된 대로 진행할 수 있다.
→ The rain has stopped. The parade can precede as planned.

④ 이 부티크는 훌륭해. 이곳은 내가 가장 좋아하는 옷 사는 곳이야.
→ This boutique is wonderful. It is my favorite place to get clothes.

04

① 그 콘서트가 끝나서, 모든 사람들은 그 장소를 떠나려고 했다.
→ The concert having finished, everyone tried to leave the venue.

② 제가 찾는 물건을 어디서 찾을 수 있을지 알려줄 수 있나요?
→ Could you tell me where I might find an item I'm looking for?

③ 직장과 가까운 곳에 살고 돈을 모으는 것이 내가 이사하는 이유였다.
→ To live closer to work and saving some money was my reasons for moving.

④ 목격자의 이야기는 종종 부정확한 것으로 드러난다.
→ It often turns out that eyewitness accounts are inaccurate.

※ 밑줄 친 부분과 의미가 가장 가까운 것을 고르시오.
[05~07]

05

> The legal document had to be checked numerous times to ensure it did not <u>contravene</u> any of the stipulations previously agreed upon by the two parties, but no one caught a minor omission: dates had not been changed to reflect the delay in its signing.

① justify

② violate

③ retract

④ dislocate

06

> She <u>looks back on</u> her time at university as one of exploration and growth.

① reminisces about the past

② considers with a critical eye

③ endeavors to set right

④ experiences with a sense of awe

07

> Funding artists may seem <u>inefficacious</u> to some people, but a nation's progress almost always correlates with its advancement in the arts.

① dubious

② associative

③ worthless

④ irresponsible

08 주어진 문장이 들어갈 위치로 가장 적절한 곳은?

> These are the massive pieces of the planet's crust upon which the seven continents sit.

> Looking at a map or a globe from hundreds of years ago, one sees basically the same general layout of Earth's landmasses. This may lead one to believe that the continents have remained in their current locations for all time. (①) In fact, geologists believe that all the objects on Earth's surface are continually moving at a very slow pace due to the movement of tectonic plates. (②) The plates float atop the molten rock contained in the mantle, which is constantly moving due to convection currents. (③) Over time, this slow movement can have a major effect on the location of the plates and, therefore, the continents. Scientists theorize that the continents began as a single landmass called Gondwana. (④) As the plates slowly moved apart, the former supercontinent was broken apart into the landmasses we now know, which drifted into their current positions over billions of years.

09 다음 글의 내용과 일치하지 않는 것은?

In the mid-20th century, increased international sea trade brought about a unique and, to many, baffling superstition regarding part of the Caribbean known as the Bermuda Triangle. This region was reputed to be the location of the strange and unexplained disappearance of many ships. However, it is also home to tropical storms and cyclones, increasing the likelihood of these incidents. Many such disappearance stories conveniently omitted this fact or contradicted it completely, describing ships vanishing in calm waters. Additionally, when compared on a global scale, the rate of disappearances in the area was proportionate to the number of ships that got lost or sank in other parts of the world. For whatever reasons, those who embellished the idea of a Bermuda Triangle curse did so without regard for factual accuracy, creating disproportionate fear where none was warranted.

① Many in the mid-20th century believed disappearances in the Bermuda Triangle were unusual.

② The Bermuda Triangle is a turbulent area due to tropical storms.

③ Stories about the Bermuda Triangle featured intentionally omitted details.

④ More ships disappeared in the Bermuda Triangle than in any other region of the world.

10 다음 글의 내용과 가장 일치하는 것은?

Thanks to changing societal views and protective legislation, equality in the workplace has come a long way over the years, but there is one occupation that continues to show an enormous gender division: commercial airline pilots. Men made up a staggering 93 percent of passenger pilots as of just a few years ago. What first instigated the gap can largely be traced back to past prejudices. At one time, women were not allowed to fly planes at all. The first female pilot wasn't hired till 1934, and she wound up leaving the industry after only 10 months due to poor treatment. Moreover, aviation companies at the time demanded unreasonable height and strength requirements, so many women were disqualified before they could even apply. Such biased provisions have all fallen by the wayside these days, but their effects remain, as evidenced by the continued lack of female aviators in the commercial aviation sector.

① The commercial airline industry has long been a pioneer in workplace equality.

② Males accounted for 93 percent of all passenger pilots in 1934.

③ The first female pilot enjoyed a long and fruitful career in aviation.

④ Certain physical demands used to bar females from applying as pilots.

11 밑줄 친 부분에 공통으로 들어갈 말로 가장 적절한 것은?

- Instead of changing apartments, she opted to _____ her current place.
- The company will _____ its website so that it looks more modern.

① make out   ② make over

③ make off   ④ make up

12 주어진 글 다음에 이어질 글의 순서로 가장 적절한 것은?

Over the years, inventions have changed our lives, making jobs easier and/or enabling further advances. While most of these inventions came after years of research and development, some were the results of accidents.

(A) In addition to its well-known culinary use, Teflon has been excellent for industrial use as an insulator in cabling, circuit boards, and solar panels. It has even been used by NASA to line the heat shields and space suits that protect astronauts.

(B) One of these accidents was the invention of Teflon. Roy Plunkett, a researcher working with refrigerants, accidentally converted a gas he was working on into a powder. Testing revealed this new substance to be heat resistant and to have a very low surface friction.

(C) As a result of these qualities, Plunkett's discovery attracted attention from cookware engineers looking to create durable nonstick pots and pans. Teflon was perfect for this purpose, as it prevented sticking, but did not break down or release toxic chemicals when heated.

① (A) – (B) – (C)   ② (B) – (C) – (A)

③ (C) – (A) – (B)   ④ (C) – (B) – (A)

※ 어법상 옳은 것을 고르시오. [13~14]

13

① If my roof hadn't leaked, I wouldn't have had to stay at a hotel.

② The cost of homes in urban areas have increased greatly in the last year.

③ Contestants in the singing contest are required to bringing musics to sing along with.

④ I forgot to tell you that your appointment has rescheduled to Friday.

14

① The teacher had the student to resubmit her essay.

② They played tennis during four hours this morning.

③ The security guard never so much as looks away from the CCTV monitors.

④ Carmen tried to be full honest with her boss about the problem.

※ 밑줄 친 부분에 들어갈 말로 가장 적절한 것을 고르시오.
[15~17]

15

I always dreamed of being a powerful prosecutor, bringing the hand of justice swiftly to bear on abusers of the law. I endured sleepless nights in law school to earn a desirable place in a prominent law firm. However, it soon became apparent how misguided my notions of quick justice had been. Not only was the law inconsistent in application, it was also often _____, cumbersome legal procedures made it difficult to get anything done at all.

① hasty

② oppressive

③ perplexing

④ stagnant

16

Urban sprawl, the spreading of a city into undeveloped land nearby, is often cited as a problem for animal species. However, it causes problems for humans as well. In fact, it is one of the many factors currently being linked to North America's growing obesity problem. This is because urban sprawl _____ _____. Residential areas that are still developing are relatively far from business districts and do not yet have extensive transportation systems. Unlike people who live in cities, suburban residents are not close enough to their workplaces to bicycle there, and do not get the opportunity to walk to and from bus stops and subway stations. The limited access to subways and buses means they are more likely to resort to driving everywhere, which contributes to weight gain.

① spreads transport pollution to more areas

② drives businesses away from urban centers

③ invariably promotes a reliance on automobiles

④ needlessly encourages the building of large houses

17

The average time a person lingers on a magazine advertisement is about three seconds. That's all the time marketers have to catch a consumer's eye, making it difficult to entice them into buying their product. But the Vision 2000 may give advertisers an edge. This eye-tracking device, normally used in hospitals, can mark a person's eye movement 120 times per second. The areas the pupils look at show up as dots on the advertisement. That makes it easier to know whether a particular word, color, or picture stood out, since more dots would surround that part of the advertisement. Although using the machine does not guarantee that consumers will buy a product, it allows companies to better their chances of making an ad that will hold the readers' _____ for a little longer.

① influence　　　　② credence

③ attention　　　　④ faith

18 다음 글의 흐름상 가장 어색한 문장은?

Despite their fierce reputation, sharks rarely go after humans, which is why experts are puzzled as to what's behind the recent spate of attacks. A 2014 report lists several possible reasons, including global warming and changed migration patterns. But there may be another, indirect explanation. ① Since the 1970s, measures to protect sea lions and seals have been in place to boost their critically low numbers. ② Those concentrated efforts may have worked a little too well; their populations have rebounded to the point where there are now actually almost too many of them. ③ The growing abundance of prey located near the coast was likely noted by the carnivores. ④ Seals and sea lions eat a variety of fish, including salmon, sardines, and squid. Knowing they could get an easy meal near the beach, the sharks probably spent more time there, resulting in higher chances of encountering people.

19 다음 글의 내용과 일치하지 않는 것은?

The capybara is the largest species of rodent on the planet, growing up to 134 centimeters in length and weighing as much 77 kilograms. They are native to the countries of South America and feed on grasses and aquatic plants, though the rodents are rather selective about the type of flora they choose to eat. Because the capybara is considerably large, slow-moving, and nonthreatening, it is easy prey for many predators. Despite this, capybaras are not a threatened species due to their ability to breed rapidly and their short reproductive cycle. Each pregnancy lasts only 140 days on average and produces anywhere from 4 to 8 offspring. Capybaras are valued as a source of protein in some parts of the continent, but they are also becoming more common as pets because of their gentle nature. They enjoy being petted and rubbed and will usually allow humans to hand-feed them. Their sociability extends to other species as well; they have been seen getting along easily with animals such as cats and birds.

① Capybaras are herbivores, but they have rather limited preferences and do not eat all plants.

② Capybaras normally breed anywhere from 4 to 8 times in a single year.

③ Capybaras are safe from extinction due to their ability to create offspring fairly rapidly.

④ Capybaras have become popular pets because of their temperament.

20 밑줄 친 부분에 들어갈 말로 가장 적절한 것은?

Eleven fitness centers were monitored in a study that revealed that the air in gyms contains levels of pollutants exceeding acceptable standards for indoor air quality. "Most troubling were the large amounts of carbon dioxide, dust, and various chemicals released from equipment and cleaning products," said David Warden, one of the study's authors. Levels became especially high during classes that _____ _____. In aerobics rooms, for instance, exercisers stirred up great quantities of dust and chemical fumes. The increased activity led to participants inhaling these substances with regularity, which can cause respiratory conditions like asthma. Furthermore, people produce a lot of carbon dioxide when they moved excessively due to heavy breathing. The amount released in these gyms was not enough to be fatal, but it can lead to fatigue in high doses. Overall, it seems as though recreation centers may actually be detrimental, rather than conducive, to exercise.

① lasted longer than other classes

② were held in newly cleaned rooms

③ involved a lot of movement

④ took place with the windows open

정답 · 해석 · 해설 p. 99

실전동형모의고사 10회
모바일 자동 채점 + 성적 분석 서비스 바로 가기

QR코드를 이용해 모바일로 간편하게 채점하고 나의 실력이 어느 정도인지, 취약 부분이 어디인지 바로 파악해 보세요.

10회 핵심 어휘 리스트

☑ 잘 외워지지 않는 어휘 및 표현은 박스에 체크하여 한 번 더 확인하세요.

□ run out of	(다 써서) ~가 떨어지다	□ unreasonable	혱 불합리한
□ miss out	놓치다	□ requirement	몡 요건
□ venue	몡 장소	□ disqualify	동 자격을 박탈하다
□ eyewitness	몡 목격자	□ biased	혱 편향된
□ inaccurate	혱 부정확한	□ provision	몡 규정, 단서
□ contravene	동 위배하다, 반대하다	□ bar	동 막다
□ stipulation	몡 조건, 조항	□ opt to	~하기로 선택하다
□ retract	동 취소하다	□ make out	해 나가다
□ dislocate	동 혼란에 빠뜨리다	□ make over	고치다
□ reminisce	동 추억하다	□ make off	급히 떠나다
□ awe	몡 경외감	□ insulator	몡 절연체
□ inefficacious	혱 효과가 없는	□ contestant	몡 참가자
□ correlate	동 관련이 있다	□ hand of justice	사법권
□ advancement	몡 진흥	□ bear on	행사하다, 미치다
□ associative	혱 결합적인	□ cumbersome	혱 복잡하고 느린
□ landmass	몡 대륙, 광대한 토지	□ oppressive	혱 억압하는
□ superstition	몡 미신	□ stagnant	혱 정체된, 침체된
□ reputed	혱 ~이라고 알려진	□ resort to	~에 의존하다
□ likelihood	몡 가능성	□ invariably	뷔 불가피하게, 예외 없이
□ omit	동 생략하다, 빠뜨리다	□ linger	동 머물다, 꾸물거리다
□ embellish	동 꾸미다, 장식하다	□ spate	몡 많음, 빈발
□ warrant	동 정당화하다	□ rodent	몡 설치류
□ turbulent	혱 험난한, 휘몰아치는	□ sociability	몡 사교성
□ instigate	동 유발시키다	□ temperament	몡 기질, 성미
□ aviation	몡 항공	□ respiratory	혱 호흡 기관의

Quiz 각 어휘 및 표현의 알맞은 뜻을 찾아 연결하세요.

01 biased	ⓐ 취소하다	06 sociability	ⓐ 유발시키다
02 retract	ⓑ 고치다	07 eyewitness	ⓑ 사교성
03 make over	ⓒ 편향된	08 contestant	ⓒ 복잡하고 느린
04 correlate	ⓓ 항공	09 cumbersome	ⓓ 요건
05 aviation	ⓔ 관련이 있다	10 requirement	ⓔ 목격자
	ⓕ 억압하는		ⓕ 참가자

Answer | 01 ⓒ 02 ⓐ 03 ⓑ 04 ⓔ 05 ⓓ 06 ⓑ 07 ⓔ 08 ⓕ 09 ⓒ 10 ⓓ

11회 실전동형모의고사

제한 시간 : 20분 시작   시   분 ~ 종료   시   분 점수 확인   개/ 20개

※ 밑줄 친 부분의 의미와 가장 가까운 것을 고르시오. [01~02]

01

The downright disregard for worker safety in the company's factories is a serious issue.

① total
② angry
③ vague
④ secret

02

The boy looked down his nose at his classmates because their test scores were lower than his.

① felt superior toward
② felt melancholy about
③ became sympathetic to
④ became gracious for

03 밑줄 친 부분 중 어법상 옳지 않은 것은?

This is in regard to my membership in your Frequent Guest Program. I have renewed every year ① for the last five years and stayed at least five participating hotels. Therefore, I believe that I qualify for the rewards ② described in your plan, but have not heard from you regarding this matter. Please check my account ③ to verify my claim. I'm certain your records will show ④ what I am entitled to these perks as a five-year member.

04 우리말을 영어로 잘못 옮긴 것은?

① 그 대학교는 발표가 되었을 때 결과를 게시했었다.
   → The university had posted the results when the announcement was made.

② 시험이 끝나서, John은 그의 시험지를 교수에게 제출했다.
   → Being over, John turned his test paper in to the professor.

③ 그녀가 우리에게 준 몇몇 충고는 믿음직했다.
   → Some of the advice she gave us was reliable.

④ 그들은 그들이 도착하자마자 우리에게 연락했어야 했다.
   → They should have contacted us as soon as they arrived.

05 밑줄 친 부분의 의미와 가장 가까운 것은?

The songwriter and recording artist was regarded as a mystifying figure, even by music industry insiders.

① obvious
② trivial
③ visible
④ puzzling

06 밑줄 친 부분에 들어갈 말로 가장 적절한 것은?

Anthony's legs burned as he neared the finish line. He was cycling faster than ever before, but he wasn't sure he could continue to _____ much longer.

① keep it up
② keep an eye out
③ bring it up
④ live it up

07 어법상 옳은 것은?

① You may approach to the supervisor if you have any questions.

② If it were not for her kindness, we would not have a ride to the airport.

③ The furniture in these stores are cheaper than we thought it would be.

④ The more she reads about philosophy, the least she understands it.

08 우리말을 영어로 옳게 옮긴 것은?

① 충분한 지원자들이 나타나지 않아서, 우리는 가지고 있는 인원으로 임시변통해야 할 것이다.
   → We didn't have enough volunteers show up, so we'll have to make it do with what we have.

② 관리자는 지난주에 직원들의 업무를 검사하기 위해 책상 사이를 거닐었다.
   → The manager walked among the desks last week to inspect his employees' work.

③ 그 상점의 대부분의 직원들은 휴일에 일하는 것에 반대한다.
   → Most of the store's employees object to work on holidays.

④ 나는 공포 영화를 보는 것을 싫어하는데, 거기에는 위로가 되는 것이 아무것도 없기 때문이다.
   → I dislike watching horror movies because there is nothing comforted in them.

09 다음 글의 흐름상 가장 어색한 문장은?

The English lexicon is constantly evolving, with new terms coming from various sources. For instance, technological innovations have often made it necessary to adjoin existing words in order to more accurately distinguish them. ① The word "camera" is an example; prior to the 1960s, a camera was a device that used film to take photographs. ② But when digital and smartphone cameras came along, it became necessary to refer to the earlier gadgets as "film cameras." ③ Film cameras were less convenient because the film could not be developed until it was used up. ④ Similarly, as the electric guitar rose in popularity, the older type had to be preceded by the identifier "acoustic."

10 다음 글의 요지로 가장 적절한 것은?

An old man wanted to retire after a long career as a carpenter. He had enjoyed his work, but by this point, all he wanted to do was relax. His boss was sad, but he understood. "Will you do me a favor?" His boss asked. "There's one last house I'd like you to build." The carpenter agreed to do the job, but his heart wasn't in it. He cut corners and sped through the work. He knew the house wasn't up to his usual high standards and that the future occupants would have problems, but he just wanted to be done with it. When the old man was finished, his boss handed him the keys to the house. "It's my goodbye gift to you. I hope you have a wonderful retirement here." The carpenter was shocked and wished that he could start again from scratch, but he knew that it was too late.

① People will take notice if you don't do well.

② It's always good to take your time.

③ No one builds a better house than a carpenter.

④ What you do today will affect your future.

11 밑줄 친 부분에 들어갈 말로 가장 적절한 것은?

A: Kim's Real Estate. How may I help you?

B: I was wondering if it would be possible to see some units in the Prestige Tower.

A: Sure. We have a studio available for showing now.

B: _____.

A: Can you come by tomorrow? We'll have a two-bedroom ready then.

① I'd like to move in this weekend

② Well, I have a payment plan

③ I need to get a housing loan

④ Actually, I needed something larger

12 다음 글에 나타난 화자의 심경으로 가장 적절한 것은?

I was cleaning out the attic when I came across the pictures Evelyn and I took last year on our hiking trip. I remember how the raccoons stole my socks and we laughed until our bellies ached. All these years, we've always had such good times together. I know she would agree, too. But recently, I'm at a loss as to what happened between us. Even after I tried to reach out to her, she has remained distant and withdrawn. I stopped calling because I thought she needed time. It's been a few weeks now, and I must admit that her attitude still perplexes me. If she's willing, I'd like it if we could get together and maybe she can explain what's going on. I'd like to understand how we ended up like this.

① tranquil and undisturbed

② energetic and cheerful

③ indignant and enraged

④ sad and confused

13 주어진 문장 다음에 이어질 글의 순서로 가장 적절한 것은?

When the Internet became ubiquitous, it wasn't long before users began abbreviating almost everything they wrote.

(A) But this mode of writing, which is now called "netspeak," is still changing, and Internet users now want to modify syntax, or the way sentences are constructed.

(B) Thus, "you're" became "ur" and "laugh out loud" became "LOL." Writing out entire words was seen as inconvenient and time-consuming, and abbreviations soon became the norm as they were easy to type and easier to remember.

(C) In fact, we are now seeing the emergence of the isolated subordinate clause in place of full sentences.

* ubiquitous: 아주 흔한, 편재하는

① (B) – (A) – (C)

② (B) – (C) – (A)

③ (C) – (A) – (B)

④ (C) – (B) – (A)

※ 밑줄 친 부분에 들어갈 말로 가장 적절한 것을 고르시오.
[14~15]

14

A: The marathon's next week. How's the training going?

B: I knew it would be difficult, but working full-time and training every day is harder than I imagined.

A: But you're still going to keep at it, right?

B: _____ .

① We have all day

② No, but thanks for offering

③ I won't put off exercising anymore

④ I'll see it through to the end

15

It used to bother me when my coworker gossiped about other people behind their backs. So one day when she said, "You'll never guess what I heard about Sue," and I stopped her. "Hang on," I said. "Are you sure that what you're about to say is true?" To me, _____ _____ . She paused before admitting, "Well, it's just something I heard." I continued, "Is it something good about Sue?" She shook her head and began to look hesitant. I asked, "Will knowing about it help me in any way?" She shrugged and answered, "Probably not." I nodded. "If it might be untrue, something negative, and useless to me, then I don't need to know." I can only hope that my coworker will now think twice before talking about someone else and hurting that person's reputation.

① it's all smoke and mirrors

② a little white lie never hurt anyone

③ no good comes of spreading rumors

④ some things are too good to be true

16 다음 글의 제목으로 가장 적절한 것은?

A young deer that was discovered in northern Myanmar in 1997 was in fact a new species, called the leaf deer. The inhabitants of the area where it was found called the animal the "leaf deer" because it was small enough to be wrapped inside a large leaf. Unfortunately, due to the animal's isolated existence, little is known about its precise behavior or numbers. The leaf deer's small stature probably leaves it vulnerable to predation. In addition, it is believed to lead a solitary lifestyle, meaning it does not live or travel in herds. Herds have the ability to relocate when humans intrude on their territory, so it remains unclear how leaf deer populations as a whole would respond to human encroachment. For this reason, it is difficult to take measures to protect them. Scientists fear that by the time the leaf deer is fully understood, it will be at enormous risk of extinction.

① Do Not Mistake the Leaf Deer for a Fawn

② Survival Advantages of the Leaf Deer's Size

③ Why the Leaf Deer Population Is Endangered

④ Coexistence with Humans: How the Leaf Deer Adapts

17 밑줄 친 (A), (B)에 들어갈 말로 가장 적절한 것은?

Since the scientific revolution, researchers have been writing about their studies of the natural world. The earliest texts were composed in Latin, but English eventually surpassed Latin, German, and French in the early 1800s to become the dominant language of science. ____(A)____ having a more commonly used tongue has allowed for a higher exchange of information than ever before, it also presents many difficulties for the global scientific community today. For one, important findings that aren't written in the common language may go unnoticed. In 2004, for instance, Chinese researchers discovered that H5N1, a lethal strain of avian flu, had infected pigs — an event that could very well pave the way for eventual human infection. The paper was unavailable in English, ____(B)____, and because of this, the World Health Organization, which strives to be prepared for potential public health emergencies, was not even aware of the finding until several months later. As a result, the report authors' warning of the need for urgent action went unheeded during the time when the problem could have been dealt with most easily.

(A)	(B)
① While	however
② Since	therefore
③ Since	fortunately
④ While	similarly

18 다음 글의 내용과 일치하지 않는 것은?

Feats that were unimaginable a mere century ago are now possible in our tech-infused world. For instance, synthetic biologists are combining techniques from genetic engineering and computer programming to craft "novel organisms." In 2010, a company called Synthetic Genomics declared that it had created a self-replicating bacterium that does not exist in the natural world — its genetic code had been written on a computer and its DNA assembled from chemicals in a lab. Since then, researchers have been scrambling to design artificial organisms, claiming that they will have useful applications in medicine and fuel production. The discipline is currently advancing so quickly that other scientists, risk analysts, policy makers, and the public are having trouble keeping up — but they need to keep pace. Very little is known about synthetic organisms or even how to begin assessing their safety once they leave the confines of the lab and enter the real world. Therefore, it is critical that regulations be put in place before the technology develops beyond our control.

* synthetic: 합성의, 인조의

① Advances in genetic code manipulation must be controlled to ensure the safety of people.

② High technology has made it possible to produce new organisms by changing their DNA.

③ Organisms that are fabricated through technology are considered organic.

④ Scientifically created organisms may be used in the fields of medicine and energy.

19 주어진 문장이 들어갈 위치로 가장 적절한 것은?

Saying "hit the books" to refer to studying hard, on the other hand, is not a metaphor.

Metaphors are linguistic devices that explain an abstract or difficult concept by comparing it to a seemingly unrelated thing or idea. They do this not by listing the similarities between the two things, but by directly stating that one is the other. "Life is a rollercoaster" is an example of a true metaphor. (①) Everyone knows that life, of course, is not a carnival ride, but the phrase points out a shared feature of the two that makes the intended point about life. (②) Rollercoasters famously move up and down, and in life, we experience similar highs and lows. (③) Although it serves a similar purpose—helping people understand a concept—the direct comparison is missing. (④) Without this, it is simply a colorful idiomatic saying.

20 밑줄 친 부분에 들어갈 말로 가장 적절한 것은?

The ethnic Miao community in China's Guizhou province has its own unique version of courtship. A special festival allows a young woman to confirm her love for a man and to continue their romance. During the annual Miao Sisters Festival held in April, single women will cook rice in four different colors. They roll the food in handkerchiefs and send it to each male who has pursued them. Unwrapping the package is a tense moment for the young men. If a beloved suitor finds two red chopsticks with his dinner, he can breathe a sigh of relief since this means the girl is returning his affections and wants to continue their relationship. Garlic or chili with the food is bad news; the admirer has been rejected outright. A pine needle indicates the outcome is still up in the air. The lady has yet to make up her mind, so the courter may still have a chance. All in all, the custom is a tasty way for young girls to _____.

① meet new people

② communicate how they feel

③ learn to make traditional meals

④ confirm their ability to cook

정답·해석·해설 p. 110

실전동형모의고사 11회
모바일 자동 채점 + 성적 분석 서비스 바로 가기

QR코드를 이용해 모바일로 간편하게 채점하고 나의 실력이 어느 정도인지,
취약 부분이 어디인지 바로 파악해 보세요.

11회 핵심 어휘 리스트

☑ 잘 외워지지 않는 어휘 및 표현은 박스에 체크하여 한 번 더 확인하세요.

□	downright	휑 완전한	□	hesitant	휑 주저하는, 망설이는
□	vague	휑 애매한, 모호한	□	reputation	휑 평판
□	sympathetic	휑 동정심이 있는	□	smoke and mirrors	교묘한 속임수
□	gracious	휑 친절한, 자애로운	□	inhabitant	휑 거주민
□	renew	통 갱신하다, 연장하다	□	stature	휑 키
□	verify	통 입증하다, 확인하다	□	predation	휑 포식
□	be entitled to	~에 자격이 있다	□	solitary	휑 고독한, 혼자의
□	perk	휑 특권	□	intrude	통 침입하다
□	trivial	휑 사소한	□	encroachment	휑 침략
□	bring up	꺼내다	□	compose	통 작성하다, 쓰다
□	make do with	~으로 임시변통하다	□	surpass	통 뛰어넘다, 능가하다
□	inspect	통 검사하다	□	dominant	휑 지배적인
□	develop	통 현상하다, 발달시키다	□	strain	휑 변종
□	precede	통 ~의 앞에 두다	□	strive	통 노력하다, 분투하다
□	cut corners	원칙을 무시하다, 절차를 생략하다	□	unheeded	휑 무시된
□	unit	휑 한 가구	□	feat	휑 위업, 공적
□	come by	들르다	□	manipulation	휑 조작
□	come across	~을 우연히 발견하다	□	metaphor	휑 은유
□	withdrawn	휑 소극적인	□	linguistic	휑 언어적인
□	perplex	통 당혹스럽게 하다	□	device	휑 장치, 기법
□	tranquil	휑 평온한	□	state	통 말하다, 명시하다
□	indignant	휑 분개한	□	comparison	휑 비교
□	enraged	휑 격분한	□	idiomatic	휑 관용적인
□	norm	휑 표준, 규범	□	courtship	휑 구애
□	put off	미루다, 연기하다	□	outright	휑 완전한, 명백한

Quiz 각 어휘 및 표현의 알맞은 뜻을 찾아 연결하세요.

01	downright	ⓐ 변종	06	be entitled to	ⓐ 포식
02	cut corners	ⓑ 사소한	07	strive	ⓑ 미루다, 연기하다
03	trivial	ⓒ 완전한	08	put off	ⓒ 작성하다, 쓰다
04	strain	ⓓ 원칙을 무시하다, 절차를 생략하다	09	predation	ⓓ ~에 자격이 있다
05	encroachment	ⓔ 평판	10	compose	ⓔ 용이함
		ⓕ 침략			ⓕ 노력하다, 분투하다

Answer | 01 ⓒ 02 ⓓ 03 ⓑ 04 ⓐ 05 ⓕ 06 ⓓ 07 ⓕ 08 ⓑ 09 ⓐ 10 ⓒ

12회 실전동형모의고사

제한 시간 : 20분 시작   시   분 ~ 종료   시   분 점수 확인   개/ 20개

※ 밑줄 친 부분의 의미와 가장 가까운 것을 고르시오. [01~02]

01

In order to determine whether residents in rural communities had convenient and adequate access to key services, government researchers visited these areas to inspect public and private health facilities.

① mobilize
② examine
③ supervise
④ introduce

02

The neighbor's house, painted in hues of bright orange and yellow, sticks out from others in the neighborhood.

① is condemned
② is pronounced
③ is delivered
④ is obscured

03 두 사람의 대화 중 가장 어색한 것은?

① A: When people ask me a personal question, I tend to change the subject.
   B: That's fine. Most people aren't likely to answer them.

② A: I hope I did well on the entrance examination.
   B: Me too. Just look on the sunny side.

③ A: They aired the last episode of my favorite TV show. I'm feeling sad.
   B: Really? It's just a TV show.

④ A: Do you mind if we get some coffee first?
   B: Out of sight, out of mind.

04 밑줄 친 부분에 들어갈 말로 가장 적절한 것은?

A: Hello. Can I help you?
B: Yes, I'm calling about the apartment you're advertising. _____?
A: Well, one couple that came in to see it today was pretty interested.
B: I see. If they don't sign the lease by tomorrow morning, I'd like to take a look at it then.
A: Sure. Give me your phone number, and I'll let you know.

① Is maintenance included
② Is it OK to have a pet
③ Is it still available
④ Is it near a subway line

※ 우리말을 영어로 잘못 옮긴 것을 고르시오. [05~06]

05

① 그들은 지난주에 2살 난 골든리트리버와 함께 애완견 대회에 참가했다.
   → They entered the dog show with their two-year-old golden retriever last week.

② 그녀는 특정한 필수 기술이 부족해서 직업을 구하지 못했다.
   → She didn't get the job because she was full of certain required skills.

③ 당신에게 기대되는 것은 완벽함이 아니라 헌신이다.
   → What is expected of you is not perfection but dedication.

④ 진열장의 상표에는 그 양탄자가 인도의 장인들에 의해 손으로 만들어졌다고 쓰여 있다.
   → The labels on the display shelf say that the rugs were handcrafted by Indian artisans.

06

① 나는 의사가 나의 체중에 대해서 경고했던 이래로 매일 운동을 해 오고 있다.

→ I have been exercising every day since the doctor warned me about my weight.

② 그녀는 내가 수업에 올 수 없었을 때 나에게 그녀의 필기를 빌려줄 만큼 충분히 너그러웠다.

→ She was generous enough to lend me her notes when I was unable to come to class.

③ 운전면허증은 신분증의 형태로 사용될 수 있고, 여권 또한 그렇다.

→ A driver's license can be used as a form of identification, and so can the passport.

④ 그 직원은 새 직원을 위해 책상 위에 컴퓨터가 있는 작업 장소를 마련했다.

→ The staff prepared a work station with a desktop computer for the new employee.

※ 밑줄 친 부분 중 어법상 옳지 않은 것을 고르시오. [07~08]

07

Recent events have brought attention to a world ① susceptible to fake news. Many people appear to readily accept information that is unverified. ② Publishing in newspapers and on the Internet, these so-called facts turn out to be untrue. These attempts ③ to mislead are eventually exposed by experts, but by that time, some individuals have already been influenced by these lies. One "fact" that was clearly ④ of questionable value was the recommendation of a drug meant for a disease caused by a parasite as a cure for the coronavirus.

08

If you are trying to persuade someone or sell something to somebody with the written word, it ① helps to understand that big words and long sentences are not usually helpful. Complex sentence structures and words with three or more syllables force people ② to endeavor to figure out what someone is saying, especially if a word has twenty or more meanings; some may give up early in the battle. Let's say that your audience is ordinary people ③ that possess an intelligence quotient(IQ) of 100. This fact should encourage writers to use simple words, short sentences and fewer sentences, all of which ④ think of as factors that affect readability.

09 다음 글의 제목으로 가장 적절한 것은?

We are able to distinguish colors because of sensory receptors in our eyes. Called cones, these cells are located in the retina of the eye. Most people typically have three sets that allow them to see red, blue, and green pigments separately. However, if these cones develop improperly, such as when one or more cone cells are missing, or do not work properly, the perceived hues will run together instead, resulting in color blindness. Although no treatment or cure for the condition exists, sufferers can distinguish shades a little better now, thanks to technology. Sunglasses that were initially designed to protect surgeons' eyes during laser procedures let colorblind individuals discern different pigments more clearly. This is due to a special filter inside the lens that absorbs different wavelengths of light. It essentially creates a "wedge" between the light frequencies, thus enhancing the ability to separate one color from another.

① What Causes Colorblindness?

② Explaining Laser Procedures

③ Color Blindness Cured Via Technology

④ Special Glasses for Seeing Colors

10 다음 글의 요지로 가장 적절한 것은?

Mahatma Gandhi once said, "There is more to life than increasing its speed." In today's society, where we are expected to complete everything quickly, it is more important than ever to take this saying to heart. Rushing to meet or even beat every deadline can actually be detrimental. It is important to keep in mind that productivity does not increase in direct proportion to how fast one works. Rather, in the struggle to finish quickly, one often loses the ability to concentrate. This happens because our minds require some tranquility to come up with useful thoughts. It is impossible to be relaxed when we keep reminding ourselves of the importance of getting the task done swiftly. Ultimately, we sacrifice quality. Taking a longer time to do something, on the other hand, enables us to approach work with a greater sense of thoroughness. This allows us to not only complete the task at hand, but to do it well.

① Hurry in order to accomplish more.

② Do not act in haste or quality suffers.

③ Characterize your life through haste.

④ Report progress more than you hurry.

11 다음 글의 내용과 일치하지 않는 것은?

Government leaders today have so far been largely unsuccessful in finding homes for the 60 million refugees worldwide. But American real estate mogul Jason Buzi thinks he has a solution. He wants to establish a "refugee nation" that is a safe haven where displaced individuals can not only live, but also work. He suggests using vacant land in a developed nation, purchasing an unpopulated island, or even constructing an entirely new island. While he has some supporters, critics contend that shipping refugees to an isolated location neglects the larger issues. In addition, displaced people may not like the idea. Many would rather go to countries that are already developed or to regions where their loved ones are.

① Buzi는 난민들이 일할 수 있는 곳을 제공해야 한다고 했다.

② Buzi는 난민만을 위한 새로운 나라를 만들기를 제안했다.

③ Buzi의 난민 위기에 대한 해결책에는 지지자들과 비방하는 사람들이 모두 있다.

④ Buzi의 가상적인 국가에 대한 생각은 난민들의 관심을 끌 것이다.

12 밑줄 친 부분 중 글의 흐름상 가장 어색한 문장은?

An economically independent nation is referred to as an autarky. In principle, this means that the nation exists and operates without participating in international trade or receiving any type of foreign aid. Nineteenth-century Japan is an example, as it had little to no contact with the rest of the world. ① But completely self-sufficient countries are rare today, if not non-existent, and attempts to convert to one have failed in practice. ② Adolf Hitler tried to turn Germany into an autarky by controlling imports, but imports of luxury goods actually increased. ③ The objectives of the Nazis' economic policy to create jobs, boost productivity, and stabilize the currency were met. ④ Moreover, he was unable to eliminate the country's dependence on other nations for resources like oil and rubber.

*autarky: 경제 자립 국가

13 다음 글의 주제로 가장 적절한 것은?

Humans tend to be great at remembering objects, but much worse at remembering the specifics of how objects are arranged, relying instead on broad patterns of arrangement. We constantly face new situations, events, or locations that are arranged similarly to those we've faced in the past. This familiar layout and arrangement of objects can help us to navigate new situations and places. For example, the fact that the majority of restaurants in a society have a cashier at the front, near the doors, helps us to quickly figure out where a restaurant we've never been to collects payment. Meanwhile, when objects and their arrangement are nearly identical to those we've encountered before, it can trigger a feeling that there is a memory we should be able to recount, despite the fact that we're unable to recall a specific memory. This feeling is known as *déjà vu*, and it can be somewhat unsettling when we encounter it. Despite how strange this overfamiliarity with a situation can seem, it derives from an adaptation to our memory that serves a biological advantage in the majority of situations.

① strategies for memorization

② the processing of familiar object placement

③ the reason for false memories

④ the concept of object recognition

※ 밑줄 친 부분의 의미와 가장 가까운 것을 고르시오.
[14~15]

14

Guests of the hotel must provide a credit card number to pay for ancillary services that can be charged to the room, like room service and laundry.

① appointed   ② authorized

③ attentive   ④ additional

15

Although he had recently had his car repaired, he needed to visit a mechanic again after his car malfunctioned.

① broke up   ② broke off

③ broke down   ④ broke out

16 밑줄 친 (A), (B)에 들어갈 말로 가장 적절한 것은?

One of the most prominent areas for disagreement in modern philosophy involves ethics. Two normative theories, ideas that attempt to prescribe a particular set of ethics, can be seen as being at the center of the issue. Utilitarianism is one of these normative theories, and it is concerned primarily with the consequences of an action, as measured in pleasure or pain. ____(A)____, utilitarianism can be seen as "the ends justify the means." According to utilitarianism, behaviors which maximize pleasure while minimizing pain are said to be ethical. ____(B)____, deontology is concerned with the actions themselves, believing both the behavior and its consequences need to be moral in order for an action to be justified. A deontologist would not allow something he considers immoral, like lying, even if the reason is beneficial. These two conflicting theories form the basis of a number of the leading philosophies of ethics today.

	(A)	(B)
①	Additionally	At the same time
②	Furthermore	In conclusion
③	In effect	In contrast
④	However	In effect

17 주어진 문장이 들어갈 위치로 가장 적절한 것은?

They measured the water flow at the top of the waterfall and then again downstream.

The Devil's Kettle, a waterfall in Minnesota's state park, is a geological enigma that has been baffling scientists for decades. What makes the waterfall unique is that it splits into two: half of the water flows into the river below while the other half falls into a large cavern and seems to disappear. (①) Many have tried to figure out where the other half ends up by tossing various items into the hole, but nothing has ever been retrieved. In late 2016, though, two hydrologists reported that they thought they had figured out the puzzle. (②) The results were nearly identical, meaning that the water that falls into the cavern does enter the river. (③) As to why none of the things thrown into the hole ever reappear, the scientists say that it is likely because everything gets smashed by the water in the Devil's Kettle, which has an incredibly powerful recirculating system. (④)

18 밑줄 친 부분에 들어갈 말로 가장 적절한 것은?

What aspect of creating social equality is being overlooked by a majority of the population? _____ _____.
This is a disregarded element because harboring such attitudes seems innocuous. After all, what's the harm in thinking that all Asian people are math geniuses or that all black people excel in sports? While these are good characteristics, constantly attaching them to individuals based on their race is as harmful as bigotry. For instance, doing so puts unrealistic expectations on those associated with that trait. Believing every Asian is good at mathematics can be depressing and alienating for an Asian person who has no interest in math. Such beliefs, no matter how favorable, can be just as detrimental. They must be eliminated if we truly want to form a community without discrimination.

① Critically, it's the ability to steer clear of intolerant people

② Generally, it's the necessity of spreading a good image for minorities

③ Typically, it's a means to learn the good qualities of each race

④ Often, it's the need to abolish and get rid of positive stereotypes

19 다음 글의 내용과 일치하지 않는 것은?

Located in the Caribbean Sea, Puerto Rico is an unincorporated territory of the United States. The nature of this status is such that Puerto Ricans are granted US citizenship but cannot vote in federal elections. Its citizens have a local legal system to arbitrate matters in their own jurisdiction, but this can be overridden by the United States. For example, an attempt to establish Puerto Rican independence in 1914 was quickly denied by US Congress. Since then, numerous proposals have been made as to whether Puerto Rico should be independent, become an incorporated US state, or maintain its current status. Citizens remain divided over the issue, as a 2012 referendum showed that only 54 percent of Puerto Ricans rejected the region's current status. Given the choice of statehood or independence, a majority preferred to become an incorporated US state and 5.5 percent chose independence, but the results in general were bewildering because approximately 500,000 of the ballots were blank.

① In previous elections, a large number of citizens left questions of statehood unanswered.

② The population nearly unanimously supports the proposal to be incorporated as a US state.

③ The inhabitants of Puerto Rico hold the status of being citizens of the United States.

④ Puerto Rico made an attempt to become a sovereign nation in the early 20th century.

20 주어진 문장 다음에 이어질 글의 순서로 가장 적절한 것은?

When prices for soybeans and corn surged a few years ago, farmers across the United States saw an opportunity to profit.

(A) While this is great news for consumers, who can expect prices to drop to lower than they've been for years, farmers have a different perspective.

(B) They planted millions of acres of the crops in fields normally reserved for other produce. They were not deterred by the prospect of competition, as weather disasters routinely destroy a good percentage of each farmer's harvest.

(C) This year, however, the growing season for these particular crops was excellent across the board. It is expected that the farmers' efforts will bring about record-breaking yields of both corn and soybeans that will far exceed demand.

① (A) – (B) – (C)　　② (A) – (C) – (B)
③ (B) – (A) – (C)　　④ (B) – (C) – (A)

정답·해석·해설 p. 121

실전동형모의고사 12회
모바일 자동 채점 + 성적 분석 서비스 바로 가기

QR코드를 이용해 모바일로 간편하게 채점하고 나의 실력이 어느 정도인지, 취약 부분이 어디인지 바로 파악해 보세요.

12회 핵심 어휘 리스트

☑ 잘 외워지지 않는 어휘 및 표현은 박스에 체크하여 한 번 더 확인하세요.

□ adequate	휑 충분한, 적절한	□ authorized	휑 인정받은
□ mobilize	동 동원하다	□ attentive	휑 주의 깊은, 세심한
□ examine	동 조사하다, 검사하다	□ malfunction	동 (기계 등이) 제대로 작동하지 않다
□ stick out	눈에 띄다	□ prominent	휑 두드러진
□ condemn	동 비난하다	□ normative	휑 규범적인
□ advertise	동 광고하다	□ prescribe	동 규정하다
□ dedication	명 헌신	□ beneficial	휑 이로운
□ susceptible to	~에 영향을 받기 쉬운	□ conflicting	휑 상반되는
□ readily	부 선뜻, 기꺼이	□ baffle	동 당황하게 하다
□ turn out	~으로 드러나다	□ retrieve	동 회수하다, 검색하다
□ readability	명 가독성	□ innocuous	휑 무해한, 악의 없는
□ improperly	부 부적절하게	□ excel in	~에 뛰어나다
□ discern	동 식별하다	□ bigotry	명 심한 편견
□ detrimental	휑 해로운	□ favorable	휑 호의적인
□ tranquility	명 평온함	□ intolerant	휑 편협한, 너그럽지 못한
□ swiftly	부 신속히	□ arbitrate	동 중재하다
□ thoroughness	명 철저함	□ jurisdiction	명 관할 구역, 사법권
□ refugee	명 난민	□ referendum	명 국민 투표, 총선거
□ mogul	명 거물, 실력자	□ ballot	명 투표용지
□ displaced	휑 난민의	□ unanimously	부 만장일치로
□ unpopulated	휑 무인의	□ deter	동 단념시키다
□ attempt	명 시도	□ prospect	명 가능성
□ convert	동 전환하다, 바꾸다	□ routinely	부 언제나, 일상적으로
□ unsettling	휑 불안하게 만드는	□ yield	명 수확량
□ appointed	휑 지정된, 정해진	□ exceed	동 초과하다, 넘다

Quiz 각 어휘 및 표현의 알맞은 뜻을 찾아 연결하세요.

01 yield	ⓐ 철저함	06 routinely	ⓐ 상반되는
02 discern	ⓑ 전환하다, 바꾸다	07 dedication	ⓑ 만장일치로
03 convert	ⓒ 동원하다	08 conflicting	ⓒ 언제나, 일상적으로
04 examine	ⓓ 조사하다, 검사하다	09 innocuous	ⓓ 헌신
05 mobilize	ⓔ 식별하다	10 appointed	ⓔ 지정된, 정해진
	ⓕ 수확량		ⓕ 무해한, 악의 없는

Answer | 01 ⓕ 02 ⓔ 03 ⓑ 04 ⓓ 05 ⓒ 06 ⓒ 07 ⓓ 08 ⓐ 09 ⓕ 10 ⓔ

채점용 정답지

1회 실전동형모의고사

문번	제 2 과목			
01	①	❷	③	④
02	①	②	③	❹
03	①	②	❸	④
04	①	②	❸	④
05	①	②	❸	④
06	❶	②	③	④
07	①	❷	③	④
08	①	②	❸	④
09	①	②	③	❹
10	❶	②	③	④
11	①	❷	③	④
12	①	②	❸	④
13	①	②	❸	④
14	①	②	③	❹
15	①	❷	③	④
16	①	②	❸	④
17	①	②	❸	④
18	①	❷	③	④
19	①	❷	③	④
20	❶	②	③	④
O: 개 △: 개 X: 개				

2회 실전동형모의고사

문번	제 2 과목			
01	①	❷	③	④
02	①	②	❸	④
03	❶	②	③	④
04	①	❷	③	④
05	①	②	③	❹
06	①	②	❸	④
07	❶	②	③	④
08	①	②	❸	④
09	①	②	③	❹
10	①	②	③	❹
11	①	❷	③	④
12	①	②	③	❹
13	①	②	③	❹
14	①	②	③	❹
15	①	❷	③	④
16	①	②	③	❹
17	①	②	❸	④
18	①	❷	③	④
19	①	②	❸	④
20	①	②	❸	④
O: 개 △: 개 X: 개				

3회 실전동형모의고사

문번	제 2 과목			
01	①	②	❸	④
02	❶	②	③	④
03	①	②	③	❹
04	①	②	③	❹
05	①	②	③	❹
06	①	❷	③	④
07	①	❷	③	④
08	❶	②	③	④
09	①	②	❸	④
10	❶	②	③	④
11	①	②	③	❹
12	①	②	❸	④
13	①	❷	③	④
14	①	②	❸	④
15	①	②	③	❹
16	①	❷	③	④
17	①	②	③	❹
18	①	②	❸	④
19	①	②	③	❹
20	①	②	❸	④
O: 개 △: 개 X: 개				

4회 실전동형모의고사

문번	제 2 과목			
01	①	❷	③	④
02	①	②	③	❹
03	❶	②	③	④
04	❶	②	③	④
05	①	②	❸	④
06	①	❷	③	④
07	①	②	❸	④
08	①	❷	③	④
09	❶	②	③	④
10	①	②	❸	④
11	①	②	③	❹
12	❶	②	③	④
13	①	❷	③	④
14	①	②	③	❹
15	①	②	③	❹
16	①	②	③	❹
17	①	②	❸	④
18	①	❷	③	④
19	①	②	❸	④
20	①	②	❸	④
O: 개 △: 개 X: 개				

5회 실전동형모의고사

문번	제 2 과목			
01	①	②	③	❹
02	①	❷	③	④
03	❶	②	③	④
04	①	②	③	❹
05	①	❷	③	④
06	①	❷	③	④
07	①	❷	③	④
08	①	②	③	❹
09	①	②	❸	④
10	①	②	③	❹
11	❶	②	③	④
12	①	②	❸	④
13	❶	②	③	④
14	①	②	③	❹
15	①	②	❸	④
16	①	②	❸	④
17	①	❷	③	④
18	①	②	❸	④
19	①	❷	③	④
20	①	②	❸	④
O: 개 △: 개 X: 개				

6회 실전동형모의고사

문번	제 2 과목			
01	❶	②	③	④
02	①	②	③	❹
03	①	②	❸	④
04	❶	②	③	④
05	①	②	③	❹
06	①	❷	③	④
07	①	②	❸	④
08	①	②	❸	④
09	①	❷	③	④
10	①	②	❸	④
11	①	②	③	❹
12	①	②	❸	④
13	①	②	❸	④
14	①	②	❸	④
15	①	②	❸	④
16	①	②	③	❹
17	①	②	③	❹
18	①	②	③	❹
19	❶	②	③	④
20	①	❷	③	④
O: 개 △: 개 X: 개				

채점용 정답지

7회 실전동형모의고사

문번	제 2 과목			
01	①	❷	③	④
02	①	②	❸	④
03	①	②	③	❹
04	❶	②	③	④
05	①	②	③	❹
06	①	②	❸	④
07	①	②	❸	④
08	①	❷	③	④
09	①	②	③	❹
10	①	②	❸	④
11	❶	②	③	④
12	①	❷	③	④
13	❶	②	③	④
14	①	②	③	❹
15	①	②	③	❹
16	①	②	❸	④
17	①	②	③	❹
18	①	②	③	❹
19	❶	②	③	④
20	①	❷	③	④

O: 개　△: 개　X: 개

8회 실전동형모의고사

문번	제 2 과목			
01	①	②	❸	④
02	❶	②	③	④
03	①	②	❸	④
04	①	②	❸	④
05	①	②	❸	④
06	①	❷	③	④
07	①	②	③	❹
08	①	②	❸	④
09	①	❷	③	④
10	①	②	③	❹
11	①	❷	③	④
12	①	❷	③	④
13	①	②	❸	④
14	①	②	③	❹
15	①	②	③	❹
16	①	②	❸	④
17	❶	②	③	④
18	①	②	❸	④
19	①	❷	③	④
20	①	❷	③	④

O: 개　△: 개　X: 개

9회 실전동형모의고사

문번	제 2 과목			
01	❶	②	③	④
02	①	②	③	❹
03	①	②	❸	④
04	❶	②	③	④
05	①	②	③	❹
06	①	❷	③	④
07	①	②	❸	④
08	①	❷	③	④
09	①	②	③	❹
10	❶	②	③	④
11	①	②	③	❹
12	①	②	③	❹
13	①	❷	③	④
14	①	②	❸	④
15	①	②	❸	④
16	①	②	③	❹
17	①	②	❸	④
18	①	②	❸	④
19	❶	②	③	④
20	①	❷	③	④

O: 개　△: 개　X: 개

10회 실전동형모의고사

문번	제 2 과목			
01	①	❷	③	④
02	①	②	③	❹
03	①	②	❸	④
04	①	②	❸	④
05	①	❷	③	④
06	❶	②	③	④
07	①	②	❸	④
08	①	❷	③	④
09	①	②	③	❹
10	①	②	③	❹
11	①	❷	③	④
12	①	❷	③	④
13	❶	②	③	④
14	①	②	❸	④
15	①	②	③	❹
16	①	②	❸	④
17	①	②	❸	④
18	①	②	③	❹
19	①	❷	③	④
20	①	②	❸	④

O: 개　△: 개　X: 개

11회 실전동형모의고사

문번	제 2 과목			
01	❶	②	③	④
02	❶	②	③	④
03	①	②	③	❹
04	①	❷	③	④
05	①	②	③	❹
06	❶	②	③	④
07	①	❷	③	④
08	①	❷	③	④
09	①	②	❸	④
10	①	②	③	❹
11	①	②	③	❹
12	①	②	③	❹
13	❶	②	③	④
14	①	②	③	❹
15	①	②	❸	④
16	①	②	❸	④
17	❶	②	③	④
18	①	②	❸	④
19	①	②	❸	④
20	①	❷	③	④

O: 개　△: 개　X: 개

12회 실전동형모의고사

문번	제 2 과목			
01	①	❷	③	④
02	①	❷	③	④
03	①	②	③	❹
04	①	②	❸	④
05	①	❷	③	④
06	①	②	③	❹
07	①	❷	③	④
08	①	②	③	❹
09	①	②	③	❹
10	①	❷	③	④
11	①	②	③	❹
12	①	②	❸	④
13	①	❷	③	④
14	①	②	③	❹
15	①	②	❸	④
16	①	②	❸	④
17	①	②	③	❹
18	①	②	③	❹
19	①	❷	③	④
20	①	②	③	❹

O: 개　△: 개　X: 개

MEMO

MEMO

해커스공무원 실전동형모의고사 영어 1 답안지

컴퓨터용 흑색사인펜만 사용

성명	
자필성명	본인 성명 기재
응시직렬	
응시지역	
시험장소	

※ 시험감독관 서명
(성명을 정자로 기재할 것)

생년월일

응시번호

[필적감정용 기재]
*아래 예시문을 옮겨 적으시오.
본인은 OOO(응시자성명)임을 확인함

성	
책	

문번	회				문번	회				문번	회				문번	회				문번	회			
01	①	②	③	④	01	①	②	③	④	01	①	②	③	④	01	①	②	③	④	01	①	②	③	④
02	①	②	③	④	02	①	②	③	④	02	①	②	③	④	02	①	②	③	④	02	①	②	③	④
03	①	②	③	④	03	①	②	③	④	03	①	②	③	④	03	①	②	③	④	03	①	②	③	④
04	①	②	③	④	04	①	②	③	④	04	①	②	③	④	04	①	②	③	④	04	①	②	③	④
05	①	②	③	④	05	①	②	③	④	05	①	②	③	④	05	①	②	③	④	05	①	②	③	④
06	①	②	③	④	06	①	②	③	④	06	①	②	③	④	06	①	②	③	④	06	①	②	③	④
07	①	②	③	④	07	①	②	③	④	07	①	②	③	④	07	①	②	③	④	07	①	②	③	④
08	①	②	③	④	08	①	②	③	④	08	①	②	③	④	08	①	②	③	④	08	①	②	③	④
09	①	②	③	④	09	①	②	③	④	09	①	②	③	④	09	①	②	③	④	09	①	②	③	④
10	①	②	③	④	10	①	②	③	④	10	①	②	③	④	10	①	②	③	④	10	①	②	③	④
11	①	②	③	④	11	①	②	③	④	11	①	②	③	④	11	①	②	③	④	11	①	②	③	④
12	①	②	③	④	12	①	②	③	④	12	①	②	③	④	12	①	②	③	④	12	①	②	③	④
13	①	②	③	④	13	①	②	③	④	13	①	②	③	④	13	①	②	③	④	13	①	②	③	④
14	①	②	③	④	14	①	②	③	④	14	①	②	③	④	14	①	②	③	④	14	①	②	③	④
15	①	②	③	④	15	①	②	③	④	15	①	②	③	④	15	①	②	③	④	15	①	②	③	④
16	①	②	③	④	16	①	②	③	④	16	①	②	③	④	16	①	②	③	④	16	①	②	③	④
17	①	②	③	④	17	①	②	③	④	17	①	②	③	④	17	①	②	③	④	17	①	②	③	④
18	①	②	③	④	18	①	②	③	④	18	①	②	③	④	18	①	②	③	④	18	①	②	③	④
19	①	②	③	④	19	①	②	③	④	19	①	②	③	④	19	①	②	③	④	19	①	②	③	④
20	①	②	③	④	20	①	②	③	④	20	①	②	③	④	20	①	②	③	④	20	①	②	③	④

자르는 선

해커스공무원 실전동형모의고사 영어 1 답안지

컴퓨터용 흑색사인펜만 사용

※ 시험감독관 서명
(성명을 정자로 기재할 것)

생년월일

응시번호

성명	
자필성명	[영어 성명 기재]
응시직렬	
응시지역	
시험장소	

책 형

[필적감정용 기재]
* 아래 예시문을 동일하게 작성하시오
본인은 OOO(응시자성명)임을 확인함

(책형 표기란)

문번	회			
01	①	②	③	④
02	①	②	③	④
03	①	②	③	④
04	①	②	③	④
05	①	②	③	④
06	①	②	③	④
07	①	②	③	④
08	①	②	③	④
09	①	②	③	④
10	①	②	③	④
11	①	②	③	④
12	①	②	③	④
13	①	②	③	④
14	①	②	③	④
15	①	②	③	④
16	①	②	③	④
17	①	②	③	④
18	①	②	③	④
19	①	②	③	④
20	①	②	③	④

(답란이 회차별로 반복됨: 문번 01~20, 각 문항 ① ② ③ ④)

자르는 선

2024 최신개정판

해커스공무원
실전동형
모의고사
영어 1

개정 11판 1쇄 발행 2024년 2월 5일

지은이	해커스 공무원시험연구소
펴낸곳	해커스패스
펴낸이	해커스공무원 출판팀

주소	서울특별시 강남구 강남대로 428 해커스공무원
고객센터	1588-4055
교재 관련 문의	gosi@hackerspass.com
	해커스공무원 사이트(gosi.Hackers.com) 교재 Q&A 게시판
	카카오톡 플러스 친구 [해커스공무원 노량진캠퍼스]
학원 강의 및 동영상강의	gosi.Hackers.com

ISBN	979-11-6999-787-4 (13740)
Serial Number	11-01-01

공무원 교육 1위,
해커스공무원 gosi.Hackers.com

해커스공무원

· 공무원 영어 시험의 빈출 어휘 및 표현을 정리한 **필수 단어암기장**

· '회독'의 방법과 공부 습관을 제시하는 **해커스 회독증강 콘텐츠**(교재 내 할인쿠폰 수록)

· 정확한 성적 분석으로 약점 극복이 가능한 **합격예측 모의고사**(교재 내 응시권 및 해설강의 수강권 수록)

· 내 점수와 석차를 확인하는 **모바일 자동 채점 및 성적 분석 서비스**

· **해커스공무원 학원 및 인강**(교재 내 인강 할인쿠폰 수록)

한경비즈니스 선정 2020 한국소비자만족지수 교육(공무원) 부문 1위

해커스공무원

2024 최신개정판

실전동형
모의고사
영어 1

약점 보완 해설집

🎓 해커스공무원

해커스공무원

실전동형
모의고사
영어 ①

약점 보완 해설집

🎓 해커스공무원

정답

p. 16

01	② 어휘 – 어휘 & 표현	11	② 어휘 – 생활영어
02	④ 어휘 – 어휘 & 표현	12	③ 어휘 – 생활영어
03	③ 어휘 – 어휘 & 표현	13	③ 독해 – 전체내용 파악
04	③ 어휘 – 어휘 & 표현	14	④ 독해 – 전체내용 파악
05	③ 문법 – 수 일치	15	② 독해 – 전체내용 파악
06	① 문법 – 동사의 종류	16	③ 독해 – 추론
07	② 문법 – 전치사	17	③ 독해 – 논리적 흐름 파악
08	③ 독해 – 세부내용 파악	18	② 독해 – 논리적 흐름 파악
09	④ 독해 – 세부내용 파악	19	② 독해 – 논리적 흐름 파악
10	① 어휘 – 생활영어	20	① 독해 – 추론

취약영역 분석표

영역	세부 유형	문항 수	소계
어휘	어휘 & 표현	4	/7
	생활영어	3	
문법	수 일치	1	/3
	동사의 종류	1	
	전치사	1	
독해	전체내용 파악	3	/10
	세부내용 파악	2	
	추론	2	
	논리적 흐름 파악	3	
총계			/20

---

01 | 어휘 inevitable = certain

난이도 중 ●●○

밑줄 친 부분의 의미와 가장 가까운 것을 고르시오.

> Lawrence left the event earlier than everyone else, hoping to avoid getting stuck in traffic. However, it was still rush hour, and he couldn't escape the inevitable traffic congestion on the highway.

① relaxing
② certain
③ rare
④ difficult

해석

Lawrence는 교통 체증을 피하기를 바라면서 다른 사람들보다 일찍 행사장을 떠났다. 그러나, 여전히 혼잡 시간대였고, 그는 고속도로의 불가피한 교통 정체를 모면할 수 없었다.

① 편한
② 피할 수 없는
③ 드문
④ 어려운

정답 ②

어휘

rush hour 혼잡 시간대 inevitable 불가피한 congestion 정체, 혼잡

 이것도 알면 합격!

inevitable(불가피한)의 유의어
= unavoidable, inescapable, inexorable

---

02 | 어휘 robust = strong

난이도 하 ●○○

밑줄 친 부분의 의미와 가장 가까운 것을 고르시오.

> The robust growth exhibited by the nation's economy this year outpaced predictions and bolstered confidence among investors and consumers alike.

① unreliable
② sudden
③ steady
④ strong

해석

올해 국가의 경제가 보여준 강력한 성장은 예측을 뛰어넘었고 투자자와 소비자 모두에게 자신감을 북돋워 주었다.

① 신뢰할 수 없는
② 갑작스러운
③ 꾸준한
④ 강력한

정답 ④

어휘

robust 강력한 exhibit 보여주다, 설명하다 outpace ~을 뛰어넘다
prediction 예측 bolster 북돋우다 confidence 자신감
investor 투자자 alike 모두

이것도 알면 합격!

robust(강력한)의 유의어
= potent, powerful, sturdy

03 어휘 set up = establish 난이도 중 ●●○

밑줄 친 부분의 의미와 가장 가까운 것을 고르시오.

> Several employees from the IT department came forward when management asked for volunteers to <u>set up</u> the new client portal.

① protest
② facilitate
③ establish
④ investigate

해석

경영진이 새로운 고객 포털을 설정하기 위해 지원자를 요청했을 때 IT 부서의 여러 직원들이 나섰다.

① 반대하다
② 촉진하다
③ 설정하다
④ 조사하다

정답 ③

어휘

come forward 나서다 set up 설정하다 establish 설정하다, 설립하다

 이것도 알면 합격!

set up(설정하다)의 유의어
= arrange, launch, install

04 어휘 allow for = consider 난이도 중 ●●○

밑줄 친 부분의 의미와 가장 가까운 것을 고르시오.

> When creating a political strategy, it's important to <u>allow for</u> the varying viewpoints and issues of citizens in different regions of the country.

① assume
② determine
③ consider
④ encourage

해석

정치적 전략을 수립할 때, 국가의 서로 다른 지역에 사는 시민들의 다양한 관점과 문제를 고려하는 것이 중요하다.

① 추정하다
② 결정하다
③ 고려하다
④ 격려하다

정답 ③

어휘

political 정치적인 allow for ~을 고려하다 assume 추정하다

이것도 알면 합격!

allow for(~을 고려하다)와 유사한 의미의 표현
= contemplate, acknowledge, take into consideration

05 문법 수 일치 난이도 중 ●●○

밑줄 친 부분 중 어법상 옳지 않은 것은?

> While the use of virtual reality in medicine has made ① it easier to manage various psychological disorders and improve training for doctors, experts in the field believe ② that the full potential of this technology, which holds promise for areas like preventive healthcare, rehabilitation, and surgery, ③ have yet to be fully realized. Regardless, it has already ④ dramatically changed how medical professionals approach and understand treatments.

해석

의학에서 가상현실의 사용이 다양한 심리적 장애를 관리하는 것과 의사 훈련을 향상시키는 것을 더 쉽게 만들었지만, 그 분야의 전문가들은 예방적 의료, 재활, 수술과 같은 분야에 대한 가능성을 가지고 있는 이 기술의 완전한 잠재력은 아직 완전히 실현되지 않았다고 믿는다. 그럼에도 불구하고, 그것(가상현실)은 이미 의료 전문가들이 치료에 접근하고 이해하는 방법을 극적으로 변화시켰다.

해설

③ 주어와 동사의 수 일치 주어 자리에 단수 명사 the full potential이 왔으므로 복수 동사 have를 단수 동사 has로 고쳐야 한다. 참고로, 주어와 동사 사이의 수식어 거품(of ~ surgery)은 동사의 수 결정에 영향을 주지 않는다.

[오답 분석]

① 5형식 동사 | 목적어 자리 동사 make(made)는 5형식 동사로 쓰일 때 'make(made) + 목적어 + 목적격 보어(easier)' 형태를 취하며 '~을 –하게 만들다'라는 의미를 나타내는데, to 부정사구 목적어가 목적격 보어와 함께 오면 진짜 목적어(to 부정사구)를 목적격 보어 뒤로 보내고 목적어가 있던 자리에 가짜 목적어 it을 써서 '가짜 목적어 it + 목적격 보어(easier) + 진짜 목적어(to manage ~ doctors)'의 형태가 되어야 하므로 목적어 자리에 it이 올바르게 쓰였다.

② 명사절 접속사 1 : that 완전한 절(the full potential ~ realized)을 이끌며 동사 believe의 목적어 자리에 올 수 있는 명사절 접속사 that이 올바르게 쓰였다.

④ 부사 자리 동사(changed)를 앞에서 수식할 수 있는 것은 부사이므로 부사 dramatically가 올바르게 쓰였다.

정답 ③

어휘

virtual reality 가상현실 medicine 의학 disorder 장애
preventive 예방적인 dramatically 극적으로 treatment 치료

06 문법 동사의 종류 　　　난이도 중 ●●○

어법상 옳지 않은 것은?

① We had the car's old engine replace with a brand-new one.

② Never in my life had I seen such a breathtaking sunset.

③ All new employees are required to be trained on the company's data security policies.

④ My friend insisted that we go to the new Mexican restaurant in town.

해석

① 우리는 그 차의 오래된 엔진을 새 것으로 교체했다.

② 내 인생에서 이렇게 숨이 막히는 석양을 본 적이 없다.

③ 모든 신입 직원들은 회사의 데이터 보안 정책에 대한 교육을 받아야 한다.

④ 나의 친구는 우리가 시내에 새로 생긴 멕시코 음식점에 가야 한다고 주장했다.

해설

① 5형식 동사 사역동사 have(had)의 목적어(the car's old engine)와 목적격 보어가 '그 차의 오래된 엔진이 교체되다'라는 의미의 수동 관계이므로 동사원형 replace를 과거분사 replaced로 고쳐야 한다.

[오답 분석]

② 도치 구문: 부사구 도치 1 부정을 나타내는 부사(Never)가 강조되어 문장 맨 앞에 나오면 주어(I)와 조동사(had)가 도치되어 '조동사 + 주어 + 동사'의 어순이 되어야 하므로 Never in my life had I seen이 올바르게 쓰였다.

③ 5형식 동사의 수동태 | to 부정사의 형태 to 부정사를 목적격 보어로 취하는 5형식 동사(require)가 수동태가 되면, to 부정사는 수동태 동사(are required) 뒤에 그대로 남아야 하므로 are required to be가 올바르게 쓰였다. 또한, to 부정사가 가리키는 명사(All new employees)와 to 부정사가 '모든 신입 직원들이 교육받다'라는 의미의 수동 관계이므로 are required 뒤에 to 부정사의 수동형 to be trained on이 올바르게 쓰였다.

④ 조동사 should의 생략 주절에 주장을 나타내는 동사 insist가 오면 종속절에는 '(should +) 동사원형'이 와야 하므로, 종속절에 동사원형 go가 올바르게 쓰였다.

정답 ①

어휘

replace 교체하다　breathtaking 숨이 막히는　insist 주장하다

07 문법 전치사 　　　난이도 중 ●●○

우리말을 영어로 잘못 옮긴 것은?

① 너는 항상 요리를 하곤 했다.

→ You used to cook all the time.

② 그는 사진을 찍기 위해 그의 친구들 옆에서 포즈를 취했다.

→ He posed besides his friends for a picture.

③ 그는 3일에 한 번씩 달리기를 한다.

→ He goes for a run every three days.

④ 이 책은 그 사전의 절반만큼 크다.

→ This book is half as large as the dictionary.

해설

② 전치사 3: 위치 '친구들 옆에서'는 전치사 beside(~옆에)를 사용하여 나타낼 수 있으므로 '~ 외에'를 의미하는 전치사 besides를 '~ 옆에'를 의미하는 전치사 beside로 고쳐야 한다.

[오답 분석]

① 조동사 관련 표현 조동사처럼 쓰이는 표현 used to(~하곤 했다) 뒤에는 동사원형이 와야 하므로 동사원형 cook이 올바르게 쓰였다.

③ 현재 시제 | 수량 표현 '3일에 한 번씩 달리기를 한다'라는 반복되는 동작을 표현하고 있으므로 현재 시제 goes가 올바르게 쓰였다. 또한, every는 특정한 숫자와 함께 오면 '~마다 한 번씩'이라는 뜻으로 복수 명사 앞에 올 수 있으므로, '3일에 한 번씩'을 나타내기 위해 every three days가 올바르게 쓰였다.

④ 원급 '절반만큼 크다'는 '배수사 + as + 원급 + as'의 형태로 나타낼 수 있는데, '절반'의 의미를 나타내기 위해 배수사 자리에 '부분'을 나타내는 표현이 올 수 있으므로 half as large as가 올바르게 쓰였다.

정답 ②

어휘

pose 포즈를 취하다　half 절반

08 독해 세부내용 파악(내용 불일치 파악) 난이도 중 ●●○

다음 글의 내용과 일치하지 않는 것은?

> Selenium is a vital mineral. Although the body only requires small amounts of it, it is very important. Are you aware of its benefits? It protects the body against cell damage and is fundamental for thyroid function. Most people get selenium from foods such as fish, meat, poultry, beans, and Brazil nuts. However, there's a catch. Some regions have soils that are naturally low in selenium. If the soil lacks it, then what does that mean? It means that crops and livestock do, too. This can result in a selenium deficiency in humans. If you are deficient in selenium, you might feel weak and tired all the time. There's also a good chance you'll have trouble concentrating. So, be sure to get enough of it in your diet, but if you can't, consider taking supplements.

① Selenium has an effect on thyroid function.

② Foods such as meat and Brazil nuts are sources of selenium.

③ Livestock and agriculture are depleting selenium in soils.

④ A selenium deficiency can affect energy levels and concentration.

해석

셀레늄은 필수적인 미네랄이다. 비록 몸은 적은 양의 셀레늄만을 필요로 하지만, 그것은 매우 중요하다. 여러분은 그것의 이점들을 알고 있는가? 그것은 세포 손상으로부터 몸을 보호하고 갑상선 기능에 핵심적이다. 대부분의 사람들은 생선, 고기, 가금류, 콩, 그리고 브라질너트와 같은 음식으로부터 셀레늄을 얻는다. 그러나, 함정이 있다. 일부 지역에는 자연적으로 셀레늄 함량이 낮은 토양이 있다. 만약 토양에 셀레늄이 부족하다면, 그것은 무엇을 의미할까? 농작물과 가축도 그렇다(셀레늄이 부족하다)는 것을 의미한다. 이것은 인간의 셀레늄 결핍을 초래할 수 있다. 만약 여러분이 셀레늄이 부족하다면, 항상 약하고 피곤하다고 느낄지도 모른다. 여러분이 집중하는 데 어려움을 겪을 가능성도 높다. 따라서, 식단에서 그것을 반드시 충분히 섭취하되, 만약 그럴 수 없다면 보충제를 섭취하는 것을 고려하라.

① 셀레늄은 갑상선 기능에 영향을 미친다.

② 고기와 브라질너트와 같은 음식들은 셀레늄의 원천이다.

③ 가축과 농업은 토양에서 셀레늄을 고갈시키고 있다.

④ 셀레늄 결핍은 에너지 수준과 집중에 영향을 미칠 수 있다.

해설

지문 중간에서 일부 지역에는 자연적으로 셀레늄 함량이 낮은 토양이 있는데, 이는 농작물과 가축도 그렇다(셀레늄이 부족하다)는 것을 의미한다고 했지만, 가축과 농업이 토양에서 셀레늄을 고갈시키고 있는지에 대해서는 언급되지 않았으므로, '③ 가축과 농업은 토양에서 셀레늄을 고갈시키고 있다'는 지문의 내용과 일치하지 않는다.

[오답 분석]

① 네 번째 문장에 셀레늄은 갑상선 기능에 핵심적이라고 언급되었다.

② 다섯 번째 문장에 대부분의 사람들은 생선, 고기, 가금류, 콩, 그리고 브라질너트와 같은 음식으로부터 셀레늄을 얻는다고 언급되었다.

④ 열한 번째 문장에 셀레늄이 부족하다면 항상 약하고 피곤하다고 느낄지도 모른다고 언급되었고, 열두 번째 문장에 집중하는 데 어려움을 겪을 가능성도 높다고 언급되었다.

정답 ③

어휘

vital 필수적인 cell 세포 fundamental 핵심적인 thyroid 갑상선
poultry 가금류 catch 함정, 계략 crop 농작물 livestock 가축
deficiency 결핍 supplement 보충제 deplete 고갈시키다

---

09 독해 세부내용 파악(내용 일치 파악) 난이도 중 ●●○

다음 글의 내용과 일치하는 것은?

> As the king of England, Charles I ruled with absolute power and made people pay high taxes. During his reign, England was in significant debt due to its participation in various wars, but Charles I had a taste for luxury, spending a great deal of money on art and other extravagances. In 1642, the English Civil War began as a result of his tensions with Parliament over financial mismanagement and other matters. After years of bloody battles, the Parliamentarians won. The king was executed in 1649, and a key Parliamentarian, Oliver Cromwell, took control of the country. He believed in a strict Puritan society and put an end to many forms of entertainment, shutting down theaters and inns and outlawing dancing, gambling, and even certain sports. Cromwell remained in power until his death in 1658.

① Charles I was an uncontroversial monarch who shared power with Parliament.

② The cost of maintaining Charles I's court was low.

③ Supporters of the British monarchy won the English Civil War.

④ Various forms of entertainment were banned under Oliver Cromwell's rule.

해석

영국의 왕으로서, 찰스 1세는 절대 권력으로 통치했고 사람들에게 높은 세금을 내게 했다. 그의 통치 기간 동안, 영국은 다양한 전쟁에 참가했기 때문에 상당한 빚을 지고 있었지만, 찰스 1세는 사치를 좋아하여 예술과 다른 사치품들에 많은 돈을 썼다. 1642년에, 재정 관리 부실과 다른 문제들에 대한 의회와의 갈등의 결과로 잉글랜드 내전이 시작되었다. 수년간의 피비린내 나는 전투 끝에, 의회 의원들이 승리했다. 왕(찰스 1세)은 1649년에 처형되었고, 주요 의회 의원인 올리버 크롬웰이 나라를 장악했다. 그는 엄격한 청교도 사회를 지지했고, 극장과 여관을 폐쇄하고 춤, 도박, 그리고 심지어 특정 스포츠를 불법화하면서 많은 형태의 오락을 없앴다. 크롬웰은 1658년에 그가 사망할 때까지 권력을 유지했다.

① 찰스 1세는 의회와 권력을 나눈 논쟁의 여지가 없는 군주였다.

② 찰스 1세의 궁정을 유지하는 비용은 낮았다.

③ 영국 군주제의 지지자들은 잉글랜드 내전에서 승리했다.

④ 올리버 크롬웰의 통치하에서 다양한 형태의 오락이 금지되었다.

해설

지문 마지막에서 올리버 크롬웰은 엄격한 청교도 사회를 지지했고, 많은 형태의 오락을 없앴다고 했으므로, '④ 올리버 크롬웰의 통치하에서 다양한 형태의 오락이 금지되었다'는 지문의 내용과 일치한다.

[오답 분석]

① 첫 번째 문장에서 찰스 1세는 절대 권력으로 통치했다고 했고, 세 번째 문장에서 재정 관리 부실과 다른 문제들에 대해 의회와 갈등이 있었다고 했으므로 지문의 내용과 일치하지 않는다.

② 두 번째 문장에서 찰스 1세는 사치를 좋아하여 예술과 다른 사치품들에 많은 돈을 썼다고 했으므로 지문의 내용과 일치하지 않는다.

③ 영국 군주제의 지지자들이 잉글랜드 내전에서 승리했는지에 대해서는 언급되지 않았다.

정답 ④

어휘

absolute 절대적인 reign 통치 기간 debt 빚 participation 참가
have a taste for ～을 좋아하다 extravagance 사치(품) civil war 내전
tension 갈등, 긴장 parliament 의회 mismanagement 관리 부실
execute 처형하다 believe in 지지하다, 추구하다 Puritan 청교도의
put an end to ～을 없애다 inn 여관 outlaw 불법화하다
uncontroversial 논쟁의 여지가 없는 monarch 군주 court 궁정, 왕실

---

10 생활영어 I have the same one. 난이도 중 ●●○

밑줄 친 부분에 들어갈 말로 알맞은 것을 고르시오.

> A: I just got this new eco-friendly water bottle. It's made entirely of recycled materials and even has a built-in filter for purifying tap water.
>
> B: _____
>
> A: Really? Great minds think alike! I just wanted to reduce my plastic usage and thought this was a good start.
>
> B: It definitely is. Plus, having a built-in filter can be super handy during trips.
>
> A: I know, right? I'm planning to take it with me on my hiking trip next week.
>
> B: That's a great idea. I hope you have a good time.

① I have the same one.

② I bet it was expensive.

③ That's easier said than done.

④ Well, the environment is important.

해석

> A: 저는 방금 이 친환경 물병을 샀어요. 이것은 전부 재활용된 재료들로 만들어졌고 수돗물 정화를 위한 필터까지 내장되어 있어요.
>
> B: 저도 같은 것이 있어요.
>
> A: 정말요? 저희 통했네요! 저는 단지 저의 플라스틱 사용량을 줄이고 싶었고 이것이 좋은 시작이라고 생각했어요.
>
> B: 확실히 그래요. 게다가, 필터가 내장되어 있는 것은 여행 중에도 매우 편리할 수 있어요.
>
> A: 그러니까요. 저는 다음 주에 도보 여행을 갈 때 그것을 가져갈 계획이에요.
>
> B: 좋은 생각이에요. 즐거운 시간 보내시길 바라요.

---

① 저도 같은 것이 있어요.

② 비쌌을 것 같네요.

③ 말이야 쉽죠.

④ 글쎄요, 환경이 중요해요.

해설

전부 재활용된 재료들로 만들어졌고 수돗물 정화를 위한 필터까지 내장되어 있는 친환경 물병을 샀다는 A의 말에 대해 B가 대답하고, 빈칸 뒤에서 A가 Really? Great minds think alike!(정말요? 저희 통했네요!)라고 말하고 있으므로, 빈칸에는 '① 저도 같은 것이 있어요(I have the same one)'가 오는 것이 자연스럽다.

정답 ①

어휘

eco-friendly 친환경의 entirely 전부, 완전히 material 재료
built-in 내장된 purify 정화하다 tap water 수돗물 handy 편리한

이것도 알면 합격!

친환경과 관련된 표현

> sustainability 지속 가능성	> reusable 재사용할 수 있는
> carbon footprint 탄소 발자국	> upcycling 업사이클링
> energy efficiency 에너지 효율	> biodegradable 생분해성의

---

11 생활영어 I think you should find out if it belongs to someone. 난이도 하 ●○○

밑줄 친 부분에 들어갈 말로 알맞은 것을 고르시오.

> A: A stray cat has been coming to my door almost every day to beg for food. What do you think I should do?
>
> B: Are you able to adopt it? You were talking about potentially getting another cat.
>
> A: I can't. My current landlord will only let me have one cat.
>
> B: _____
>
> A: That's a good idea. It is pretty friendly, so it could just be lost.
>
> B: You could post a picture of it on social media. Someone in your neighborhood might recognize it.
>
> A: Yeah. Hopefully, I'll be able to help.

① You just moved, though. I thought you liked it.

② I think you should find out if it belongs to someone.

③ There are missing posters everywhere. Have you seen them?

④ It's dangerous out there. It could get hit by a car.

해석

> A: 길고양이가 거의 매일 우리 집 문 앞에 와서 음식을 구걸하고 있어요. 어떻게 해야 할까요?
>
> B: 당신이 그것을 입양할 수 있나요? 고양이를 한 마리 더 키울 수도 있다고 말씀하셨잖아요.

A: 그럴 수 없어요. 지금 집주인은 제가 고양이를 한 마리만 키우도록 허락해 줄 거예요.

B: 제 생각에는 그것이 누군가의 것인지 알아봐야 할 것 같아요.

A: 그것 좋은 생각이네요. 그것은 꽤 상냥해서 그냥 잃어버린 것일 수도 있어요.

B: SNS에 그것의 사진을 올려볼 수도 있어요. 당신의 이웃 중 누군가가 그것을 알아볼 수도 있어요.

A: 맞아요. 바라건대, 제가 도울 수 있으면 좋겠어요.

① 방금 이사를 오셨잖아요. 저는 당신이 그것을 좋아하는 줄 알았어요.
② 제 생각에는 그것이 누군가의 것인지 알아봐야 할 것 같아요.
③ 실종자 포스터가 곳곳에 있어요. 그것들을 보셨나요?
④ 그곳은 위험해요. 그것이 차에 치일 수도 있어요.

해설

길고양이가 거의 매일 문 앞에 와서 음식을 구걸하고 있다며 어떻게 해야 할지 묻는 A에게 B가 그것을 입양할 수 있는지 묻고, A가 그럴 수 없다고 대답한 뒤, 빈칸 뒤에서 A가 좋은 생각이라며 It is pretty friendly, so it could just be lost(그것은 꽤 상냥해서 그냥 잃어버린 것일 수도 있어요)라고 말하고 있으므로, 빈칸에는 '② 제 생각에는 그것이 누군가의 것인지 알아봐야 할 것 같아요(I think you should find out if it belongs to someone)'가 오는 것이 자연스럽다.

정답 ②

어휘

stray 길을 잃은, 주인이 없는   adopt 입양하다   current 지금의, 현재의
landlord 집주인

 **이것도 알면 합격!**

조언을 구할 때 쓸 수 있는 표현

> Could you give me some guidance on this matter?
  이 문제에 대한 지침을 주실 수 있나요?
> Can you offer some advice?
  조언 좀 해주시겠어요?
> Do you have any suggestions for me?
  제게 제안할 것이 있습니까?
> If you were in my shoes, what would you do?
  만약 당신이 제 입장이라면, 당신은 무엇을 하시겠습니까?

---

12 생활영어 She's on thin ice. 난이도 중 ●●○

두 사람의 대화 중 자연스럽지 않은 것은?

① A: I can't believe I wasted all that money.
  B: There's no use crying over spilled milk.
② A: This project is taking forever!
  B: Rome wasn't built in a day.
③ A: Sarah agreed to go skating with me.
  B: She's on thin ice.
④ A: Today is my first time performing on stage.
  B: Break a leg.

해석

① A: 제가 그 돈을 다 낭비했다니 믿을 수 없어요.
  B: 엎질러진 우유 때문에 울어도 소용없어요.(이미 엎질러진 물이에요.)
② A: 이 프로젝트는 정말 오래 걸리네요!
  B: 로마는 하루 만에 건설된 것이 아닙니다.(큰 성취는 시간과 노력이 필요해요.)
③ A: Sarah가 저와 함께 스케이트를 타러 가는 것에 동의했어요.
  B: 그녀는 살얼음판 위에 있어요.(그녀는 아슬아슬한 상태에 있어요.)
④ A: 오늘은 제가 처음으로 무대에서 공연하는 날이에요.
  B: 행운을 빌어요.

해설

③번에서 A는 Sarah가 함께 스케이트를 타러 가는 것에 동의했다고 말하고 있으므로, 그녀는 살얼음판 위에 있다고 말하는 B의 대답 '③ She's on thin ice(그녀는 살얼음판 위에 있어요)는 어울리지 않는다.

정답 ③

어휘

waste 낭비하다   on thin ice 아슬아슬한 상태인, 위태위태한
break a leg 행운을 빌어요

이것도 알면 합격!

행운을 빌어줄 때 쓰는 표현

> Good luck! 행운을 빌어요!
> Best of luck! 행운을 빌어요!
> Wishing you all the best! 당신에게 최선을 기원합니다!
> I'll keep my fingers crossed! 행운을 빌어요!
> May luck be on your side! 행운이 당신 편이 되기를 바라요!

---

13 독해 전체내용 파악(제목 파악) 난이도 중 ●●○

다음 글의 제목으로 알맞은 것은?

Some of the most profound learning moments come not from direct instruction but from observation. As we grow up, we emulate our parents, unconsciously replicating their actions and absorbing social norms. A toddler does not need to be told that a smile means something different from a frown or that a gentle touch conveys affection. They will see it and internalize it. Similarly, in nature, a baby bird doesn't require explicit lessons to learn how to forage for food or navigate the skies. It watches and mimics its parents and understands innately how to exist in the world.

① What Are the Stages of Observational Learning?
② Direct Instruction Is Key to Learning
③ Observation Helps Us Understand the World
④ Facial Expressions: A Means of Conveying Affection

[해석]

가장 뜻깊은 배움의 순간들 중 일부는 직접적인 가르침이 아니라 관찰에서 나온다. 우리는 자라면서 부모를 모방하며 무의식적으로 그들의 행동을 따라 하고 사회적 규범을 흡수한다. 아기는 미소가 찡그린 표정과 다른 무언가를 의미한다거나 부드러운 손길이 애정을 전달한다는 것을 배울 필요가 없다. 그들은 그것을 보고 내면화할 것이다. 비슷하게, 자연에서, 새끼 새는 먹이를 찾거나 하늘을 항해하는 방법을 배우기 위해 명시적인 교육을 필요로 하지 않는다. 그것은 부모를 보고 모방하고 이 세상에 존재하는 방법을 선천적으로 이해한다.

① 관찰 학습의 단계는 무엇인가?
② 직접적인 가르침은 학습의 핵심이다
③ 관찰은 우리가 세상을 이해하는 데 도움이 된다
④ 표정: 애정을 전달하는 수단

[해설]

지문 처음에서 가장 뜻깊은 배움의 순간들 중 일부는 직접적인 가르침이 아니라 관찰에서 나온다고 설명하고, 지문 전반에 걸쳐 우리가 자라면서 부모를 모방하며 무의식적으로 그들의 행동을 따라 하고 사회적 규범을 흡수한다고 설명하고 있으므로, '③ 관찰은 우리가 세상을 이해하는 데 도움이 된다'가 이 글의 제목이다.

[오답 분석]

① 관찰 학습의 단계에 대해서는 언급되지 않았다.
② 가장 뜻깊은 배움의 순간들 중 일부는 직접적인 가르침이 아니라 관찰에서 나온다고 했으므로 지문의 내용과 다르다.
④ 표정은 우리가 관찰과 모방을 통해 사회적 규범을 흡수한다는 내용을 설명하기 위한 예시이므로 지엽적이다.

정답 ③

[어휘]

profound 뜻깊은, 심오한 instruction 가르침, 교육 observation 관찰
emulate 따라 하다, 모사하다 unconsciously 무의식적으로
replicate 모방하다 absorb 흡수하다 social norm 사회적 규범
toddler 아기, 유아 frown 찡그린 표정, 찡그림 convey 전달하다
affection 애정 internalize 내면화하다 explicit 명시적인, 명확한
forage 먹이를 찾다 navigate 항해하다 mimic 모방하다
innately 선천적으로 exist 존재하다 facial expression 표정

---

14   독해 전체내용 파악(주제 파악)   난이도 중 ●●○

다음 글의 주제로 알맞은 것은?

> Lots of young children are picky eaters, but a diet of crackers and chicken nuggets will not give them the nutrition they need to grow and thrive. Getting children to expand their diet is not easy, but with the right approach, it can be accomplished. One strategy is to involve children in the food preparation process. By being allowed to help in the kitchen, they'll feel a sense of ownership over the meal and be more likely to try it. Another is for parents to always model healthy eating habits themselves. If children see their parents enjoying a range of nutritious foods, they are more inclined to follow suit. Above all, to encourage a more diverse diet, parents should not turn mealtimes into a battleground. Reprimanding children for not eating their vegetables or forcing them to finish all the food on their plate can create negative associations with food and make the problem worse.

① getting children to finish all the food on their plate
② handling battles with children during mealtimes
③ preventing negative associations with food from developing
④ encouraging children to eat healthy types of food

[해석]

많은 어린 아이들이 편식가이지만, 크래커와 치킨 너겟의 식생활은 그들이 성장하고 잘 자라기 위해 필요한 영양을 제공하지 않을 것이다. 아이들이 그들의 식단을 확장하도록 하는 것은 쉽지 않지만, 그것은 올바른 접근법으로 성취될 수 있다. 한 가지 전략은 아이들을 음식 준비 과정에 참여시키는 것이다. 그들이 부엌에서 돕도록 허용됨으로써, 그들은 식사에 대한 주인 의식을 느낄 것이며, 그것을 시도할 가능성도 더 높아질 것이다. 또 다른 하나는 부모들이 항상 자신들의 건강한 식습관을 모범으로 보이는 것이다. 그들의 부모가 다양한 영양가 높은 음식을 즐기는 것을 본다면, 아이들은 더 따라 하고 싶어진다. 무엇보다도, 더 다양한 식단을 장려하기 위해, 부모들은 식사 시간을 전쟁터로 만들지 않아야 한다. 채소를 먹지 않은 것에 대해 아이들을 질책하거나 그들의 접시에 있는 모든 음식을 끝내도록 강요하는 것은 음식과 부정적인 연관성을 만들고 문제를 악화시킬 수 있다.

① 아이들이 그들의 접시에 있는 음식을 다 먹게 하기
② 식사 시간 동안 아이들과의 전투를 다루기
③ 음식과 부정적인 연관성이 발생하는 것을 방지하기
④ 아이들이 건강한 종류의 음식을 섭취하는 것을 장려하기

[해설]

지문 처음에서 아이들이 그들의 식단을 확장하도록 하는 것은 쉽지 않지만 그것은 올바른 접근법으로 성취될 수 있다고 했고, 지문 전반에 걸쳐 아이들의 더 다양한 식단을 장려하기 위한 방법에 대해 설명하고 있으므로, '④ 아이들이 건강한 종류의 음식을 섭취하는 것을 장려하기'가 이 글의 주제이다.

[오답 분석]

① 아이들이 그들의 접시에 있는 모든 음식을 끝내도록 강요하는 것은 문제를 악화시킬 수 있다고 했으므로 지문의 내용과 다르다.
② 부모들이 식사 시간을 전쟁터로 만들지 않아야 한다고 언급되었지만 아이들에게 더 다양한 식단을 장려하는 방법을 설명하기 위한 내용이므로 지엽적이다.
③ 채소를 먹지 않은 것에 대해 아이들을 질책하는 등의 행위는 음식과 부정적인 연관성을 만든다고 언급되었으나 지엽적이다.

정답 ④

[어휘]

picky eater 편식가, 식성이 까다로운 사람 diet 식생활, 식단 nutrition 영양
thrive 잘 자라다 expand 확장하다 approach 접근법
accomplish 성취하다 ownership 주인 의식 a range of 다양한
follow suit 따라 하다, 따르다 reprimand 질책하다 force 강요하다
association 연관(성)

15 독해 전체내용 파악(요지 파악)   난이도 중 ●●○

다음 글의 요지로 알맞은 것은?

Young children naturally crave the attention of their caregivers and will communicate this by engaging in a variety of behaviors, some of which are not genuine expressions of need but tactics to remain in the spotlight. Many modern parents, believing that it is their duty to be as present and engaged as possible to ensure their child's future success, give in to attention-seeking behavior when they should not. They cater to their child's every whim, failing to realize that such an approach might foster a sense of entitlement and dependency. Over time, children whose parents have failed to set boundaries may come to believe that the world revolves around them and struggle to handle situations where they are not the center of attention. Therefore, while giving a child undivided attention may be well-intentioned, doing so may stifle the child's independence and resilience.

① Modern parents are more attentive than parents from previous generations.
② Not setting boundaries for attention-seeking behavior can have consequences.
③ There are strategies for improving the behavior of children.
④ Children engage in attention-seeking behavior when they are ignored.

해석

어린아이들은 선천적으로 그들의 보호자의 관심을 갈망하고 다양한 행동들에 참여함으로써 이것을 전달할 것인데, 그중 일부는 진정한 필요의 표현이 아니라 주목을 받기 위한 전략이다. 많은 현대의 부모들은 자녀의 미래 성공을 보장하기 위해 가능한 한 존재하고 참여하는 것이 그들의 의무라고 믿으면서 그들이 그래야(굴복해야) 하지 않을 때 관심을 끄는 행동에 굴복한다. 그들은 그러한 접근법이 특권 의식과 의존성을 길러줄 수도 있다는 것을 깨닫지 못하면서 자녀의 모든 변덕에 응한다. 시간이 지나면서, 부모가 경계를 설정하지 못한 아이들은 세상이 그들을 중심으로 돌아간다고 믿게 되고 그들이 관심의 중심이 되지 않는 상황을 다루는 데 어려움을 겪게 될 수 있다. 그러므로, 아이에게 전적인 관심을 기울이는 것이 좋은 의도일 수 있지만, 그렇게 하는 것은 아이의 독립성과 회복력을 억누를 수 있다.

① 현대의 부모들은 이전 세대의 부모들보다 더 세심하다.
② 관심을 끄는 행동에 대한 경계를 설정하지 않는 것에는 결과가 따를 수 있다.
③ 아이들의 행동을 개선하기 위한 전략들이 있다.
④ 아이들은 무시당할 때 관심을 끄는 행동을 한다.

해설

지문 마지막에서 부모가 경계를 설정하지 못한 아이들은 세상이 그들을 중심으로 돌아간다고 믿게 되고 그들이 관심의 중심이 되지 않는 상황을 다루는 데 어려움을 겪게 될 수 있다고 하고 있으며, 아이에게 전적인 관심을 기울이는 것이 아이의 독립성과 회복력을 억누를 수 있다고 설명하고 있으므로, '② 관심을 끄는 행동에 대한 경계를 설정하지 않는 것에는 결과가 따를 수 있다'가 이 글의 요지이다.

[오답 분석]

① 현대의 부모들이 이전 세대의 부모들보다 더 세심한지에 대해서는 언급되지 않았다.
③ 아이들의 행동을 개선하기 위한 전략들에 대해서는 언급되지 않았다.
④ 아이들이 무시당할 때 관심을 끄는 행동을 하는지에 대해서는 언급되지 않았다.

정답 ②

어휘

crave 갈망하다   caregiver 보호자, 아이나 병자를 돌보는 사람
engage in ~에 참여하다   genuine 진정한, 진실한   tactic 전략, 전술
ensure 보장하다   cater ~에 응하다   whim 변덕   foster 기르다
a sense of entitlement 특권 의식   dependency 의존성
revolve 돌다, 회전하다   undivided 전적인, 완전한   stifle 억누르다, 억압하다
resilience 회복력   attentive 세심한   previous 이전의
consequence 결과   ignore 무시하다

16 독해 추론(빈칸 완성 – 단어)   난이도 상 ●●●

밑줄 친 부분에 들어갈 말로 알맞은 것은?

Diversity in marketing has become increasingly important; as populations become more multicultural, there's a growing expectation that all segments of society feel seen and heard. As a result, most brands recognize the need to showcase people of different ethnicities, body types, genders, and levels of ability. One standout example is Nike, which not only promotes products such as the Nike Pro Hijab for Muslim female athletes and plus-size athletic wear but also advocates for societal change with campaigns like "Nike: Unlimited you" in support of athletes and individuals of all fitness levels. The video for this campaign, which is filled with people of various ages, backgrounds, and capabilities, exemplifies Nike's dedication to being _____ and to making everyone feel represented.

① original   ② conservative
③ inclusive   ④ consistent

해석

마케팅에서의 다양성은 점점 더 중요해졌다. 사람들이 더 다문화 되어감에 따라 사회의 모든 부분이 보여지고 들려지는 것을 느낄 수 있어야 한다는 기대가 커지고 있다. 그 결과, 대부분의 브랜드들은 인종, 체형, 성별, 그리고 능력 수준이 다른 사람들을 선보일 필요성을 인식한다. 한 가지 눈에 띄는 예는 나이키인데, 이것은 이슬람교도 여성 운동 선수들을 위한 나이키 프로 히잡과 플러스 사이즈 운동복과 같은 제품들을 홍보할 뿐만 아니라 모든 체력 수준의 운동선수들과 개인들을 지지하는 '나이키: 한계는 없다'와 같은 캠페인으로 사회 변화를 옹호한다. 다양한 연령, 배경, 능력의 사람들로 가득 찬 이 캠페인의 영상은 포용적이고 모든 사람이 대표되는 느낌을 주려는 나이키의 헌신을 보여준다.

① 독창적인   ② 보수적인
③ 포용적인   ④ 일관적인

해설

지문 처음에서 대부분의 브랜드들은 인종, 체형, 성별, 그리고 능력 수준이 다른 사람들을 선보일 필요성을 인식한다고 했고, 이와 관련하여 이슬람교도 여성 운동 선수들을 위한 히잡과 플러스 사이즈 운동복과 같은 제품들을 홍보할 뿐만 아니라 모든 체력 수준의 운동선수들과 개인들을 지지하는 캠페인으로 사회 변화를 옹호하는 나이키의 예시를 들고 있으므로, 빈칸에는 다양한 연령, 배경, 능력의 사람들로 가득 찬 이 캠페인의 영상은 '③ 포용적'이고 모든 사람이 대표되는 느낌을 주려는 나이키의 헌신을 보여준다는 내용이 들어가야 한다.

정답 ③

어휘

diversity 다양성 multicultural 다문화의 expectation 기대
segment 부분 ethnicity 인종, 민족 standout 눈에 띄는
promote 홍보하다 advocate 옹호하다, 지지하다 societal 사회의
exemplify 보여주다 dedication 헌신 original 독창적인
conservative 보수적인 inclusive 포용적인

구문 분석

[6행] (생략), which not only promotes products / such as the Nike Pro Hijab for Muslim female athletes and plus-size athletic wear / but also advocates / for societal change with campaigns / like "Nike: Unlimited you" / in support of athletes and individuals / of all fitness levels.
: 이처럼 not only A but (also) B 구문이 쓰인 경우, 'A뿐만 아니라 B도'라고 해석한다.

은 낭비된 것으로 간주된다. 문제의 일부는 회의가 종종 너무 길다는 것이다. ② 연구에 따르면 회의의 이상적인 시간은 15분에서 20분 사이이지만, 대부분은 31분에서 60분 동안 지속된다. 이 불필요한 시간은 보통 회의의 목표와 무관한 주제들을 논의하는 데 사용된다. 다시 말해, 회의에 목표가 하나라도 있다면 말이다. ③ 많은 직원들은 그들의 의견이 묵살당할까 봐 두렵기 때문에 회의 중에 목소리를 낼 만큼 충분히 자신감을 느끼지 못한다고 보고한다. 무려 63퍼센트의 회의는 사전에 정의된 의제를 가지고 있지 않다. ④ 이 접근법은 논의가 궤도를 이탈하고 의사결정이 성급하게 내려지기 쉽게 한다. 분명히, 회의를 더 효과적으로 만들기 위해, 기업들은 시간 관리를 실천하고 목표를 염두에 둘 필요가 있다.

해설

지문 첫 문장에서 회의는 상응하는 가치를 내지 못한 채 자주 과도한 시간을 소비한다고 한 뒤, ①번과 ②번에서 소비되는 회의 시간 중 50퍼센트만큼은 낭비된 것으로 간주된다고 설명하며 이상적인 회의 시간에 대해 언급하고, ④번에서는 회의의 목표와 무관한 주제들을 논의하며 회의에 과도한 시간을 소비하는 것의 결과를 설명하기 위해 이 접근법(사전에 정의된 의제를 가지고 있지 않는 것)이 논의가 궤도를 이탈하고 의사결정이 성급하게 내려지기 쉽게 한다고 언급하고 있으므로 모두 첫 문장과 관련이 있다. 그러나 ③번은 많은 직원들이 회의 중에 목소리를 낼 만큼 충분히 자신감을 느끼지 못한다는 내용으로 회의가 자주 불필요한 시간을 소비한다는 지문 전반의 내용과 관련이 없다.

정답 ③

어휘

statistic 통계 consume 소비하다 excessive 과도한 irrelevant 무관한
objective 목표 speak up 목소리를 내다 dismiss 묵살하다
staggering 무려, 충격적인 predefine 사전에 정의하다 agenda 의제
veer off 이탈하다, 벗어나다 hastily 성급하게

---

17 독해 논리적 흐름 파악(무관한 문장 삭제) 난이도 중 ●●○

다음 글의 흐름상 어색한 문장은?

Although meetings are a necessary part of business, statistics show they frequently consume excessive time without delivering the value to match. ① Employees spend an average of 31 hours in meetings monthly, but as much as 50 percent of this time is considered wasted. Part of the issue is that meetings are often too long. ② Studies show that the ideal length of time for a meeting is between 15 and 20 minutes, yet most last between 31 and 60. This unnecessary time is often used to discuss topics irrelevant to the meeting's objective—that is, if the meeting even has one. ③ Many employees have reported not feeling confident enough to speak up during meetings because they fear their ideas might be dismissed. A staggering 63 percent of meetings do not have a predefined agenda. ④ This approach makes it easy for discussions to veer off track and for decisions to be made hastily. Clearly, to make meetings more effective, businesses need to practice time management and have an objective in mind.

해석

회의가 업무의 필수적인 부분임에도 불구하고, 통계에 따르면 그것들(회의)은 상응하는 가치를 내지 못한 채 자주 과도한 시간을 소비한다. ① 직원들은 매달 평균 31시간을 회의에 소비하지만, 이 시간 중 50퍼센트만큼

---

18 독해 논리적 흐름 파악(문장 삽입) 난이도 중 ●●○

주어진 문장이 들어갈 위치로 알맞은 것은?

In September 2022, U.S. Senator Amy Klobuchar introduced two pieces of legislation aimed at addressing this issue.

In the past, numerous barriers obstructed the right of U.S. citizens to vote, including reduced voting hours and the deletion of names from voter rolls. (①) These obstacles disproportionately affected marginalized communities, limiting their voice in the democratic process. (②) The Same Day Voter Registration Act mandates that states offer registration at polling places on Election Day. (③) Meanwhile, the SAVE VOTERS Act prevents states from removing individuals from voting rolls without justification. (④) Both bills signify a commitment to ensuring every eligible American has an opportunity to participate in elections.

해석

2022년 9월에, 미국의 상원 의원인 Amy Klobuchar는 이 문제를 해결하기 위한 두 개의 법안을 제출했다.

과거에는, 투표 시간 단축과 선거인명부에서의 이름 삭제를 포함한 수많은 장벽들이 미국 시민들의 선거권을 침해했다. (①) 이러한 장애물은 소외된 지역사회에 불균형적으로 영향을 미쳤으며, 이는 민주적 과정에서 그들의 목소리를 제한했다. (②) '당일 유권자 등록법'은 선거일에 주들이 투표소에서 등록을 제공하도록 의무화한다. (③) 한편, '유권자 보호법'은 주들이 타당한 이유 없이 선거인명부에서 개인들을 삭제하는 것을 막는다. (④) 두 법안 모두 자격이 있는 모든 미국인이 선거에 참여할 수 있는 기회를 갖도록 보장하겠다는 약속을 의미한다.

해설

②번 앞 문장에 투표 시간 단축과 선거인명부에서의 이름 삭제와 같은 장애물이 소외된 지역사회에 불균형적으로 영향을 미쳤다는 내용이 있고, ②번 뒤에서 '당일 유권자 등록법'과 '유권자 보호법'에 대해 설명하고 있으므로, ②번 자리에 미국의 상원 의원이 이 문제(this issue)를 해결하기 위한 두 개의 법안을 제출했다는 내용의 주어진 문장이 나와야 지문이 자연스럽게 연결된다.

[오답 분석]

① 앞 문장에 미국 시민들의 선거권을 침해한 수많은 장벽들에 대한 내용이 있고, ①번 뒤 문장에 이러한 장애물(These obstacles)에 대해 설명하는 내용이 있으므로 ①번에 다른 문장이 삽입되면 문맥상 부자연스럽다.

③ 앞 문장에 두 개의 법안 중 '당일 유권자 등록법'에 대해 설명하는 내용이 있고, ③번 뒤 문장에 나머지 한 개의 법안인 '유권자 보호법'에 대해 설명하는 내용이 있으므로 ③번에 다른 문장이 삽입되면 문맥상 부자연스럽다.

④ 뒤 문장의 두 법안 모두(Both bills)는 ④번 앞의 '당일 유권자 보호법'과 '유권자 보호법'을 의미하므로 ④번에 다른 문장이 삽입되면 문맥상 부자연스럽다.

정답 ②

어휘

senator 상원 의원 introduce (법안을) 제출하다 legislation 법안, 입법 행위
address 해결하다 numerous 수많은 barrier 장벽
obstruct 침해하다, 방해하다 voter roll 선거인명부
disproportionately 불균형적으로 marginalized 소외된
democratic 민주적인 registration 등록 mandate 의무화하다, 명령하다
election 선거 meanwhile 한편 justification 타당한 이유 bill 법안
signify 의미하다 commitment 약속, 헌신 ensure 보장하다
eligible 자격이 있는

---

19 독해 논리적 흐름 파악(문단 순서 배열) 난이도 중 ●●○

주어진 글 다음에 이어질 글의 순서로 알맞은 것은?

The Silk Road was more than just a network of trade routes connecting East and West.

(A) For instance, Buddhism was spread from India to China, while Chinese inventions like paper reached the West.

(B) While it's true that an abundance of goods such as silk, tea, and spices were conveyed along it, ideas and culture were perhaps its most precious cargo.

(C) Similarly, musical instruments, artistic styles, and

---

mathematical concepts traveled from one civilization to another, enriching societies along the route.

① (A) – (B) – (C) ② (B) – (A) – (C)
③ (B) – (C) – (A) ④ (C) – (A) – (B)

해석

실크로드는 단순히 동서양을 연결하는 무역로 네트워크 그 이상이었다.

(B) 비단, 차, 그리고 향신료와 같은 많은 상품들이 그것(실크로드)을 따라 전달된 것은 사실이지만, 사상과 문화가 아마도 그것의 가장 귀중한 화물이었을 것이다.

(A) 예를 들어, 불교는 인도에서 중국으로 전파되는 한편, 종이와 같은 중국의 발명품들은 서양에 도달했다.

(C) 비슷하게, 악기, 예술 양식, 그리고 수학적 개념이 그 길을 따라 사회들을 풍요롭게 하며 한 문명에서 다른 문명으로 전해졌다.

해설

주어진 문장에서 실크로드는 무역로 네트워크 그 이상이었다고 하고, (B)에서 많은 상품들이 그것(실크로드)을 따라 전달된 것은 사실이지만, 사상과 문화가 아마도 그것의 가장 귀중한 화물이었을 것이라고 설명하고 있다. 이어서 (A)에서 사상과 문화의 예시로 인도에서 중국으로 전파된 불교와 서양에 도달한 중국의 발명품들을 들고 있고, (C)에서 비슷하게, 악기, 예술 양식, 그리고 수학적 개념이 그 길을 따라 한 문명에서 다른 문명으로 전해졌다고 설명하고 있다.

정답 ②

어휘

the Silk Road 실크로드, 비단길(고대 중동과 중국 간의 통상로) trade 무역
route 길 abundance of 많은 spice 향신료 precious 귀중한
cargo 화물 instrument 악기 civilization 문명 enrich 풍요롭게 하다

---

20 독해 추론(빈칸 완성 – 구) 난이도 상 ●●●

밑줄 친 부분에 들어갈 말로 알맞은 것은?

Cognitive biases are common ways of interpreting and simplifying information in the world around us. One of the most prevalent biases is known as the availability bias, which is the tendency to overestimate the significance of available news. For example, if someone has just read a news report on a robbery, that person may overestimate its importance and believe that robberies are occurring more frequently. Availability bias might also occur in the aftermath of a highly publicized plane crash. The continuous coverage of such a disaster might cause individuals to suddenly perceive air travel as more dangerous than it actually is. As a result, they might cancel or postpone their travel plans, although the actual risk of a plane crash hasn't changed significantly. This tendency eventually develops into what's called the confirmation bias, which results in the individual seeking out and favoring information that supports the belief that robberies or plane crashes occur frequently _____.

① even if the facts say otherwise
② from a media perspective
③ from times past
④ in certain locations

해석

인지 편향은 우리 주변 세계의 정보를 해석하고 단순화하는 흔한 방법이다. 가장 일반적인 편향 중 하나는 가용성 편향으로 알려져 있는데, 이는 이용 가능한 뉴스의 중요성을 과대평가하는 경향이다. 예를 들어, 어떤 사람이 강도에 대한 뉴스 보도를 방금 읽었다면, 그 사람은 그것의 중요성을 과대평가하고 강도가 더 자주 발생하고 있다고 믿을 수 있다. 가용성 편향은 또한 매우 잘 알려진 비행기 사고의 여파로 나타날 수 있다. 그러한 재난에 대한 지속적인 보도는 개인들로 하여금 갑자기 비행기 여행이 실제보다 더 위험하다고 인식하게 할 수 있다. 결과적으로, 비행기 사고의 실제 위험은 크게 변하지 않았음에도 불구하고, 그들은 여행 계획을 취소하거나 연기할 수도 있다. 이 경향은 결국 확증 편향이라고 불리는 것으로 발전하는데, 이는 개인이 사실이 그렇지 않다고 하더라도 강도나 비행기 사고가 자주 발생한다는 믿음을 뒷받침하는 정보를 찾고 선호하는 결과를 낳는다.

① 사실이 그렇지 않다고 하더라도
② 언론의 관점에서
③ 과거로부터
④ 특정한 장소에서

해설

지문 중간에서 강도에 대한 뉴스 보도를 방금 읽은 사람은 강도가 더 자주 발생하고 있다고 믿을 수 있고, 비행기 사고에 대한 지속적인 보도는 개인들로 하여금 갑자기 비행기 여행이 실제보다 더 위험하다고 인식하게 할 수 있다고 설명하고 있으므로, 빈칸에는 이 경향은 결국 확증 편향이라고 불리는 것으로 발전하는데, 이는 개인이 '① 사실이 그렇지 않다고 하더라도' 강도나 비행기 사고가 자주 발생한다는 믿음을 뒷받침하는 정보를 찾고 선호하는 결과를 낳는다는 내용이 들어가야 한다.

[오답 분석]
② 개인이 언론의 관점에서 정보를 찾고 선호하는 것은 지문의 내용과 관련이 없다.
③ 개인이 과거로부터 정보를 찾고 선호하는 것은 지문의 내용과 관련이 없다.
④ 개인이 특정한 장소에서 정보를 찾고 선호하는 것은 지문의 내용과 관련이 없다.

정답 ①

어휘

cognitive bias 인지 편향 interpret 해석하다 simplify 단순화하다
prevalent 일반적인, 널리 퍼져 있는 availability 가용성, 이용 가능성
tendency 경향 overestimate 과대평가하다 significance 중요성
robbery 강도 aftermath 여파 publicize (일반 사람들에게) 알리다
continuous 지속적인 coverage 보도 significantly 크게, 상당히
confirmation bias 확증 편향

정답

p. 24

01	② 어휘 – 어휘 & 표현	11	② 어휘 – 생활영어
02	③ 어휘 – 어휘 & 표현	12	④ 독해 – 전체내용 파악
03	① 어휘 – 어휘 & 표현	13	② 독해 – 전체내용 파악
04	② 어휘 – 어휘 & 표현	14	④ 독해 – 전체내용 파악
05	④ 어휘 – 어휘 & 표현	15	② 독해 – 세부내용 파악
06	③ 문법 – 명사절	16	④ 독해 – 논리적 흐름 파악
07	① 문법 – 형용사와 부사	17	③ 독해 – 논리적 흐름 파악
08	③ 문법 – 능동태·수동태	18	② 독해 – 논리적 흐름 파악
09	④ 어휘 – 생활영어	19	③ 독해 – 추론
10	④ 어휘 – 생활영어	20	③ 독해 – 추론

취약영역 분석표

영역	세부 유형	문항 수	소계
어휘	어휘 & 표현	5	/8
	생활영어	3	
문법	명사절	1	/3
	형용사와 부사	1	
	능동태·수동태	1	
독해	전체내용 파악	3	/9
	세부내용 파악	1	
	추론	2	
	논리적 흐름 파악	3	
총계			/20

---

01 어휘 comparable = similar
난이도 중 ●●○

밑줄 친 부분의 의미와 가장 가까운 것을 고르시오.

> The new software doubled efficiency, and its impact on productivity generated <u>comparable</u> results.

① intimate
② similar
③ evaluated
④ major

해석

새로운 소프트웨어는 효율성을 두 배로 높였고, 그것이 생산성에 미치는 영향은 <u>비슷한</u> 결과를 만들어 냈다.

① 친밀한
② 비슷한
③ 평가된
④ 주요한

정답 ②

어휘

double 두 배로 하다   efficiency 효율성   impact 영향
productivity 생산성   generate 만들어 내다   comparable 비슷한
intimate 친밀한

 이것도 알면 **합격!**

comparable(비슷한)의 유의어
= akin, alike, corresponding, analogous

---

02 어휘 medley = assortment
난이도 하 ●○○

밑줄 친 부분의 의미와 가장 가까운 것을 고르시오.

> Bricolage is a creative process involving construction using a <u>medley</u> of readily available materials. For example, making a sculpture from recycled cardboard, buttons, and old magazines is bricolage.

① treatment
② celebration
③ assortment
④ function

해석

브리콜라주는 쉽게 구할 수 있는 재료들의 혼합을 사용하는 구조를 포함하는 창의적인 과정이다. 예를 들어, 재활용 판지, 단추, 그리고 오래된 잡지로 조각품을 만드는 것이 브리콜라주이다.

① 대우
② 기념
③ 모음
④ 기능

정답 ③

어휘

bricolage 브리콜라주(도구를 닥치는 대로 써서 만든 것)
construction 구조, 건축   medley 혼합   readily 쉽게   sculpture 조각품
cardboard 판지   treatment 대우   assortment 모음, 종합

이것도 알면 **합격!**

medley(혼합)의 유의어
= collection, variety, combination, composition, mixture

03 어휘 hand out = distribute 난이도 하 ●○○

밑줄 친 부분의 의미와 가장 가까운 것을 고르시오.

Employee manuals have been <u>handed out</u> to all of the new staff members.

① distributed
② corrected
③ checked
④ gathered

해석

신규 직원 전원에게 직원 매뉴얼이 배포되었다.
① 나눠주었다
② 수정했다
③ 확인했다
④ 수집했다

정답 ①

어휘

hand out 배포하다   distribute 나눠주다, 분배하다   gather 수집하다, 모으다

⊙ 이것도 알면 **합격!**

hand out(배포하다)과 유사한 의미의 표현
= give out, dispense, pass out

04 어휘 pass up on = reject 난이도 중 ●●○

밑줄 친 부분의 의미와 가장 가까운 것을 고르시오.

The opportunity to be reelected this year was <u>passed up on</u> by the city's longtime mayor.

① anticipated
② rejected
③ frustrated
④ supported

해석

올해 다시 선출될 기회는 그 도시의 오랜 시장에 의해 거절되었다.
① 기대했다
② 거절했다
③ 좌절했다
④ 지지했다

정답 ②

어휘

opportunity 기회   reelect 다시 선출하다, 재선하다   longtime 오랜
mayor 시장   anticipate 기대하다   reject 거절하다

⊙ 이것도 알면 **합격!**

pass up on(~을 거절하다)과 유사한 의미의 표현
= turn down, forgo

05 어휘 detriment 난이도 중 ●●○

밑줄 친 부분에 들어갈 말로 가장 적절한 것은?

Political observers lament the decline in voter turnout, with many viewing this trend as a _____ to the democratic process.

① refinement
② cornerstone
③ modernization
④ detriment

해석

정치 전문가들은 투표 참가자 수의 감소를 한탄하며, 많은 이들은 이 추세를 민주적 절차의 손상으로 보고 있다.
① 개선
② 토대
③ 현대화
④ 손상

정답 ④

어휘

observer 전문가   lament 한탄하다, 아쉬워하다   turnout 참가자 수
democratic 민주적인   refinement 개선   cornerstone 토대
modernization 현대화   detriment 손상, 손실

⊙ 이것도 알면 **합격!**

detriment(손상)의 유의어
= disadvantage, obstacle, hindrance, drawback, impediment

06 문법 명사절 난이도 중 ●●○

밑줄 친 부분 중 어법상 옳지 않은 것은?

The location ① <u>at which</u> games take place matters in sports ② <u>played</u> in front of a crowd of spectators, with some believing ③ <u>what</u> the enthusiasm and energy of home fans is ④ <u>invigorating</u> to local players, thereby giving them an advantage.

해석

많은 관중들 앞에서 진행되는 스포츠에서는 경기가 열리는 장소가 중요한데, 일부는 홈 팬들의 열정과 에너지가 지역 선수들에게 활력을 불어넣어 그들에게 이점을 준다고 생각하기 때문이다.

해설

③ **what vs. that** 완전한 절(the enthusiasm ~ players)을 이끌며 동사 believe의 목적어 자리에 올 수 있는 것은 명사절 접속사 that이므로, 불완전한 절을 이끄는 명사절 접속사 what을 완전한 절을 이끄는 명사절 접속사 that으로 고쳐야 한다.

[오답 분석]

① **전치사 + 관계대명사** 관계사 뒤에 완전한 절(games take place)이 왔으므로 '전치사 + 관계대명사' 형태가 올 수 있다. '전치사 + 관계대명사'에서 전치사는 선행사 또는 관계절의 동사에 따라 결정되는데, 문맥상 '경기가 열리는 장소'라는 의미가 되어야 자연스러우므로 전치사 at(~에서)이 관계대명사 which 앞에 온 at which가 올바르게 쓰였다.

② **현재분사 vs. 과거분사** 수식받는 명사(sports)와 분사가 '스포츠가 진행되다'라는 의미의 수동 관계이므로, 과거분사 played가 올바르게 쓰였다.

④ **현재분사 vs. 과거분사** 감정을 나타내는 분사(invigorating)가 보충 설명하는 대상이 감정을 일으키는 주체인 경우 현재분사를 쓰고, 감정을 느끼는 대상인 경우 과거분사를 쓰는데, the enthusiasm and energy of home fans가 활력을 불어넣는 감정을 일으키는 주체이므로 현재분사 invigorating이 올바르게 쓰였다.

정답 ③

어휘

matter 중요하다 a crowd of 많은 spectator 관중 enthusiasm 열정 invigorating 활력을 불어넣는, 기운 나게 하는

🖋 **이것도 알면 합격!**

what절과 that절이 명사절로 쓰일 때, what 뒤에는 불완전한 절이 오지만, that 뒤에는 완전한 절이 온다.

> Let's discuss ~~that~~(→ what) we should do next to solve this problem.
불완전한 절

이 문제를 해결하기 위해 다음에 무엇을 해야 할지 논의해 봅시다.

> He mentioned ~~what~~(→ that) he had finished reading the book.
완전한 절

그는 그 책을 다 읽었다고 말했다.

---

07 문법 형용사와 부사 난이도 중 ●●●

밑줄 친 부분이 어법상 옳지 않은 것은?

① When he went into the nursery, he found the awake baby.
② She could have won the game if she had paid attention.
③ The proposal was turned down by the board of directors.
④ He doesn't try as hard as he is able to.

해석

① 그가 아기 방에 들어갔을 때, 그는 깨어 있는 아기를 발견했다.
② 그녀가 주의를 기울였다면 그녀는 게임에서 이길 수 있었다.
③ 그 제안은 이사회에 의해 거절되었다.
④ 그는 자신이 할 수 있는 만큼 열심히 노력하지 않는다.

해설

① **형용사 자리** 형용사는 명사나 대명사를 수식하는 자리에 오거나 보어 자리에 오는데, awake(깨어 있는)는 보어 자리에만 쓰이며 명사를 앞에서 수식할 수 없으므로, the awake baby를 the baby awake로 고쳐야 한다.

[오답 분석]

② **조동사 관련 표현** 문맥상 '그녀는 게임에서 이길 수 있었다'라는 의미가 되어야 자연스러운데, '~했을 수 있었다'는 조동사 관련 표현 could have p.p.를 사용하여 나타낼 수 있으므로, could have won이 올바르게 쓰였다.

③ **동사구의 수동태** '타동사 + 부사'(turn down)의 형태의 동사구가 수동태가 되는 경우, 동사구의 부사(down)는 수동태 동사(was turned) 뒤에 그대로 남으므로 was turned down이 올바르게 쓰였다.

④ **원급 | 조동사 관련 표현** '할 수 있는 만큼 열심히 노력하지 않는다'에서 '할 수 있는 만큼 열심히'는 '~만큼 -하게'를 나타내는 'as + 형용사의 원급 + as'로 나타낼 수 있으므로 as hard as가 올바르게 쓰였다. 또한 '할 수 있는'은 조동사 관련 표현 be able to(~할 수 있다)를 써서 나타낼 수 있으므로 he is able to가 올바르게 쓰였다.

정답 ①

어휘

nursery 아기 방, 보육원 proposal 제안 turn down 거절하다 board of directors 이사회

🖋 **이것도 알면 합격!**

'타동사 + 명사 + 전치사' 형태의 동사구가 수동태가 되는 경우, 동사구의 명사와 전치사 모두 수동태 동사 뒤에 그대로 남는다.

> The guidelines should **be paid attention to** in order to complete the task correctly.

작업을 올바르게 완료하기 위해서는 그 지침에 주의가 기울여져야 한다.

---

08 문법 능동태·수동태 난이도 중 ●●○

우리말을 영어로 잘못 옮긴 것은?

① 그들은 나들이를 떠나기 전에 점심을 준비했다.
   → They prepared lunch before leaving for the outing.
② 체육관에서의 그의 격렬한 운동은 그를 지치게 만들었다.
   → His intense workout at the gym left him exhausted.
③ 선수들은 코치에 의해 그들의 기술을 연습하게 되었다.
   → The athletes were made practice their skills by the coach.
④ 낡은 것들을 제외하고 모든 아파트들이 비쌌다.
   → All of the apartments were expensive except for the old ones.

해설

③ **5형식 동사의 수동태** 동사원형을 목적격 보어로 취하는 5형식 동사 make(made)가 수동태가 되면 목적격 보어는 to 부정사가 되어 수동태 동사 뒤에 남아야 하므로 동사원형 practice를 to 부정사 to practice로 고쳐야 한다.

[오답 분석]

① 분사구문의 형태 '나들이를 떠나기 전에'라는 의미를 만들기 위해 시간을 나타내는 부사절 역할을 하는 분사구문 before leaving for the outing이 올바르게 쓰였다. 참고로, 분사구문의 의미를 분명하게 하기 위해 부사절 접속사 before이 분사구문 앞에 쓰였다.

② 5형식 동사 동사 leave(left)는 목적어와 목적격 보어가 수동 관계일 때 과거분사를 목적격 보어로 취하는 5형식 동사인데, 목적어 him과 목적격 보어가 '그가 지쳤다(지치게 되었다)'라는 의미의 수동 관계이므로 과거분사 exhausted가 올바르게 쓰였다.

④ 기타 전치사 | 부정대명사 one '낡은 것들을 제외하고'는 전치사 except for(~을 제외하고)를 사용하여 나타낼 수 있으므로 except for the old ones가 올바르게 쓰였다. 또한 대명사가 지칭하는 명사 (All of the apartments)가 복수이므로 복수 부정대명사 ones가 올바르게 쓰였다.

정답 ③

outing 나들이, 야유회   intense 격렬한, 극심한   athlete (운동)선수

📖 이것도 알면 **합격!**

분사구문 관용 표현

> according to ~에 따르면
> considering ~을 고려해보면
> providing / provided (that) 만일 ~이라면
> depending on ~에 따라서
> granting / granted (that) 설사 ~이라 하더라도

---

09   생활영어 Yes. Would you like to join me sometime?
난이도 중 ●●○

밑줄 친 부분에 들어갈 말로 가장 적절한 것을 고르시오.

A: Do you still go jogging?
B: _____
A: It depends. How early do you go?
B: Pretty early. I prefer to exercise before work.
A: I don't think I'd be able to make it at that early.
B: That's OK. Let me know if you ever change your mind.

① Not when it's too cold outside.
② Can you remember the last time you went?
③ Absolutely. I've been trying to get back into shape.
④ Yes. Would you like to join me sometime?

해석

A: 여전히 조깅을 하시나요?
B: 네. 언제 저랑 함께 가실래요?
A: 상황에 따라서요. 얼마나 일찍 가시나요?
B: 꽤 일찍 가요. 저는 출근 전에 운동하는 것을 선호해요.

A: 제가 그렇게 일찍은 못 갈 것 같아요.
B: 괜찮아요. 마음이 바뀌면 말씀해 주세요.

① 밖이 너무 춥지 않을 때요.
② 당신이 마지막으로 갔을 때를 기억하시나요?
③ 물론이죠. 저는 다시 몸매를 가꾸려고 노력해 왔어요.
④ 네. 언제 저랑 함께 가실래요?

해설

여전히 조깅을 하냐고 묻는 A의 말에 B가 대답하고, 빈칸 뒤에서 A가 It depends(상황에 따라서요)라고 말하고 있으므로, 빈칸에는 '④ 네. 언제 저랑 함께 가실래요?(Yes. Would you like to join me sometime?)'가 오는 것이 자연스럽다.

정답 ④

pretty 꽤   make it 해내다, 성공하다   shape 몸매

📖 이것도 알면 **합격!**

상대방에게 무언가를 함께 하자고 제안할 때 쓸 수 있는 표현

> Do you want to ~? ~를 하고 싶으신가요?
> Why don't we ~? ~를 하는 게 어떤가요?
> Are you up for ~? ~하실 의향이 있으신가요?
> How would you feel about ~?
  ~하는 것에 대해서 어떻게 생각하시나요?

---

10   생활영어 That's right. I'll be away on vacation until the end of the month.
난이도 하 ●○○

밑줄 친 부분에 들어갈 말로 가장 적절한 것을 고르시오.

A: Did you hear? Apparently, management has come up with a new seating arrangement.
B: Really? I think the current setup works just fine.
A: I guess they believe a new seating plan will increase productivity.
B: I see. Do you know when this move is going to take place?
A: I think sometime next week. I guess you won't be here for that.
B: _____

① No worries. I'll make sure they set you up in a good spot.
② Good point. We have been falling behind a bit lately.
③ Sounds good. Mine's the one in the back next to the window.
④ That's right. I'll be away on vacation until the end of the month.

해석

A: 들으셨어요? 듣자 하니, 경영진이 새로운 좌석 배치를 생각해 낸 것 같아요.
B: 정말요? 저는 현재 구성도 잘 돌아가는 것 같아요.
A: 제 생각에 그들은 새로운 좌석 배치도가 생산성을 높일 것이라고

생각하는 것 같아요.

B: 그렇군요. 이 이동이 언제 이루어질지 아시나요?

A: 다음 주쯤일 것 같아요. 당신은 그때 여기에 없겠군요.

B: 맞아요. 저는 이번 달 말까지 휴가를 떠날 거예요.

① 걱정하지 마세요. 그들이 당신을 위해 좋은 자리를 마련해주도록 할 게요.

② 좋은 지적이에요. 최근에 우리는 약간 뒤처지고 있었어요.

③ 좋은 생각이에요. 제 것은 뒤쪽에 창문 옆에 있는 거예요.

④ 맞아요. 저는 이번 달 말까지 휴가를 떠날 거예요.

해설

B가 A에게 이 이동이 언제 이루어질지 아는지 묻고, A가 다음 주쯤일 것 같다고 대답하며 당신은 그때 여기에 없을 거라고 말하고 있으므로, 빈칸에는 '④ 맞아요. 저는 이번 달 말까지 휴가를 떠날 거예요(That's right. I'll be away on vacation until the end of the month)'가 오는 것이 자연스럽다.

정답 ④

어휘

apparently 듣자 하니　management 경영진
come up with ~을 생각해 내다　arrangement 배치, 배열　current 현재의
setup 구성　productivity 생산성　take place 이루어지다, 일어나다

🔖 이것도 알면 합격!

걱정하지 말라고 이야기할 때 쓸 수 있는 다양한 표현

> No need to fret. 초조해할 필요가 없습니다.
> Nothing to be concerned about. 걱정할 것은 없습니다.
> No reason to be anxious. 불안해할 이유가 없습니다.

11 　생활영어 Well, that's what the forecast predicted.

난이도 중 ●●○

두 사람의 대화 중 자연스럽지 않은 것은?

① A: How have you been adjusting to life in the city?

　B: To be honest, I hated it at first, but I'm coming around.

② A: I thought the event was supposed to take place rain or shine. What happened?

　B: Well, that's what the forecast predicted.

③ A: Have you had a chance to read that novel I recommended?

　B: I couldn't put it down!

④ A: I heard you've been taking cooking classes. How's that going?

　B: Great! I learned how to make pasta from scratch last week.

해석

① A: 도시 생활에 어떻게 적응하고 있나요?

　B: 솔직히, 처음에는 싫었는데 점점 좋아지고 있어요.

② A: 저는 그 행사가 비가 오든 눈이 오든 열리기로 되어있다고 생각했어요. 무슨 일인가요?

　B: 음, 예보가 그렇게 예측했어요.

③ A: 제가 추천한 소설을 읽어볼 기회가 있었나요?

　B: 그것을 내려놓을 수가 없었어요!

④ A: 당신이 요리 수업을 듣고 있다고 들었어요. 잘 되어가고 있나요?

　B: 훌륭해요! 지난주에 파스타를 맨 처음부터 만드는 법을 배웠어요.

해설

②번에서 A는 B에게 그 행사는 비가 오든 눈이 오든 열리기로 되어있다고 생각했다며 무슨 일이냐고 묻고 있으므로, 예보가 그렇게 예측했다는 B의 대답 '② Well, that's what the forecast predicted(음, 예보가 그렇게 예측했어요)'는 어울리지 않는다.

정답 ②

어휘

adjust 적응하다　come around 좋아지다
rain or shine 비가 오든 눈이 오든, 어떤 일이 있더라도　forecast 예보
predict 예측하다　novel 소설　from scratch 맨 처음부터

🔖 이것도 알면 합격!

일기예보와 관련된 다양한 표현

> chance of precipitation 강수 확률
> dew point 이슬점
> UV index 자외선 지수
> snowfall accumulation 적설량 누적
> overcast 흐림
> heatwave 폭염, 무더위
> monsoon 장마, 우기
> downpour 폭우

12 　독해 전체내용 파악(제목 파악)

난이도 중 ●●○

다음 글의 제목으로 가장 적절한 것은?

In their book *The Human Evolutionary Transition: From Animal Intelligence to Culture*, Magnus Enquist, Johan Lind, and Stefano Ghirlanda propose that human culture evolved thanks to our capacity to remember the order of information. Their theory is supported by research where scientists tested bonobos' memory abilities. Even though it was expected that bonobos would be most likely to possess the memory capacity after us, since these great apes are our closest relatives, the results revealed that they had difficulty remembering sequential information. For instance, they struggled to remember sequences like a yellow square followed by a blue square, even after extensive training. What this research suggests is that the human ability to recall sequences is unique. Since recalling the order of information is essential for planning, learning, and having conversations, it may have been the key that unlocked human culture. For example, by recalling the sequence of steps required to make fire or tools, early humans would have been able to share these skills with others, leading to collective knowledge and cultural practices.

① Humans' Closest Living Relatives
② Loss of Sequential Information Recall in Bonobos
③ An Ability Unique to Great Apes
④ Role of Sequential Memory in Culture's Evolution

해석

그들의 책 『인간의 진화적 전환: 동물의 지능에서 문화로』에서 Magnus Enquist와 Johan Lind, 그리고 Stefano Ghirlanda는 인간의 문화가 정보의 순서를 기억하는 우리의 능력 덕분에 진화했다고 제안한다. 그들의 이론은 과학자들이 보노보의 기억 능력을 검사한 연구에 의해 뒷받침된다. 보노보가 우리의 가장 가까운 친척이기 때문에 우리 다음으로 기억 능력을 보유할 가능성이 가장 높을 것이라고 예상되었음에도 불구하고, 결과는 그들이 순차적인 정보를 기억하는 데 어려움을 겪었다는 것을 보여주었다. 예를 들어, 그들은 폭넓은 훈련 이후에도 노란색 사각형 뒤에 파란색 사각형이 이어지는 것과 같은 순서를 기억하는 데 어려움을 겪었다. 이 연구가 시사하는 것은 순서를 기억하는 인간의 능력은 독특하다는 것이다. 정보의 순서를 기억하는 것은 계획하고, 배우고, 대화하는 데 필수적이기 때문에, 그것은 인류 문화의 문을 연 열쇠였을지도 모른다. 예를 들어, 불이나 도구를 만드는 데 필요한 단계의 순서를 기억함으로써, 초기 인류는 이러한 기술을 다른 사람들과 공유할 수 있었을 것이고, 이는 집단적 지식과 문화적 행위로 이어졌을 것이다.

① 인간의 가장 가까운 살아있는 친척
② 보노보의 순차적 정보 기억 상실
③ 유인원 특유의 능력
④ 문화의 진화에서 순차적 기억의 역할

해설

지문 처음에서 인간의 문화가 정보의 순서를 기억하는 우리의 능력 덕분에 진화했다고 설명하고 있고, 지문 마지막에서 정보의 순서를 기억하는 것은 계획하고, 배우고, 대화하는 데 필수적이기 때문에 그것은 인류 문화의 문을 연 열쇠였을지도 모른다고 하고 있으므로, '④ 문화적 진화에서 순차적 기억의 역할'이 이 글의 제목이다.

[오답 분석]
① 보노보가 우리의 가장 가까운 친척이라고는 언급되었으나, 순서를 기억하는 인간의 능력이 독특하다는 것을 설명하기 위한 내용이므로 지엽적이다.
② 보노보가 순차적인 정보를 기억하는 데 어려움을 겪었다는 것은 언급되었으나, 순서를 기억하는 인간의 능력이 독특하다는 것을 설명하기 위한 내용이므로 지엽적이다.
③ 유인원 특유의 능력에 대해서는 언급되지 않았다.

정답 ④

어휘

evolutionary 진화적인 transition 전환, 변화 intelligence 지능
possess 보유하다 great ape 유인원 relative 친척, 동족
sequential 순차적인 extensive 폭넓은, 광범위한 recall 기억하다, 상기하다
collective 집단적인

---

13 독해 전체내용 파악(주제 파악)   난이도 중 ●●○

다음 글의 주제로 가장 적절한 것은?

Time is a commodity. Being on time shows that we value the commitments we've made and understand the implications of our actions on others. Yet, we all have those friends who always run late when they're supposed to meet us. We understand that unexpected things sometimes happen in life. However, when those friends seem oblivious to the stress and irritation they cause, we might feel disregarded. Just like we as functional adults manage to make it to work on time each day, we should view our time commitments in personal relationships as equally important. People who fail in this regard will send a clear message: their time is more valuable than ours.

① reasons people are consistently late for appointments
② importance of being punctual in personal relationships
③ ways to cultivate good time management skills
④ the stress of managing work-related commitments

해석

시간은 상품이다. 시간을 준수한다는 것은 우리가 약속한 것을 소중히 여기고, 우리의 행동이 다른 사람들에게 미치는 영향을 이해한다는 것을 보여준다. 그러나, 우리 모두는 우리를 만나기로 되어있을 때 항상 늦는 친구들이 있다. 우리는 인생에서 예상치 못한 일들이 가끔 일어난다는 것을 이해한다. 하지만, 그 친구들이 그들이 야기하는 스트레스와 짜증을 의식하지 못하는 것처럼 보일 때, 우리는 등한시되는 느낌을 받을 수도 있다. 우리가 기능적인 성인으로서 어떻게든 매일 정시에 출근하는 것처럼, 우리는 개인적인 관계에서도 우리의 시간 약속을 똑같이 중요하게 고려해야 한다. 이 점에서 실패한 사람들은 그들의 시간이 우리의 것보다 더 가치 있다는 명확한 메시지를 보낼 것이다.

① 사람들이 약속에 계속 늦는 이유
② 개인적인 관계에서 시간을 지키는 것의 중요성
③ 좋은 시간 관리 기술을 기르는 방법
④ 업무 관련 약속을 관리하는 것의 스트레스

해설

지문 마지막에서 우리가 기능적인 성인으로서 어떻게든 매일 정시에 출근하는 것처럼, 우리는 개인적인 관계에서도 우리의 시간 약속을 똑같이 중요하게 고려해야 하며, 이 점에서 실패한 사람들은 그들의 시간이 우리의 것보다 더 가치 있다는 명확한 메시지를 보낼 것이라고 했으므로, '② 개인적인 관계에서 시간을 지키는 것의 중요성'이 이 글의 주제이다.

[오답 분석]
① 항상 늦는 친구들이 있다고는 언급되었으나 개인적인 관계에서 시간을 지키는 것의 중요성을 설명하기 위한 내용이므로 지엽적이다.
③ 좋은 시간 관리 기술을 기르는 방법에 대해서는 언급되지 않았다.
④ 업무 관련 약속을 관리하는 것의 스트레스에 대해서는 언급되지 않았다.

정답 ②

어휘

implication 영향 oblivious 의식하지 못하는
disregard 등한시하다, 무시하다 functional 기능적인
punctual 시간을 지키는

14 독해 전체내용 파악(요지 파악) 난이도 상 ●●●

다음 글의 요지로 가장 적절한 것은?

As the oceans warm and acidify due to climate change, corals face extinction, a significant problem as they provide a crucial ecosystem for more than a quarter of all marine species. As a potential solution, thermodynamicist Matthew Powell-Palm and his team are working on cryopreserving corals. The process involves treating the corals with a special chemical solution and then freezing them in liquid nitrogen. In such a state, it may be possible for living specimens to remain frozen for hundreds of years. The corals can then be thawed and reintroduced to the oceans at some point in the future when climate change has been reversed, and this would help to restore reef ecosystems.

① The impacts of climate change on the oceans may be reversible.
② Corals are going extinct as a result of climate change.
③ Cryopreservation can keep corals alive for hundreds of years.
④ Frozen corals could be used to rebuild reefs in the future.

해석

기후 변화로 인해 바다가 따뜻해지고 산성화되면서 산호는 멸종에 직면하는데, 이는 그것들(산호)이 전체 해양 종의 4분의 1 이상에게 중요한 생태계를 제공하기 때문에 중대한 문제이다. 잠재적인 해결책으로, 열역학자인 Matthew Powell-Palm과 그의 팀은 냉동 보존 산호에 대해 연구하고 있다. 이 과정은 산호를 특수한 화학 용액으로 처리한 다음 액체 질소에서 냉동시키는 것을 포함한다. 그러한 상태에서는, 살아있는 표본이 수백 년 동안 냉동된 채로 있는 것이 가능할지도 모른다. 그런 다음 그 산호는 기후 변화가 역전된 미래의 어느 시점에 해동되고 다시 바다로 유입될 수 있고, 이것은 암초 생태계를 복구하는 데 도움이 될 것이다.

① 기후 변화가 해양에 미치는 영향은 가역적일 수 있다.
② 기후 변화의 결과로 산호들이 멸종되고 있다.
③ 냉동 보존은 수백 년 동안 산호를 살아있게 유지할 수 있다.
④ 냉동된 산호는 미래에 암초를 복구하는 데 사용될 수 있다.

해설

지문 마지막에서 냉동 보존된 산호는 기후 변화가 역전된 미래의 어느 시점에 해동되고 다시 바다로 유입될 수 있고, 이것은 암초 생태계를 복구하는 데 도움이 될 것이라고 설명하고 있으므로, '④ 냉동된 산호는 미래에 암초를 복구하는 데 사용될 수 있다'가 이 글의 요지이다.

[오답 분석]
① 기후 변화가 해양에 미치는 영향이 가역적일 수 있다는 것에 대해서는 언급되지 않았다.
② 기후 변화로 인해 산호가 멸종에 직면한다고 언급되었으나, 암초 생태계를 복구하는 해결책에 대한 배경을 설명하는 내용이므로 지엽적이다.
③ 산호가 냉동 보존되면 수백 년 동안 냉동된 채로 있는 것이 가능할지도 모른다고 언급되었으나, 암초 생태계를 복구하는 해결책을 설명하기 위한 배경지식이므로 지엽적이다.

정답 ④

어휘

warm 따뜻해지다 acidify 산성화되다 coral 산호 face 직면하다
extinction 멸종 significant 중대한 crucial 중요한 ecosystem 생태계
quarter 4분의 1 marine 해양의 potential 잠재적인
thermodynamicist 열역학자 cryopreserve 냉동 보존하다, 저온 보존하다
chemical 화학적인 solution 용액 nitrogen 질소 state 상태
specimen 표본 thaw 해동하다 restore 복구하다 reef 암초
impact 영향 reversible 가역적인, (원상태로) 되돌릴 수 있는

15 독해 세부내용 파악(내용 불일치 파악) 난이도 중 ●●○

다음 글의 내용과 일치하지 않는 것은?

Traditional wine-making begins with hand-harvesting grapes when they reach optimal ripeness. The grapes are then carefully sorted to remove any damaged fruit. Crushing the grapes into a pulpy mixture called "must" is the next step. Historically, people would stomp on them with their bare feet to do this. This may not sound very sanitary, but it's safe as human pathogens cannot survive in the acidic wine environment. The must is then left to ferment, a natural process where yeast converts sugars in the grapes to alcohol. After fermentation, the liquid is separated from any solids and transferred to barrels or tanks to age. This process, which can range from several months to several years, gives the wine flavor and complexity. Once matured, the wine is bottled, sealed, and stored until it is ready for consumption.

① 손상된 포도는 와인을 만드는 데 사용되지 않는다.
② 인간 병원균은 산성의 와인 환경에서도 살아남을 수 있다.
③ '과즙액'이라고 하는 혼합물은 발효 과정에서 알코올이 된다.
④ 와인은 숙성 과정에서 풍미를 얻는다.

해석

전통적인 와인 제조는 포도가 최적의 숙성도에 도달하면 그것들을 손으로 직접 수확하는 것으로 시작된다. 그리고 나서 포도는 손상된 열매를 제거하기 위해 신중하게 분류된다. 포도를 '과즙액'이라고 불리는 걸쭉한 혼합물로 으깨는 것이 다음 단계이다. 역사적으로, 사람들은 이것을 하기 위해 맨발로 그것들을 밟았다. 이것은 그다지 위생적으로 들리지 않을 수도 있지만, 산성의 와인 환경에서 인간 병원균은 살아남을 수 없기 때문에 안전하다. 그리고 나서 과즙액은 발효를 위해 남겨지는데, 이는 효소가 포도 안의 당을 알코올로 전환시키는 자연적인 과정이다. 발효 작용 이후에, 그 액체는 고체와 분리되고 숙성시키기 위해 배럴이나 탱크로 옮겨진다. 몇 달에서 몇 년에 걸칠 수 있는 이 과정은 와인에 풍미와 복잡한 특징들을 준다. 일단 숙성되면, 와인은 마실 준비가 될 때까지 병에 담기고, 밀봉되며, 저장된다.

해설

지문 중간에서 역사적으로 사람들은 포도를 으깨기 위해 맨발로 그것들을 밟았는데, 이것이 그다지 위생적으로 들리지 않을 수도 있지만 산성의 와인 환경에서 인간 병원균은 살아남을 수 없기 때문에 안전하다고 했으므로, '② 인간 병원균은 산성의 와인 환경에서도 살아남을 수 있다'는 것은 지문의 내용과 일치하지 않는다.

[오답 분석]

① 두 번째 문장에 포도는 손상된 열매를 제거하기 위해 신중하게 분류된다고 언급되었다.

③ 여섯 번째 문장에 과즙액은 발효를 위해 남겨지는데, 이는 효소가 포도 안의 당을 알코올로 전환시키는 자연적인 과정이라고 언급되었다.

④ 여덟 번째 문장에 숙성 과정은 와인에 풍미와 복잡한 특징들을 준다고 언급되었다.

정답 ②

어휘

harvest 수확하다 optimal 최적의 ripeness 숙성(도) sort 분류하다
pulpy 걸쭉한, 과즙이 많은 mixture 혼합물 must 과즙액
stomp 밟다, 발을 구르다 bare feet 맨발 sanitary 위생적인
pathogen 병원균 acidic 산성의 ferment 발효되다 yeast 효소
convert 전환하다 liquid 액체 solid 고체 age 숙성시키다 flavor 풍미, 맛
complexity 복잡한 특징들, 복잡성 mature 숙성한 seal 밀봉하다

---

16 독해 논리적 흐름 파악(무관한 문장 삭제) 난이도 중 ●●○

다음 글의 흐름상 어색한 문장은?

People have a deep-seated desire for happiness, often influenced by the positive-thinking movement and consumerism. ① However, author Monica C. Parker notes that the pursuit of happiness has become an obsession, with people often misjudging what brings them joy and then incorrectly perceiving their emotional baseline as unhappiness. ② Instead of doing this, she advocates for the adoption of a "small self" mindset. ③ What she means is that individuals should recognize that they are a small part of something much larger and embrace the emotions and experiences that come with this realization. ④ The Declaration of Independence states that people have the right to pursue happiness. Such a perspective not only makes us more humble, empathetic, and generous but also opens us up to wonder, which can provide a more profound and sustained form of contentment.

해석

사람들은 행복에 대한 뿌리 깊은 열망을 가지고 있는데, 이는 종종 긍정적인 사고 운동과 소비주의에 의해 영향을 받는다. ① 그러나, 작가인 Monica C. Parker는 사람들이 종종 무엇이 그들에게 기쁨을 가져다주는지 잘못 판단하고 그들의 감정의 기준을 불행으로 잘못 생각하면서 행복 추구가 강박이 되었다고 언급한다. ② 그렇게 하는 대신, 그녀는 '작은 자아' 사고방식의 채택을 지지한다. ③ 그녀가 의미하는 것은 개인들이 훨씬 더 큰 무언가의 작은 부분이라는 것을 인식하고 그 깨달음과 함께 오는 감정과 경험을 받아들여야 한다는 것이다. ④ 독립선언문은 사람들이 행복을 추구할 권리가 있다고 명시한다. 그러한 관점은 우리를 더 겸손하고, 공감적이고, 관대하게 만들 뿐만 아니라, 우리에게 더 심오하고 지속적인 형태의 만족을 제공할 수 있는 놀라움을 열어준다.

해설

지문 처음에서 사람들은 행복에 대한 뿌리 깊은 열망을 가지고 있다고 하고, 이어서 ①, ②, ③번에서 한 작가가 행복 추구는 강박이 되었다고 하며

이를 해결하기 위해 개인들이 훨씬 더 큰 무언가의 작은 부분이라는 것을 인식하는 '작은 자아' 사고방식을 채택해야 한다고 설명한 내용을 언급하고 있다. 그러나 ④번은 독립선언문이 사람들이 행복을 추구할 권리가 있다고 명시한다는 내용으로, 행복 추구에 대한 강박을 해결하기 위한 방법을 설명하는 지문 전반의 내용과 관련이 없다.

정답 ④

어휘

consumerism 소비주의 pursuit 추구 embrace 받아들이다
declaration 선언 independence 독립 state 명시하다 right 권리
humble 겸손한 empathetic 공감적인 generous 관대한
profound 심오한 sustained 지속적인 contentment 만족

---

17 독해 논리적 흐름 파악(문단 순서 배열) 난이도 중 ●●○

주어진 글 다음에 이어질 글의 순서로 가장 적절한 것은?

HIV has been considered incurable since it was first identified in the early 1980s, but a recent exception suggests otherwise.

(A) They have enabled the man to no longer test positive for HIV, and scientists are now hopeful that this breakthrough can pave the way for new treatment strategies.

(B) In 2023, a 53-year-old man referred to as the "Dusseldorf patient" was cured of HIV after receiving a stem cell transplant.

(C) This procedure had been carried out to help him fight leukemia, but it also had the unintended effect of introducing HIV-resistant stem cells into his body.

① (A) – (B) – (C)
② (B) – (A) – (C)
③ (B) – (C) – (A)
④ (C) – (A) – (B)

해석

HIV는 1980년대 초에 처음 확인된 이래로 치료할 수 없는 것으로 여겨져 왔지만, 최근의 예외는 그렇지 않음을 시사한다.

(B) 2023년에, '뒤셀도르프 환자'로 불리던 53세 남성이 줄기세포를 이식받은 뒤 HIV가 완치되었다.

(C) 이 과정은 그가 백혈병과 싸우는 것을 돕기 위해 실시되었지만, HIV 저항성 줄기세포를 그의 몸에 주입하는 뜻밖의 효과도 있었다.

(A) 그것들은 그 남자가 더 이상 HIV 양성 반응을 보이지 않도록 해주었고, 과학자들은 이제 이 획기적인 발전이 새로운 치료 전략을 위한 길을 열 수 있기를 희망하고 있다.

해설

주어진 문장에서 HIV는 치료할 수 없는 것으로 여겨져 왔지만, 최근의 예외는 그렇지 않음을 시사한다고 한 뒤, (B)에서 2023년에 한 남성이 줄기세포를 이식받은 뒤 HIV가 완치되었다는 예시를 언급하고 있다. 이어서 (C)에서 이 과정은 HIV 저항성 줄기세포를 그의 몸에 주입하는 뜻밖의 효과가 있었다고 설명하며, 뒤이어 (A)에서 그것들(HIV 저항성 줄기세포)은 그 남자가 더 이상 HIV 양성 반응을 보이지 않도록 해주었다고 언급하고 있다.

정답 ③

어휘

incurable 치료할 수 없는 breakthrough 획기적인 발전
pave the way for 길을 열다 stem cell 줄기세포 transplant 이식
carry out 실시하다 leukemia 백혈병 unintended 뜻밖의

---

18 독해 논리적 흐름 파악(문장 삽입) 난이도 중 ●●○

주어진 문장이 들어갈 위치로 가장 적절한 것은?

It's also important that you be prepared.

You feel you deserve a raise or more flexible hours at work, but you're afraid to ask. This is completely natural. Negotiating can be uncomfortable due to a fear of rejection or a struggle with self-doubt. However, you'll never get what you don't ask for. (①) Even if you receive a "no," it's better to keep the conversation going by asking what you can do to get a "yes" in the future. (②) Don't just go in with an arbitrary demand but come equipped with reasons and data to back up your request. (③) For instance, if you want a raise, research salary ranges for industry professionals with similar positions and levels of experience to you. (④) Knowing your worth and presenting it effectively can make all the difference in achieving your career goals.

해석

당신이 준비가 되는 것도 중요하다.

당신은 직장에서 임금 인상이나 더 유연한 근무 시간을 가질 자격이 있다고 생각하지만, 요구하기가 두렵다. 이는 완전히 당연하다. 거절에 대한 두려움이나 자기 의심과의 싸움으로 인해 협상하는 것은 불편할 수 있다. 하지만, 당신이 요구하지 않는 것은 결코 얻을 수 없을 것이다. (①) 당신이 '아니오'를 듣더라도, 나중에 '예'를 듣기 위해 무엇을 할 수 있는지를 질문하면서 대화를 계속하는 것이 좋다. (②) 근거 없는 요구만 가지고 들어가지 말고, 당신의 요구를 뒷받침할 이유와 자료를 갖추어라. (③) 예를 들어, 당신이 임금 인상을 원한다면, 당신과 비슷한 직위와 경력 수준을 가진 업계 전문가들의 급여 범위를 조사하라. (④) 당신의 가치를 알고 그것을 효과적으로 제시하는 것은 당신의 경력 목표를 달성하는 데 큰 변화를 가져올 수 있다.

해설

②번 앞부분에 당신이 요구하지 않는 것은 결코 얻을 수 없으므로 대화를 계속하는 것이 좋다는 내용이 있고, ②번 뒤 문장에 근거 없는 요구만 가지고 들어가지 말고, 요구를 뒷받침할 이유와 자료를 갖추라는 내용이 있으므로 ②번에 당신이 준비가 되는 것도 중요하다는 내용의 주어진 문장이 들어가야 지문이 자연스럽게 연결된다.

[오답 분석]

① 앞 문장에 당신이 요구하지 않는 것은 결코 얻을 수 없을 것이라는 내용이 있고, ①번 뒤 문장에 나중에 '예'를 듣기 위해 무엇을 할 수 있는지를 질문하면서 대화를 계속하는 것이 좋다고 하며 앞 문장과 연결되는 내용이 있으므로 ①번에 다른 문장이 삽입되면 문맥상 부자

연스럽다.
③ 앞 문장에 당신의 요구를 뒷받침할 이유와 자료를 갖추라는 내용이 있고, ③번 뒤 문장에 뒷받침할 이유와 자료에 대한 예시가 나오고 있으므로 ③번에 다른 문장이 삽입되면 문맥상 부자연스럽다.
④ 앞 문장에 비슷한 업계 전문가들을 조사하라는 내용이 있고, ④번 뒤 문장에 그것을 효과적으로 제시하는 것의 이점에 대해 설명하는 내용이 있으므로 ④번에 다른 문장이 삽입되면 문맥상 부자연스럽다.

정답 ②

어휘

deserve ~을 받을 자격이 있다, ~을 받을 만하다 raise (임금 등의) 인상
flexible 유연한 negotiate 협상하다 rejection 거절
self-doubt 자기 의심, 자기 회의 arbitrary 근거 없는, 임의의 demand 요구
equipped with ~을 갖춘 back up ~을 뒷받침하다 industry 업계

---

19 독해 추론(빈칸 완성 – 단어) 난이도 중 ●●○

밑줄 친 부분에 들어갈 말로 가장 적절한 것을 고르시오.

We tend to think of being selfish as shameful. We want to avoid being seen as "takers" so strongly that many of us go out of our way to prioritize others. However, constantly neglecting one's own needs can lead to emotional exhaustion. Putting ourselves first at times is not about neglecting others but about ensuring we don't deplete our own resources to the point where we're no longer effective. _____, being what we may consider selfish from time to time—by setting boundaries or simply saying "no"—can actually be the most selfless act of all. After all, we can't be there for others if we're falling apart ourselves.

① Promptly
② Doubtfully
③ Ironically
④ Conveniently

해석

우리는 이기적인 것을 부끄럽다고 생각하는 경향이 있다. 우리는 너무 강력하게 '받는 사람'으로 비치는 것을 피하고 싶어서 우리 중 많은 사람들이 굳이 다른 사람들을 우선시하려고 한다. 그러나, 계속해서 자신의 필요를 등한시하는 것은 정서적 소진으로 이어질 수 있다. 때때로 우리 자신을 가장 중시하는 것은 다른 사람들을 등한시하는 것이 아니라 우리가 더 이상 효과적일 수 없을 정도로 우리 자신의 자원을 고갈시키지 않도록 보장하는 것이다. 역설적으로, 때때로 경계를 설정하거나 단순히 '아니오'라고 말함으로써 우리가 이기적이라고 여길 수도 있는 것이 되는 것은 사실 가장 이타적인 행동일 수 있다. 결국, 우리 자신이 무너지고 있다면 우리는 다른 사람들 곁에 있을 수 없다.

① 신속히
② 의심스럽게
③ 역설적으로
④ 편리하게

① 중요도에 따라 과업을 분류함
② 과업을 비슷한 그룹으로 정리함
③ 그것에 세부 사항을 추가함
④ 일이 얼마나 오래 걸릴지 현실적으로 생각함

[해설]

빈칸 앞부분에서 어떤 사람들은 목록을 만들 때 나중에 자신들이 세부 사항을 기억할 것이라고 생각하며 모호한 알림을 휘갈겨 쓰지만, 목록을 너무 모호하게 만드는 대신 명확한 지침을 목표로 삼아야 한다고 설명하고 있으므로, 빈칸에는 '③ 그것에 세부 사항을 추가함'으로써, 그들은 처음에 말하려고 했던 것을 기억하려고 노력하는 데 낭비되는 시간을 줄일 수 있다는 내용이 들어가야 한다.

[오답 분석]

① 중요도에 따라 과업을 분류하는 것에 대해서는 언급되지 않았다.
② 과업을 비슷한 그룹으로 정리하는 것에 대해서는 언급되지 않았다.
④ 일이 얼마나 오래 걸릴지 현실적으로 생각하는 것에 대해서는 언급되지 않았다.

정답 ③

[어휘]

productive 생산적인   time-honored 유서 깊은
organize 체계화하다, 정리하다   represent 표현하다, 나타내다
accomplish 성취하다   alleviate 완화하다   anxiety 불안
scrawl 휘갈겨 쓰다   ambiguous 모호한   specifics 세부 사항
vague 모호한, 희미한   initially 처음에   sort 분류하다   realistic 현실적인

[해설]

빈칸이 있는 문장에서 때때로 우리가 이기적이라고 여길 수도 있는 것이 되는 것은 사실 가장 이타적인 행동일 수 있다는 역설적인 내용을 설명하고 있으므로 빈칸에는 대조의 의미를 나타내는 '③ 역설적으로'가 들어가야 한다.

정답 ③

[어휘]

tend to (~하는) 경향이 있다   selfish 이기적인   shameful 부끄러운
go out of one's way 굳이 ~하다   prioritize 우선시하다
neglect 등한시하다   exhaustion 소진, 고갈   ensure 보장하다
deplete 고갈시키다   selfless 이타적인   promptly 신속히

[구문 분석]

[1행] We want to avoid being seen as "takers" / so strongly that / many of us / go out of our way / to prioritize others.
: 이처럼 'so ~ that' 구문이 쓰인 경우, '매우 ~해서 -하다'라고 해석한다.

---

20   독해 추론(빈칸 완성 - 구)   난이도 중 ●●○

밑줄 친 부분에 들어갈 말로 가장 적절한 것을 고르시오.

There are many ways to be productive, but perhaps the most time-honored among them is the simple list. Lists not only help us organize our tasks but also visually represent what we've accomplished as we cross each item out. Studies have also shown that they make us more effective because they alleviate the anxiety an individual may experience when they know they have unfinished tasks. Not all lists are equally effective, though. When creating a list, some people just scrawl down ambiguous reminders for themselves like "bank," thinking they'll remember the specifics later. However, instead of being so vague with their list, they should aim for clear directives. By _____, they can reduce the time they'll waste trying to remember what they initially intended to say.

① sorting tasks by importance
② arranging tasks into similar groups
③ adding details to it
④ being realistic about how long things will take

[해석]

생산적일 수 있는 많은 방법들이 있지만, 아마도 그중에서 가장 유서 깊은 것은 간단한 목록일 것이다. 목록은 우리가 과업을 체계화하는 데 도움을 줄 뿐만 아니라, 각 항목을 줄을 그어 지우면서 우리가 성취한 것을 시각적으로 표현해준다. 연구들은 또한 그것들이 개인이 미해결 과업을 가지고 있다는 것을 알 때 경험할 수 있는 불안을 완화하기 때문에 우리를 더 효과적으로 만들어 준다는 것을 보여주었다. 그러나, 모든 목록이 동일하게 효과적인 것은 아니다. 목록을 만들 때, 어떤 사람들은 나중에 자신들이 세부 사항을 기억할 것이라고 생각하며 '은행'과 같은 모호한 알림을 휘갈겨 쓴다. 하지만, 목록을 너무 모호하게 만드는 대신, 그들은 명확한 지침을 목표로 삼아야 한다. <u>그것에 세부 사항을 추가함</u>으로써, 그들은 처음에 말하려고 했던 것을 기억하려고 노력하는 데 낭비되는 시간을 줄일 수 있다.

정답 p. 30

01	③ 어휘 – 어휘&표현	11	④ 어휘 – 생활영어
02	① 어휘 – 어휘&표현	12	③ 독해 – 전체내용 파악
03	④ 문법 – 관계절	13	② 독해 – 논리적 흐름 파악
04	④ 문법 – 분사	14	③ 어휘 – 생활영어
05	④ 어휘 – 어휘&표현	15	④ 독해 – 추론
06	② 어휘 – 어휘&표현	16	② 독해 – 전체내용 파악
07	② 문법 – 가정법	17	④ 독해 – 추론
08	① 문법 – 시제	18	③ 독해 – 세부내용 파악
09	③ 독해 – 논리적 흐름 파악	19	④ 독해 – 논리적 흐름 파악
10	① 독해 – 전체내용 파악	20	③ 독해 – 추론

취약영역 분석표

영역	세부 유형	문항 수	소계
어휘	어휘&표현	4	/6
	생활영어	2	
문법	관계절	1	/4
	분사	1	
	가정법	1	
	시제	1	
독해	전체내용 파악	3	/10
	세부내용 파악	1	
	추론	3	
	논리적 흐름 파악	3	
총계			/20

---

01 어휘 eligible = qualified 난이도 중 ●●○

밑줄 친 부분의 의미와 가장 가까운 것을 고르시오.

After 40 years of working hard for the same company, he happily found himself underline{eligible} to retire.

① social
② natural
③ qualified
④ flexible

해석

같은 회사에서 40년간 열심히 일한 후, 그는 만족스럽게 자신이 은퇴할 자격이 있다는 것을 알게 되었다.

① 사회적인
② 자연적인
③ 자격이 있는
④ 융통성이 있는

정답 ③

어휘

happily 만족스럽게, 행복하게 eligible 자격이 있는, 적격인
qualified 자격이 있는 flexible 융통성이 있는

🖋 **이것도 알면 합격!**

eligible(자격이 있는)의 유의어
= entitled, fit, privileged, qualified

---

02 어휘 learn the rope = become capable 난이도 중 ●●○

밑줄 친 부분의 의미와 가장 가까운 것을 고르시오.

As part of their skills training, the new workers will underline{learn the ropes} of the assembly process.

① become capable
② feel skillful
③ feel afraid
④ become conscious

해석

기술 훈련의 일부로서, 신입 직원들은 조립 과정을 터득할 것이다.

① 할 수 있게 되다
② 솜씨가 좋다고 느끼다
③ 두렵다고 느끼다
④ 의식을 찾다

정답 ①

어휘

learn the rope 터득하다 assembly 조립 capable 할 수 있는
skillful 솜씨가 좋은, 숙련된 conscious 의식이 있는

🖋 **이것도 알면 합격!**

learn the rope(터득하다)와 유사한 의미의 표현
= get the knack of, master, become proficient at

---

03 문법 관계절 난이도 하 ●○○

밑줄 친 부분 중 어법상 옳지 않은 것은?

I recently purchased a blender ① from your company, and I am writing to you today to complain. Despite being advertised as a dual-voltage blender, ② accepting both 110V and 220V power standards, it clearly does not classify as one. Upon plugging the blender in, it immediately died, leaving me with no way ③ to make smoothies. As the higher power standard ④ what is used in my country has destroyed the blender, please replace it immediately.

해석

저는 최근에 귀사로부터 믹서기를 구입했고, 오늘 항의하기 위해 편지를 씁니다. 110V와 220V의 전원 표준을 모두 수용하는 이중 전압 믹서기로 광고되고 있음에도 불구하고, 이것(믹서기)은 분명히 그것(이중 전압 믹서기)으로 분류되지 않습니다. 믹서기 플러그를 꽂자마자 바로 꺼져서 제가 스무디를 만들 방법이 없게 했습니다. 우리나라에서 사용되는 높은 전원

표준이 믹서기를 파손시켰으므로, 즉시 이것을 교환해주십시오.

해설

④ **주격 관계대명사** 선행사 the higher power standard가 사물이고, 관계절 내에서 be 동사 is의 주어 역할을 하므로 명사절 접속사 what을 사물을 나타내는 주격 관계대명사 which 또는 that으로 고쳐야 한다.

[오답 분석]

① **전치사 3: 방향** 문맥상 '귀사로부터 믹서기를 구입했다'는 의미가 되어야 자연스러운데, '~로부터'라는 의미는 전치사 from을 사용하여 나타낼 수 있으므로 from이 올바르게 쓰였다.

② **현재분사 vs. 과거분사** 수식받는 명사 a dual-voltage blender와 분사가 '이중 전압 믹서기가 전원 표준을 모두 수용한다'라는 의미의 능동 관계이므로 현재분사 accepting이 올바르게 쓰였다.

③ **to 부정사의 역할** 문맥상 '만들 방법'이라는 의미가 되어야 자연스러우므로 형용사처럼 명사(way)를 수식할 수 있는 to 부정사 to make가 올바르게 쓰였다.

정답 ④

어휘

blender 믹서기 dual-voltage 이중 전압의 classify 분류하다

 이것도 알면 합격!

to 부정사는 명사 역할을 하며 주어, 목적어, 보어 자리에 올 수 있다.

> To talk with my friend is my great pleasure.
  　　주어
  내 친구와 이야기하는 것은 나의 큰 기쁨이다.

> The government plans to reduce the tax rate.
  　　　　　　　　　　　　목적어
  정부는 세율을 줄이는 것을 계획한다.

> The purpose of the report is to present the sales data.
  　　　　　　　　　　　　　　　보어
  그 보고서의 목적은 매출 자료를 보여주는 것이다.

04　문법　분사　　　　　　　난이도 중 ●●○

우리말을 영어로 잘못 옮긴 것은?

① 토론에 참석한 학자들 중 3분의 1이 수학 교수였다.
  → One-third of the academic scholars attending the debate were math professors.

② 이사회가 그들의 제안을 활용했더라면, 비용은 낮춰질 수 있었다.
  → If the board had used their proposal, costs could have been kept down.

③ 전화벨이 울렸을 때 나는 보고서를 쓰고 있었다.
  → I had been writing my report when the phone rang.

④ 그가 생각했던 것보다 늦은 시간이어서, 그는 서둘러 출근해야 했다.
  → Being later in the day than he thought, he had to rush to get to work.

해설

④ **분사구문의 의미상 주어** 주절의 주어(he)와 분사구문의 주어(it)가 달라 분사구문의 의미상 주어가 필요한 경우 명사 주어를 분사구문 앞에 써

야 하므로 Being later in the day를 It being later in the day로 고쳐야 한다.

[오답 분석]

① **부분 표현의 수 일치** 부분을 나타내는 표현(One-third of)을 포함한 주어는 of 뒤의 명사에 동사를 수 일치시켜야 하는데, of 뒤에 복수 명사 the academic scholars가 왔으므로 복수 동사 were가 올바르게 쓰였다.

② **조동사 관련 표현 l 능동태·수동태 구별** '낮춰질 수 있었다'는 조동사 관련 표현 could have p.p.(~할 수 있었다)를 사용하여 나타낼 수 있으므로, could have been이 올바르게 쓰였다. 또한, 주어(costs)와 동사가 '비용이 낮춰지다'라는 의미의 수동 관계이므로 be kept down이 올바르게 쓰였다.

③ **과거완료진행 시제** '전화벨이 울렸을 때 보고서를 쓰고 있었다'라는 과거 시점 이전에 시작된 일이 과거 시점까지 계속되는 것을 표현하고 있으므로, 과거완료진행 시제 had been writing이 올바르게 쓰였다.

정답 ④

어휘

academic scholar 학자 proposal 제안 cost 비용

 이것도 알면 합격!

부분·전체를 나타내는 표현을 포함한 주어는 of 뒤 명사에 동사를 수 일치시킨다.

all, most, some, any, half, a lot, lots, part, the rest, percent, portion, 분수	+ of	+ 단수 명사	+ 단수 동사
		+ 복수 명사	+ 복수 동사

05　어휘　demanding = strenuous　　난이도 중 ●●○

밑줄 친 부분의 의미와 가장 가까운 것은?

> If you find your job to be too <u>demanding</u>, sometimes the best option is to reorganize your workflow, lifestyle, or habits.

① frivolous
② adjustable
③ volatile
④ strenuous

해석

당신의 일이 너무 힘들다고 생각되면, 때때로 최선의 선택은 당신의 작업 흐름, 생활방식 또는 습관들을 재조직하는 것이다.

① 경솔한
② 조정 가능한
③ 변덕스러운
④ 몹시 힘든

정답 ④

어휘

demanding 힘든, 부담이 되는 workflow 작업 흐름, 작업 속도
frivolous 경솔한 adjustable 조정 가능한 volatile 변덕스러운
strenuous 몹시 힘든

 **이것도 알면 합격!**

demanding(힘든)의 유의어
= exacting, challenging, arduous, laborious, grueling, burdensome

06 어휘 look up to 난이도 중 ●●○

밑줄 친 부분에 들어갈 말로 가장 적절한 것은?

> Since my father was an ideal parent, I _____ him during my childhood and tried to emulate him.

① looked forward to   ② looked up to
③ put up with   ④ cut down on

해석

나의 아버지는 이상적인 부모였기 때문에, 나는 어린 시절에 그를 존경했고 모방하려고 노력했다.

① ~을 기대하다   ② ~를 존경하다
③ ~을 참다   ④ ~을 줄이다

정답 ②

어휘

ideal 이상적인 emulate 모방하다 look up to ~를 존경하다
put up with ~을 참다 cut down on ~을 줄이다

이것도 알면 합격!

look up to(~를 존경하다)와 유사한 의미의 표현

= admire, think highly of, venerate, hold in high regard, be in awe of, exalt

07 문법 가정법 난이도 중 ●●○

어법상 옳은 것은?

① She needed to reach to her boss so he could forward her the notes for the meeting.
② Had you not warned me about this, I wouldn't have been prepared.
③ The men who is fixing the computer told me to pick it up in three days.
④ The better our satellite technology gets, the most objects we can detect in space.

해석

① 그녀는 상사가 회의에 대한 메모를 그녀에게 전달할 수 있도록 그에게 연락해야 했다.
② 네가 이것에 대해 나에게 경고하지 않았다면, 나는 준비되지 않았을 것이다.
③ 컴퓨터를 고치고 있는 남자들은 나에게 3일 안에 그것을 가지러 오라고 말했다.
④ 우리의 위성 기술이 더 좋아질수록, 우리는 우주에서 더 많은 물체들을 발견할 수 있다.

해설

② **가정법 과거완료 | 가정법 도치** '네가 ~ 경고하지 않았다면, 나는 준비되지 않았을 것이다'는 과거의 상황을 반대로 가정하는 가정법 과거완료를 사용하여 나타낼 수 있는데, 이때 if절에 if가 생략되면 주어와 동사 자리가 바뀌어 'Had + 주어 + p.p.'의 어순이 되므로 Had you not warned가 올바르게 쓰였다.

[오답 분석]

① **타동사** 동사 reach는 '연락하다'라는 의미로 쓰일 때 전치사 없이 바로 목적어(her boss)를 취하는 타동사이므로 reach to her boss를 reach her boss로 고쳐야 한다.
③ **주격 관계절의 수 일치** 주격 관계절(who ~ computer) 내의 동사는 선행사(The men)에 수 일치시켜야 하므로 단수 동사 is를 복수 동사 are로 고쳐야 한다. 참고로, 동사 tell은 to 부정사를 목적격 보어로 취하는 5형식 동사이므로, to pick이 올바르게 쓰였다.
④ **비교급** '우리의 위성 기술이 더 좋아질수록, 우리는 우주에서 더 많은 물체들을 발견할 수 있다'는 '더 ~할수록 더-하다'라는 의미의 비교급 표현 'the + 비교급(better) + 주어(our satellite technology) + 동사(gets) ~, the + 비교급 + 주어(we) + 동사(can detect) -'의 형태를 사용하여 나타낼 수 있으므로, 최상급 표현 most를 비교급 표현 more로 고쳐야 한다.

정답 ②

어휘

forward 전달하다 satellite 위성 detect 발견하다, 감지하다

이것도 알면 합격!

가정법 과거는 '만약 ~하다면, -할 텐데'의 의미로, 현재 상황을 반대로 가정할 때 쓰이며, 가정법 과거완료는 '만약 ~했었다면, -했을 텐데'의 의미로, 과거 상황을 반대로 가정할 때 쓰인다.

· 가정법 과거
> If my feet were smaller, buying shoes would be easier.
내 발이 더 작다면, 신발을 사는 것이 더 쉬울 텐데.

· 가정법 과거완료
> If you had told me about the party earlier, I would have attended.
네가 나에게 파티에 대해서 더 일찍 말했더라면, 나는 참석했을 텐데.

08 문법 시제 난이도 중 ●●○

우리말을 영어로 옳게 옮긴 것은?

① 내가 TV를 틀었을 때 그 쇼는 이미 시작했다.
→ The show had already started by the time I turned on the TV.
② 비가 계속 내리는 날씨가 그를 우울하게 만들었다.
→ The persistently raining weather made him feel depressing.
③ 많은 정예 운동선수들에게, 스포츠에서의 성공은 오랫동안 계속 훈련하는 것과 관련되어 있다.
→ For many elite athletes, success in their sport is tied to train for years on end.
④ 내가 아이였을 때, 나는 목에 수건을 두르고 내가 슈퍼히어로인 체했다.
→ When I was a kid, I used to wear a towel around my neck and make it believe I was a superhero.

해설

① **과거완료 시제** '쇼가 시작한' 것은 특정 과거 시점(내가 TV를 틀었을 때)보다 이전에 일어난 일이므로 과거완료 시제 had started가 올바르게 쓰였다.

[오답 분석]

② **현재분사 vs. 과거분사** 감정을 나타내는 동사(depress)의 경우 수식받는 명사가 감정의 원인이면 현재분사를, 감정을 느끼는 주체이면 과거분사를 써야 하는데, 수식받는 명사(him)가 '우울한' 감정을 느끼는 주체이므로 현재분사 depressing을 과거분사 depressed로 고쳐야 한다.

③ **동명사 관련 표현** '훈련하는 것과 관련되어 있다'는 동명사구 관용 표현 'be tied to -ing'(~과 관련되다)를 사용하여 나타낼 수 있으므로 동사원형 train을 동명사 training으로 고쳐야 한다.

④ **숙어 표현** '슈퍼히어로인 체했다'는 숙어 표현 make believe(~인 체하다)를 사용하여 나타낼 수 있으므로, make it believe를 make believe로 고쳐야 한다.

정답 ①

어휘

persistently 계속, 끊임없이 make believe ~인 체하다

🏅 **이것도 알면 합격!**

감정을 나타내는 동사가 수식 또는 보충 설명하는 대상이 감정을 일으키는 주체인 경우 현재분사를, 감정을 느끼는 대상인 경우 과거분사를 쓴다.

> No one understood the **confusing** map of the park.
  누구도 혼란스럽게 하는 공원의 약도를 이해하지 못했다.

> Many **confused** customers complained about the new policy.
  많은 혼란스러운 고객들은 새로운 방침에 대해 불평했다.

09 독해 논리적 흐름 파악(무관한 문장 삭제) 난이도 중 ●●○

다음 글의 흐름상 가장 어색한 문장은?

In a teaching hospital, it can be difficult to differentiate the ranks of physicians, but there is a clear hierarchy at play. ① At the top of the rankings are the attending physicians who have completed all of their educations and are practicing a specialty on their own, while overseeing doctors still in training. ② Under the supervision of the attendings are residents who have completed medical school but are pursuing more training for their individual specialty. ③ The length of a medical residency depends on the specialty chosen and can last from 2 years for family medicine to nearly a decade for surgeons. ④ Interns, also known as first-year residents, are lowest on the experience ladder, having less than a year of training since their medical school graduation.

해석

대학 병원에서는 의사의 지위를 구분하는 것이 어려울 수 있지만, 분명한 체계가 작용하고 있다. ① 가장 높은 서열에는 모든 교육을 이수하고 전공을 스스로 훈련하는 한편, 여전히 수련 중인 의사들을 감독하는 담당의들이 있다. ② 의과대학은 수료했지만 그들 각각의 전공을 위해 더 많은 교육을 받고 있는 레지던트는 담당의의 감독하에 있다. ③ 레지던트 근무의 기간은 선택한 전공에 따라 다르며 가정의학의 경우 2년에서 외과 의사의 경우 10년 가까이 지속될 수 있다. ④ 1년 차 레지던트라고도 알려져 있는 인턴은 의과대학 졸업 후 1년 미만의 훈련을 받아 경력 단계에서 가장 낮다.

해설

첫 문장에서 '의사들의 지위 체계'에 대해 언급하고, ①, ②, ④번에서 담당의, 레지던트, 인턴에 대해 설명하고 있다. 그러나 ③번은 레지던트의 훈련 기간에 대한 내용으로, 첫 문장의 내용과 관련이 없다.

정답 ③

어휘

hierarchy 체계, 계급 oversee 감독하다 supervision 감독
residency 레지던트 근무 specialty 전공, 전문

10 독해 전체내용 파악(요지 파악) 난이도 중 ●●○

다음 글의 요지로 가장 적절한 것은?

The next time you're tempted to buy that trendy top or those stylish jeans, take a moment to ask yourself if you really need them. Our love of "fast fashion" is playing an increasingly significant role in the deterioration of the planet. People are buying an increasing amount of clothes to keep up with how rapidly trends change, which has a devastating environmental impact. Fabrics like viscose, rayon, and modal are made from trees, and up to 100 million of them are chopped down annually to produce wood-based fibers. Cotton, on the other hand, is cultivated, but it requires the most pesticides of any global crop. These toxic chemicals remain in the fabric indefinitely and are released in tiny doses over time. So by choosing to forgo spontaneous clothing purchases, you'll be doing the earth — not to mention yourself — a favor.

① The increased consumption of clothes is damaging the world, even with natural fabrics.

② Many of the fabrics used in modern clothing are made from a variety of natural materials.

③ Cutting-edge techniques are being used to manufacture natural fabrics around the world.

④ Quickly changing fashions are leading people to buy more new clothing.

해석

다음에 당신이 최신 유행의 그 상의나 유행에 맞는 그 청바지를 사고 싶을 때, 잠깐 시간을 내어 스스로에게 당신이 정말로 그것들이 필요한지 물어보아라. '패스트 패션'에 대한 우리의 사랑은 지구의 악화에 점점 더 큰 역할을 하고 있다. 사람들은 유행이 얼마나 빠르게 변화하는지에 따라가기 위해 점점 더 많은 양의 옷을 사고 있는데, 이것은 대단히 파괴적인 환경적 영향을 가진다. 비스코스, 레이온, 그리고 모달과 같은 직물은 나무로 만들어지며, 나무를 기반으로 하는 섬유를 생산하기 위해 매년 1억 그루에 이르는 나무가 베어진다. 반면에, 목화는 재배되기는 하지만 전 세계의 어떤 작물보다도 가장 많은 농약을 필요로 한다. 이러한 독성 화학물질은 무기한으로 직물 안에 남아있고, 시간이 지나면서 소량씩 방출된다. 그러므로, 즉흥적인 옷 구매를 포기하기로 선택함으로써, 당신은 스스로에게는 말할 것도 없고, 지구에 호의를 베풀게 될 것이다.

① 의류의 늘어난 소비는, 심지어 천연 직물로도 전 세계에 해를 끼치고 있다.

② 현대 의류에 사용되는 많은 직물은 다양한 천연 재료로 만들어진다.

③ 전 세계적으로 천연 직물을 제조하기 위해 최첨단 기술이 사용되고 있다.

④ 빠르게 변화하는 유행은 사람들이 더 많은 새로운 의류를 구입하도록 이끌고 있다.

해설

지문 처음에서 '패스트 패션'에 대한 우리의 사랑이 지구의 악화에 점점 더 큰 역할을 하고 있다고 언급한 뒤, 지문 중간에서 매년 1억 그루에 이르는 나무가 섬유를 생산하기 위해 베어지며, 목화 재배는 전 세계의 어떤 작물보다도 가장 많은 농약을 필요로 한다고 설명하고 있으므로, '① 의류의 늘어난 소비는, 심지어 천연 직물로도 전 세계에 해를 끼치고 있다'가 이 글의 요지이다.

[오답 분석]

② 현대 의류에 사용되는 많은 직물이 다양한 천연 재료로 만들어진다는 것은 지엽적이다.

③ 전 세계적으로 천연 직물을 제조하기 위해 최첨단 기술이 사용된다는 것은 언급되지 않았다.

④ 빠르게 변화하는 유행이 사람들이 더 많은 새로운 의류를 구입하도록 이끌고 있다는 것은 지엽적이다.

정답 ①

어휘

be tempted to ~하고 싶다, ~하도록 유혹받다 trendy 최신 유행의
play a role in ~에 역할을 하다 deterioration 악화 fabric 직물, 옷감
chop 베다 fiber 섬유 cotton 목화, 면직물 cultivate 재배하다
pesticide 농약, 살충제 indefinitely 무기한으로 dose 양
forgo 포기하다, 그만두다 spontaneous 즉흥적인 favor 호의, 친절
cutting-edge 최첨단의

---

11 생활영어 In the future, make sure that you run food through the disposal. 난이도 하 ●○○

밑줄 친 부분에 들어갈 말로 가장 적절한 것은?

A: Well, sir, I've finished unclogging the sink. Everything should be fine now.

B: What was the root of the problem?

A: Nothing major, just some pieces of food stuck in the pipes.

B: So that's what caused the blockage.

A: Exactly. _____
_____.

B: I'll be sure to do that next time.

① The total for the repairs comes to $75

② Eating more organic foods would be good for your health

③ It's a common problem in old houses with small pipes

④ In the future, make sure that you run food through the disposal

---

해석

A: 자, 손님, 개수대를 뚫는 일이 끝났습니다. 이제 다 괜찮을 겁니다.

B: 문제의 원인이 무엇이었나요?

A: 심각한 것은 아니고, 단지 파이프에 끼어 있던 음식 몇 조각이었어요.

B: 그러면 그것이 막힌 것을 유발한 것이군요.

A: 정확해요. 나중에는, 반드시 음식물을 처리기에 돌리도록 하세요.

B: 다음번에는 반드시 그렇게 할게요.

① 수리비는 총 75달러 나왔어요

② 유기농 음식을 더 먹는 것이 당신의 건강에 좋을 거예요

③ 이것은 작은 파이프가 있는 오래된 집의 흔한 문제입니다

④ 나중에는, 반드시 음식물을 처리기에 돌리도록 하세요

해설

파이프에 음식 몇 조각이 끼어 있었다는 A의 말에 B가 그것이 막힌 것의 원인이었다고 대답하고, 빈칸 뒤에서 B가 다시 I'll be sure to do that next time(다음번에는 반드시 그렇게 할게요)이라고 말하고 있으므로, 빈칸에는 '④ 나중에는, 반드시 음식물을 처리기에 돌리도록 하세요(In the future, make sure that you run food through the disposal)'가 오는 것이 자연스럽다.

정답 ④

어휘

unclog 뚫리게 하다 root 원인, 근원 major 심각한, 주요한
blockage 막힌 것, 폐색 run through (기계에) 돌리다
disposal (음식물) 처리기(싱크대의 쓰레기를 분쇄하여 처리하는 전기 기구), 처리

이것도 알면 합격!

수리와 관련된 표현

> Can you give me an estimate for the repairs?
수리에 대한 견적을 주실 수 있나요?

> How much will the repair cost?
수리비가 얼마나 들까요?

> The sink pipe is clogged.
싱크대 파이프가 막혔어요.

> Are you familiar with this brand of appliance?
이 브랜드의 가전제품에 대해 잘 알고 계신가요?

---

12 독해 전체내용 파악(글의 감상) 난이도 하 ●○○

다음 글에 나타난 화자의 심경으로 가장 적절한 것은?

Christmas shopping had become a bit too much for the old man, so he was determined to reduce his workload. Instead of sending actual gifts to family and friends, he decided to send Christmas cards with checks enclosed. In each card he wrote, "Buy your own present!" After dropping the cards in the mail, he enjoyed a stress-free holiday season that was marked, as usual, by a series of festive family dinners and get-togethers. However, a few weeks into the new year, he realized that he himself had received far fewer cards and gifts than in past years. He kept his concerns to himself, but the peculiarity of the situation still gnawed at him from time to time. Then, weeks later, as he sorted through a cluttered pile of papers on his desk, he found his answer: a stack of checks that he had forgotten to include with the cards.

① excited and funny
② carefree and serene
③ stunned and foolish
④ mysterious and fearful

해석

크리스마스 쇼핑이 그 노인에게는 약간 버거운 일이 되었기 때문에 그는 그의 작업량을 줄이기로 결심했다. 가족과 친구들에게 실제 선물을 보내는 대신, 그는 크리스마스 카드에 수표를 동봉해 보내기로 결정했다. 그는 각 카드에 '스스로 선물을 사렴!'이라고 썼다. 그 카드들을 우편함에 넣은 후에, 그는 여느 때와 마찬가지로 일련의 즐거운 가족 만찬과 모임들로 기념하는 스트레스 없는 휴가철을 즐겼다. 하지만 새해가 된지 몇 주 후에, 그는 자신이 이전보다 훨씬 더 적은 카드와 선물을 받았다는 것을 깨달았다. 그는 걱정을 마음속에 묻어두었지만, 그 상황의 이상함은 여전히 이따금 그를 괴롭혔다. 그리고, 몇 주가 지난 후, 그가 책상 위의 어수선한 종이 더미를 자세히 살펴보았을 때, 그는 답을 찾았다. 바로 그가 카드에 넣는 것을 잊어버린 수표 뭉치였다.

① 흥분되고 재미있는
② 근심 걱정 없고 평온한
③ 어이 없고 바보 같은
④ 신비스럽고 두려운

해설

지문 전반에 걸쳐 한 노인이 크리스마스에 선물 대신 수표를 카드에 동봉해서 보낸 뒤 새해에 이전보다 훨씬 더 적은 카드와 선물을 받고 걱정하다가, 몇 주 후 자신의 책상에서 잊어버리고 보내지 않은 수표들을 발견했다는 일화를 소개하고 있으므로, '③ 어이 없고 바보 같은'이 이 글에 나타난 화자의 심경으로 적절하다.

정답 ③

어휘

determine 결심하다, 결정하다 workload 작업량 check 수표
enclose 동봉하다, 둘러싸다 mark 기념하다, 축하하다 a series of 일련의
festive 즐거운 get-together 모임 keep to oneself 마음속에 묻어 두다
peculiarity 이상함, 특이한 점 gnaw at ~를 괴롭히다
sort through ~을 자세히 살펴보다 cluttered 어수선한 stack 뭉치, 많음

---

13 독해 논리적 흐름 파악(문단 순서 배열) 난이도 중 ●●○

주어진 문장 다음에 이어질 글의 순서로 가장 적절한 것은?

Smartphones can do just about anything and they have dazzling display screens that tempt us to constantly check them.

(A) To prevent this from happening, try lowering the screen's brightness setting; keeping it at maximum creates an unnecessary draw on the power. Another tip is to switch off services such as Wi-Fi and Bluetooth when you aren't using them.

(B) But as most smartphone owners know, using a phone relentlessly to open apps and check social media is the quickest way to ensure its power will be drained before the day is done.

(C) Following these suggestions will help ensure that your phone lasts while you're on the go.

① (B) – (C) – (A)
② (B) – (A) – (C)
③ (C) – (A) – (B)
④ (C) – (B) – (A)

해석

스마트폰은 거의 무엇이든 할 수 있고, 우리가 그것을 끊임없이 확인하도록 유혹하는 현혹적인 화면을 가지고 있다.

(B) 그렇지만 대부분의 스마트폰 소유자들이 알고 있듯이, 애플리케이션을 실행하고 소셜 미디어를 확인하기 위해 끊임없이 핸드폰을 사용하는 것은 하루가 끝나기 전에 이것(스마트폰)의 전력이 고갈되게 하는 가장 빠른 방법이다.

(A) 이것이 발생하는 것을 막기 위해서는, 화면의 밝기 설정을 낮추는 것을 시도해 보아라. 밝기를 최대로 유지하는 것은 불필요한 전력 소모를 발생시킨다. 또 다른 비결은 와이파이와 블루투스와 같은 서비스를 사용하지 않을 때 끄는 것이다.

(C) 이러한 제안들을 따르는 것은 당신이 쉴 새 없이 활동하는 동안에도 당신의 핸드폰이 지속되도록 하는 데 도움이 될 것이다.

해설

주어진 문장에서 스마트폰은 우리를 유혹하는 현혹적인 화면을 가지고 있다고 언급한 뒤, (B)에서 그렇지만(But) 끊임없이 핸드폰을 사용하는 것은 전력을 고갈되게 하는 가장 빠른 방법이라고 말하고 있다. 이어서 (A)에서 이것(전력이 고갈되는 것)을 막기 위해서는(To prevent this from happening), 화면의 밝기 설정을 낮추고 와이파이와 블루투스를 사용하지 않을 때 끄라고 조언하고, 뒤이어 (C)에서 이러한 제안들(these suggestions)을 따르는 것이 핸드폰이 지속되도록 하는 데 도움이 될 것이라고 설명하고 있다.

정답 ②

어휘

dazzling 현혹적인, 눈부신 tempt 유혹하다 constantly 끊임없이, 항상
relentlessly 끊임없이, 가차 없이 be on the go 쉴 새 없이 활동하다

14 생활영어 There will be lots of new things there.
난이도 하 ●○○

밑줄 친 부분에 들어갈 말로 가장 적절한 것을 고르시오.

> A: Where should we visit next year for our anniversary?
> B: I think we should travel somewhere new, exotic, and far away.
> A: In that case, Madagascar would be perfect.
> B: _____

① Perfect! We wouldn't need to travel a long way.
② Why would we want to leave home?
③ There will be lots of new things there.
④ We go there all the time, though.

해석

> A: 내년에 우리 기념일에는 어디를 방문해야 할까?
> B: 내 생각에 우리는 새롭고, 이국적이고, 먼 곳을 여행해야 할 것 같아.
> A: 그렇다면, 마다가스카르가 좋겠다.
> B: 그곳에는 새로운 것들이 많이 있을 거야.

① 완벽해! 우리는 먼 길을 여행할 필요가 없을 거야.
② 왜 우리가 집을 떠나고 싶어 하겠어?
③ 그곳에는 새로운 것들이 많이 있을 거야.
④ 그런데 우리는 그곳에 항상 가잖아.

해설

내년 기념일에는 어디를 방문해야 할지 묻는 A의 질문에 대해 B가 새롭고, 이국적이고, 먼 곳을 여행하자고 대답하자, 빈칸 앞에서 다시 A가 In that case, Madagascar would be perfect(그렇다면, 마다가스카르가 좋겠다)라고 말하고 있으므로, 빈칸에는 '③ 그곳에는 새로운 것들이 많이 있을 거야(There will be lots of new things there)'가 오는 것이 자연스럽다.

정답 ③

어휘

anniversary 기념일   exotic 이국적인

이것도 알면 합격!

제안하거나 제안을 받아들일 때 쓸 수 있는 표현

> > Why don't you try this?
> 이걸 시도해보는 게 어때?
> > How about doing this instead?
> 대신 이걸 하는 것이 어때?
> > Have you thought about this option?
> 이 선택지에 대해 생각해보았어?
> > I would recommend this.
> 나라면 이걸 추천하겠어.
> > What do you think I should do?
> 내가 무엇을 하는 것이 좋겠다고 생각해?
> > If you were me, what would you do?
> 네가 나라면, 어떻게 할 거니?

15 독해 추론(빈칸 완성 - 절)
난이도 중 ●●○

밑줄 친 부분에 들어갈 말로 가장 적절한 것을 고르시오.

> Financial literacy is one of the most important things one can learn early in life. It includes learning how to create a budget, understanding savings and debt, and planning for the future. These are all important considerations to everyone in society, no matter their socio-economic level, as financial illiteracy can ruin even the rich. As the old saying goes, "_____." Not knowing how to manage one's money can cause people to waste massive amounts of money without even noticing. For instance, without a budget, it can be difficult to know how much money is being spent on unnecessary items. Further, not understanding interest can result in spending too much money on high-interest loans or not growing savings at the best rate. When one understands these things, it is easier to prepare for future and handle unforeseen financial setbacks.

① money talks
② money is the root of all evil
③ in for a penny, in for a pound
④ a fool and his money are soon parted

해석

금융이해력은 개인이 젊을 때 배울 수 있는 가장 중요한 것들 중 하나이다. 그것은 어떻게 예산안을 만드는지 배우는 것, 예금과 부채를 이해하는 것, 그리고 미래를 위해 계획하는 것을 포함한다. 이것들은 사회경제적 수준과는 관계 없이 사회의 모든 구성원에게 모두 중요한 고려 사항인데, 금융 문맹은 부자마저도 파산시킬 수 있기 때문이다. 속담에서 말하듯이, '어리석은 자는 금방 돈을 잃는다.' 개인의 돈을 어떻게 관리하는지를 모르는 것은 사람들로 하여금 거대한 양의 돈을 알아채지도 못한 채로 낭비하게 만든다. 예를 들어, 예산안이 없으면 얼마만큼의 돈이 불필요한 물품들에 소비되고 있는지 알기 어려울 수 있다. 더 나아가, 이자에 대해 이해하지 못하는 것은 비싼 이자의 대출에 너무 많은 돈을 쓰거나 최고의 이율에 예금을 늘리지 못하는 결과를 낳을 수 있다. 이러한 것들을 이해하면, 미래를 위해 준비하는 것과 예기치 않은 경제적 차질을 다루는 것이 더 쉽다.

① 돈이면 다 된다
② 돈은 모든 악의 근원이다
③ 일단 시작한 일은 끝을 내는 것이 좋다
④ 어리석은 자는 금방 돈을 잃는다

해설

지문 전반에 걸쳐 금융이해력이 없는 사람은 돈을 자기도 모르게 낭비하게 된다고 경고하고 있으므로, 빈칸에는 '④ 어리석은 자는 금방 돈을 잃는다'가 들어가야 한다.

[오답 분석]

① 돈이면 다 된다는 것은 지문의 내용과 관련이 없다.
② 돈은 모든 악의 근원이라는 것은 지문의 내용과 관련이 없다.
③ 일단 시작한 일은 끝을 내는 것이 좋다는 내용은 언급되지 않았다.

정답 ④

---

16 독해 전체내용 파악(제목 파악) 난이도 중 ●●○

다음 글의 제목으로 가장 적절한 것은?

When manufacturing plants began closing in Flint, Michigan, the city found itself in a financial emergency. One way it tried to deal with the problem was to cut the rising costs of supplying water to the city. Instead of sourcing its water from the Detroit water system, which utilized a comprehensive treatment process, the state decided to pump water from the nearby Flint River, a tributary known for its filth. Not long after, residents began complaining about the water coming from their taps. Its color was brown, and it smelled and tasted funny, residents said. The state government insisted the water was fine, with one official even drinking it on air to show how safe it was. But tests done by the Environmental Protection Agency determined that there were dangerously high concentrations of iron and lead in the water. With residents' concerns validated, an official state of emergency was declared. Residents were instructed to use bottled water exclusively for drinking, cooking, cleaning, and bathing. In the meantime, the city of Flint reversed its decision and sourced water from Detroit once more. The tap water did look cleaner, but residents were encouraged to go on using bottled water, as Flint's corroded pipes would need to be replaced before the water supply could be deemed safe for consumption.

① Ways to Solve an Economic Problem
② Dark Water: The Damage Done by Flint's River Water
③ How Can Switching to Bottled Water Benefit All People?
④ Bounty of Flint's Rivers and Streams

해석

미시간주의 플린트에서 제조 공장들이 문을 닫기 시작했을 때, 그 도시는 재정적 비상사태에 처했음을 깨달았다. 도시가 그 문제를 해결하려고 노력한 한 가지 방법은 그 도시에 물을 공급하는 데 드는 치솟는 비용을 절감하는 것이었다. 도시의 물을 광범위한 처리 공정을 이용하는 디트로이트 수계로부터 얻는 대신, 그 주는 오물로 알려진 지류인 인근의 플린트 강에서 물을 퍼 올리기로 결정했다. 얼마 되지 않아, 주민들은 그들의 수도꼭지에서 나오는 물에 대해 불평하기 시작했다. 그것의 색깔은 갈색이었고, 냄새가 났으며 이상한 맛이 난다고 주민들이 말했다. 주 정부는 한 공무원이 그것이 얼마나 안전한지를 보여주기 위해 방송에서 그것을 마시기까지 하면서 그 물이 괜찮다고 주장했다. 하지만 환경 보호국에 의해 시행된 검사들은 그 물에 위험할 정도로 높은 농도의 철과 납이 있었다는 것을 알아냈다. 주민들의 우려가 입증되면서, 공식적인 비상사태가 공표되었다. 주민들은 마시기, 요리하기, 청소하기, 그리고 목욕하기에 있어 전적으로 병에

든 생수만 사용하도록 지시받았다. 그동안에 플린트시는 그것(플린트시)의 결정을 뒤집고 다시 한번 디트로이트로부터 물을 얻었다. 수돗물은 확실히 더 깨끗해 보였지만, 상수도가 소비하기에 안전하다고 여겨질 수 있기 전에 플린트의 부식된 파이프들이 교체되어야 했기 때문에 주민들은 계속해서 병에 든 생수를 사용하도록 장려되었다.

① 경제적인 문제를 해결하는 방법
② 검은 물: 플린트의 강물로 인한 피해
③ 병에 든 생수로 바꾸는 것이 어떻게 모든 사람들에게 도움이 될 수 있을까?
④ 플린트의 강과 하천의 풍요로움

해설

지문 중간에서 플린트 강물에는 위험할 정도로 높은 농도의 철과 납이 있어서 주민들은 전적으로 병에 든 생수만 사용하도록 장려되었다고 설명하고 있으므로, '② 검은 물: 플린트의 강물로 인한 피해'가 이 글의 제목이다.

[오답 분석]
① 도시에 물을 공급하는 데 드는 치솟는 비용을 절감하는 것이 재정적 문제를 해결하는 방법이라고 언급되었지만 지엽적이다.
③ 주민들이 병에 든 생수를 사용하도록 지시받았다고는 언급되었으나 병에 든 생수로 바꾸는 것이 어떻게 모든 사람들에게 도움이 될 수 있는지에 대해서는 언급되지 않았다.
④ 플린트 강에서 물을 퍼 올리기로 결정했다고는 언급되었으나 플린트의 강과 하천이 풍요롭다는 내용은 언급되지 않았다.

정답 ②

어휘

manufacturing plant 제조 공장 financial 재정적인
emergency 비상사태 source 얻다 utilize 이용하다, 활용하다
comprehensive 광범위한 treatment 처리 process 공정, 과정
nearby 인근의 tributary (강의) 지류 filth 오물, 불결 funny 이상한
concentration 농도 iron 철 lead 납 validate 입증하다
exclusively 전적으로, 배타적으로 reverse 뒤집다 go on 계속하다
corrode 부식시키다 water supply 상수도 deem (~으로) 여기다, 간주하다
consumption 소비, 섭취

구문 분석

[14행] With residents' concerns validated, / an official state of emergency / was declared.
: 이처럼 'with + 명사 + 분사'로 동시에 일어나는 상황을 나타내는 경우, '~하면서'라고 해석한다.

---

17 독해 추론(빈칸 완성 - 연결어) 난이도 하 ●○○

밑줄 친 (A), (B)에 들어갈 말로 가장 적절한 것은?

In some of Asia's largest cities, rising real estate prices have left lower-to middle class workers unable to earn enough to pay rent for even the smallest dwelling. _____(A)_____, the number of "working homeless" — those who are employed and can afford everything they need except for housing — has increased significantly over the years. With no practical solution as of yet, many end up lodging in 24-hour establishments. In mainland

China and Hong Kong, for instance, there are thousands who take to McDonald's restaurants. Known informally as "McRefugees," one can find them hunched over a table trying to get a night's rest before they have to go to work the next day. The situation is similar in Tokyo. As far back as 2007, more than 5,000 residents of the city were found to spend their nights at various round-the-clock businesses. _____(B)_____, Internet cafes and public bathhouses regularly reported having people spending their nights there. Using such services, while certainly not ideal, is sometimes the only option for many workers without a place to settle.

	(A)	(B)
①	Therefore	On the contrary
②	Nonetheless	In addition
③	Nonetheless	Subsequently
④	Therefore	Indeed

해석

아시아의 몇몇 대도시에서, 치솟는 부동산 가격은 하층에서 중산층 노동자들이 심지어 가장 작은 주택에 임대료를 지불할만큼 돈을 버는 것을 불가능하게 했다. (A) 그러므로, 취업을 해서 주거를 제외하고 그들이 필요한 모든 것은 감당할 수 있는 '일하는 노숙자들'의 수가 수년간 크게 증가해왔다. 아직까지 실질적인 해결책이 없어서, 많은 사람들은 결국 24시간 시설에서 숙박하게 된다. 예를 들어, 중국 본토와 홍콩에서는 맥도날드 식당으로 가는 사람들이 수천 명이다. 비공식적으로 '맥난민'으로 알려져 있는데, 그들이 다음 날 출근하기 전에 하룻밤 휴식을 취하려고 애쓰며 테이블에 웅크린 것을 발견할 수 있다. 상황은 도쿄에서도 비슷하다. 2007년까지 거슬러 가면, 5천 명 이상의 도시 주민들이 다양한 24시간 영업장에서 밤을 보내는 것으로 알려졌다. (B) 정말로, 인터넷 카페와 대중목욕탕은 그곳에서 밤을 보내는 사람들이 있다고 주기적으로 보고했다. 그러한 서비스를 이용하는 것은, 분명히 이상적이지는 않지만, 정착할 곳이 없는 많은 노동자들에게 때로는 유일한 선택지이다.

	(A)	(B)
①	그러므로	반면에
②	그럼에도 불구하고	게다가
③	그럼에도 불구하고	결과적으로
④	그러므로	정말로

해설

(A) 빈칸 앞 문장은 치솟는 부동산 가격으로 인해 아시아의 하층에서 중산층 노동자들이 주택의 임대료를 지불할만큼 돈을 버는 것이 불가능해졌다는 내용이고, 빈칸 뒤 문장은 치솟는 부동산 가격이 '일하는 노숙자들'의 수를 증가시켰다는 결과적인 내용이므로, (A)에는 결과를 나타내는 연결어인 Therefore(그러므로)가 들어가야 한다. (B) 빈칸 앞 문장은 2007년에 도쿄에서는 5천 명 이상의 주민들이 다양한 24시간 영업장에서 밤을 보냈다는 내용이고, 빈칸 뒤 문장은 인터넷 카페와 대중목욕탕에서 밤을 보내는 사람들이 있다는 내용이 주기적으로 보고된다는 내용으로 앞 문장의 내용을 강조하고 있으므로, (B)에는 강조를 나타내는 연결어인 Indeed(정말로)가 들어가야 한다. 따라서 ④번이 정답이다.

정답 ④

어휘

dwelling 주택 homeless 노숙자 significantly 크게, 상당히
practical 실질적인 as of yet 아직까지 take to (위험을 피해) ~로 가다
hunch 웅크리다 round-the-clock 24시간의 bathhouse 대중목욕탕

---

18 독해 세부내용 파악(내용 불일치 파악) 난이도 중 ●●○

다음 글의 내용과 일치하지 않는 것은?

After Disney's CEO Michael Eisner decided to name his successor in 2003, a multiyear drama ensued in which he chose and then discarded several people. He handled the situation so badly that shareholders revolted and he was eventually let go. When it came time for Disney to choose another new leader 15 years later, corporate heads were nervous. The company's then-president Roger Iger was determined to avoid the same mistakes by being more cautious. Not only was he pressured by what happened in the past, but he knew that handpicked chief executives do not do well on average. Even though top-ranking companies make careful selections, their investments and profits usually drop when they get another director. This is why Disney was worried about a repeat situation wherein they could see their stock prices fall as a result of management changes.

① Michael Eisner spent many years selecting his successor as Disney CEO.
② Disney revolted over the replacement of the CEO.
③ Roger Iger knew that handpicked CEOs perform well.
④ Profits usually drop when a new CEO is hired.

해석

2003년에 디즈니의 최고 경영자인 마이클 아이즈너가 그의 후임자를 지명할 것을 결정한 후에, 그가 몇 명의 사람들을 선택하고 나서 해고하는 다년간의 극적인 사건이 뒤이어 일어났다. 그가 이 상황을 너무 형편없게 처리해서 주주들이 반발했고 그는 결국 해고되었다. 15년 후에 디즈니가 또 다른 새로운 지도자를 선택할 시간이 되었을 때, 회사 책임자들은 불안했다. 그 회사의 당시 회장인 로저 아이거는 더욱 신중해짐으로써 같은 실수를 피하기로 결심했다. 그는 과거에 일어났던 일로 인해 압박을 받았을 뿐만 아니라, 제 손으로 고른 최고 경영자들이 대체로 잘하지 못한다는 것도 알고 있었다. 비록 우량 기업들이 신중한 선택을 하긴 하지만, 그들이 또 다른 임원을 구하면 대개 투자금과 수익이 떨어진다. 이것이 디즈니가 경영진 교체의 결과로 그들의 주식 가격이 내려가는 것을 볼 수 있었던 반복 상황에 대해 걱정했던 이유였다.

① 마이클 아이즈너는 디즈니 최고 경영자로서 그의 후임자를 선정하는 데 수년을 보냈다.
② 디즈니는 최고 경영자 교체에 반발했다.
③ 로저 아이거는 직접 뽑힌 최고 경영자가 잘 수행한다는 것을 알았다.
④ 새로운 최고 경영자가 고용되면 이익은 대개 감소한다.

해설

지문 중간에서 로저 아이거는 제 손으로 고른 최고 경영자들이 대체로 잘하지 못한다는 것을 알고 있었다고 했으므로, '③ 로저 아이거는 직접 뽑힌 최고 경영자가 잘 수행한다는 것을 알았다'는 것은 지문의 내용과 일치하지 않는다.

[오답 분석]

① 첫 번째 문장에 마이클 아이즈너가 그의 후임자를 지명할 것을 결정한 후에, 그가 몇 명의 사람들을 선택하고 나서 해고하는 다년간의 극적인 사건이 뒤이어 일어났다고 언급되었다.

② 두 번째 문장에 그가 몇 명의 후임자를 선택하고 해고하는 사건을 너무 형편없게 처리해서 주주들이 반발했다고 언급되었다.

④ 여섯 번째 문장에 기업들이 또 다른 임원을 구하면 대개 투자금과 수익이 떨어지고, 뒤이은 문장에서 경영진 교체의 결과로 주식 가격이 내려가는 것을 볼 수 있었다고 언급되었다.

정답 ③

어휘

successor 후임자, 후계자   ensue 뒤이어 일어나다   discard 해고하다, 버리다
badly 형편없게   shareholder 주주   revolt 반발하다   let go 해고하다
handpicked 제 손으로 고른, 엄선된

---

19 | 독해 논리적 흐름 파악(문장 삽입)   난이도 중 ●●○

주어진 문장이 들어갈 위치로 가장 적절한 것은?

> Another surprise came when a classmate took me to a Chinese restaurant that she said was "the best in town."

> Prior to arriving in the US for college, I was confident that I wouldn't experience any culture shock. Although I'd grown up in China, I was a big fan of American movies and music. I also spoke English rather fluently. (①) As it turns out, the American food was what shocked me the most. (②) My college roommates were eager to introduce me to their favorite dishes, and while I appreciated their kindness, I realized that the American food I'd had in China was very different from what people here actually ate. (③) Compared to the American dishes made in China, the desserts were excessively sweet, a lot of dishes were too salty or greasy, and the portions were humongous. A lot of my experiences with American food in China had apparently been altered to appeal to the Chinese market. (④) The food wasn't bad, but it wasn't like any of the Chinese food I'd ever had in my country! Though my palate is slowly adjusting, I think it's time I started cooking my own food.

해석

> 또 다른 놀라움은 반 친구가 '도시에서 최고'라고 말했던 중국 음식점으로 나를 데려갔을 때 찾아왔다.

대학을 다니기 위해 미국에 도착하기 전에, 나는 어떠한 문화 충격도 경험하지 않을 것이라고 확신했다. 중국에서 자라기는 했지만, 나는 미국 영화와 음악의 열렬한 팬이었다. 나는 또한 영어를 꽤 유창하게 말했다. (①) 나중에 드러났듯이, 미국 음식은 나에게 가장 큰 충격을 준 것이었다. (②) 나의 대학 룸메이트들은 나에게 그들이 가장 좋아하는 음식을 소개해 주고 싶어 했는데, 나는 그들의 친절함에 고마워하면서도 내가 중국에서 먹었던 미국 음식은 이곳 사람들이 실제로 먹는 것과는 매우 다르다는

것을 깨달았다. (③) 중국에서 만들어진 미국식 요리와 비교했을 때, 디저트는 지나치게 달았고, 많은 음식들이 너무 짜거나 기름졌으며, 1인분이 엄청 많았다. 중국에서의 미국 음식에 대한 나의 많은 경험은 중국 시장에 호소하며 명백하게 변화되었다. (④) 그 음식이 나쁘지는 않았지만, 내가 우리나라에서 먹어 본 그 어떤 중국 음식과도 같지 않았다! 입맛이 서서히 적응해가고 있지만, 이제는 내가 직접 요리를 할 때가 된 것 같다.

해설

④번 앞 문장에 실제로 먹어 본 미국 음식이 중국에서 만들어진 미국식 요리와 매우 달랐던 점을 열거한 내용이 있고, 뒤 문장에 그 음식(The food)이 나쁘지는 않았지만, 화자가 자신의 나라에서 먹어 본 것과는 달랐다는 내용이 있으므로, ④번 자리에 반 친구가 화자를 중국 음식점으로 데려갔을 때 또 다른 놀라움(Another surprise)을 경험했다는 주어진 문장이 나와야 지문이 자연스럽게 연결된다.

[오답 분석]

① 앞 문장에 놀라움에 대한 이야기가 없으므로 ①번에 또 다른 놀라움에 대해 이야기하는 주어진 문장이 삽입되면 부자연스럽다.

② 앞부분에 미국 음식이 자신에게 가장 큰 충격을 주었다고 이야기하고, 뒷부분에 대학 룸메이트들이 소개해 준 미국 음식은 중국에서 만든 미국 음식과 달랐다는 내용이 있으므로 ②번에 다른 문장이 삽입되면 부자연스럽다.

③ 앞부분에 중국에서 만든 미국 음식과 실제 미국 음식이 달랐다는 내용이 있고, 뒷부분에서 어떻게 다른지에 대해 설명하는 내용이 있으므로 ③번에 다른 문장이 삽입되면 부자연스럽다.

정답 ④

어휘

confident 확신하는, 자신감 있는   fluently 유창하게
eager ~하고 싶어 하는, 열심인   appreciate 고마워하다
excessively 지나치게   greasy 기름진   portion 1인분, 부분
humongous 엄청 많은, 거대한   palate 입맛, 미각   adjust 적응하다

---

20 | 독해 추론(빈칸 완성 – 구)   난이도 중 ●●○

밑줄 친 부분에 들어갈 말로 가장 적절한 것은?

> Brown dwarfs are elusive celestial bodies that have more mass than gas planets like Jupiter, but less mass than the lightest star. They are in an in-between category all their own, though they do share certain characteristics with the latter. The birth of a brown dwarf is similar to that of stars—both are made from a collapsed cloud of gas and dust that rotates and gathers mass. In the same vein, they can host planets and other natural satellites, and they can also produce certain wavelengths of light. But whereas stars continually shine and emit visible light, brown dwarfs cannot. The large density of stars allows them to produce a high core temperature whereby hydrogen fuses with helium, a reaction that creates a tremendous amount of energy. Compared to this, the less-dense brown dwarf emits mainly weak, infrared radiation, as it simply does not have enough mass to sustain the fusion reaction in the way that a self-luminous body does. This is why brown dwarfs _____.

① have much more mass than stars do

② can sometimes be classified as planets

③ are often referred to as failed stars

④ are the ideal type of energy source

해석

갈색 왜성은 목성과 같은 가스 행성보다 질량이 더 크지만 가장 가벼운 별보다는 질량이 더 작은 규정하기 어려운 천체이다. 그것들은 후자(가장 가벼운 별)와 특정한 특성을 공유하긴 하지만, 단독으로는 '중간' 범주에 속한다. 갈색 왜성의 탄생은 별의 탄생과 동일하며, 두 가지 모두 회전하고 질량을 모으는 붕괴된 가스와 먼짓덩어리로부터 만들어진다. 같은 맥락에서, 그것(갈색 왜성)들은 행성들과 다른 자연 위성들을 거느릴 수 있고, 또한 특정한 파장의 빛을 만들어 낼 수도 있다. 그러나 별은 계속해서 빛나고 가시적인 빛을 내는 반면에, 갈색 왜성은 그러지 못한다. 별의 높은 밀도는 수소가 헬륨과 융합하는 높은 중심 온도를 만들어 낼 수 있게 해주는데, 이는 엄청난 양의 에너지를 생성하는 반응이다. 이것과 비교하여, 밀도가 더 낮은 갈색 왜성은 대개 약한 적외선 복사를 방출하는데, 이는 그저 그것이 자기 발광체가 그러는 것처럼 핵융합 반응을 유지하기에 충분한 질량을 가지고 있지 않기 때문이다. 이것이 갈색 왜성이 <u>종종 실패한 별이라고 불리는</u> 이유이다.

① 별보다 훨씬 더 큰 질량을 가지고 있는

② 때때로 행성으로 분류될 수 있는

③ 종종 실패한 별이라고 불리는

④ 이상적인 형태의 에너지원인

해설

빈칸 앞에서 별의 높은 밀도는 높은 중심 온도를 만들어 낼 수 있게 해주고, 이는 엄청난 양의 에너지를 생성하지만, 밀도가 낮은 갈색 왜성은 핵융합 반응을 유지하기에 충분한 질량을 가지고 있지 않다고 했으므로, 빈칸에는 이것이 갈색 왜성이 '③ 종종 실패한 별이라고 불리는' 이유라는 내용이 들어가야 한다.

[오답 분석]

① 첫 번째 문장에서 갈색 왜성은 가장 가벼운 별보다 질량이 더 작다고 했으므로, 별보다 훨씬 더 큰 질량을 가지고 있다는 것은 지문의 내용과 다르다.

② 갈색 왜성이 때때로 행성으로 분류될 수 있다는 내용은 언급되지 않았다.

④ 일곱 번째 문장에서 갈색 왜성은 대개 약한 적외선 복사를 방출한다고 했으므로, 갈색 왜성이 이상적인 형태의 에너지원이라는 것은 지문의 내용과 다르다.

정답 ③

어휘

brown dwarf 갈색 왜성 **elusive** 규정하기 어려운, 찾기 힘든
celestial body 천체 **in the same vein** 같은 맥락에서 **density** 밀도
whereby (그것에 의하여) ~하는 **fuse** 융합하다 **tremendous** 엄청난
infrared 적외선의 **sustain** 유지하다 **fusion** 핵융합, 융합
self-luminous 자기 발광의

▶ 정답
p. 38

01	② 어휘 – 어휘&표현	11	④ 어휘 – 생활영어
02	④ 어휘 – 어휘&표현	12	① 문법 – 동명사
03	① 어휘 – 어휘&표현	13	② 어휘 – 생활영어
04	① 어휘 – 어휘&표현	14	④ 독해 – 전체내용 파악
05	③ 문법 – 시제&명사와 관사	15	④ 독해 – 논리적 흐름 파악
06	② 어휘 – 어휘&표현	16	④ 독해 – 추론
07	③ 문법 – 병치·도치·강조 구문&수 일치	17	③ 독해 – 전체내용 파악
08	② 문법 – 명사절	18	② 독해 – 논리적 흐름 파악
09	① 독해 – 추론	19	③ 독해 – 논리적 흐름 파악
10	③ 독해 – 전체내용 파악	20	③ 독해 – 세부내용 파악

▶ 취약영역 분석표

영역	세부 유형	문항 수	소계
어휘	어휘&표현	5	/7
	생활영어	2	
문법	시제&명사와 관사	1	/4
	병치·도치·강조 구문&수 일치	1	
	명사절	1	
	동명사	1	
독해	전체내용 파악	3	/9
	세부내용 파악	1	
	추론	2	
	논리적 흐름 파악	3	
총계			/20

---

01 어휘 commercial 난이도 중 ●●○

밑줄 친 부분에 들어갈 말로 가장 적절한 것은?

Unlike public announcements and broadcasts, _____ advertisements are those that convey information about a product or service for the purpose of making money.

① classified
② commercial
③ environmental
④ political

해석

공식 발표와 방송과는 달리, 상업적인 광고는 돈을 벌 목적으로 상품이나 서비스에 대한 정보를 전달하는 것이다.

① 구인 광고가 있는
② 상업적인
③ 환경의
④ 정치적인

정답 ②

어휘

public announcement 공식 발표 broadcast 방송 purpose 목적
classified 구인 광고가 있는, 주제별로 분류된 commercial 상업적인
political 정치적인

 이것도 알면 **합격!**

commercial(상업적인)의 유의어
= marketable, mass-market, saleable

---

02 어휘 eradicate = eliminate 난이도 중 ●●○

밑줄 친 부분의 의미와 가장 가까운 것을 고르시오.

For centuries, doctors unsuccessfully tried to eradicate smallpox, but a worldwide vaccine program led by the WHO finally got the job done.

① categorize
② follow
③ enhance
④ eliminate

해석

수 세기 동안, 의사들은 천연두를 박멸하려고 노력하는 데 실패했지만, 세계보건기구(WHO)가 주도한 세계적인 백신 프로그램이 마침내 그 일을 해냈다.

① 분류하다
② 뒤따르다
③ 높이다
④ 제거하다

정답 ④

어휘

eradicate 박멸하다 smallpox 천연두 categorize 분류하다
enhance 높이다 eliminate 제거하다

이것도 알면 **합격!**

eradicate(박멸하다)의 유의어
= exterminate, extirpate, annihilate

---

03 어휘 set off = turn on 난이도 중 ●●○

밑줄 친 부분의 의미와 가장 가까운 것을 고르시오.

The heat from the fire set off the building's automatic alarm systems.

① turned on
② fell off of
③ gave in to
④ took a break from

해석

화재로부터의 열기는 그 건물의 자동 경보 시스템을 울렸다.

① ~을 켰다
② ~에서 떨어졌다
③ ~에 굴복했다
④ ~으로부터 잠시 휴식을 취했다

정답 ①

set off (경보 장치를) 울리다, 유발하다 give in to ~에 굴복하다

 이것도 알면 **합격!**

set off(~을 울리다)와 유사한 의미의 표현
= trigger, activate, touch off, actuate, drive, start

---

04 어휘 discontinue = terminate 난이도 하 ●○○

밑줄 친 부분의 의미와 가장 가까운 것을 고르시오.

> The school's headmaster announced that the band program would be <u>discontinued</u> the following semester.

① terminated
② exercised
③ recruited
④ performed

해석

그 학교의 교장은 밴드 프로그램이 다음 학기에 중단될 것이라고 발표했다.

① 종료된
② 훈련된
③ 모집된
④ 수행된

정답 ①

어휘

headmaster 교장 discontinue 중단하다 following 다음의
terminate 종료하다, 끝내다 recruit 모집하다

 이것도 알면 **합격!**

discontinue(중단하다)와 유사한 의미의 표현
= end, cease, halt, cut off, abandon

---

05 문법 시제 & 명사와 관사 난이도 중 ●●○

어법상 옳은 것은?

① I found the movie really bored, but everyone else liked it.
② You'll need to making an appointment if you'd like to consult with your doctor before surgery.
③ We must move the furniture because we are having a Christmas party on Saturday evening.
④ There are nearly 300 apartments in the building, much of which are already sold.

해석

① 나는 그 영화가 정말 지루하다고 생각했지만, 다른 사람들은 모두 그 것을 좋아했다.
② 당신이 수술 전에 당신의 의사와 상담하고 싶다면, 예약을 해야 할 것 이다.
③ 토요일 저녁에 크리스마스 파티를 할 것이기 때문에 우리는 가구를 옮 겨야 한다.

④ 그 건물에는 거의 300개의 방이 있는데, 그것들 중 상당수가 이미 팔 렸다.

해설

③ **현재진행 시제 | 가산 명사·불가산 명사** 미래에 일어나기로 예정되어 있 는 일을 표현하기 위해 현재진행 시제를 사용할 수 있으므로 현재진행 시 제 are having이 올바르게 쓰였다. 또한, 불가산 명사(furniture)는 앞 에 부정관사(a)를 쓰거나 복수형으로 쓰일 수 없으므로 furniture가 올 바르게 쓰였다.

[오답 분석]

① **현재분사 vs. 과거분사** 감정을 나타내는 동사(bore)의 경우 수식받 는 명사가 감정의 원인이면 현재분사를, 감정을 느끼는 주체이면 과 거분사를 써야 하는데, 수식받는 명사(the movie)가 '지루한' 감정의 원인이므로 과거분사 bored를 현재분사 boring으로 고쳐야 한다.

② **조동사 관련 표현** 조동사 관련 표현 need to(~해야 한다) 뒤에는 동 사원형이 와야 하므로 동명사 making을 동사원형 make로 고쳐야 한다.

④ **수량 표현** 명사 apartments는 가산 명사이므로, 불가산 명사 앞에 오는 수량 표현 much를 가산 명사 앞에 오는 수량 표현 many로 고 쳐야 한다.

정답 ③

어휘

appointment 예약, 약속 consult 상담하다 surgery 수술 furniture 가구
apartment (공동 주택 내의) 1가구분의 방

 이것도 알면 **합격!**

뒤에 동사원형이 나오며 조동사처럼 쓰이는 표현

> ought to ~해야 한다   > be able to ~할 수 있다
> have to ~해야 한다   > used to ~하곤 했다
> be going to ~할 것이다   > had better ~하는 게 좋겠다
> need to ~해야 한다   > dare to 감히 ~하다

---

06 어휘 take a stand against = object to 난이도 중 ●●○

밑줄 친 부분의 의미와 가장 가까운 것은?

> The mayor <u>took a stand against</u> businesses that pollute the local environment. She urged the city council to pass a new law that would fine companies and force them to clean up any damage they cause.

① argued for
② objected to
③ quickly exposed
④ strongly supported

해석

시장은 지역 환경을 오염시키는 사업에 반대 입장을 취했다. 그녀는 시의 회가 기업들에 벌금을 부과하고 그들(기업들)이 초래하는 모든 피해를 처 리하도록 강제하는 새로운 법을 통과시킬 것을 촉구했다.

① ~에 찬성 의견을 말했다
② ~을 반대했다
③ ~을 신속하게 폭로했다
④ ~을 강력하게 지지했다

정답 ②

어휘

mayor 시장 take a stand against ~에 반대 입장을 취하다
pollute 오염시키다 urge 촉구하다 city council 시의회
fine 벌금을 부과하다; 벌금 argue for ~에 찬성 의견을 말하다
object to ~을 반대하다 expose 폭로하다, 드러내다

이것도 알면 **합격!**

take a stand against(~에 반대 입장을 취하다)와 유사한 의미의 표현
= state an opinion against, oppose, contest, fight against

---

07 문법 병치·도치·강조 구문 & 수 일치 난이도 상 ●●●

밑줄 친 부분 중 어법상 옳지 않은 것은?

> Some art critics think the recent auction price of the *Salvator Mundi* was not justified, ① calling it a "triumph of branding and desire over connoisseurship and reality." They even say the painting, ② which sold for $450 million, may not actually be a Leonardo da Vinci work. Among those who question the painting's origin ③ is curators from the Louvre. They believe the painting, with its authenticity ④ unverified, should be attributed to Leonardo's workshop instead of to the artist himself. Unfortunately for its buyer, this change would make the painting worth less than $2 million.

해석

몇몇 예술 비평가들이 최근의 〈살바토르 문디〉의 경매 가격이 정당하지 않다고 생각하며 그것을 '감정업과 현실에 대한 브랜딩과 욕망의 승리'라고 불렀다. 그들은 심지어 4억 5천만 달러에 팔린 이 그림이 사실은 레오나르도 다빈치의 작품이 아닐지도 모른다고 말한다. 이 그림의 기원에 의문을 제기하는 사람들 중에는 루브르 박물관의 큐레이터들이 있다. 그들은 그 그림의 진품인지의 여부가 입증되지 않은 채로, 그것이 예술가 그 자신이 아니라 레오나르도의 연수회의 것일 것이라고 믿는다. 불행하게도 구매자에게 있어서, 이 변화는 그 그림의 가치가 2백만 달러도 되지 않게 만들 것이다.

해설

③ **도치 구문: 부사구 도치 2 | 주어와 동사의 수 일치** 장소를 나타내는 부사구(Among ~ origin)가 강조되어 문장 맨 앞에 나오면 주어와 동사가 도치되어 '동사 + 주어(curators)'의 어순이 되어야 하는데, 주어 자리에 복수 명사 curators가 왔으므로 단수 동사 is를 복수 동사 are로 고쳐야 한다.

[오답 분석]
① **분사구문의 형태** 주절의 주어(Some art critics)와 분사구문이 '몇몇 예술 비평가들은 불렀다'라는 의미의 능동 관계이므로 현재분사 calling이 올바르게 쓰였다.

---

② **관계절의 용법** 관계절이 콤마(,) 뒤에서 계속적 용법으로 쓰여 앞에 나온 선행사(the painting)에 대한 부가 설명을 하고, 관계절 내에서 동사(sold)의 주어 역할을 하고 있으므로 계속적 용법으로 쓰일 수 있는 주격 관계대명사 which가 올바르게 쓰였다.
④ **분사구문의 관용 표현** 동시에 일어나는 상황은 'with + 명사 + 분사'의 형태로 나타낼 수 있는데, 명사(its authenticity)와 분사가 '그 그림이 진품인지의 여부가 입증되지 않았다'라는 의미의 수동 관계이므로 과거분사 unverified가 올바르게 쓰였다.

정답 ③

어휘

justify 정당화하다 triumph 승리 connoisseurship 감정업, 감식안
curator 큐레이터, 전시 책임자 authenticity 진품임, 확실성
unverified 입증되지 않은 attribute (작품 등이) ~의 것이라고 하다

이것도 알면 **합격!**

장소나 방향을 나타내는 부사구 뒤에 콤마(,)가 있을 때는 도치가 일어나지 않는다.

> **At the end of the street**, I saw my best friend.
  길 끝에서 나는 나의 가장 친한 친구를 보았다.

---

08 문법 명사절 난이도 중 ●●○

우리말을 영어로 잘못 옮긴 것은?

① 그가 출근하는 길에 교통 체증에 갇혔고, 설상가상으로, 작은 사고도 있었다.
  → He got stuck in traffic on the way to work and, to make matters worse, he was in a small accident.
② 그 상은 누구든지 퍼즐을 가장 빨리 푸는 사람에게 수여될 것이다.
  → The prize will be awarded to whomever solves the puzzle the fastest.
③ 그녀가 오늘 아침에 아침을 먹지 않았더라면, 지금 매우 배가 고플 것이다.
  → If she had skipped breakfast this morning, she would be very hungry now.
④ 나의 강아지가 자랐기 때문에, 우리는 그에게 더 큰 집을 사주었다.
  → Since my dog had grown, we bought him a bigger house.

해설

② **명사절 접속사 4: 복합관계대명사** 복합관계대명사의 격은 복합관계대명사가 이끄는 명사절 내에서 그것의 역할에 따라 결정되는데, 주어가 없는 불완전한 절(solves the puzzle the fastest)을 이끌며 동사(solves)의 주어 자리에 올 수 있는 것은 주격 복합관계대명사이므로 목적격 복합관계대명사 whomever를 주격 복합관계대명사 whoever로 고쳐야 한다.

[오답 분석]
① **과거 시제 | to 부정사 관련 표현** '교통 체증에 갇힌 것'과 '작은 사고가 있었던 것'은 이미 끝난 과거의 동작을 표현하고 있으므로 과거 시제 got stuck과 was가 올바르게 쓰였다. 또한, '설상가상으로'의 의미를 나타내기 위해 to 부정사 관용 표현 to make matters worse가 올바르게 쓰였다.

③ **혼합 가정법** '그녀가 오늘 아침에 아침을 먹지 않았더라면, 지금 매우 배가 고플 것이다'는 과거의 상황을 반대로 가정했을 경우 그 결과가 현재의 영향에 미칠 때 쓰는 혼합 가정법을 사용하여 나타낼 수 있다. 혼합 가정법은 'If + 주어 + had p.p., ~ 주어 + would/should/could/might + 동사원형'의 형태로 나타내므로 If she had skipped ~, she would be very hungry now가 올바르게 쓰였다.

④ **과거완료 시제 | 수동태로 쓸 수 없는 동사** '강아지가 자란' 것은 특정 과거 시점(더 큰 집을 사준 것)보다 이전에 일어난 일이고, 동사 grow는 '자라다'라는 의미를 가질 때 목적어를 갖지 않는 자동사이므로 수동태로 쓰일 수 없다. 따라서, 과거완료 능동태 had grown이 올바르게 쓰였다.

정답 ②

어휘

to make matters worse 설상가상으로   award 수여하다; 상

이것도 알면 합격!

자동사로 착각하기 쉬운 타동사

> discuss ~에 대해 토론하다	> explain ~에 대해 설명하다
> resemble ~와 닮다	> address ~에게 연설하다
> attend ~에 참석하다	> greet ~에게 인사하다

---

09  독해 추론(빈칸 완성 – 연결어)   난이도 중 ●●○

밑줄 친 (A), (B)에 들어갈 말로 가장 적절한 것은?

People with extroverted personalities tend to be the life of the party. They are outgoing, enthusiastic, and talkative in most situations. This is because they derive gratification outside of themselves. As a result, they are more likely to be exuberant and happy when they are in large groups, but can become restless and depressed if they are forced to spend too much time on their own. ____(A)____, people with introverted personalities tend to be uncomfortable when they have to interact with others. These people shun the spotlight in favor of time alone spent in self-reflection and contemplation, from which they gain satisfaction. ____(B)____, introverts are more likely to be found thinking about an issue or trying to work out a solution to a problem on their own than they are to be working with others or discussing them.

	(A)	(B)
①	Conversely	As a result
②	Likewise	Furthermore
③	By contrast	On the other hand
④	Therefore	In other words

해석

외향적인 성격을 가진 사람들은 익살꾼인 경향이 있다. 그들은 대부분의 상황에서 외향적이고, 열정적이며, 말이 많다. 이것은 그들이 그들 외부에서 만족감을 얻기 때문이다. 그 결과, 그들은 큰 집단에 속해 있을 때 활기

가 넘치고 행복해할 가능성이 더 있지만, 혼자서 너무 많은 시간을 보내야 하면 불안하고 우울해질 수 있다. (A) 반대로, 내성적인 성격을 가진 사람들은 다른 사람과 교류해야 할 때 불편해하는 경향이 있다. 이러한 사람들은 자기 성찰과 사색을 하며 보내는 혼자만의 시간을 선호하여 주목을 피하며, 그들은 이것(자기 성찰과 사색)을 통해 만족감을 얻는다. (B) 그 결과, 내성적인 사람들은 다른 사람들과 함께 일하거나 문제를 토론하는 것보다 스스로 문제에 대해 생각하거나 문제에 대한 해결 방법을 생각해 내려고 노력하는 모습이 발견될 가능성이 더 높다.

	(A)	(B)
①	반대로	그 결과
②	마찬가지로	게다가
③	그에 반해서	반면에
④	따라서	다시 말하면

해설

(A) 빈칸 앞 문장은 외향적인 사람들은 그들 외부에서 만족감을 얻기 때문에 큰 집단에 속해 있을 때 활기가 넘치고 행복해할 가능성이 더 있다는 내용이고, 빈칸 뒤 문장은 내성적인 성격을 가진 사람들은 다른 사람들과 교류해야 할 때 불편해하는 경향이 있다는 대조적인 내용이므로, (A)에는 대조를 나타내는 연결어인 Conversely(반대로) 또는 By contrast(그에 반해서)가 들어가야 한다. (B) 빈칸 앞 문장은 내성적인 사람들이 자기 성찰과 사색을 통해 만족감을 얻는다는 내용이고, 빈칸 뒤 문장은 내성적인 사람들은 스스로 문제에 대해 생각하거나 문제에 대한 해결 방법을 생각해 내려고 노력한다는 결론적인 내용이므로, (B)에는 결론을 나타내는 연결어인 As a result(그 결과)가 들어가야 한다. 따라서 ①번이 정답이다.

정답 ①

어휘

extroverted 외향적인, 사교적인   life of the party 익살꾼
outgoing 외향적인, 사교적인   enthusiastic 열정적인, 열렬한
talkative 말이 많은, 수다스러운   derive 얻다, 이끌어내다
gratification 만족감, 희열   exuberant 활기가 넘치는
restless 불안한   introverted 내성적인   self-reflection 자기 성찰
contemplation 사색   satisfaction 만족감, 충족   introvert 내성적인 사람

---

10 독해 전체내용 파악(주제 파악)   난이도 하 ●○○

다음 글의 주제로 가장 적절한 것은?

Today, our electronic devices often connect through peer-to-peer wireless connections. Some devices, like mobile phones, computers, speakers and earphones can be paired to one another directly through a secure connection. When properly configured, they share a key value that identifies each device and allows them to work together. This type of wireless connection is possible through Bluetooth technology. Other connections can be made indirectly through an existing wireless network. By signing into the wireless network, the devices can connect and share information and hardware. These connections have a larger range, as devices anywhere on the network connect to each other. For instance, music can be streamed from one phone to all of the speakers in a building as long as they're on the same network. This type of connection is known as a Wi-Fi peer-to-peer network.

*peer-to-peer: 피어 투 피어식의(서버의 도움 없이 일대일 통신을 하는 관계의)

① how mobile devices encourage contact between people

② how people take advantage of new devices

③ how devices wirelessly connect

④ how the development of networking has been delayed

해석

오늘날, 우리의 전자 기기들은 종종 피어 투 피어식의 무선 연결을 통해 연결된다. 휴대 전화, 컴퓨터, 스피커, 그리고 이어폰과 같은 일부 기기들은 안전한 연결을 통해 직접 서로 짝지어질 수 있다. 제대로 설정되면, 그것들은 각각의 기기를 식별하고 그것들을 함께 작동시킬 수 있게 하는 키 값을 공유한다. 이런 종류의 무선 연결은 블루투스 기술을 통해 가능하다. 다른 연결은 기존의 무선 네트워크를 통해 간접적으로 이루어질 수 있다. 무선 네트워크에 로그인함으로써, 기기들은 정보와 하드웨어를 연결하고 공유할 수 있다. 이러한 연결은 네트워크상의 어느 곳에서나 기기들이 서로 연결되기 때문에 더 넓은 범위를 가진다. 예를 들어, 동일한 네트워크 상에 있는 한, 한 대의 휴대전화에서 한 건물에 있는 모든 스피커들로 음악이 재생될 수 있다. 이러한 유형의 연결은 와이파이 피어 투 피어식 네트워크라고 알려져 있다.

① 어떻게 모바일 기기들이 사람들 사이의 연락을 장려하는가

② 어떻게 사람들이 새로운 기기들을 이용하는가

③ 어떻게 기기들이 무선으로 연결되는가

④ 어떻게 네트워킹의 발전이 지연되었는가

해설

지문 전반에 걸쳐 전자 기기들이 무선으로 연결되어 정보와 하드웨어를 연결하고 공유할 수 있는 방법에 대해서 설명하고 있으므로, '③ 어떻게 기기들이 무선으로 연결되는가'가 이 글의 주제이다.

[오답 분석]

① 어떻게 모바일 기기들이 사람들 사이의 연락을 장려하는지에 대해서는 언급되지 않았다.

② 어떻게 사람들이 새로운 기기들을 이용하는지에 대해서는 언급되지 않았다.

④ 어떻게 네트워킹의 발전이 지연되었는지에 대해서는 언급되지 않았다.

정답 ③

어휘

wireless 무선의; 무선 (시스템) **secure** 안전한, 확실한
configure (프로그램 등을) 설정하다 **key value** 키 값 **identify** 식별하다
stream (영상·음악 따위를) 재생하다

11 생활영어 How do I install the cartridge properly?
난이도 하 ●○○

밑줄 친 부분에 들어갈 말로 가장 적절한 것은?

A: This printer gets more and more frustrating every day.

B: I know. Every day there's something new. What's it doing now?

A: It keeps claiming to be out of ink.

B: The cartridge is probably not quite fitted all the way in the slot.

A: What can I do to resolve the error?

B: You probably just need to reseat the print cartridge.

A: _____?

B: Open up the compartment, insert the cartridge, and push it down completely.

① What does this particular error code mean

② Where should we go for a replacement

③ Can anyone fix it for a reasonable price

④ How do I install the cartridge properly

해석

A: 이 프린터는 매일 점점 더 짜증 나게 해.

B: 맞아. 매일 뭔가 새로운 것이 생겨. 이건 지금 뭘 하는 거야?

A: 잉크가 떨어졌다고 계속 주장하고 있어.

B: 아마도 카트리지가 슬롯에 제대로 끼워지지 않은 것 같아.

A: 오류를 해결하려면 뭘 할 수 있어?

B: 아마 프린트 카트리지를 다시 끼워야 할 거야.

A: 카트리지를 어떻게 제대로 설치하지?

B: 칸을 열고 카트리지를 삽입한 다음 완전히 눌러.

① 이 특정 에러 코드가 무슨 뜻이야

② 교체하려면 어디로 가야 해

③ 누군가 합리적인 가격에 그것을 고쳐줄 수 있니

④ 카트리지를 어떻게 제대로 설치하지

해설

프린터 오류 해결 방법을 묻는 A의 질문에 대해 B가 대답하고, 빈칸 뒤에서 다시 B가 Open up the compartment, insert the cartridge, and push it down completely(칸을 열고 카트리지를 삽입한 다음 완전히 눌러)라고 말하고 있으므로, 빈칸에는 '④ 카트리지를 어떻게 제대로 설치하지(How do I install the cartridge properly)'가 오는 것이 자연스럽다.

정답 ④

어휘

frustrating 짜증 나게 하는 **resolve** 해결하다 **compartment** 칸, 구분
particular 특정한 **replacement** 교체 **reasonable** 합리적인

이것도 알면 합격!

프린터 고장 시 쓸 수 있는 다양한 표현

> The printer is out of order.
  프린터가 고장 났어.

> Check inside the printer for a paper jam.
  프린터 내부에 용지가 끼었는지 확인하세요.

> See if cartridges might have dried up.
  카트리지가 줄어들지 않았는지 확인하세요.

12 문법 동명사 난이도 중 ●●○

우리말을 영어로 잘못 옮긴 것은?

① John은 오늘 아침에 약을 먹을 것을 잊어버렸다.

→ John forgot taking his medicine this morning.

② 그녀의 남동생의 눈은 그녀의 눈보다 더 짙다.

→ Her brother's eyes are darker than hers.

③ 내가 코트 옆에서 조깅할 때 테니스 공이 나의 머리를 쳤다.

→ A tennis ball hit me in the head as I jogged by the courts.

④ 그 고양이는 며칠 만에 헛간에서 쥐들을 제거했다.

→ The cat rid the barn of mice in only a few days.

해설

① **동명사와 to 부정사 둘 다 목적어로 취하는 동사** 동사 forget(forgot)은 '~할 것을 잊어버리다'라는 미래의 의미를 나타낼 때는 to 부정사를 목적어로 취하므로 동명사 taking을 to 부정사 to take로 고쳐야 한다.

[오답 분석]

② **비교급 형태 | 병치 구문** '그녀의 눈보다 더 짙다'는 비교급 표현 '형용사/부사의 비교급 + than'으로 나타낼 수 있으므로 darker than이 올바르게 쓰였고, 비교 구문에서 비교의 대상은 같은 품사나 구조끼리 연결되어야 하는데, than 앞의 명사(Her brother's eyes)가 '소유격 + 대명사'의 형태이므로 than 뒤에도 '소유격 + 대명사'의 역할을 하는 소유대명사 hers가 올바르게 쓰였다.

③ **부사절 접속사 1: 시간** '조깅할 때'는 부사절 접속사 as(~할 때)를 사용하여 나타낼 수 있으므로 부사절 접속사 as가 올바르게 쓰였다.

④ **타동사** 타동사 rid는 목적어 뒤에 전치사 of와 함께 쓰여 'rid A of B(A에서 B를 제거하다)'의 형태로 쓰이므로 rid the barn of mice가 올바르게 쓰였다.

정답 ①

어휘

rid A of B A에서 B를 제거하다   barn 헛간

이것도 알면 **합격!**

동명사가 목적어일 때와 to 부정사가 목적어일 때 의미가 다른 동사

	+ -ing (과거 의미)	+ to 부정사 (미래 의미)
remember	~한 것을 기억하다	~할 것을 기억하다
forget	~한 것을 잊다	~할 것을 잊다
regret	~한 것을 후회하다	~하게 되어 유감스럽다

13 생활영어 Sure, let's give it a shot. 난이도 중 ●●○

두 사람의 대화 중 가장 자연스러운 것은?

① A: Can you tell me what day it is?

B: I think the time is almost up.

② A: Do you want to try out the new café?

B: Sure, let's give it a shot.

③ A: I can't wrap my head around this problem.

B: Oh, you should put a hat on.

④ A: Have you heard this new song yet?

B: That's not what I heard.

해석

① A: 오늘이 무슨 요일인지 알려줄 수 있어?

B: 내 생각에는 시간이 거의 다 된 것 같아.

② A: 너는 새로운 카페에 가보고 싶어?

B: 물론이지, 한번 시도해보자.

③ A: 나는 이 문제를 이해할 수 없어.

B: 오, 너는 모자를 써야겠어.

④ A: 너 이 새로운 노래 아직 안 들어봤어?

B: 그것은 내가 들은 것이 아니야.

해설

②번에서 A가 B에게 새로운 카페에 가보고 싶은지를 묻고 있으므로, 한번 시도해보자는 B의 대답 '② Sure, let's give it a shot(물론이지, 한번 시도해보자)'은 자연스럽다.

정답 ②

어휘

time is up 시간이 다 됐다   give it a shot 한번 시도해보다
wrap one's head around ~을 이해하다

이것도 알면 **합격!**

give it a shot(한번 시도해보다)과 유사한 의미의 표현

> take a stab at it	> give it a try
> have a crack at it	> make a run at it

14 독해 전체내용 파악(제목 파악) 난이도 중 ●●○

다음 글의 제목으로 가장 적절한 것은?

When India's Mughal emperor Shah Jahan's wife died in 1631, he set about creating a burial place to show his love for her. He hired 20,000 workers who toiled for 20 years to build a compound of the finest materials on the banks of the Yamuna River in Agra. The result was the Taj Mahal. The massive complex covers 22 hectares and features gardens, waterworks, and secondary buildings, but the centerpiece is the massive white domed mausoleum. Shah Jahan's devotion and desire to honor his deceased wife cost the equivalent $915 million. This building, and its hybrid Persian-Indian design, acts as a monument to his wife and a testament of his love for her.

*mausoleum: 묘, 웅장한 무덤

① How Persian and Indian Cooperation Impacted Design

② The Working Conditions in 17th Century India

③ The True Story Behind the Death of Sha Jahan's Wife

④ Taj Mahal: A Tribute to a Beloved Spouse

해석

1631년에 인도의 무굴 황제 샤 자한의 아내가 죽었을 때, 그는 그녀를 향한 그의 사랑을 보여주기 위해 묘지를 짓기 시작했다. 그는 아그라의 야무나 강둑에 최고급 재료의 복합체를 짓기 위해 20년 동안 힘써 일한 2만 명의 노동자를 고용했다. 그 결과물은 타지마할이었다. 그 거대한 복합 건물은 22헥타르에 달하며 정원, 급수 시설, 보조 건물들을 특징으로 하지만, 중심부는 거대하고 하얀 돔형의 묘이다. 죽은 아내를 기리는 것에 대한 샤 자한의 헌신과 열망은 9억 1천 5백만 달러에 상당한다. 이 건물과 그것의 페르시아-인도 혼합 디자인은 그의 아내의 기념비 역할과 그녀를 향한 그의 사랑을 증명하는 역할을 한다.

① 페르시아와 인도 간의 협력이 디자인에 영향을 미친 방법
② 17세기 인도의 근무 환경
③ 샤 자한의 아내의 죽음 이면의 진실
④ 타지마할: 사랑하는 배우자에게 바치는 애정의 표시

해설

지문 처음에서 샤 자한이 죽은 아내를 향한 그의 사랑을 보여주기 위해 묘지를 짓기 시작했다고 하고, 지문 전반에 걸쳐 그 결과물인 타지마할에 대해 설명하고 있으므로, '④ 타지마할: 사랑하는 배우자에게 바치는 애정의 표시'가 이 글의 제목이다.

[오답 분석]

① 타지마할이 페르시아와 인도 디자인을 혼합했다고는 설명했지만 페르시아와 인도 간의 협력이 디자인에 영향을 미친 방법에 대해서는 언급되지 않았다.
② 17세기 인도의 근무 환경에 대해서는 언급되지 않았다.
③ 샤 자한의 아내가 죽었다고 했지만, 그 이면의 진실에 대해서는 언급되지 않았다.

정답 ④

어휘

set about ~을 시작하다　burial place 묘지　toil 힘써 일하다
compound 복합체; 혼합하다　complex 복합 건물; 복잡한
waterworks 급수 시설　centerpiece 중심부　massive 거대한
devotion 헌신　deceased 죽은, 고인이 된　equivalent 상당하는, 동등한
testament 증명하는 것, 증거　tribute 애정의 표시, 헌사　spouse 배우자

15　독해　논리적 흐름 파악(무관한 문장 삭제)　난이도 중 ●●○

글의 흐름상 가장 어색한 문장은?

Philosophers and anthropologists have very different approaches, but they both study the same basic topic: the human condition. ① Philosophers study the nature of human existence with hopes of understanding our position in society through logic. ② Anthropologists, on the other hand, are more concerned with how we actually live in society, examining our diets, actions, and cultural practices. ③ In many cases, there is great overlap between these two fields, which can lead experts from each field to refer to the work of the other. ④ Anthropology and philosophy are both considered social sciences as they involve researching human civilization. Philosophers must consider the physical aspects usually in the domain of anthropologists, and anthropologists must consider the philosophical ethics of civilizations.

해석

철학자들과 인류학자들은 접근 방식이 매우 다르지만, 둘 다 동일한 기본 주제를 연구하는데, 바로 인간의 상태이다. ① 철학자들은 논리를 통해 사회에서의 우리의 상태를 이해하고자 하는 희망을 가지고 인간 존재의 본질을 탐구한다. ② 반면에 인류학자들은 우리의 식습관, 행동, 문화적 관행을 살펴보며, 우리가 실제로 사회 속에서 살아가는 방식에 더 관심을 갖는다. ③ 많은 경우에, 이 두 분야 사이에 광대한 공통부분이 있으며, 이는 각 분야의 전문가들이 다른 분야의 연구를 서로 참고하도록 할 수 있다. ④ 인류학과 철학은 모두 인간 문명을 연구하는 것을 수반하기 때문에 사회과학으로 간주된다. 철학자들은 보통 인류학자의 영역에서의 물리적 측면을 고려해야 하고, 인류학자들은 문명의 철학적 윤리를 고려해야 한다.

해설

첫 문장에서 철학자들과 인류학자들은 접근 방식이 매우 다르지만 동일한 기본 주제인 인간의 상태를 연구한다고 한 뒤, ①번에서는 철학자들이 인간 존재의 본질을 탐구하는 것에 대해, ②번에서는 인류학자들이 인간이 살아가는 방식에 관심을 가지는 것에 대해, ③번에서는 많은 경우에 이 두 분야 사이에는 광대한 공통부분이 있어 각자 다른 분야의 연구를 참고할 수 있다는 것에 대해 설명하고 있으므로 모두 첫 문장과 관련이 있다. 그러나 ④번은 인류학과 철학이 모두 사회과학으로 간주된다는 내용으로 첫 문장의 내용과 관련이 없다.

정답 ④

어휘

philosopher 철학자　anthropologist 인류학자　approach 접근
existence 존재, 실재　logic 논리, 타당성　cultural practice 문화적 관행
overlap 공통부분; 중복되다　social science 사회과학　civilization 문명
domain 영역, 분야　ethics 윤리, 도덕 원리

16　독해　추론(빈칸 완성 – 구)　난이도 중 ●●○

밑줄 친 부분에 들어갈 말로 가장 적절한 것은?

For hundreds of years, people of African descent were enslaved in the American South. Despite the efforts of slaveholders to wipe out the slaves' identities, these people were able to keep elements of their culture, language, and religion alive across generations. In addition, they were also able to pass on information ＿＿＿＿＿＿＿＿＿＿＿, information that could easily have been lost. The stories that were passed down from parents to their children were not simply random tales. They told about the family's ancestors and their experiences. This gave the listeners a direct connection to their own family history and passed on important biographical information. Being prevented from learning to read or write, this was the only way that the enslaved people could pass down their families' stories.

① quite difficult to explain in writing
② about those in power

③ that has not been deciphered

④ of great historic importance

해석

수백 년 동안, 아프리카 혈통의 사람들은 미국 남부에서 노예가 되었다. 노예들의 정체성을 말살하려는 노예 소유자들의 노력에도 불구하고, 이 사람들(아프리카 혈통의 사람들)은 그들의 문화, 언어, 그리고 종교의 요소들이 세대에 걸쳐 계속 살아있게 할 수 있었다. 게다가, 그들은 또한 쉽게 잃을 수 있었던 정보인 역사적 중요성이 큰 정보를 전달할 수 있었다. 부모로부터 그들의 자녀들에게 전해진 이야기들은 단순히 무작위적인 이야기가 아니었다. 그들은 가족의 조상들과 그들의 경험에 대해 이야기했다. 이것은 듣는 사람들에게 그들 자신의 가족사에 대한 직접적인 연결을 제공했고 중요한 전기적 정보를 물려주었다. 읽거나 쓰는 법을 배우지 못하게 되었기 때문에, 이것은 노예가 된 사람들이 가족의 이야기를 후손에 전할 수 있는 유일한 방법이었다.

① 글로 설명하기 꽤 어려운

② 권력자에 대한

③ 해독되지 않은

④ 역사적 중요성이 큰

해설

빈칸 뒷부분에 아프리카 혈통의 사람들은 가족의 조상들과 그들의 경험에 대해 이야기했다는 내용이 있으므로 빈칸에는 그들은 쉽게 잃을 수 있었던 정보인 '④ 역사적 중요성이 큰' 정보를 전달할 수 있었다는 내용이 들어가야 한다.

[오답 분석]

① 지문 마지막에서 읽고 쓰는 법을 배우지 못하게 되었기 때문에 직접 말로 전달하는 것이 가족의 이야기를 후손에 전할 수 있는 유일한 방법이라고 설명하고 있으므로 글로 설명하기 꽤 어렵다는 내용은 지문의 문맥에 적절하지 않다.

② 권력자에 대한 정보에 대해서는 언급되지 않았다.

③ 해독되지 않은 정보에 대해서는 언급되지 않았다.

정답 ④

어휘

descent 혈통, 가문 enslave 노예로 만들다 slaveholder 노예 소유자
wipe out 말살하다 identity 정체성, 독자성 element 요소
generation 세대 pass on 전달하다 biographical 전기의
pass down (후손에) 전하다 decipher 해독하다, 판독하다

---

17 독해 전체내용 파악(요지 파악) 난이도 중 ●●○

다음 글의 요지로 가장 적절한 것은?

As medical knowledge and technology improve, humans are reaching retirement age healthier and more active, and are living longer. This has resulted in concerns that society will need to change to ensure that seniors maintain their quality of life and remain an important part of society. One of the keys to achieving this is making sure they remain integrated with family, friends, and other members of the community. Another is helping them feel they are active participants in it, through activities such as volunteer work. Guaranteeing that the elderly remain active, integral citizens will establish a framework within which the aging population will stay happy and healthy as they live longer.

① Technology and knowledge are helping seniors feel more connected to society than ever.

② Volunteer work is the key to remaining valuable after retirement.

③ Establishing a functional connection to society increases the elderly's quality of life.

④ Extended lifespans have increased the cost of social services.

해석

의학 지식과 기술이 향상하면서, 인간은 더 건강하고 더 활동적인 은퇴 연령에 도달하고 있으며, 더 오래 살고 있다. 이는 노인들이 삶의 질을 유지하고 사회의 중요한 부분으로 남는 것을 보장하기 위해 사회가 변화해야 할 필요가 있다는 우려를 낳았다. 이것을 달성하는 비결 중 하나는 그들(노인들)이 가족, 친구, 그리고 지역 사회의 다른 구성원들과 통합된 상태를 유지하도록 하는 것이다. 또 다른 것은 봉사활동과 같은 활동들을 통해 그들이 그것(지역 사회) 안에서 활동적인 참여자라고 느낄 수 있도록 돕는 것이다. 노인들이 활동적이고 필수적인 시민들로 남을 수 있도록 보장하는 것은 노령화 인구가 오래 살수록 행복하고 건강하게 지낼 수 있는 구조를 확립할 것이다.

① 기술과 지식은 노인들이 그 어느 때보다도 사회에 더 많이 연결되었다고 느끼도록 돕고 있다.

② 봉사활동은 은퇴 후에도 가치 있게 남을 수 있는 비결이다.

③ 사회와 기능적 연결을 구축하는 것은 노인의 삶의 질을 향상시킨다.

④ 연장된 수명은 사회 복지사업의 비용을 증가시켰다.

해설

지문 중간에서 노인들이 삶의 질을 유지하고 사회의 중요한 부분으로 남는 것을 보장하기 위해 사회를 변화시키는 것을 달성하는 비결 중 하나는 그들이 사회의 다른 구성원들과 통합된 상태를 유지하도록 하는 것이라고 하고, 지문 마지막에서 노인들이 활동적이고 필수적인 시민들로 남을 수 있도록 보장하는 것이 그들이 오래 살수록 행복하고 건강하게 지낼 수 있는 구조를 확립할 것이라고 했으므로, '③ 사회와 기능적 연결을 구축하는 것은 노인의 삶의 질을 향상시킨다'가 이 글의 요지이다.

[오답 분석]

① 의학 지식과 기술이 향상하면서 인간이 더 오래 살고 있다고는 언급되었으나, 기술과 지식이 노인들이 사회에 더 많이 연결되었다고 느끼도록 돕고 있다는 내용은 언급되지 않았다.

② 지문 중간에서 봉사활동을 통해 노인들이 활동적인 참여자라고 느낄 수 있다고 설명하고 있지만 지엽적이다.

④ 연장된 수명이 사회 복지사업의 비용을 증가시켰다는 것은 지문의 내용과 관련이 없다.

정답 ③

어휘

medical knowledge 의학 지식 retirement 은퇴 ensure 보장하다
integrate 통합하다 participant 참여자 integral 필수적인
framework 구조, 틀 aging population 노령화 인구
functional 기능적인 lifespan 수명 social service 사회 복지사업

18 독해 논리적 흐름 파악(문단 순서 배열) 난이도 중 ●●○

주어진 글 다음에 이어질 글의 순서로 가장 적절한 것은?

Although often taken for granted due to its ubiquity today, the mechanical clock is one of the most important steps forward in humanity's economic success.

(A) Unfortunately, these were extremely subjective, and depended not only on being able to see the sun, but also on one's perception of its location. Businesspeople had no real way to plan their activities. However, once accurate mechanical clocks were invented, time could be objectively measured and shared.

(B) Prior to the invention of mechanical clocks, time was measured rather imprecisely, which made business activity difficult to coordinate. People determined when to do things by looking at the location of the sun in the sky and individually deciding the general time of day, such as sunup, midday, and sundown.

(C) Having precise, synchronized measurement of time allowed businesspeople to set their hours, schedule meetings, coordinate trade activities, and monitor their production schedules. All of these made economic success possible.

① (A) – (B) – (C)
② (B) – (A) – (C)
③ (B) – (C) – (A)
④ (C) – (A) – (B)

[해석]

오늘날에는 기계식 시계가 어디에나 존재하기 때문에 자주 당연한 것으로 여겨지지만, 그것은 인류의 경제적 성공을 향한 가장 중요한 단계 중 하나이다.

(B) 기계식 시계의 발명 이전에는 시간이 다소 부정확하게 측정되었고, 이는 사업 활동을 조직화하는 것을 힘들게 했다. 사람들은 하늘에 있는 태양의 위치를 보고 일출, 한낮, 일몰과 같은 하루의 일반적인 시간을 개별적으로 결정함으로써 언제 일을 할지를 결정했다.

(A) 불행히도, 이것들은 지나치게 주관적이었고, 태양을 볼 수 있는 것뿐만 아니라 그것의 위치에 대한 개인의 인식에도 의존했다. 사업가들은 그들의 활동을 계획할 실질적인 방법이 없었다. 하지만, 정확한 기계식 시계가 발명되자마자, 시간은 객관적으로 측정되고 공유될 수 있었다.

(C) 정확하고 시간이 맞추어진 시간의 측정법을 가지는 것은 사업가들이 그들의 시간을 설정하고, 회의 일정을 잡고, 무역 활동을 조직화하고, 생산 일정을 검토할 수 있도록 했다. 이러한 모든 것들이 경제적 성공을 가능하게 했다.

[해설]

주어진 문장에서 기계식 시계가 인류의 경제적 성공을 향한 가장 중요한 단계 중 하나라고 설명하고, (B)에서 기계식 시계의 발명(the invention of mechanical clocks) 이전에는 시간이 부정확하게 측정되었고, 사람들은 태양의 위치를 보고 하루의 시간을 개별적으로 결정했다고 설명하고 있고,

뒤이어 (A)에서 이것들(태양의 위치로 시간을 측정하는 것)은 지나치게 주관적이었는데, 정확한 기계식 시계가 발명되자마자 시간이 객관적으로 측정되고 공유될 수 있었다고 설명하고 있다. 이어서 (C)에서 정확하고 시간이 맞추어진 시간의 측정법(precise, synchronized measurement of time)을 통해 경제적 성공이 가능했다고 이야기하고 있다.

정답 ②

[어휘]

ubiquity 어디에나 존재함 perception 인식, 지각 objectively 객관적으로 prior to ~ 이전에 imprecisely 부정확하게, 모호하게 coordinate 조직화하다, 조정하다 determine 결정하다 sunup 일출 midday 한낮 sundown 일몰 precise 정확한 synchronize 시간을 맞추다, 동시에 일어나다

[구문 분석]

[16행] Having precise, synchronized measurement of time / allowed businesspeople / to set their hours, schedule meetings, coordinate trade activities, and monitor their production schedules.

: 이처럼 동명사구(Having precise, ~)가 주어인 경우, '~하는 것은' 또는 '~하기는'이라고 해석한다.

19 독해 논리적 흐름 파악(문장 삽입) 난이도 중 ●●○

주어진 문장이 들어갈 위치로 가장 적절한 것은?

In fact, even Socrates bemoaned that, "The children now love luxury; they have bad manners, contempt for authority; they show disrespect for elders and love chatter in place of exercise."

Members of every generation have a tendency to criticize those that succeed them. Millennials are only the latest to have to suffer through this seeming rite of passage. In article after article, they have been variously described, however unfairly, as lazy, egotistical, and self-entitled. (①) If these assertions are to be believed, one might easily mistake Millennials for causing the end of culture or society itself. (②) Apart from the obvious faults in this logic, a look back through history will show that every generation has made similarly grandiose complaints about the next. (③) This sentiment is nearly identical to what older generations are saying about Millennials today. (④) It is also reminiscent of what the Greatest Generation said about Baby Boomers, and what Baby Boomers said about Generation X. The day may yet come when Millennials become likewise overly critical of Generation Z.

[해석]

실제로, 심지어 소크라테스조차 "요즘 아이들은 사치를 사랑하고, 예의가 없으며, 권위에 대해 경멸을 가지고, 어른을 존경하지 않으며, 운동 대신 수다를 좋아한다"고 한탄했다.

모든 세대의 구성원은 그들의 뒤를 잇는 사람들을 비판하는 경향이 있다. 밀레니얼 세대는 이런 표면상의 통과 의례를 겪어야 하는 가장 최근의 것(세대)일 뿐이다. 하지만, 아무리 불공평할지라도, 각종 기사들에서 그들

(밀레니얼 세대)은 게으르고, 자기중심적이며, 스스로 권리를 부여한다고 다양하게 묘사된다. (①) 만약 이러한 주장들을 믿는다면, 사람들은 아마 밀레니얼 세대가 그들 스스로 문화 혹은 사회의 종말을 야기시킨다고 쉽게 오인할 것이다. (②) 이 논리의 분명한 결함을 제외하고, 역사를 돌아보는 것은 모든 세대가 다음 세대에 대해 비슷하게 엄청난 불만을 가지고 있어왔다는 것을 보여줄 것이다. (③) 이러한 정서는 오늘날 기성 세대가 밀레니얼 세대에 대해 말하고 있는 것과 거의 동일하다. (④) 그것은 또한 가장 위대한 세대가 베이비붐 세대에 대해 말한 것과, 베이비붐 세대가 X세대에 대해 말한 것을 연상시킨다. 머지않아 밀레니얼 세대도 이처럼 Z세대에 대해 지나치게 비판적이게 될 날이 올지도 모른다.

해설

③번 앞 문장에 역사를 돌아보면 모든 세대가 다음 세대에 비슷하게 엄청난 불만을 가지고 있어왔다고 하고, ③번 뒤 문장에 이러한 정서(This sentiment)는 오늘날 기성 세대가 밀레니얼 세대에 대해 말하고 있는 것과 거의 동일하다는 내용이 있으므로 ③번에 소크라테스가 요즘 아이들에 대해 한탄하는 내용의 주어진 문장이 나와야 지문이 자연스럽게 연결된다.

[오답 분석]
① 앞 문장에 각종 기사들에서 밀레니얼 세대가 게으르고, 자기중심적이며, 스스로 권리를 부여한다고 묘사된다고 하고, ①번 뒤 문장에 만약 이러한 주장들(these assertions)을 믿는다면 사람들이 밀레니얼 세대가 문화 혹은 사회의 종말을 야기시킨다고 쉽게 오인할 것이라고 하는 내용이 있으므로 ①번에 다른 문장이 삽입되면 문맥상 부자연스럽다.

② 앞 문장에 사람들이 밀레니얼 세대가 문화 혹은 사회의 종말을 야기시킨다고 쉽게 오인할 것이라고 말하고 있고, ②번 뒤 문장에 이 논리(this logic)의 분명한 결함을 제외하고, 모든 세대가 다음 세대에 대해 비슷하게 엄청난 불만을 가지고 있어왔다는 내용이 있으므로 ②번에 다른 문장이 삽입되면 문맥상 부자연스럽다.

④ 앞 문장에 이러한 정서(모든 세대가 다음 세대에 대해 비슷하게 불만을 가지고 있는 것)는 오늘날 기성 세대가 밀레니얼 세대에 대해 말하고 있는 것과 거의 동일하다고 하고 있고, ④번 뒤 문장에 그것은 가장 위대한 세대가 베이비붐 세대에 대해 말한 것, 베이비붐 세대가 X세대에 대해 말한 것을 연상시킨다는 내용이 있으므로 ④번에 다른 문장이 삽입되면 문맥상 부자연스럽다.

정답 ③

어휘

bemoan 한탄하다, 탄식하다 contempt 경멸, 멸시 authority 권위
in place of ~ 대신에 egotistical 자기중심의 entitle 권리[자격]를 부여하다
assertion 주장 sentiment 정서, 감정 reminiscent 연상시키는

---

20 독해 세부 내용 파악(내용 불일치 파악) 난이도 중 ●●○

다음 글의 내용과 일치하지 않는 것은?

Red soil, which is mostly found in India and the Middle Eastern region, can be mistakenly thought of as colored sand. It can include varying amounts of sand, silt, and clay, and therefore feels smoother than sand that can be found at a beach. The presence of iron oxide in the soil is what gives it its reddish hue, although it can look yellower depending on the angle of the sun. Despite having such a vivacious appearance, red soil is relatively low in nutrients and is frequently a poor foundation in which to plant crops. That said, under the right conditions and with crops such as cotton, wheat, and tobacco, red soil can produce a substantial yield. In certain regions, such as beaches, red soil can act as a popular tourist attraction, such as at Hormuz Island in Iran. There, red soil is mixed with darker shades of sand by the waves at the beaches, producing a wide array of colorful patterns.

① The sand, silt, and clay in the red soil makes it less coarse than other sand.

② Iron oxide is responsible for the red soil's appearance.

③ Red soil presents difficulty with regard to growing every type of crop.

④ Some beaches with red soil serve as attractions to tourists.

해석

인도와 중동 지역에서 주로 발견되는 적토는 유색 모래로 착각될 수 있다. 이것은 다양한 양의 모래, 침적토, 그리고 점토를 포함할 수 있고, 그래서 해변에서 볼 수 있는 모래보다 부드러운 느낌이 난다. 그것이 태양 각도에 따라 더 노랗게 보일 수 있지만, 토양 내 산화철의 존재가 토양에 붉은 색조를 주는 것이다. 이렇게 생기 있는 모습을 가짐에도 불구하고, 적토는 상대적으로 영양소가 적고 농작물을 심기에는 빈번히 열악한 토대가 된다. 그렇기는 하지만, 적절한 조건하에 목화, 밀, 담배와 같은 농작물은 적토에서 상당한 수확량을 생산할 수 있다. 해변과 같은 특정 지역에서는, 적토가 이란의 호르무즈 섬처럼 인기 있는 관광 명소로 기능할 수 있다. 그곳에서는, 적토가 바닷가의 파도에 의해 더 어두운 모래 색조와 뒤섞여 다수의 형형색색의 무늬를 만들어 낸다.

① 적토 내 모래, 침적토, 그리고 점토는 그것을 다른 모래보다 덜 거칠게 만든다.
② 산화철은 적토의 겉모습의 원인이다.
③ 적토는 모든 종류의 작물 재배에 있어 어려움을 준다.
④ 적토가 있는 몇몇 해변들은 관광객들에게 명소의 역할을 한다.

해설

지문 중간에서 적토는 영양소가 적고 농작물을 심기에는 빈번히 열악한 토대가 된다고 했지만, 적절한 조건하에 목화, 밀, 담배와 같은 농작물은 상당한 수확량을 생산할 수 있다고 했으므로 '③ 적토는 모든 종류의 작물 재배에 있어 어려움을 준다'는 것은 지문의 내용과 일치하지 않는다.

[오답 분석]
① 두 번째 문장에 적토는 모래, 침적토, 그리고 점토를 포함할 수 있고, 그래서 해변에서 볼 수 있는 모래보다 부드러운 느낌이 난다고 언급되었다.
② 세 번째 문장에 토양 내 산화철의 존재는 토양에 붉은 색조를 준다고 언급되었다.
④ 여섯 번째 문장에 해변과 같은 특정 지역에서는 적토가 인기 있는 관광 명소로 기능할 수 있다고 언급되었다.

정답 ③

어휘

red soil 적토 silt 침적토 iron oxide 산화철 reddish hue 붉은 색조
vivacious 생기 있는 substantial 상당한 yield 수확량
a wide array of 다수의 coarse 거친

▶ 정답

p. 46

01	④ 어휘 - 어휘&표현	11	① 어휘 - 어휘&표현
02	② 어휘 - 어휘&표현	12	③ 어휘 - 어휘&표현
03	① 어휘 - 생활영어	13	① 독해 - 추론
04	④ 어휘 - 생활영어	14	④ 독해 - 추론
05	② 문법 - 분사	15	③ 독해 - 논리적 흐름 파악
06	② 문법 - 부사절	16	③ 문법 - 동사의 종류
07	② 독해 - 논리적 흐름 파악	17	② 독해 - 세부내용 파악
08	④ 독해 - 세부내용 파악	18	④ 독해 - 세부내용 파악
09	③ 독해 - 전체내용 파악	19	② 독해 - 추론
10	④ 독해 - 논리적 흐름 파악	20	③ 독해 - 추론

▶ 취약영역 분석표

영역	세부 유형	문항 수	소계
어휘	어휘&표현	4	/6
	생활영어	2	
문법	분사	1	/3
	부사절	1	
	동사의 종류	1	
독해	전체내용 파악	1	/11
	세부내용 파악	3	
	추론	4	
	논리적 흐름 파악	3	
총계			/20

---

01 어휘 erect = construct 난이도 중 ●●○

밑줄 친 부분의 의미와 가장 가까운 것을 고르시오.

The real-estate developer will ensure that the new skyscraper downtown has been erected by the end of the month.

① occupied
② demolished
③ decorated
④ constructed

해석

그 부동산 개발업자는 이달 말까지 시내의 새로운 고층 건물이 반드시 건설되도록 할 것이다.

① 사용된
② 철거된
③ 장식된
④ 건설된

정답 ④

어휘

real-estate developer 부동산 개발업자 ensure 반드시 하게 하다
skyscraper 고층 건물, 마천루 erect 건설하다
occupy (방·주택·건물을) 사용하다 demolish 철거하다
decorate 장식하다 construct 건설하다

 **이것도 알면 합격!**

erect(건설하다)의 유의어
= construct, build, engineer, fabricate

---

02 어휘 persistent = continuous 난이도 중 ●●○

밑줄 친 부분의 의미와 가장 가까운 것을 고르시오.

We have decided to delay the release of the software on account of the programming team's report that the errors being submitted by testers were consistently appearing across all systems, leading us to believe that they are persistent errors that will require larger code rewrites.

① rapid
② continuous
③ temporary
④ fresh

해석

시험관들에 의해 제출되는 오류가 모든 시스템에 걸쳐 일관되게 나타난다는 프로그래밍 팀의 보고 때문에 우리는 소프트웨어의 출시를 연기하기로 결정했고, 이는 우리가 이것들(오류들)이 더 큰 코드를 다시 작성할 것을 요구할 지속적인 오류라고 믿게 했습니다.

① 빠른
② 계속되는
③ 일시적인
④ 신선한

정답 ②

어휘

release 출시, 발표 on account of ~ 때문에 submit 제출하다
tester 시험관, 분석자 consistently 일관되게 persistent 지속적인
continuous 계속되는, 지속되는

이것도 알면 합격!

persistent(지속적인)의 유의어
= constant, repeated, continual, consistent

---

03 생활영어 It's about a quarter past three. 난이도 중 ●●○

두 사람의 대화 중 가장 어색한 것은?

① A: Do you have time to meet me for lunch?
　B: It's about a quarter past three.

② A: What are you thinking of ordering today?
　B: I'm not that hungry, so I'm considering getting a salad.

③ A: I don't think I can finish this.
　B: We should wrap it up and take it to go.

④ A: Should we split the check?

　B: I'll cover it this time.

해석

① A: 나랑 만나서 점심 먹을 시간 있니?

　B: 3시 15분 정도 되었어.

② A: 오늘 무엇을 주문할 거니?

　B: 나는 배가 별로 안 고파서 샐러드를 살까 생각 중이야.

③ A: 나는 이걸 다 못 먹을 것 같아.

　B: 우리는 그것을 싸서 포장해 가야 해.

④ A: 우리 나누어서 계산할까?

　B: 이번에는 내가 낼게.

해설

①번에서 A는 만나서 점심 먹을 시간이 있는지 묻고 있으므로 3시 15분 정도 되었다는 B의 대답 '① It's about a quarter past three(3시 15분 정도 되었어)'는 어울리지 않는다.

정답 ①

어휘

quarter (매 정시 앞·뒤의) 15분, 4분의 1　wrap 싸다　split 나누다
check 계산서　cover (무엇을 하기에 충분한 돈을) 내다[대다]

🎓 **이것도 알면 합격!**

I'll cover it(내가 낼게)과 유사한 의미의 표현

> It's my treat. 제가 낼게요.
> I'll pick up the tab. 내가 계산할게.
> It's on me. 내가 쏠게.
> I'll pay the bill. 내가 계산서를 지불할게.

04　생활영어 Why don't you pick it up when you return?
난이도 중 ●●○

밑줄 친 부분에 들어갈 말로 가장 적절한 것은?

A: Are you all set for our trip?
B: Almost. I still have one last thing to finish up.
A: What is it?
B: I'm waiting to get my dress back from the dry cleaner's.
A: _____?
B: I would, except I want to wear it on the trip.
A: You should call and see if it's ready then.
B: Yeah. It would be nice to be finished packing.

① Would you like me to go and get it for you

② How come you didn't remember it earlier

③ Have you finished packing everything else

④ Why don't you pick it up when you return

해석

A: 우리 여행을 위한 준비가 다 되었어?

B: 거의 됐어. 나는 아직 마지막으로 끝낼 것이 하나 있어.

A: 그게 뭐야?

B: 세탁소에서 원피스를 찾아오려고 기다리는 중이야.

A: 돌아올 때 찾는 게 어때?

B: 그러고 싶어, 내가 여행 중에 입고 싶은 것만 아니라면.

A: 그러면 전화해서 준비되었는지 확인해봐.

B: 그래. 짐 싸는 것을 끝내면 좋겠다.

① 내가 가서 찾아올까

② 왜 더 일찍 기억해내지 못한 거야

③ 다른 것들은 다 쌌어

④ 돌아올 때 찾는 게 어때

해설

여행 준비가 다 되었는지를 묻는 A의 질문에 대해 B가 세탁소에서 원피스를 찾아오려고 기다리는 중이라고 대답하고, 빈칸 뒤에서 다시 B가 I would, except I want to wear it on the trip(그러고 싶어, 내가 여행 중에 입고 싶은 것만 아니라면)이라고 말하고 있으므로, 빈칸에는 '④ 돌아올 때 찾는 게 어때(Why don't you pick it up when you return)'가 오는 것이 자연스럽다.

정답 ④

어휘

set 준비가 된　dry cleaner's 세탁소　except ~라는 점만 제외하면
pack (짐을) 싸다　pick up 찾다, 획득하다

🎓 **이것도 알면 합격!**

여행을 준비할 때 사용할 수 있는 다양한 표현

> I'm just carrying a carry-on bag.
　나는 그냥 기내 휴대용 가방만 들고 갈 거야.
> I'm ready to hit the road. 떠날 준비가 다 되었어.
> It pays to pack light. 가볍게 짐 싸는 게 득 보는 거야.

05　문법 분사
난이도 중 ●●○

밑줄 친 부분 중 어법상 옳지 않은 것은?

A significant number of collisions ① occur between automobiles and bicycles every year. In 2015, there were 45,000 such collisions in the US, with fatalities ② causing by these accidents up by 12 percent over the previous year. Many bicyclists are leaving their homes to go for what they assume will be a safe ride, and never ③ to come back. Cities should be making cycling ④ as safe as possible and encouraging citizens to take advantage of the opportunity, not only for their own health, but for the sake of the environment.

해석

매년 자동차와 자전거 사이에 상당한 수의 충돌 사고가 발생한다. 2015

년에 미국에서 45,000건의 그러한 충돌 사고가 발생했으며, 이 사고들로 인해 야기된 사망자는 지난해 대비 12퍼센트 증가했다. 자전거를 타는 많은 사람들은 그들이 생각하기에 안전한 여행이 될 것을 위해 집을 떠나고, 결국 돌아오지 않는다. 도시들은 가능한 한 자전거 타는 것을 안전하게 만들어야 하며, 시민들이 그들 자신의 건강뿐만 아니라 환경을 위해서도 이 기회를 이용하도록 장려해야 한다.

해설

② **현재분사 vs. 과거분사** 수식받는 명사 fatalities와 분사가 '이 사고들로 인한 사망자'라는 의미의 수동 관계이므로 현재분사 causing을 과거분사 caused로 고쳐야 한다.

[오답 분석]

① **수량 표현의 수 일치** 주어 자리에 복수 취급하는 수량 표현 'a number of + 복수 명사(A significant number of collisions)'가 왔으므로 복수 동사 occur가 올바르게 쓰였다.

③ **to 부정사의 역할** 문맥상 '결국 돌아오지 않는다'라는 의미가 되어야 자연스러우므로, 부사 역할을 할 때 결과를 나타낼 수 있는 to 부정사 to come back이 올바르게 쓰였다.

④ **원급** 문맥상 '가능한 한 안전하게'라는 의미가 되어야 자연스러운데, '~만큼 -하게'는 원급 표현 'as + 형용사/부사의 원급 + as' 형태를 사용하여 나타낼 수 있으므로, as safe as가 올바르게 쓰였다. 참고로, as ~ as 사이가 형용사 자리인지 부사 자리인지는 as, as를 지우고 구별할 수 있는데, 동사 make가 5형식 동사로 쓰일 때 'make(making) + 목적어 + 목적격 보어(safe)'의 형태를 취하며 보어 자리에는 형용사나 명사가 올 수 있으므로, as ~ as 사이에는 형용사 safe가 올바르게 쓰였다.

정답 ②

어휘

significant 상당한, 현저한   collision 충돌 사고   fatality 사망자
opportunity 기회

이것도 알면 합격!

to 부정사가 결과를 나타낼 때는 to 부정사 앞에 only, never와 같은 부사를 써서 의도되지 않은 결과(only)나 부정(never)을 나타낼 수 있다.

> She saved up for a concert, **only** to see it cancelled.
  그녀는 콘서트를 위해 돈을 모았지만, 결국 취소된 것을 알게 되었다.

> They left their native country, **never** to return.
  그들은 고국을 떠나서, 결국 돌아오지 않았다.

06　문법　부사절　난이도 상 ●●●

어법상 옳은 것은?

① Hiring experienced employees is one of the guarantee way to create an effective workforce.

② He continued to work hard to manage the clients lest the company lose market share.

③ Residents of the city anxiously are waited the announcement of the election results, after a long, contentious campaign.

④ The newspapers criticized her for present her children with the competitive scholarship.

해석

① 경험이 있는 직원을 고용하는 것은 효과적인 인력을 창출하는 보장된 방법들 중 하나이다.

② 그는 회사가 시장 점유율을 잃지 않도록 고객들을 관리하기 위해 계속해서 열심히 일했다.

③ 그 도시의 주민들은 길고 논쟁을 불러일으키는 선거 운동 끝에 선거 결과 발표를 초조하게 기다리고 있다.

④ 신문은 그녀의 자녀에게 경쟁력 있는 장학금을 수여한 것으로 그녀를 비판했다.

해설

② **부사절 접속사 2: 기타** 문맥상 '회사가 시장 점유율을 잃지 않도록'이라는 의미가 되어야 자연스러운데, '~하지 않도록'은 부사절 접속사 lest를 사용하여 나타낼 수 있고, 접속사 lest가 이끄는 절의 동사는 '(should) + 동사원형(lose)'의 형태를 취하므로 lest the company lose market share가 올바르게 쓰였다.

[오답 분석]

① **수량 표현 | 형용사 자리** 수량 표현 one of(~ 중 하나)는 복수 명사 앞에 오는 수량 표현이므로 단수 명사 way를 복수 명사 ways로 고쳐야 한다. 또한, 명사(way)를 수식하는 것은 형용사 역할을 하는 것이므로 명사 way 앞의 동사 guarantee를 형용사 guaranteed로 고쳐야 한다.

③ **능동태·수동태 구별** 주어 Residents와 동사가 '그 도시의 주민들은 기다리고 있다'라는 의미의 능동 관계이므로 수동태 are waited를 능동태 are waiting으로 고쳐야 한다.

④ **전치사 자리** 전치사(for) 뒤에는 명사 역할을 하는 것이 와야 하므로 동사 present를 동명사 presenting으로 고쳐야 한다.

정답 ②

어휘

effective 효과적인   workforce 인력, 노동자   client 고객
market share 시장 점유율   contentious 논쟁을 불러일으키는
criticize 비판하다   present 수여하다, 주다   competitive 경쟁력 있는
scholarship 장학금

이것도 알면 합격!

부정의 의미를 이미 포함하고 있는 부사절 접속사 unless(만약 ~이 아니라면), lest(~하지 않도록)는 부사절 내 동사에 다시 부정어를 쓰지 않아야 한다.

> The supply will run out **unless** we would ~~not~~ order some today.
  오늘 주문하지 않으면 그 공급품이 다 떨어질 것이다.

> We had better stay near them **lest** they would ~~not~~ lose their way.
  그들이 길을 잃지 않도록 우리는 그들 가까이에 있는 것이 좋을 것이다.

07　독해　논리적 흐름 파악(문단 순서 배열)　난이도 상 ●●●

주어진 글 다음에 이어질 글의 순서로 가장 적절한 것은?

During the Cold War era, the US government developed a contingency plan that would go into effect if an unexpected catastrophe were to result in a complete loss of leadership.

(A) While the event is going on, he or she remains in a remote, classified location with Secret Service escorts and a briefcase that holds the country's nuclear codes. Though such a scenario has thankfully never arisen in real life, it has captured the interest of TV producers; there is even a popular series based on it.

(B) The first step is selecting what is called a "designated survivor." The choice is made well in advance of any meeting that the President, the Vice President, and the Cabinet members must all attend. Examples of such gatherings include presidential inaugurations and State of the Union speeches.

(C) The selected individual is usually a lower-ranking Cabinet or Congress member who must have been born in the US and be over 35 years of age. Should something happen to all of the high-ranking officials during an event, the designated survivor automatically becomes the Acting President of the United States.

① (B) – (A) – (C) ② (B) – (C) – (A)
③ (C) – (A) – (B) ④ (C) – (B) – (A)

해석

냉전 시대에, 미국 정부는 예기치 않은 참사가 지도력의 완전한 손실을 초래하게 되면 실시될 긴급 사태 대책을 제작했다.

(B) 첫 번째 단계는 '지정된 생존자'라고 불리는 사람을 선정하는 것이다. 그 결정은 대통령, 부통령, 그리고 각료들이 모두 참석해야만 하는 회의에 앞서 철저히 이뤄진다. 그러한 회의의 예시는 대통령 취임식과 일반 교서 연설을 포함한다.

(C) 선정된 사람은 보통 미국에서 태어났음에 틀림없고 35세 이상인 더 낮은 계급의 내각이나 국회 의원이다. 만약 한 사건 동안 모든 고위 관료들에게 어떤 일이 생기게 되면, 지정된 생존자가 자동적으로 미국의 대통령 권한 대행자가 된다.

(A) 그 사건이 진행되는 동안, 그나 그녀는 비밀 정보 기관의 호위와 국가(미국)의 핵무기 코드가 들어있는 서류 가방과 함께 멀리 떨어진 기밀 지역에 남아 있는다. 그러한 시나리오가 다행히 현실에서는 일어난 적이 없지만, 그것은 TV 프로그램 제작자들의 흥미를 사로잡아 왔고, 심지어 그것을 바탕으로 한 인기 있는 시리즈도 있다.

해설

주어진 문장에서 냉전 시대에 미국 정부는 지도력이 완전히 손실되면 실시될 긴급 사태 대책을 제작했다고 한 후, (B)에서 첫 번째 단계(The first step)는 '지정된 생존자'를 선정하는 것이라고 설명하고 있다. 이어서 (C)에서 선정된 사람(The selected individual)이 갖춰야 하는 자격에 대해 설명한 뒤, 한 사건 동안 모든 고위 관료들에게 어떤 일이 생기게 되면 지정된 생존자가 자동적으로 미국의 대통령 권한 대행자가 된다고 이야기하며, 뒤이어 (A)에서 그 사건(the event)이 진행되는 동안, 그나 그녀는 멀리 떨어진 기밀 지역에 남아 있는다고 설명하고 있다.

정답 ②

어휘

Cold War era 냉전 시대　contingency plan 긴급 사태 대책
go into effect 실시되다, 효력이 발생되다　classified 기밀의
briefcase 서류 가방　nuclear 핵무기의　arise 일어나다

designate 지정하다　Vice president 부통령
Cabinet member (내각의) 각료, 국무위원　inauguration 취임식
State of the Union 일반 교서(대통령이 의회를 상대로 하는 국정보고)
Congress 국회, 의회　Acting President 대통령 권한 대행자

08　독해 세부내용 파악(내용 일치 파악)　난이도 중 ●●○

다음 글의 내용과 일치하는 것은?

Perhaps the most famous shipwreck in history was the *Titanic*, which sank on its first voyage in 1912. Setting sail from Southampton, England, the transatlantic liner attracted an assortment of passengers, many of whom were attracted by its manufacturer's claim of its safety, as it had been advertised as being unsinkable. However, tragedy struck four days into the journey when the vessel hit an iceberg in the North Atlantic. As water filled the watertight compartments that were supposed to keep the boat afloat, its buoyancy was impaired and it quickly sank. This combined with an insufficient number of lifeboats made the sinking of the *Titanic* one of the largest scale maritime disasters at the time.

① The ship was supposed to arrive in England after one week.
② Passengers were attracted by the *Titanic*'s luxury features.
③ Cheap materials used on the boat failed when it struck an iceberg.
④ The *Titanic* did not have enough lifeboats for its passengers.

해석

아마도 역사상 가장 유명한 난파선은 1912년에 첫 항해에서 침몰한 타이타닉호였을 것이다. 영국 사우샘프턴에서 출항한 대서양 횡단 여객선은 다양한 승객들을 끌어모았는데, 그들 중 많은 사람들은 그것이 가라앉지 않는다고 광고되어 왔었기 때문에 제조사의 안전에 대한 주장에 매료되었다. 그러나, 항해 4일 만에 선박이 북대서양의 빙산에 부딪혔을 때 비극이 닥쳤다. 배가 물에 떠 있도록 유지해야 했던 방수실에 물이 차자, 배의 부력이 약화되어 빠르게 가라앉았다. 이것이 부족한 구명정의 수와 결합되어 타이타닉호의 침몰을 그 당시 최대 규모의 해양 재해 중 하나로 만들었다.

① 그 배는 일주일 후에 영국에 도착하기로 되어있었다.
② 승객들은 타이타닉호의 고급스러운 특징들에 매료되었다.
③ 배에 사용된 값싼 재료들은 빙하에 부딪혔을 때 고장 났다.
④ 타이타닉호는 승객들을 위한 충분한 구명정을 가지고 있지 않았다.

해설

지문 마지막에서 방수실에 물이 찬 것이 부족한 구명정의 수와 결합되어 타이타닉호의 침몰을 그 당시 최대 규모의 해양 재해 중 하나로 만들었다고 했으므로, '④ 타이타닉호는 승객들을 위한 충분한 구명정을 가지고 있지 않았다'는 지문의 내용과 일치한다.

[오답 분석]

① 두 번째 문장에서 타이타닉호가 영국 사우샘프턴에서 출발했다고 언급되었으나, 어디로 도착할 예정이었는지에 대해서는 언급되지 않았다.
② 두 번째 문장에서 승객들 중 많은 사람들은 제조사의 안전에 대한 주장에 매료되었다고 했으므로 지문 내용과 다르다.
③ 네 번째 문장에서 방수실에 물이 차자 배의 부력이 약화되어 (배가) 빠

르게 가라앉았다고 했고, 다섯 번째 문장에서 이것이 부족한 구명정의 수와 결합되어 타이타닉호의 침몰을 그 당시 최대 규모의 해양 재해 중 하나로 만들었다고 했으나 배에 값싼 재료들이 사용되었는지는 언급되지 않았다.

정답 ④

어휘

shipwreck 난파선 voyage 항해 transatlantic 대서양 횡단의
liner 여객선 an assortment of 다양한, 여러 가지의
manufacturer 제조사 vessel 선박 iceberg 빙산
watertight compartment 방수실, 수밀실 afloat 물 위에 뜬
buoyancy 부력 insufficient 부족한, 불충분한 maritime 해양의, 바다의

---

09 독해 전체내용 파악(주제 파악) 난이도 중 ●●○

다음 글의 주제로 가장 적절한 것은?

Boxers used to fight with their bare fists until around the 18th century when gloves were added to the sport. It is commonly presumed that their mandatory use was stipulated for safety reasons; a cushion would protect the hands, face, and body. In truth, while gloves lessen the number of abrasions and broken hands, a forceful punch with gloves is extremely destructive, and boxers punch harder with gloves since their hands can endure it. One doctor noted that "Gloves do not lessen the damage to the brain, as it rattles inside the skull from a heavy blow. In fact, matters are made worse because gloves add more weight to the fist. A full-force slam to the head is comparable to being hit with a 5-kilogram wooden mallet travelling at 32 kilometers per hour." The truth of the statement can be evidenced by the fact that prior to the addition of gloves, no fatalities were recorded in bare-knuckle boxing matches. Nowadays, 3 to 4 boxers succumb to injuries on average per year, with many more suffering from permanent brain or head trauma.

① medical care in modern boxing
② boxers' average punch velocity
③ gloves' lack of provided protection
④ the number of brain injuries in boxing

해석

글러브가 그 스포츠(권투)에 추가되었던 18세기 무렵까지 권투 선수들은 맨주먹으로 싸우곤 했다. 일반적으로 그것(글러브)의 의무적인 사용은 쿠션이 손, 얼굴 그리고 몸을 보호할 것이라는 안전상의 이유로 규정되었다고 여겨진다. 사실, 글러브가 찰과상과 손 골절의 횟수를 줄여주긴 하지만, 글러브를 낀 채 있는 힘을 다한 주먹질은 매우 파괴적이며, 권투 선수들은 그들의 손이 견딜 수 있기 때문에 글러브를 끼고 더 세게 주먹질 한다. 한 의사는 "심한 타격으로 두개골 안이 덜덜 떨리기 때문에, 글러브는 뇌에 가해지는 손상을 줄여주지 않습니다. 사실, 글러브는 주먹에 무게를 더하기 때문에 문제는 더 악화됩니다. 전력으로 머리를 치는 것은 시속 32킬로미터로 이동하는 5킬로그램짜리 나무로 된 망치로 가격당하는 것과 비슷합니다."라고 언급했다. 이 발언의 진위는 글러브의 추가 이전에는 맨손

권투 경기에서 사망자가 기록된 적이 없었다는 사실에 의해 입증될 수 있다. 오늘날에는, 매년 평균 서너 명의 권투 선수들이 부상에 굴복하고, 더 많은 사람들이 영구적인 뇌 또는 머리 외상으로 고통받는다.

① 현대 권투에서의 의학적인 치료
② 권투 선수의 평균 주먹질 속도
③ 글러브의 보호 기능 부족
④ 권투에서 뇌 손상의 수

해설

지문 처음에서 글러브를 낀 채 있는 힘을 다한 주먹질은 매우 파괴적이라고 했고, 지문 마지막에서 글러브의 추가 이전에는 맨손 권투 경기에서 사망자가 기록된 적이 없었다고 설명하고 있으므로, '③ 글러브의 보호 기능 부족'이 이 글의 주제이다.

[오답 분석]
① 현대 권투에서의 의학적인 치료는 지문의 내용과 관련이 없다.
② 권투 선수의 평균 주먹질 속도에 대해서는 언급되지 않았다.
④ 매년 평균 서너 명의 권투 선수들이 부상에 굴복하고, 더 많은 사람들이 영구적인 뇌 또는 머리 외상으로 고통받는다고 언급되었으나 지엽적이다.

정답 ③

어휘

bare 맨, 벌거벗은 fist 주먹 presume 여기다, 추정하다
mandatory 의무적인 stipulate 규정하다 abrasion 찰과상
destructive 파괴적인 note 언급하다, 주목하다 rattle 덜덜 떨리다
blow 타격 mallet (나무로 만든) 망치 evidence 입증하다 fatality 사망자
succumb 굴복하다, 쓰러지다 trauma 외상 velocity 속도

---

10 독해 논리적 흐름 파악(무관한 문장 삭제) 난이도 중 ●●○

글의 흐름상 가장 어색한 문장은?

There's long been discussion in the U.S. about ensuring that children eat nourishing, high-quality lunches at school. As it stands, the food served at the vast majority of public schools is laden with sodium, fat, sugar, and additives. ① Despite parents and educators voicing their worries, no significant action has been taken. ② Funds have not been allocated for this purpose in federal and local government budgets, nor has there been any move on the part of officials to find concrete ways to address the problem. ③ It's clear that how our children eat is not a pressing issue for government officials. ④ A bill has already been passed to restrict the access children have to unhealthy foods. If this nation truly cares about the younger generation, then healthy school lunches need to be given higher priority.

해석

미국에서는 아이들이 학교에서 영양분이 많은 고품질의 점심을 먹도록 보장하는 것에 대한 논의가 오랫동안 있어왔다. 현재 상태로는, 대부분의 공립학교에서 제공되는 음식이 나트륨, 지방, 설탕, 그리고 첨가제로 가득하다. ① 부모와 교사들이 우려를 표함에도 불구하고, 주목할 만한 조치가 취해지지 않았다. ② 연방 정부 및 지방 정부 예산에서 이 목적을 위한 자

금이 할당되지 않았고, 그 문제를 해결할 구체적인 방안을 찾기 위한 당국 측의 어떠한 조치도 없었다. ③ 우리 아이들이 어떻게 먹는지는 공무원들에게 긴급한 문제가 아닌 것이 분명하다. ④ 아이들이 건강에 좋지 않은 음식에 접근하는 것을 제한하는 법안은 이미 통과되었다. 만약 이 나라가 진정으로 젊은 세대에 관심을 갖고 있다면, 건강한 학교 점심에 더 높은 우선순위가 주어져야 한다.

해설

지문 처음에서 아이들이 학교에서 영양분이 많은 고품질의 점심을 먹도록 보장하는 것에 대한 논의가 오랫동안 있어왔지만, 현재 대부분의 공립학교에서 제공되는 음식은 그렇지 못하다고 설명하고, ①, ②, ③번에서 이런 우려에 대해 정부는 어떠한 조치도 없고 이것이 긴급한 문제로 다뤄지지도 않는다고 설명하고 있으므로 모두 첫 문장과 관련이 있다. 그러나 ④번은 아이들이 건강에 좋지 않은 음식에 접근하는 것을 제한하는 법안이 이미 통과되었다는 내용으로 지문의 흐름과 반대되는 내용이다.

정답 ④

어휘

discussion 논의　ensure 보장하다　nourishing 영양분이 많은
laden 가득한　sodium 나트륨　additive 첨가제　voice 표하다, 나타내다
significant 주목할 만한, 중요한　allocate 할당하다　federal 연방의
budget 예산　concrete 구체적인　pressing 긴급한　restrict 제한하다
priority 우선순위

11　어휘 absorb in = engage in　난이도 중 ●●○

밑줄 친 부분의 의미와 가장 가까운 것을 고르시오.

> He didn't notice the waiter approach, as he was thoroughly underline{absorbed in} the conversation he was having.

① engaged in　　　　② indifferent to
③ distracted by　　　④ offended with

해석

그가 하고 있던 대화에 완전히 열중했기 때문에, 그는 웨이터가 다가오는 것을 알아채지 못했다.
① ~에 열중한　　　② ~에 무관심한
③ ~에 정신이 흐트러진　④ ~에 화가 난

정답 ①

어휘

approach (다가)오다　thoroughly 완전히　absorb in ~에 열중시키다
engaged ~에 열중한　indifferent 무관심한
distract 정신이 흐트러지게 하다　offend 화가 나게 하다

이것도 알면 합격!

absorb in(~에 열중시키다)과 유사한 의미의 표현
= captivated with, preoccupied with, consumed with, fascinated with, engrossed in, enthralled with, attentive to

---

12　어휘 blow the whistle on = point a finger at　난이도 상 ●●●

밑줄 친 부분의 의미와 가장 가까운 것을 고르시오.

> A brave worker underline{blew the whistle on} his employer for using banned substances in the manufacture of the company's products.

① had an effect on　　② made fun of
③ pointed a finger at　④ kept pace with

해석

한 용감한 근로자는 회사의 제품 제조에 금지된 물질을 사용한 것으로 그의 고용주를 고발했다.
① ~에 영향을 미쳤다　② ~를 놀렸다
③ ~를 비난했다　　　 ④ ~와 보조를 맞췄다

정답 ③

어휘

blow the whistle on ~를 고발하다　substance 물질
have an effect on ~에 영향을 미치다　make fun of ~를 놀리다
point a finger at ~를 비난하다　keep pace with ~와 보조를 맞추다

이것도 알면 합격!

blow the whistle on(~를 고발하다)과 유사한 의미의 표현
= inform on, spill the beans on, finger, accuse, expose

13　독해 추론(빈칸 완성 – 단어)　난이도 중 ●●○

밑줄 친 (A), (B)에 들어갈 말로 가장 적절한 것을 고르시오.

> Many past philosophers and artists seemed to regard sleep as something to _____(A)_____. Jean-Paul Sartre, for one, considered it horrifying when a passenger was soothed to sleep on a train, his body swaying passively with the train's movements. Descartes believed that the "I" ceases to exist when an individual falls asleep, which was why he was known to sleep very little. The great Leonardo da Vinci similarly only slept for 20 minutes every 4 hours, so as not to waste his precious time. All in all, it's clear that sleep was no great _____(B)_____ for these gentlemen.

	(A)	(B)
①	be shunned	priority
②	be praised	dilemma
③	be feared	expertise
④	be embraced	stimulus

해석

과거의 많은 철학자들과 예술가들은 잠을 (A) 기피되어야 하는 것으로 여기는 듯했다. 한 예로, 장 폴 사르트르는 한 승객이 그의 몸이 기차의 움직임과 함께 수동적으로 흔들리며 기차에서 안심하여 잠들었을 때 그것을

소름끼친다고 여겼다. 데카르트는 개인이 잠들 때, '나'가 소멸한다고 믿었는데, 이는 그가 잠을 거의 자지 않는 것으로 알려진 이유였다. 위대한 레오나르도 다빈치는 비슷하게 그의 소중한 시간을 낭비하지 않기 위해 4시간마다 단 20분만 잤다. 대체로, 이 신사들에게 잠이 큰 (B) 우선 사항이 아니었다는 것은 명백하다.

	(A)	(B)
①	기피되다	우선 사항
②	칭찬받다	딜레마
③	두려워하다	전문 지식
④	받아들여지다	자극

해설

(A) 빈칸 뒤 문장에 장 폴 사르트르는 한 승객이 기차에서 안심하여 잠들었을 때 그것을 소름끼친다고 여겼다는 내용이 나오고 있으므로, (A)에는 과거의 많은 철학자들과 예술가들은 잠을 '기피되어야(be shunned)'하는 것으로 여기는 듯했다는 내용이 들어가야 한다. (B) 빈칸 앞부분에 데카르트 역시 잠을 거의 자지 않는 것으로 알려져 있으며, 레오나르도 다빈치는 그의 소중한 시간을 낭비하지 않기 위해 4시간마다 단 20분만 잤다는 내용이 있으므로, (B)에는 이 신사들에게 잠이 큰 '우선 사항(priority)'이 아니었다는 내용이 들어가야 한다. 따라서 ①번이 정답이다.

정답 ①

어휘

philosopher 철학자　horrifying 소름끼치는, 무서운　passively 수동적으로
cease to exist 소멸하다, 없어지다　shun 기피하다, 피하다
priority 우선 사항　expertise 전문 지식　embrace 받아들이다
stimulus 자극

---

14 독해 추론(빈칸 완성 – 연결어)　난이도 중 ●●○

밑줄 친 (A), (B)에 들어갈 말로 가장 적절한 것을 고르시오.

The wetlands on the southern coast of Louisiana are not only beautiful but economically vital as well. Unique for their ecological significance as a sanctuary for fish and wildlife, the wetlands also buffer the impact of hurricanes on the port of South Louisiana, one of the largest and most strategic ports in the United States. ____(A)____ , more than 10 percent of the country's oil reserves, and a quarter of its natural gas supply, go through the region on the way up the vast internal waterway system of the Mississippi River. ____(B)____ , the coast is being eroded at a rate of up to 90 square kilometers per year. That's why it is a matter of utmost economic necessity that the wetlands be restored.

	(A)	(B)
①	In addition	Similarly
②	In fact	Likewise
③	In addition	Therefore
④	In fact	Unfortunately

해석

루이지애나 남부 해안의 습지대는 아름다울 뿐만 아니라, 경제적으로도

매우 중요하다. 물고기와 야생 동물을 위한 보호 지역으로서의 생태학적 중요성 때문에 특별한 이 습지대는, 미국에서 가장 크고 전략상 가장 중요한 항구 중 하나인 남부 루이지애나 항구에 허리케인이 미치는 영향도 완화한다. (A) 실제로, 그 나라(미국)의 석유 매장량의 10퍼센트 이상과 천연 가스 공급의 4분의 1이 이 지역을 거쳐 미시시피강의 거대한 내부 수로 체계까지 거슬러 올라간다. (B) 안타깝게도, 이 해안(루이지애나 남부 해안)은 연간 최대 90제곱킬로미터의 속도로 침식되고 있다. 이것이 그 습지대가 복구되는 것이 경제적으로 가장 필요한 사안인 이유이다.

	(A)	(B)
①	게다가	마찬가지로
②	실제로	이처럼
③	게다가	그러므로
④	실제로	안타깝게도

해설

(A) 빈칸 앞 문장은 루이지애나 남부 해안의 습지대가 보호 지역으로서 생태학적으로 중요할 뿐 아니라 항구에 허리케인이 미치는 영향도 완화한다는 내용이고, 빈칸 뒤 문장은 석유와 천연가스가 거쳐 가는 지역이라고 설명하며 습지대의 중요성을 강조하는 내용이므로, (A)에는 강조를 나타내는 연결어인 In fact(실제로)가 들어가야 한다. (B) 빈칸 앞 문장은 미국 석유 매장량의 10퍼센트 이상과 천연 가스 공급의 4분의 1이 그 습지대를 거쳐 내부 수로 체계까지 거슬러 올라간다는 내용이고, 빈칸 뒤 문장은 이 해안은 침식되고 있어 복구되는 것이 필요하다는 내용이므로, (B)에는 유감을 나타내는 연결어인 Unfortunately(안타깝게도)가 들어가야 한다. 따라서 ④번이 정답이다.

정답 ④

어휘

wetland 습지대　vital 매우 중요한, 불가결한　ecological 생태학적인
sanctuary 보호 지역, 안식처　buffer 완화하다, 보호하다　strategic 전략상의
reserves 매장량　waterway 수로　erode 침식시키다　restore 복구하다

---

15 독해 논리적 흐름 파악(문장 삽입)　난이도 중 ●●○

주어진 문장이 들어갈 위치로 가장 적절한 것은?

Their counterparts are generally independent and curious individuals, just like their furry companions.

A lot of pet owners insist that there are "dog people" or "cat people," and that their personalities depend on which group a person falls into. A recent study revealed that there might be some truth behind the theory. (①) Canines are pack-oriented and far more sociable than felines. (②) Similarly, dog owners on the whole tend to be more extroverted and have high sociability. (③) Cat owners enjoy alone time and are open to new experiences in the same way that a lot of felines are self-sufficient and inquisitive, lending the two groups a similar disposition and demeanor. (④) Though the results may be mere coincidence, the statistics were consistent enough to lend credence to the hypothesis.

해석

> 그들과 상응하는 다른 사람들은 그들의 털북숭이 친구들과 같이 대개 독립적이고 호기심이 많은 사람들이다.

많은 애완동물 주인들은 '개를 좋아하는 사람'과 '고양이를 좋아하는 사람'이 있으며, 그들의 성격은 그 사람이 어느 무리에 속하는지에 달려있다고 주장한다. 최근의 한 연구는 그 이론의 이면에는 어느 정도 진실이 있을 수도 있다고 밝혔다. (①) 개는 고양이보다 무리를 지향하고 훨씬 더 사교적이다. (②) 유사하게, 개 주인들은 전반적으로 더 외향적이고 높은 사회성을 가지는 경향이 있다. (③) 고양이 주인들은 수많은 고양이들이 자급자족할 수 있고 호기심이 많은 것과 같이 혼자만의 시간을 즐기고 새로운 경험에 열려 있어 두 집단(고양이와 고양이를 좋아하는 사람)에 비슷한 기질과 태도를 부여한다. (④) 그 결과는 단순한 우연의 일치일 수도 있지만, 통계 자료는 그 가설에 신빙성을 부여하기에 충분히 일관성이 있었다.

해설

③번 앞부분에서 개 주인들은 전반적으로 더 외향적이고 높은 사회성을 가지는 경향이 있다고 한 뒤, ③번 뒷부분에서 고양이 주인들은 수많은 고양이들이 자급자족할 수 있고 호기심이 많은 것과 같이 혼자만의 시간을 즐긴다고 설명하고 있으므로, ③번에 그들과 상응하는 다른 사람들(Their counterparts)은 대개 독립적이고 호기심이 많은 사람들이라는 내용의 주어진 문장이 나와야 지문이 자연스럽게 연결된다.

[오답 분석]

① 앞부분에서 많은 애완동물 주인들은 사람의 성격이 그 사람이 개 또는 고양이를 좋아하는 사람 중 어느 무리에 속하는지에 달려있다고 주장한다고 하고, 최근의 한 연구에서 그 이론의 이면에 어느 정도 진실이 있을 수도 있다고 밝혔다고 한 뒤, ①번 뒤 문장에 개는 고양이보다 무리를 지향하고 훨씬 더 사교적이라고 말하며 연구에서 밝히는 내용의 서두를 이야기하는 내용이 있으므로 ①번에 다른 문장이 삽입되면 문맥상 부자연스럽다.

② 앞 문장에서 개는 고양이보다 무리를 지향하고 훨씬 더 사교적이라고 하고, ②번 뒤 문장에 개 주인들이 전반적으로 높은 사회성을 가지는 경향이 있다는 내용이 있으므로 ②번에 다른 문장이 삽입되면 문맥상 부자연스럽다.

④ 앞 문장에서 고양이 주인들은 고양이들처럼 혼자만의 시간을 즐기고 새로운 경험에 열려 있다는 내용이 있으므로 ④번에 '그들(개를 좋아하는 사람)'이 포함된 주어진 문장이 삽입되면 문맥상 부자연스럽다.

정답 ③

어휘

counterpart 상응하는 다른 사람, 상대방 furry 털북숭이의
companion 친구 fall 속하다 canine 개, 갯과의 동물 feline 고양이
extroverted 외향적인 self-sufficient 자급자족할 수 있는
inquisitive 호기심이 많은 disposition 기질 demeanor 태도
coincidence 우연의 일치 credence 신빙성

---

16 문법 동사의 종류 난이도 중 ●●○

우리말을 영어로 잘못 옮긴 것은?

① 그녀는 최근 후기를 읽으면서 딸이 볼 영화를 골랐다.
→ Reading the recent reviews, she selected a movie for her daughter to watch.

② 시도가 실패로 끝나더라도 항상 시도해 볼 가치가 있다.
→ It's always worth trying, even if the attempt results in failure.

③ 30분 후에, 그는 설문의 모든 질문에 대답했다.
→ After 30 minutes, he had answered to all of the questions on the survey.

④ 만약 날씨가 나쁘지 않다면 그 배는 항상 정시에 떠난다.
→ The ship always leaves on time unless the weather is bad.

해설

③ 타동사 동사 answer는 '~에 대답하다'라는 의미로 쓰일 때 전치사 없이 바로 목적어(all of the questions)를 취하는 타동사이므로 answered to all of the questions를 answered all of the questions로 고쳐야 한다.

[오답 분석]

① to 부정사의 역할 | to 부정사의 의미상 주어 문맥상 '볼 영화'라는 의미가 되어야 자연스러우므로 형용사처럼 명사(a movie)를 수식할 수 있는 to 부정사 to watch가 올바르게 쓰였다. 또한, 문장의 주어(she)와 to 부정사의 행위 주체(her daughter)가 달라 to 부정사의 의미상 주어가 필요한 경우 'for + 목적격 대명사'를 to 부정사 앞에 써야 하므로 for her daughter이 to watch 앞에 올바르게 쓰였다.

② 동명사 관련 표현 '시도해 볼 가치가 있다'는 동명사구 관용 표현 be worth -ing(~할 가치가 있다)로 나타낼 수 있으므로 it's always worth trying이 올바르게 쓰였다.

④ 부사절 접속사 1: 조건 '만약 날씨가 나쁘지 않다면'은 조건을 나타내는 부사절 접속사 unless(만약 ~가 아니라면)를 사용하여 나타낼 수 있으므로, unless the weather is bad가 올바르게 쓰였다.

정답 ③

어휘

review 후기 worth ~의 가치가 있는

이것도 알면 합격!

to 부정사 관용 표현

> too ~ to 너무 ~해서 -할 수 없다
> be projected to ~하기로 되어 있다
> enough to ~하기에 충분히 -하다
> be inclined to ~하는 경향이 있다
> be supposed to ~하기로 되어 있다

---

17 독해 세부내용 파악(내용 불일치 파악) 난이도 상 ●●●

다음 글의 내용과 일치하지 않는 것을 고르시오.

IV(Intravenous) therapy is the delivery of fluids and medication via a needle to hospital patients. It is also a growing trend, with smaller, nonmedical facilities providing IVs to visitors to treat a number of afflictions. These establishments offer customers an assortment of vitamin-infused IV "cocktails" that are purported to cure hangovers, jet lag, colds, and even dull complexions. Despite these claims, critics are quick to point out the hazards — namely, the infection risk associated with needle use, as well as the possibility that it could prevent patients with serious illnesses like diabetes from seeking proper medical treatment. Most alarmingly, these clinics are not regulated or monitored by the Food & Drug Administration. As a result, they set their own standards for what constitutes effective and safe treatment. While some may be harmless, though of limited effectiveness, others can be hazardous, presenting cocktails that cause adverse reactions in clients. Doctors say that water, rest, and over-the-counter pain medications can provide the same benefits, minus the expensive fees and health risks.

① IV therapy has been growing more popular, and many facilities are now offering it.
② Clinics help patients with diabetes by using standard medical treatment.
③ Many clinics offering IV therapy do not need to answer to government agencies.
④ Proper hydration and rest is recommended as cheaper and more cost-effective.

해석

정맥 주사 치료법은 주사바늘을 통해 수액과 약물을 병원 환자들에게 전달하는 것이다. 그것은 또한 점점 증가하고 있는 추세이며, 더 작은 비의료 시설들이 여러 가지 고통을 치료하기 위해 방문자들에게 정맥 주사를 제공하고 있다. 이 시설들은 고객들에게 숙취, 시차증, 감기, 그리고 심지어 칙칙한 안색까지 치료한다고 일컬어지는 여러 가지 비타민이 주입된 정맥 주사 '혼합제' 모음을 제공한다. 이러한 주장들에도 불구하고, 비판자들은 위험들, 즉 주사바늘 사용과 관련된 감염 위험뿐만 아니라, 당뇨병과 같은 심각한 병에 걸린 환자들이 적절한 의학적 치료를 구하지 못 하게 할 수 있다는 가능성을 곧바로 지적한다. 가장 놀라운 것은, 이러한 치료소들이 식약청에 의해 규제되거나 감시되지 않는다는 것이다. 결과적으로, 그들은 효과적이고 안전한 치료를 구성하는 것에 대한 그들만의 기준을 세운다. 어떤 것들은 효과가 제한적인 반면 무해할 수 있지만, 다른 것들은 고객들에게 부작용을 일으키는 혼합제를 제공하며 유해할 수 있다. 의사들은 물, 휴식, 그리고 처방전 없이 살 수 있는 약들이 비싼 진찰료와 건강상의 위험 없이도 동일한 이점을 제공할 수 있다고 말한다.

① 정맥 주사 치료법이 점점 인기를 끌면서 현재 많은 시설이 그것을 제공하고 있다.
② 치료소들은 표준 의학적 치료법을 사용하여 당뇨병 환자들을 돕는다.
③ 정맥 주사 치료법을 제공하는 다수의 치료소들은 정부 기관에 응할 필요가 없다.
④ 적절한 수분 공급과 휴식은 더 저렴하고 비용 효율적인 것으로 권장된다.

해설

지문 중간에서 비판자들은 비의료 시설인 치료소들이 당뇨병과 같은 심각한 병에 걸린 환자들이 적절한 의학적 치료를 구하지 못 하게 할 수 있다는 가능성을 지적한다고 했으므로, '② 치료소들은 표준 의학적 치료법을 사용하여 당뇨병 환자들을 돕는다'는 것은 지문의 내용과 일치하지 않는다.

[오답 분석]
① 두 번째 문장에 정맥 주사 치료법은 점점 증가하고 있는 추세이며, 더 작은 비의료 시설들이 여러 가지 고통을 치료하기 위해 정맥 주사를 제

공하고 있다고 언급되었다.
③ 다섯 번째 문장에 정맥 주사 '혼합제' 모음을 제공하는 치료소들은 식약청에 의해 규제되거나 감시되지 않는다고 언급되었다.
④ 마지막 문장에 의사들이 물과 휴식이 비싼 진찰료 없이도 동일한 이점을 줄 수 있다고 말한다고 언급되었다.

정답 ②

어휘

IV therapy 정맥 주사 치료법   fluid 수액   medication 약물   affliction 고통
assortment (여러 가지) 모음, 종합   infuse 주입하다, 붓다   cocktail 혼합제
purport ~이라고 일컬어지다, 주장하다   cure 치료하다, 낫게 하다
hangover 숙취   jet lag 시차증   dull 칙칙한, 윤기 없는   complexion 안색
infection 감염   associated with ~과 관련된   diabetes 당뇨병
over-the-counter 처방전 없이 살 수 있는   minus ~이 없이

---

18 독해 세부내용 파악(내용 불일치 파악) 난이도 중 ●●○

다음 글의 내용과 일치하지 않는 것을 고르시오.

In Plato's *Republic*, a character named Glaucon proposes that morality is nothing but a social construct. In other words, people choose to be virtuous and fair because they are concerned about how they will appear to others. He goes on to say that all people would act much less honorably if their actions could not be seen at all. To illustrate, he tells a story about a magic ring of invisibility. In the tale, a seemingly good, law-abiding man puts it on and no longer sees the point in acting respectably; he begins doing as he pleases. Essentially, the story suggests that even the best of us are corruptible and that our morality stems not so much from an inherent place in our souls but from the fact that society holds us responsible for our actions.

① People act in a moral way due to worries about how others will see them.
② Those who are invisible to others might not choose to behave ethically.
③ A moral man with a magic ring will consider it necessary to act morally.
④ People who are inherently good can still be corrupted without human society.

해석

플라톤의 「국가」에서, Glaucon이라는 이름의 등장인물은 도덕성이 사회적 산물에 지나지 않는다고 제시한다. 다시 말해서, 사람들은 그들이 다른 사람들에게 어떻게 보일지를 걱정하기 때문에 도덕적이고 공정하기를 선택한다. 그는 만약 그들의 행동들이 전혀 보이지 않을 수 있다면 모든 사람들은 훨씬 덜 훌륭하게 행동할 것이라고 계속해서 말한다. 예를 들어, 그는 눈에 보이지 않게 해주는 마법 반지에 대한 이야기를 들려준다. 그 이야기에서, 겉보기에는 착하고 법을 준수하는 것 같은 한 남자가 그것을 끼고는 더 이상 훌륭하게 행동하는 것이 의미가 없다고 생각하게 되고, 하고 싶은 대로 행동하기 시작한다. 근본적으로, 그 이야기는 심지어 우리 중 가장 훌륭한 사람조차도 타락하기 쉬우며 우리의 도덕성은 우리 영혼에 내재된 부분에서 비롯되는 것이 아니라 사회가 우리의 행동에 대해 책임을

지운다는 사실에서 비롯된다는 것을 시사한다.

① 사람들은 다른 사람들이 자신을 어떻게 볼지에 대한 걱정 때문에 도덕적인 방식으로 행동한다.

② 다른 사람들에게 보이지 않는 사람들은 윤리적으로 행동하는 것을 선택하지 않을 수도 있다.

③ 마법 반지를 낀 도덕적인 남자는 도덕적으로 행동할 필요가 있다고 생각할 것이다.

④ 인간 사회가 없으면 선천적으로 착한 사람들도 여전히 타락할 수 있다.

해설

지문 중간에서 겉보기에는 착하고 법을 준수하는 것 같은 한 남자가 눈에 보이지 않게 해주는 마법 반지를 끼고는 더 이상 훌륭하게 행동하는 것이 의미가 없다고 생각하게 되어 하고 싶은 대로 행동하기 시작한다고 했으므로, '③ 마법 반지를 낀 도덕적인 남자는 도덕적으로 행동할 필요가 있다고 생각할 것이다'는 것은 지문의 내용과 일치하지 않는다.

[오답 분석]

① 두 번째 문장에 사람들은 그들이 다른 사람들에게 어떻게 보일지를 걱정하기 때문에 도덕적이고 공정하기를 선택한다고 언급되었다.

② 세 번째 문장에 사람들의 행동들이 전혀 보이지 않을 수 있다면 모든 사람들은 훨씬 덜 훌륭하게 행동할 것이라고 언급되었다.

④ 마지막 문장에 우리 중 가장 훌륭한 사람조차도 타락하기 쉬우며 우리의 도덕성은 사회가 우리 행동에 대한 책임을 지운다는 사실에서 비롯된다고 언급되었다.

정답 ③

어휘

morality 도덕성 construct 산물, 구성 개념 virtuous 도덕적인
honorably 훌륭하게 invisibility 눈에 보이지 않음
law-abiding 법을 준수하는 respectably 훌륭하게
corruptible 타락하기 쉬운 stem from ~에서 비롯되다 inherent 내재된
ethically 윤리적으로

---

19 독해 추론(빈칸 완성 – 절) 난이도 중 ●●○

밑줄 친 부분에 들어갈 말로 가장 적절한 것을 고르시오.

Although text-based communication has now existed for decades, people have not gotten better at clearly expressing nuances through words. The absence of intonation and emphasis in plain text often causes people to misinterpret meaning and intent. For better or worse, _____ _____ : a message of positive intent written in a serious manner can now be relayed properly with the addition of a simple smiley face. No longer is it uncommon for emoticons to be included in formal communications, as these tiny images are even working their way into previously guarded communication, such as interactions with one's boss. Their ability to smooth over any potential wrinkles that unclear wording may have has led to their ubiquitous use among practically all technology-users today.

① people are abandoning non-verbal communication

② emoticons have come to the rescue

③ informal communication is a thing of the past

④ the use of emoticons creates ambiguity

해석

문자를 기반으로 하는 의사소통은 이제 존재해 온 지 수십 년이 되었지만, 사람들은 단어들을 통해 미묘한 차이를 분명하게 표현하는 데 있어서 더 나아지지 않았다. 단조로운 문자에서의 억양과 강세의 부재는 종종 사람들이 의미와 의도를 잘못 해석하게 한다. 좋든 나쁘든, 이모티콘이 구조하기 위해 나왔다. 진지한 태도로 쓰여진 긍정적인 의도의 메시지는 이제 단순한 웃는 얼굴의 추가와 함께 제대로 전달될 수 있다. 공식적인 의사소통에 이모티콘이 포함되는 것은 더 이상 드문 일이 아닌데, 왜냐하면 이 작은 그림들은 상사와의 교류와 같이 이전에는 조심스러웠던 의사소통에까지 사용되고 있기 때문이다. 불분명한 표현이 가질 수도 있는 어떠한 잠재적인 결점도 바로잡는 그것들의 능력은 사실상 오늘날의 모든 기계 사용자들 사이에서 그것들의 편재적인 사용으로 이어졌다.

① 사람들은 비언어적 의사소통을 포기하고 있다

② 이모티콘이 구조하기 위해 나왔다

③ 비격식적인 의사소통은 과거의 일이다

④ 이모티콘을 사용하는 것은 모호함을 만든다

해설

빈칸 뒤에서 이제 이모티콘과 함께 메시지가 제대로 전달될 수 있으며 불분명한 표현이 가질 수도 있는 어떠한 잠재적 결점도 이모티콘으로 바로잡을 수 있다고 설명하면서 이모티콘이 의사소통에 도움을 주는 내용을 언급하고 있으므로, 빈칸에는 '② 이모티콘이 구조하기 위해 나왔다'가 들어가야 한다.

[오답 분석]

① 사람들이 비언어적 의사소통을 포기하고 있다는 것은 언급되지 않았다.

③ 비격식적인 의사소통이 과거의 일이라는 것은 지문의 내용과 반대이다.

④ 이모티콘은 불분명한 표현이 가질 수도 있는 어떠한 결점도 바로잡는 능력이 있다고 했으므로 이모티콘을 사용하면 모호함이 생긴다는 것은 지문의 내용과 반대이다.

정답 ②

어휘

nuance (의미 등의) 미묘한 차이, 뉘앙스 absence 부재, 없음, 결핍
intonation 억양, 어조 emphasis 강세, 강조 plain 단조로운, 단순한
misinterpret 잘못 해석하다, 잘못 이해하다 intent 의도, 취지
relay 전달하다 smooth over (문제 등을) 바로잡다
wrinkle 결점, 사소한 문제점 ubiquitous 편재적인, 어디에나 존재하는
rescue 구조, 구원 ambiguity 모호함

구문 분석

[12행] Their ability / to smooth over / any potential wrinkles / that unclear wording may have / has led to their ubiquitous use / among practically all technology-users today.

: 이처럼 to 부정사(to smooth over)가 명사를 꾸며주는 경우 '~할' 또는 '~하는'이라고 해석한다.

20 독해 추론(빈칸 완성 – 단어)　　　난이도 중 ●●○

밑줄 친 부분에 들어갈 말로 가장 적절한 것을 고르시오.

Palau is an uninhabited island in the South Pacific that harbors Jellyfish Lake. As its name suggests, this body of water is filled to the brim with golden jellyfish; some 13 million of them inhabit the reservoir. Each day the animals take part in a spectacle few have witnessed. The jellyfish begin their morning at one side of the lake and, over the course of a day, journey across to the other side. This is because the tissues of this particular species contain zooplankton that convert sunlight into energy for them, so they need to follow the sun as it passes overhead. Another reason for the daily _____ is the anemones that share the lake with them. White anemones prey on the jellyfish, but they only grow in the shade. By travelling with the sun from east to west, the jellyfish can stay relatively safe from these predators.

① standstill

② camouflage

③ migration

④ assimilation

해석

팔라우는 젤리피쉬 호수를 품은 남태평양의 무인도이다. 이것의 이름이 암시하듯이, 이것의 수역은 황금색 해파리로 가득 차 있는데, 그것들의 약 1천 3백만 마리가 그 저수지에 서식한다. 날마다 그 동물은 소수만이 목격한 적 있는 장관에 가담한다. 그 해파리는 호수의 한쪽에서 아침을 시작하고, 하루 동안 그 반대쪽으로 가로질러 이동한다. 이는 이 특정한 종의 조직이 햇빛을 그것들을 위한 에너지로 전환하는 동물성 플랑크톤을 가지고 있어서 그것들은 태양이 하늘 높이 지나갈 때 그것(태양)을 따라가야 하기 때문이다. 매일 일어나는 그 이동의 또 다른 이유는 그것들과 호수를 공유하는 말미잘이다. 흰색 말미잘은 해파리를 먹이로 삼지만, 오직 그늘에서만 자란다. 태양과 함께 동쪽에서 서쪽으로 이동함으로써, 해파리는 이 포식자들로부터 비교적 안전하게 있을 수 있다.

① 정지

② 위장

③ 이동

④ 흡수

해설

빈칸 앞 문장에 해파리는 호수의 한쪽에서 아침을 시작하고 하루 동안 그 반대쪽으로 가로질러 이동하며, 이는 태양이 하늘 높이 지나갈 때 그것을 따라가야 하기 때문이라는 내용이 있으므로, 빈칸에는 '③ 이동'이 들어가야 한다.

정답 ③

어휘

uninhabited island 무인도　harbor 품다, 숨겨 주다, 거처가 되다
body of water 수역, 물줄기　to the brim 가득, 넘치도록　inhabit 서식하다
reservoir 저수지　spectacle 장관　over the course of ~ 동안
journey 이동하다, 여행하다　tissue 조직　zooplankton 동물성 플랑크톤
convert into ~으로 전환하다　anemone 말미잘
prey on ~을 먹이로 삼다　predator 포식자　standstill 정지
camouflage 위장　migration 이동, 이주　assimilation 흡수, 동화

정답

p. 54

01	① 어휘 – 어휘&표현	11	④ 어휘 – 생활영어
02	④ 어휘 – 어휘&표현	12	③ 어휘 – 생활영어
03	③ 어휘 – 어휘&표현	13	③ 독해 – 추론
04	① 어휘 – 어휘&표현	14	③ 독해 – 전체내용 파악
05	④ 문법 – 어순	15	③ 독해 – 논리적 흐름 파악
06	② 문법 – 조동사	16	④ 독해 – 논리적 흐름 파악
07	③ 문법 – 동명사	17	④ 독해 – 논리적 흐름 파악
08	③ 독해 – 전체내용 파악	18	④ 독해 – 세부내용 파악
09	② 독해 – 전체내용 파악	19	① 독해 – 추론
10	③ 독해 – 세부내용 파악	20	② 독해 – 추론

취약영역 분석표

영역	세부 유형	문항 수	소계
어휘	어휘&표현	4	/6
	생활영어	2	
문법	어순	1	/3
	조동사	1	
	동명사	1	
독해	전체내용 파악	3	/11
	세부내용 파악	2	
	추론	3	
	논리적 흐름 파악	3	
총계		/20	

---

01 어휘 absurd = ridiculous 난이도 하 ●○○

밑줄 친 부분의 의미와 가장 가까운 것을 고르시오.

Fashion reviewers loved the designer's new collection, but consumers did not like the fabrics or absurd colors used in it.

① ridiculous
② vivid
③ bright
④ elaborate

해석
패션 평론가들은 그 디자이너의 새로운 컬렉션을 좋아했지만, 소비자들은 그것에 사용된 직물이나 터무니없는 색상을 좋아하지 않았다.
① 터무니없는
② 생생한
③ 밝은
④ 정교한

정답 ①

어휘
reviewer 평론가 consumer 소비자 fabric 직물 absurd 터무니없는
ridiculous 터무니없는, 말도 안 되는 vivid 생생한
elaborate 정교한, 정성을 들인

이것도 알면 합격!
absurd(터무니없는)의 유의어
= insane, preposterous, ludicrous, unreasonable

---

02 어휘 arduous = laborious 난이도 중 ●●○

밑줄 친 부분의 의미와 가장 가까운 것을 고르시오.

Emergency workers discovered that rescuing the victims of the mudslide would be difficult because the continued rain and flooding made their efforts more arduous.

① critical
② amiable
③ destructive
④ laborious

해석
긴급 구조대원들은 지속되는 비와 홍수가 그들의 노력을 더 힘들게 했기 때문에, 산사태의 희생자들을 구조하는 것이 어려울 것이라는 것을 발견했다.
① 비판적인
② 쾌활한
③ 파괴적인
④ 힘든

정답 ④

어휘
rescue 구조하다 arduous 힘든, 고된 amiable 쾌활한, 상냥한
destructive 파괴적인 laborious 힘든, 어려운

이것도 알면 합격!
arduous(힘든)의 유의어
= challenging, exacting, burdensome

---

03 어휘 in detail = comprehensively 난이도 하 ●○○

밑줄 친 부분의 의미와 가장 가까운 것을 고르시오.

Dr. Fritz was worried that his patient did not understand how to treat her disease, so he explained it in detail.

① elegantly
② decisively
③ comprehensively
④ cautiously

해석
Fritz 박사는 그의 환자가 그녀의 질병을 어떻게 치료하는지 이해하지 못하는 것을 우려하여, 그것을 상세하게 설명했다.
① 고상하게
② 단호하게
③ 철저히
④ 조심스럽게

정답 ③

어휘

treat 치료하다 disease 질병 in detail 상세하게 elegantly 고상하게
decisively 단호하게 comprehensively 철저히, 완전히
cautiously 조심스럽게

 이것도 알면 **합격!**

in detail(상세하게)의 유의어
= assiduously, thoroughly, exhaustively, completely

---

04 어휘 call attention to = spotlight 난이도 중 ●●○

밑줄 친 부분의 의미와 가장 가까운 것을 고르시오.

> Around the perimeter of the construction site, protesters stood for 12 hours to <u>call attention to</u> the environmental damage the project would do.

① spotlight　　　　　② obscure
③ announce　　　　　④ connect

해석

공사 현장의 주변에서, 시위자들은 그 사업이 미칠 환경 훼손에 주의를 환기시키기 위해 12시간 동안 서 있었다.

① ~에 주의를 돌리게 하다　　② ~을 애매하게 하다
③ ~을 발표하다　　　　　　　④ ~을 연결하다

정답 ①

어휘

perimeter 주변, 주위 construction 공사 protester 시위자
call attention to ~에 주의를 환기시키다 spotlight ~에 주의를 돌리게 하다
obscure ~을 애매하게 하다; 모호한

이것도 알면 **합격!**

call attention to(~에 주의를 환기시키다)와 유사한 의미의 표현
= point out, play up, focus attention on, publicize, bring to the fore

---

05 문법 어순 난이도 중 ●●○

어법상 옳은 것은?

① The desks in the kindergarten classroom were far smaller than that in high school classes.
② Kevin was lain on the sofa all day watching television.
③ You'll miss your time in school after you'll be graduating next year.
④ The value of antique furniture depends on when it was created.

해석

① 유치원 교실의 책상들은 고등학교 교실에 있는 것들보다 훨씬 더 작았다.
② Kevin은 하루 종일 소파에 누워서 텔레비전을 보았다.

---

③ 너는 내년에 졸업하면 학교에서의 시간을 그리워하게 될 것이다.
④ 골동품 가구의 가치는 그것이 언제 만들어졌는지에 달려있다.

해설

④ 의문문의 어순 의문문이 다른 문장 안에 포함된 간접 의문문은 '의문사 + 주어 + 동사'의 어순이 되어야 하므로 when it was created가 올바르게 쓰였다.

[오답 분석]
① 지시대명사 대명사가 지시하는 명사가 복수 명사 desks(책상들)이므로 단수 지시대명사 that을 복수 지시대명사 those로 고쳐야 한다.
② 능동태·수동태 구별 | 수동태로 쓸 수 없는 동사 문맥상 'Kevin은 소파에 누워서 텔레비전을 보았다'라는 능동의 의미가 되어야 자연스럽고, 동사 lie(눕다)는 목적어를 갖지 않는 자동사이므로, 수동태 was lain을 능동태 lay로 고쳐야 한다. 참고로, 동사 lie(눕다)의 과거형은 lay이고 과거 분사형은 lain이다.
③ 현재 시제 시간을 나타내는 부사절(after ~ next year)에서는 미래를 나타내기 위해 미래 시제 대신 현재 시제를 사용하므로 미래진행 시제 will be graduating을 현재 시제 graduate로 고쳐야 한다. 참고로, 현재진행 시제 are graduating으로 고쳐도 맞다.

정답 ④

어휘

kindergarten 유치원 graduate 졸업하다 antique 골동품인; 골동품

이것도 알면 **합격!**

much, even, still, a lot, by far 등은 비교급 표현 앞에서 비교급을 강조한다.

> He found the first English class to be difficult, but the next level was **even** harder.
그는 첫 번째 영어 수업이 어렵다고 생각했는데, 다음 단계는 훨씬 더 어려웠다.

---

06 문법 조동사 난이도 중 ●●○

우리말을 영어로 가장 잘 옮긴 것은?

① 지난주 동안 번개 폭풍으로 인해 두 번의 심각한 산불이 일어났다.
　→ Two major wildfires have caused by lightning storms over the last week.
② 그 선장은 모든 선원들이 해 질 녘까지 배에 다시 승선할 것을 명령했다.
　→ The captain ordered that all crew be back on board the boat by nightfall.
③ Caroline은 강풍이 간판을 쓰러뜨린 후에 그것을 다시 세워야 했다.
　→ Caroline had to put the sign back up after strong winds knock it over.
④ 누구나 그 병에 걸릴 수 있지만, 그것은 건강한 사람들에게는 덜 해롭다.
　→ Anyone can be affected by the disease, but it is less harmful to the health.

해설

② 조동사 should의 생략 명령을 나타내는 동사 order가 주절에 나오면 종속절에 '(should +) 동사원형'의 형태가 와야 하므로 종속절에 동사원형 be가 올바르게 쓰였다.

[오답 분석]

① **능동태·수동태 구별** 주어 Two major wildfires와 동사가 '두 번의 심각한 산불이 일어났다'라는 의미의 수동 관계이므로 능동태 have caused를 수동태 have been caused로 고쳐야 한다.

③ **시제 일치** 주절의 시제가 과거(had)일 경우 종속절에는 과거나 과거 완료가 와야 하므로, 현재 시제 knock을 과거 시제 knocked 또는 과거완료 시제 had knocked로 고쳐야 한다.

④ **정관사 the** '건강한 사람들'이라는 의미를 나타내기 위해 'the + 형용사(~한 사람들/것들)'를 사용할 수 있으므로 명사 health(건강)를 형용사 healthy(건강한)로 고쳐야 한다.

정답 ②

어휘

wildfire 산불 lightning storm 번개 폭풍 on board 승선한, 탑승한 nightfall 해 질 녘 knock over 쓰러뜨리다, 치어 넘어뜨리다

이것도 알면 합격!

suggest와 insist가 해야 할 것에 대한 제안과 주장의 의미가 아닌 '암시하다', '~라는 사실을 주장하다'라는 의미를 나타낼 때는 종속절에 '(should +) 동사원형'을 쓸 수 없다.

> Copernicus **insisted** that the planets in the solar system orbited around the sun.
  코페르니쿠스는 태양계의 행성들이 태양 주위를 공전한다고 주장했다.

07 문법 동명사 난이도 중 ●●○

우리말을 영어로 잘못 옮긴 것은?

① 일부 문화에서는 집에 들어갈 때 신발을 벗고 주인에게 인사하는 것이 관습이다.
→ It is customary to remove one's shoes and greet the host when entering a home in some cultures.

② 구급대원들은 병원으로 가는 길에 어떤 시간이라도 허비할 여유가 없다.
→ Paramedics cannot afford to waste any time on the way to the hospital.

③ 연방법은 적절한 허가 없이 위험한 화학물질이 수송되는 것을 막는다.
→ Federal law prevents hazardous chemicals from transporting without the appropriate permits.

④ 시의회 구성원들은 연말에 그들의 임금을 인상하기 위해 투표했다.
→ City council members voted to give themselves a raise at the end of the year.

해설

③ **동명사의 형태** 의미상 주어(hazardous chemicals)와 동명사(transporting)가 '위험한 화학물질이 수송되다'라는 의미의 수동 관계이므로 동명사의 능동형 transporting을 동명사의 수동형 being transported로 고쳐야 한다.

[오답 분석]

① **가짜 주어 구문 | 병치 구문** to 부정사구(to remove one's shoes and greet the host)와 같이 긴 주어가 오면 진짜 주어인 to 부정사구를 맨 뒤로 보내고 가주어 it이 주어 자리에 대신해서 쓰이므로, 진짜 주어 자리에 to 부정사구를 이끄는 to 부정사 to remove가 올바르

게 쓰였다. 또한, 접속사(and)로 연결된 병치 구문에서는 같은 구조끼리 연결되어야 하는데, and 앞에 to 부정사(to remove)가 왔으므로 and 뒤에도 to 부정사가 와야 한다. 병치 구문에서 두 번째 나온 to는 생략될 수 있으므로 (to) greet이 올바르게 쓰였다.

② **to 부정사를 취하는 동사** 동사 afford는 to 부정사를 목적어로 취하는 동사이므로 to 부정사 to waste가 올바르게 쓰였다. 참고로, 'cannot afford + to 부정사'는 '~할 여유가 없다'라는 의미이다.

④ **재귀대명사** 동사(give)의 목적어가 지칭하는 대상이 문장의 주어(City council members)와 동일하므로 동사 give의 목적어 자리에 재귀대명사 themselves가 올바르게 쓰였다.

정답 ③

어휘

customary 관습의 paramedic 구급대원, 의료 보조원 city council 시의회

이것도 알면 합격!

전치사 from과 함께 쓰여 '~을 –으로부터 막다'라는 의미를 나타내는 표현

> keep ~ from –   > prevent ~ from –
> deter ~ from –

08 독해 전체내용 파악(요지 파악) 난이도 중 ●●○

다음 글의 요지로 가장 적절한 것은?

Effective person-to-person communication entails more than simply the exchange of words between a speaker and a listener. It is not enough to verbalize what one means; the nuance and emotion behind the thought must be conveyed through nonverbal means as well. The speaker's stance, movements, and eye contact all add extra information to the words being spoken. However, these can vary from individual to individual and between different societies, so being an effective nonverbal communicator requires an ongoing commitment to improving nonverbal communication skills. There are three major steps that one can take in order to be a more effective nonverbal communicator. First, be sure that the body language you are using matches the words you are saying, to prevent confusion for others. Second, adjust your nonverbal communication clues to your audience, taking into account age, emotional state, and culture. Third, avoid using nonverbal clues and body language that can be construed as negative to prevent making others uncomfortable or stressed, which can hinder effective communication. By following these nonverbal steps, a speaker can be sure that his or her listeners get the full message that is being communicated.

① We can prevent stress by avoiding negative topics.

② We are often restricted by cultural variations in language.

③ We need to strive to ensure that our actions accurately express what we intend.

④ We would be wise to use detailed and specific words to communicate with others.

효과적인 개인 대 개인 간의 의사소통은 단순히 화자와 청자 사이에 말을 주고받는 것 이상을 수반한다. 한 사람이 의미하는 것을 말로 표현하는 것은 충분하지 않다. 생각 이면의 뉘앙스와 감정 또한 비언어적인 수단을 통해 전달되어야 한다. 화자의 자세, 움직임, 그리고 시선 맞추기는 모두 이야기되는 말에 추가 정보를 더한다. 하지만, 이것들은 개개인마다, 그리고 여러 사회마다 다를 수 있으므로, 효과적인 비언어적 전달자가 되는 것은 비언어적 의사소통 능력을 향상시키는 것에 대한 계속적인 전념을 요구한다. 더욱 효과적인 비언어적 전달자가 되기 위해 취할 수 있는 세 가지 주요 단계가 있다. 첫 번째로, 다른 사람들의 혼란을 예방하기 위해, 당신이 사용하고 있는 신체 언어가 당신이 말하고 있는 단어와 반드시 일치하도록 하라. 두 번째로, 연령, 감정 상태, 그리고 문화를 고려하여 당신의 비언어적인 의사소통 단서들을 당신의 청자에게 맞추어라. 세 번째로, 다른 사람들을 불편하게 하거나 스트레스를 받도록 하여 효과적인 의사소통을 방해할 수 있는 것을 예방하기 위해, 부정적으로 해석될 수 있는 비언어적 단서들과 신체 언어를 사용하는 것을 피하라. 이러한 비언어적인 단계들을 따름으로써, 화자는 그나 그녀의 청자들이 의사소통되고 있는 모든 메시지를 이해한다는 것을 확신할 수 있다.

① 우리는 부정적인 주제들을 피함으로써 스트레스를 예방할 수 있다.
② 우리는 종종 언어의 문화적인 다양성으로 인해 제약을 받는다.
③ 우리는 우리의 행동이 우리가 의도한 것을 정확하게 표현하도록 노력해야 한다.
④ 우리는 다른 사람들과 의사소통하기 위해 상세하고 구체적인 단어들을 사용하는 것이 현명할 것이다.

지문 처음에서 한 사람이 의미하는 것을 말로 표현하는 것은 충분하지 않으며, 생각 이면의 뉘앙스와 감정 또한 비언어적인 수단을 통해 전달되어야 한다고 말하고 있고, 지문 중간에서 효과적인 비언어적 전달자가 되는 것은 비언어적 의사소통 능력을 향상시키는 것에 대한 계속적인 전념을 요구한다고 했으므로, '③ 우리는 우리의 행동이 우리가 의도한 것을 정확하게 표현하도록 노력해야 한다'가 이 글의 요지이다.

[오답 분석]
① 우리가 부정적인 주제를 피함으로써 스트레스를 예방할 수 있다는 것은 지엽적이다.
② 우리가 종종 언어의 문화적인 다양성으로 인해 제약을 받는다는 것은 지엽적이다.
④ 우리가 다른 사람들과 의사소통하기 위해 상세하고 구체적인 단어들을 사용하는 것이 현명하다는 것은 지문의 내용과 다르다.

정답 ③

entail 수반하다 verbalize 말로 표현하다 stance 자세, 태도
vary 다르다, 다양하다 require 요구하다 ongoing 계속하고 있는
commitment 전념, 헌신 adjust 맞추다, 조정하다
construe ~으로 해석하다, 이해하다 restricted 제약을 받는, 한정된

---

09 독해 전체내용 파악(제목 파악) 난이도 중 ●●○

다음 글의 제목으로 가장 적절한 것은?

While we can't predict what the future may hold, we can be sure that advances in computing and robotics will greatly affect how we live. One unique aspect of this change is how we entertain ourselves. Since their invention less than a century ago, computers have already changed our lives, be it our ability to communicate over great distances or our reliance on social media for staying informed about the world. They also allow us to stream movies, music, and TV shows and their entertainment capabilities are only increasing. Soon, computer-generated virtual reality may allow even more personalized and immersive entertainment. Further, artificial intelligence in robots has the possibility of making robots not only useful tools, but also companions and entertainment sources. We may be able to talk to robots, play with them, and otherwise interact with them in order to entertain ourselves. We've already invented robotic pets that fulfill this role, but in the future, we may have humanoid robots to entertain ourselves with. We have been developing newer and more advanced robots at a breakneck pace. These changes have radically altered mundane, everyday tasks in our lives. But they are proving even more impactful on how we spend our free time, and technology will continue to affect this for years to come.

① Why Will Technological Advances Arise in the Future?
② How Will Technology Influence Entertainment?
③ What Will Virtual Reality Contribute to Technological Development?
④ What Changes Will Space Exploration Cause in the Future?

우리는 미래가 어떻게 될지 예측할 수는 없지만, 컴퓨터 사용과 로봇 공학의 발전이 우리가 어떻게 사는지에 크게 영향을 미칠 것이라는 것은 확신할 수 있다. 이 변화의 한 가지 특이한 측면은 우리가 어떻게 스스로를 즐겁게 하는지이다. 그것(컴퓨터)들의 발명 이후 1세기도 채 되지 않아, 컴퓨터는 먼 거리에서 의사소통을 할 수 있는 능력이든, 세상에 대한 정보를 계속 전달받기 위해 소셜 미디어에 의존하는 것이든 이미 우리의 삶을 변화시켰다. 그것들은 또한 우리에게 영화, 음악, 그리고 TV 쇼를 재생할 수 있게 해주며 그것들의 오락 성능은 점점 높아지고 있을 뿐이다. 머지않아, 컴퓨터로 만들어진 가상 현실은 훨씬 더 개인화되고 몰입형인 오락물을 가능하게 할 것이다. 더 나아가, 로봇의 인공 지능은 로봇들을 유용한 도구뿐만 아니라 친구와 오락의 원천으로 만들 가능성도 있다. 우리는 우리 자신을 즐겁게 하기 위해 로봇과 대화하고, 그들과 함께 놀고, 그리고 또 그 밖의 방식으로 그들과 교류할 수 있을지도 모른다. 우리는 이미 이 역할을 수행하는 로봇 애완동물을 발명했지만, 미래에는 우리 자신을 즐겁게 해줄 인간에 가까운 로봇이 있을지도 모른다. 우리는 아주 빠른 속도로 더 새롭고 더 진보된 로봇을 개발해 왔다. 이러한 변화들은 우리의 삶에서 평범하고 일상적인 작업들을 급격하게 변화시켰다. 그러나 그것들(이러한 변화들)은 우리가 우리의 자유시간을 어떻게 보내는지에 훨씬 더 영향을 미친다는 것을 증명하고 있으며, 기술은 앞으로도 몇 년 동안 계속해서 영향을 미칠 것이다.

① 왜 미래에 기술의 진보가 일어날 것인가?

② 기술이 어떻게 오락에 영향을 미칠 것인가?

③ 가상 현실이 기술 발전에 무엇을 기여할 것인가?

④ 우주 탐사는 미래에 어떤 변화들을 초래할 것인가?

해설

지문 중간에서 컴퓨터의 오락 성능은 점점 더 높아지고 있을 뿐이라고 설명하고 있고, 지문 마지막에서 우리는 아주 빠른 속도로 더 새롭고 더 진보된 로봇을 개발해 왔으며 이 변화들은 우리가 우리의 자유시간을 어떻게 보내는지에 훨씬 더 영향을 미친다는 것을 증명하고 있다고 하고 있으므로, '② 기술이 어떻게 오락에 영향을 미칠 것인가?'가 이 글의 제목이다.

[오답 분석]

① 미래의 기술 진보에 대해서는 얘기했지만 왜 미래에 진보가 일어날 것인지에 대한 내용은 언급되지 않았다.

③ 가상 현실이 언급되기는 했지만, 이것이 기술 발전에 무엇을 기여할 것인지에 대해서는 언급되지 않았다.

④ 우주 탐사에 대해서는 언급되지 않았다.

정답 ②

어휘

entertain 즐겁게 하다, 환대하다 invention 발명 reliance 의존
capability 성능, 역량 virtual reality 가상 현실 immersive 몰입형의
companion 친구, 동료 fulfill 수행하다 humanoid 인간에 가까운
breakneck 아주 빠른 mundane 평범한, 일상적인 contribute 기여하다
exploration 탐사, 탐험

---

10 독해 세부내용 파악(내용 불일치 파악) 난이도 중 ●●○

다음 글의 내용과 일치하지 않는 것은?

In the United States, the right of citizens to bear arms is constitutionally guaranteed. According to the Second Amendment, the ability to purchase firearms is protected, as gun ownership is considered necessary for American citizens to be able to protect themselves and the nation. Today, American citizens hold more than 393 million guns, meaning there are 20 percent more guns in the country than people. This is a gun ownership rate nearly three times higher than the next country. Unfortunately, with so many guns in circulation, the country has an exceptionally high rate of gun-involved homicides also, especially with regard to mass shootings. Surprisingly, when these events occur, the reaction in the country is not a drop in weapon sales. In fact, just the opposite occurs: gun sales skyrocket. For instance, after the San Bernardino shootings that killed 14 people, handgun sales rose by 62 percent. Researchers believe that this increase is the result of multiple factors. For one, people feel insecure in the aftermath of such events and purchase firearms to protect themselves. Others stockpile weapons under the impression that widespread outrage and media coverage will result in additional firearm regulations.

① In the United States, gun ownership is protected by the country's basic principles.

② Guns owned by the citizens currently outnumber the people in the United States.

③ Citizens tend to sell their stocks of firearms when they believe regulations are coming.

④ Firearm sales surge after highly publicized gun-related crimes in the US.

해석

미국에서, 시민들이 무기를 소지할 수 있는 권리는 헌법상 보장된다. 수정 헌법 제2조에 따르면, 총기를 구매할 수 있는 능력은 보호되는데, 이는 총기 소유가 미국 시민들에게 자신과 국가를 보호하는 데 필수적이라고 여겨지기 때문이다. 오늘날, 미국 시민들은 3억 9천 3백만 정 이상의 총기를 소지하고 있으며, 이는 그 국가(미국)에 총이 사람들보다 20퍼센트 더 많이 있다는 것을 의미한다. 이것은 다음 (순위의) 나라보다 거의 세 배나 높은 총기 소유율이다. 안타깝게도, 그렇게 많은 총들이 유통되고 있기 때문에, 그 국가는 또한 특히 총기 난사와 관련하여 이례적으로 높은 총기 관련 살인율을 가지고 있다. 놀랍게도, 이러한 사건들이 발생할 때, 그 나라에서의 반응은 무기 판매의 감소가 아니다. 실제로, 정확히 반대가 발생하는데, 총기 판매가 급등한다. 예를 들어, 14명의 사람들의 목숨을 앗아간 샌버너디노 총격 이후, 권총 판매는 62퍼센트 증가했다. 연구원들은 이러한 증가가 여러 요인의 결과라고 믿는다. 우선, 사람들은 그러한 사건들의 여파로 불안하다고 느끼고 스스로를 보호하기 위해 총기를 구입한다. 다른 사람들은 널리 퍼진 난폭 행위와 언론 보도가 추가적인 총기 규제를 초래할 것이라는 인상을 받아 무기를 비축한다.

① 미국에서 총기 소유권은 국가의 기본 원칙에 의해 보호된다.

② 시민에 의해 소유된 총기는 현재 미국 국민들보다 수가 더 많다.

③ 시민들은 규제가 시행될 것이라고 생각하면 그들의 총기 비축품을 판매하는 경향이 있다.

④ 미국에서 크게 알려진 총기 관련 범죄 이후에는 총기 판매가 급증한다.

해설

지문 마지막에서 사람들이 널리 퍼진 난폭 행위와 언론 보도가 추가적인 총기 규제를 초래할 것이라는 인상을 받아 무기를 비축한다고 했으므로, '③ 시민들은 규제가 시행될 것이라고 생각하면 그들의 총기 비축품을 판매하는 경향이 있다'는 것은 지문의 내용과 일치하지 않는다.

[오답 분석]

① 첫 번째 문장에 미국 시민들이 무기를 소지할 수 있는 권리는 헌법상 보장된다고 언급되었다.

② 세 번째 문장에 오늘날 미국 시민들은 3억 9천 3백만 정 이상의 총기를 소지하고 있으며, 이는 그 국가(미국)에 총이 사람들보다 20퍼센트 더 많다는 것을 의미한다고 언급되었다.

④ 여덟 번째 문장에 14명의 목숨을 앗아간 샌버너디노 총격 사건 이후 권총 판매가 62퍼센트 증가했다고 언급되었다.

정답 ③

어휘

constitutionally 헌법상 firearm 총기 in circulation 유통되고 있는
exceptionally 이례적으로, 유난히 homicide 살인
mass shooting 총기 난사 skyrocket 급등하다 insecure 불안한
aftermath 여파 impression 인상 outrage 난폭 행위, 격분
regulation 규제, 규정 outnumber ~보다 수가 더 많다 surge 급증하다

11 생활영어 It's always good to hear from you. 난이도 하 ●○○

두 사람의 대화 중 가장 어색한 것은?

① A: When is the last day to submit an application?

B: You have to submit it by next Friday.

② A: Can I get a window seat?

B: I'm sorry. They've all been taken already.

③ A: Where should we have Marlene's birthday party?

B: I don't mind hosting it at my house.

④ A: I heard that you learned to make kimchi.

B: It's always good to hear from you.

해석

① A: 지원서를 제출할 수 있는 마지막 날이 언제지?

B: 너는 다음 주 금요일까지 그것을 제출해야 해.

② A: 창가 쪽 좌석을 받을 수 있을까요?

B: 죄송합니다. 그것들은 이미 모두 찼어요.

③ A: 우리는 Marlene의 생일 파티를 어디에서 해야 할까?

B: 우리 집에서 그것을 열어도 괜찮아.

④ A: 나는 네가 김치 만드는 법을 배웠다고 들었어.

B: 네 소식을 듣는 것은 언제나 좋아.

해설

④번에서 A는 B가 김치 만드는 법을 배웠다는 것을 들었다고 했으므로, 네 소식을 듣는 것은 언제나 좋다는 B의 대답 '④ It's always good to hear from you(네 소식을 듣는 것은 언제나 좋아)'는 어울리지 않는다.

정답 ④

어휘

submit 제출하다, 항복하다 **application** 지원(서)

이것도 알면 합격!

'나는 잘 모르는 일이야'라고 이야기할 때 쓰는 표현

> I have no idea. 전혀 모르겠어.

> I'm without a clue. 전혀 모르겠어.

> I know less than you. 나는 너보다 아는 것이 적어.

> Not to my knowledge. 내가 알기로는 아니야.

> I wouldn't know the first thing about it.
나는 그것에 대해 전혀 알지 못해.

12 생활영어 Would any be able to fit five people and a dog? 난이도 중 ●●○

밑줄 친 부분에 들어갈 말로 가장 적절한 것은?

A: Good morning. Thank you for calling AutoBarn Rent-A-Car. This is Jade. How may I assist you today?

B: Hi. I'm planning to bring my family to the beach this weekend, so I need to rent a van.

A: I'm sorry, we don't have any vans available. However, we do have some SUVs.

B: _____?

A: Yes, no problem. Our smallest SUV has six seats and we have larger ones that can fit up to nine.

B: Oh, I think the smallest one would work. How much is that one?

A: It's $75 per day, plus gas.

B: That's perfect. That's less than I expected.

① Are your vehicles equipped with navigation systems

② Can I request a car with an automatic transmission

③ Would any be able to fit five people and a dog

④ Do I need to make a reservation

해석

A: 좋은 아침입니다. AutoBarn 렌터카에 전화 주셔서 감사합니다. 저는 Jade입니다. 오늘 무엇을 도와드릴까요?

B: 안녕하세요. 저는 이번 주말에 우리 가족을 데리고 해변에 갈 계획이라서, 승합차가 필요해요.

A: 죄송합니다. 이용할 수 있는 승합차가 없어요. 그렇지만 SUV는 몇 대 있습니다.

B: 사람 다섯 명과 개 한 마리에 맞는 것이 있을까요?

A: 네, 문제없어요. 저희의 가장 작은 SUV에는 6개의 좌석이 있고, 최대 아홉 명까지 들어갈 수 있는 더 큰 것들도 있습니다.

B: 오, 제 생각엔 가장 작은 것이면 되겠네요. 그건 얼마인가요?

A: 하루에 75달러이고, 유류비도 포함입니다.

B: 완벽해요. 제가 생각했던 것보다 저렴하네요.

① 차량에 내비게이션이 갖춰져 있나요

② 자동 변속 장치가 있는 차를 요청할 수 있나요

③ 사람 다섯 명과 개 한 마리에 맞는 것이 있을까요

④ 예약을 해야 하나요

해설

이용할 수 있는 승합차는 없지만, SUV는 몇 대 있다는 A에게 B가 질문하고, 빈칸 뒤에서 A가 Yes, no problem. Our smallest SUV has six seats and we have larger ones that can fit up to nine(네, 문제없어요. 저희의 가장 작은 SUV에는 6개의 좌석이 있고, 최대 아홉 명까지 들어갈 수 있는 더 큰 것들도 있습니다)이라고 말하고 있으므로, 빈칸에는 '③ 사람 다섯 명과 개 한 마리에 맞는 것이 있을까요(Would any be able to fit five people and a dog)'가 오는 것이 자연스럽다.

정답 ③

어휘

available 이용할 수 있는 **vehicle** 차량 **equip with** ~을 갖추다
reservation 예약

이것도 알면 합격!

차를 빌릴 때 사용할 수 있는 다양한 표현

> Will you be dropping it off here or at another location?
그것(차)을 이곳에 반납하실 건가요 아니면 다른 장소에 반납하실 건가요?

> Cars need to be returned with a full tank of gas.
차들은 연료를 가득 채워서 반납해야 합니다.

13 독해 추론(빈칸 완성 – 연결어) 난이도 중 ●●○

밑줄 친 (A), (B)에 들어갈 말로 가장 적절한 것은?

Charter schools operate as an alternative to traditional state-run public schools. They receive only a portion of their funding from the state, but are subject to significantly fewer regulations. Proponents argue that these schools have higher graduation rates than more traditional schools. Additionally, charter school students tend to score somewhat better on standardized tests. Therefore, they believe, an increased amount of public money and resources should be sent to charter schools. In addition, they contend that charter schools create competition in the marketplace, forcing all competitors to improve in quality by resulting in the closure of worse schools and leaving only quality institutions. ___(A)___, critics argue that diverting resources away from public education, and the lack of standardization, creates an uneven quality across schools, leading to wasted spending on fraudulent schools. They contend that the test scores at charter schools are non-representative due to having selective admission criteria. ___(B)___, the test scores have become increasingly meaningless, as the lack of standardized curriculums has resulted in various education goals and measures of success between different charter schools.

	(A)	(B)
①	In contrast	Instead of this
②	Therefore	For example
③	In contrast	Furthermore
④	Therefore	Regardless of this

해석

'차터 스쿨'은 전통적인 국영 공립학교의 대안으로 운영된다. 그것들은 그들 자금의 일부만을 주로부터 받지만, 훨씬 더 적은 규제를 받는다. 지지자들은 이 학교들이 더 전통적인 학교들보다 졸업률이 높다고 주장한다. 또한, 차터 스쿨 학생들은 표준화된 시험에서 다소 높은 점수를 받는 경향이 있다. 그러므로, 그들(지지자들)은 인상된 공금과 자원이 차터 스쿨에 보내져야 한다고 믿는다. 게다가, 그들은 차터 스쿨이 시장에서 경쟁을 유발하여 모든 경쟁자들이 더 형편없는 학교를 폐교시키고 우수한 기관만을 남겨두게 함으로써 질적으로 향상하도록 만든다고 주장한다. (A) 반대로, 비판하는 사람들은 자원을 공교육에서 다른 데로 돌리는 것, 그리고 표준화의 결여가 학교 전체에 걸쳐 질이 고르지 않게 하여 부정한 학교에 지출이 낭비되는 것으로 이어진다고 주장한다. 그들(비판하는 사람들)은 차터 스쿨에서의 시험 점수는 선별적인 입학 기준을 갖는 것으로 인해 대표성이 없다고 주장한다. (B) 뿐만 아니라, 그 시험 점수는 표준화된 교육과정의 결여가 서로 다른 차터 스쿨 사이에서 각양각색의 교육 목표와 성공의 척도를 초래하면서 점점 더 무의미해졌다.

	(A)	(B)
①	반대로	이것 대신에
②	그러므로	예를 들어
③	반대로	뿐만 아니라
④	그러므로	이것과는 상관없이

해설

(A) 빈칸 앞부분은 차터 스쿨 지지자들이 차터 스쿨은 전통적인 학교보다 졸업률이 높고 시험 성적도 높아서 공금과 자원이 차터 스쿨에 보내져야 한다고 주장한다는 내용이고, 빈칸 뒤 문장은 비판하는 사람들이 자원을 공교육에서 다른 곳으로 돌리는 것은 부정한 학교에 지출이 낭비되게 한다고 주장한다는 내용이므로, (A)에는 대조를 나타내는 연결어인 In contrast(반대로)가 들어가야 한다. (B) 빈칸 앞 문장은 차터 스쿨을 비판하는 사람들이 차터 스쿨의 시험 점수가 대표성이 없다고 주장한다는 내용이고, 빈칸 뒤 문장은 대표성이 없어진 그 시험 점수가 표준화된 교육과정의 결여로 인해 점점 더 무의미해졌다는 첨가를 나타내는 내용이므로, (B)에는 첨가를 나타내는 연결어인 Furthermore(뿐만 아니라)가 들어가야 한다. 따라서 ③번이 정답이다.

정답 ③

어휘

charter school 차터 스쿨(공적 자금을 받아 교사·부모·지역 단체 등이 설립한 학교)
alternative 대안 state-run 국영의 regulation 규제 proponent 지지자
standardize 표준화하다 contend 주장하다 divert 다른 데로 돌리다
uneven 고르지 않은 fraudulent 부정한, 사기를 치는
selective 선별적인, 까다로운 admission 입학 criteria 기준

14 독해 전체내용 파악(주제 파악) 난이도 중 ●●○

다음 글의 주제로 가장 적절한 것은?

In recent decades, employers have come to recognize that the well-being of individual workers is an important factor in the overall success of a corporate entity. As a result, they have instated programs to ensure both the physical and emotional health of their workers, benefits as varied as increased health insurance, expanded leave programs, more time flexibility, and better-equipped break rooms and lounge areas in the office. While these can be expensive outlays from the company's point of view, the return is overall positive, as they increase employee productivity and retention, saving money in the long run.

① improving staff health insurance
② ways to attract additional workers
③ benefits of backing employees' well-being
④ maximizing long-term profits through employee retention

해석

최근 수십 년간, 고용주들은 직원들 개개인의 복지가 법인체의 전반적인 성공에 있어 중요한 요소라는 것을 인정하게 되었다. 그 결과, 그들은 직원들의 신체적 그리고 정서적 건강을 모두 보장하기 위한 프로그램들을 배치했는데, 이는 확대된 건강 보험, 확충된 휴가 프로그램들, 더 많은 시간의 유연성, 그리고 더 잘 갖추어진 사무실 내의 휴게실과 라운지 구역과 같은 다양한 복지들이다. 회사의 관점에서 이것들이 돈이 많이 드는 지출일 수 있긴 하지만, 그것들이 직원 생산성과 유지를 높이고, 장기적으로는 돈을 절약하기 때문에 응답은 전반적으로 긍정적이다.

① 직원 건강 보험을 향상시키기
② 추가적인 직원들을 끌어들이는 방법들

③ 직원들의 복지를 지원하는 것의 이익
④ 직원 유지를 통해 장기적인 이윤을 극대화하기

해설

지문 처음에서 고용주들이 직원들 개개인의 복지가 법인체의 전반적인 성공이 있어 중요한 요소라는 것을 인정하게 되었다고 하며, 그러한 예시들을 설명하고 있고, 지문 마지막에서 이는 직원 생산성과 유지를 높이기 때문에 장기적으로는 돈을 절약할 수 있다고 설명하고 있으므로, '③ 직원들의 복지를 지원하는 것의 이익'이 이 글의 주제이다.

[오답 분석]

① 직원 건강 보험을 향상시키는 것은 직원들의 신체적, 정서적 건강을 보장하기 위한 방법으로 지엽적이다.
② 추가적인 직원들을 끌어들이는 방법들에 대해서는 언급되지 않았다.
④ 직원 유지를 통해 장기적인 이윤을 극대화하는 것은 지엽적이다.

정답 ③

어휘

well-being 복지 corporate entity 법인체 instate 배치하다, 임명하다
expand 확충하다, 확대하다 flexibility 유연성 equip 갖추다
outlay 지출, 경비 retention 유지, 보유

(A) 이것이 일상생활에서 우리를 둘러싼 기술에 의해 사람들이 영원히 부정적으로 영향 받을 것이라는 것을 보여주는 것일까?
(B) 최근의 연구는 이것이 반드시 그렇지는 않다는 것을 보여준다. 우리가 기술을 사용하는 시간을 특정한 시간으로 제한함으로써 사람들은 디지털과 관련된 스트레스로 고통받지 않고 그것의 혜택을 얻을 수 있다.

해설

주어진 문장에서 오늘날의 사람들은 과거보다 정신적으로 더 스트레스를 받는다고 하고, (C)에서 스트레스의 가장 큰 원천 중 하나(One of the biggest sources of stress)는 기술이라고 설명하고 있다. 이어서 (A)에서 이것(this)이 기술에 의해 사람들이 영원히 부정적으로 영향 받을 것이라는 것을 보여주는 것인지 질문하고, 뒤이어 (B)에서 최근의 연구는 기술 사용 시간을 특정한 시간으로 제한함으로써 사람들은 스트레스로 고통받지 않고 기술의 혜택을 얻을 수 있기 때문에 반드시 그렇지는 않다(not necessarily have to be so)는 것을 보여준다고 설명하고 있다.

정답 ③

어휘

ancestor 선조 grueling 심한, 기진맥진케 하는 indicate 보여주다, 나타내다
forevermore 영원히, 영구히 taxing 아주 힘든, 부담이 큰
distraction 주의 산만, 집중을 방해하는 것 deprivation 부족, 박탈

---

15 독해 논리적 흐름 파악(문단 순서 배열) 난이도 중 ●●○

주어진 글 다음에 이어질 글의 순서로 가장 적절한 것은?

Although our lives are physically much easier than those of our ancestors, who had to perform grueling physical labor, people today are more mentally stressed than in the past.

(A) Does this indicate that people will forevermore be negatively affected by the technology that we are surrounded by in our daily lives?

(B) A recent study shows that this does not necessarily have to be so. By limiting when we use technology to a specific time, people can get its benefits without suffering from digital-related stress.

(C) One of the biggest sources of stress in the modern world is the same factor that makes our lives less physically taxing: technology, which can cause constant distraction and sleep deprivation, among other problems.

① (A) – (C) – (B) ② (B) – (A) – (C)
③ (C) – (A) – (B) ④ (C) – (B) – (A)

해석

비록 우리의 생활이 심한 육체 노동을 해야 했던 우리의 선조들의 생활보다 신체적으로 훨씬 더 편해졌지만, 오늘날의 사람들은 과거보다 정신적으로 더 스트레스를 받는다.

(C) 현대에서 스트레스의 가장 큰 원천 중 하나는 우리의 삶을 신체적으로 덜 힘들게 만드는 것과 동일한 요소이다. 이는 바로 기술인데, 이것은 다른 문제들 중에서도 특히 지속적인 주의 산만과 수면 부족을 일으킬 수 있다.

---

16 독해 논리적 흐름 파악(무관한 문장 삭제) 난이도 상 ●●●

다음 글의 흐름상 가장 어색한 문장은?

The lymphatic system consists of a number of organs and nodes that help the body stay healthy by ridding it of toxins, waste, and other undesirable materials, and by transporting a fluid called lymph that contains disease-fighting white blood cells. Of these lymphatic system components, the largest, and one of the most important, is the spleen. ① The organ's main job is to filter the blood, monitoring red blood cells as they flow through it and recycling those that are defective. ② From these damaged cells, the spleen can harvest iron and return it to the bone marrow to allow the further production of hemoglobin. ③ During the filtering process, the spleen also detects dangerous microorganisms and prompts an immune response to fight them in the body. ④ To ensure proper functioning of the spleen system, it is important to drink plenty of water and avoid taking in unnecessary toxins and pollutants. Despite these important functions, the body can actually survive without the spleen, as other organs will work harder to perform similar functions if this small organ is damaged by injury or infection.

해석

림프계는 독소, 노폐물, 그리고 다른 바람직하지 않은 물질을 제거하고, 질병을 퇴치하는 백혈구가 함유된 림프라고 불리는 액체를 운반함으로써 신체를 건강하게 유지하도록 도움을 주는 여러 기관과 마디로 구성되어 있다. 이러한 림프계의 구성 요소 중에 가장 크고 가장 중요한 것 중 하나는 비장이다. ① 그 장기의 주 업무는 적혈구가 그것(혈액)을 관류할 때 이를 감시하고 결함이 있는 것들은 재활용하면서 혈액을 여과하는 것이다. ② 이러한 손상된 세포로부터 비장은 철을 채취하고, 그것을 골수에 되돌

려 헤모글로빈의 추가 생산이 가능하게 한다. ③ 여과 과정에서 비장은 또한 위험한 미생물을 검출하고 체내에서 그것들과 맞서 싸우기 위해 면역반응을 유발한다. ④ 비장의 적절한 기능을 보장하기 위해, 충분한 물을 마시고 불필요한 독소와 오염물질을 섭취하는 것을 피하는 것이 중요하다. 이러한 중요한 기능에도 불구하고, 다른 기관들이 이 작은 기관이 부상이나 감염으로 손상되면 유사한 기능을 수행하기 위해 더 열심히 일하기 때문에, 사실 신체는 비장 없이 생존할 수 있다.

해설

지문 처음에서 림프계의 구성 요소 중 가장 크고 가장 중요한 것 중 하나가 비장이라고 하고, ①, ②, ③번에서 적혈구를 감시하면서 혈액을 여과하는 등의 비장의 여러 역할과 기능에 대해 설명하고 있다. 그러나 ④번은 비장이 적절히 기능하기 위해서는 물을 충분히 마시고 독소와 오염물질을 섭취하는 것을 피하는 것이 중요하다는 내용으로, 비장의 역할과 기능에 대해 설명하는 지문 전반의 내용과 관련이 없다.

정답 ④

어휘

lymphatic system 림프계   node 마디, 교점   rid 제거하다, 없애다
undesirable 바람직하지 않은   material 물질, 재료
component 구성 요소, 부품   spleen 비장   defective 결함 있는
bone marrow 골수   detect 검출하다, 탐지하다
prompt 유발하다, 자극하다   immune 면역의   pollutant 오염물질
infection 감염

구문 분석

[14행] ~, it **is important** / to drink plenty of water / and avoid taking in unnecessary toxins and pollutants.
: 이처럼 긴 진짜 주어를 대신해 가짜 주어 it이 쓰인 경우, 가짜 주어 it은 해석하지 않고 뒤에 있는 진짜 주어 to 부정사구(to drink ~)를 가짜 주어 it의 자리에 넣어 '~하는 것은'이라고 해석한다.

---

17 독해 논리적 흐름 파악(문장 삽입)   난이도 중 ●●○

주어진 문장이 들어갈 위치로 가장 적절한 것은?

At this point he set about exposing various items to these waves, starting with eggs, which exploded after a short time, and corn kernels, which popped perfectly.

In 1946, a Raytheon technician named Percy Spencer was working on a way to increase the level of power in magnetron tubes — vacuum tubes that produce electromagnetic energy — when he made an important discovery. (①) After working all morning with the magnetron, Spencer reached into his pocket to take out a peanut cluster bar at lunch. (②) Surprisingly, he found that the candy bar had melted into a sticky, gooey blob. (③) Believing that this was somehow related to the technology he was working with, Spencer wondered how other food items would react to the waves created by the magnetron. (④) Within a year, Spencer and his team had taken his discovery and created a box that used electromagnetic energy to cook food — the first commercial microwave oven.

해석

이 시점에서 그는 잠시 후에 폭발한 계란과 완전히 펑 하고 터진 옥수수 낟알을 시작으로, 다양한 식품들을 이러한 파장에 노출시키기 시작했다.

1946년에 퍼시 스펜서라는 이름의 레이시온의 기술자는 그가 중요한 발견을 했을 때 전자기 에너지를 생산하는 진공관인 전자관 속 에너지의 양을 증가시키는 방법에 공을 들이고 있었다. (①) 아침 내내 전자관을 가지고 작업한 후에, 스펜서는 점심시간에 땅콩 클러스터 바를 꺼내기 위해 그의 주머니에 손을 뻗었다. (②) 놀랍게도, 그는 그 초코바가 녹아서 끈적끈적하고 들러붙는 덩어리가 진 것을 발견했다. (③) 이것이 왠지 그가 작업하고 있는 기술과 관련 있다고 생각한 스펜서는 다른 식품들은 전자관에 의해 발생한 파장에 어떻게 반응할지 궁금했다. (④) 1년도 안 되어서, 스펜서와 그의 팀은 그가 발견한 것을 가지고 음식을 요리하는 데 전자기 에너지를 사용한 상자인 최초의 상업적 전자레인지를 만들었다.

해설

④번 앞부분에서 스펜서는 다른 식품들(other food items)이 전자관에 의해 발생한 파장에 어떻게 반응할지 궁금했다고 했으므로, ④번 자리에 계란과 옥수수와 같은 다양한 식품들을 파장에 노출시키기 시작했다는 내용의 주어진 문장이 나와야 지문이 자연스럽게 연결된다.

[오답 분석]
① 뒤 문장에 아침 내내 전자관을 가지고 작업했다는 내용이 있으므로 주어진 문장이 ①번에 삽입되면 문맥상 부자연스럽다.
② 뒤 문장에 초코바가 녹아서 끈적끈적하고 들러붙는 덩어리가 진 것을 발견했다고 한 것은 ②번 앞부분에 점심시간에 땅콩 클러스터 바를 꺼낸 것과 연결되는 내용이므로 ②번에 다른 문장이 삽입되면 문맥상 부자연스럽다.
③ 앞 문장에 초코바가 녹은 것을 발견했다는 내용이 있고, 이것이 왠지 그가 작업하고 있는 기술과 관련 있다고 생각했다는 내용이 나오고 있으므로 ③번에 다른 문장이 삽입되면 문맥상 부자연스럽다.

정답 ④

어휘

expose 노출시키다, 쬐다   explode 폭발하다   kernel 낟알, 알맹이
pop 펑 하고 터지다   magnetron 전자관   tube 관   vacuum 진공 (상태)
electromagnetic 전자기의, 전자석의   gooey 들러붙는, 끈적거리는
blob 덩어리, 방울   commercial 상업적인, 민영의
microwave 전자레인지의, 마이크로파

---

18 독해 세부내용 파악(내용 불일치 파악)   난이도 중 ●●○

다음 글의 내용과 일치하지 않는 것은?

Naples, Italy's third-largest city and the capital of the Campania region, is world-famous for being the birthplace of the modern pizza, which was first made there in the mid-1800s, but in recent years, the city has also become known for its massive, ongoing trash problem. Starting in the 1980s, landfills in the region filled up and by 1999 all of them had to be closed. Without a proactive response from the city, trash piled up in the streets. The situation grew so dire that the national government declared it an emergency and sent in cleaning crews that removed seven million tons of rubbish. This trash was then incinerated in a new factory that produced enough refuse-derived fuel to power more than 200,000 local homes.

① 피자는 수 세기 전에 나폴리에서 유래되었다.
② 1980년대 이후 나폴리 주변의 매립지가 가득 차 문을 닫아야 했다.
③ 이탈리아 정부는 쓰레기를 처리할 청소부들을 나폴리 매립지에 보냈다.
④ 나폴리의 쓰레기는 그 지역의 한 공장에서 야기되었다.

[해석]

이탈리아에서 세 번째로 큰 도시이자 캄파니아 지역의 수도인 나폴리는 1800년대 중반에 그곳에서 처음 만들어진 현대 피자의 발생지로 세계적으로 유명하지만, 최근 몇 년 동안 그 도시는 또한 계속 진행 중인 대규모의 쓰레기 문제로 유명해졌다. 1980년대부터, 이 지역의 쓰레기 매립지들이 가득 찼고 1999년까지 모든 곳들이 문을 닫아야 했다. 도시의 적극적인 대응 없이 거리에 쓰레기가 쌓였다. 상황이 대단히 심각해져서 중앙 정부는 상황을 비상사태로 선포했고 700만 톤의 쓰레기를 치운 청소부들을 파견했다. 그 이후에 이 쓰레기는 20만 이상의 지역 가정에 전력을 공급할 만큼 충분한 폐기물 고형 연료를 생산한 새로운 공장에서 소각되었다.

[해설]

지문 마지막에서 700만 톤의 쓰레기가 새로운 공장에서 소각되었다고 했으므로 '④ 나폴리의 쓰레기는 그 지역의 한 공장에서 야기되었다'는 것은 지문의 내용과 일치하지 않는다.

[오답 분석]
① 첫 번째 문장에 나폴리는 현대 피자의 발생지로 세계적으로 유명하다고 언급되었다.
② 두 번째 문장에 1980년대부터 나폴리의 쓰레기 매립지들이 가득 찼고, 1999년까지 모든 쓰레기 매립지들이 문을 닫아야 했다고 언급되었다.
③ 네 번째 문장에 중앙 정부는 700만 톤의 쓰레기를 치운 청소부들을 파견했다고 언급되었다.

정답 ④

[어휘]

capital 수도 **ongoing** 계속 진행 중인 **landfill** 쓰레기 매립지
proactive 적극적인, 주도적인 **dire** 대단히 심각한, 엄청난
send in ~을 파견하다 **rubbish** 쓰레기 **incinerate** 소각하다
refuse-derived fuel 폐기물 고형 연료(가연성 폐기물을 통해 생산한 연료)

19 독해 추론(빈칸 완성 - 단어) 난이도 중 ●●○

밑줄 친 (A), (B)에 들어갈 말로 가장 적절한 것은?

Scientists have only recorded worldwide thermometer-based temperature readings since the 1880s. However, they have been able to establish environmental temperatures dating back thousands of years by measuring the isotope levels of ice-core samples. Isotopes are distinct versions of molecules that differ based on the number of neutrons they contain. For instance, oxygen has three isotopes with 16, 17, or 18 neutrons. Researchers measure the number of each oxygen isotope in the samples they collect. Because oxygen-18 isotopes are the heaviest, water containing these evaporates more slowly than water with more oxygen-16 isotopes, which are the lightest. The ratio of each isotope _____(A)_____ in core samples depending on the air temperature when they formed. This is because air temperatures affect the water cycle and which isotopes are more prevalent in water at a particular time. Those formed during hotter periods have more oxygen-18 isotopes. As a result, researchers can use the isotope ratios and algorithms to determine how _____(B)_____ the temperature was when the ice core formed.

	(A)	(B)
①	varies	high
②	emits	variable
③	varies	normal
④	emits	constant

[해석]

과학자들은 1880년대 이후로 전 세계의 온도계 기반 온도만을 기록해 왔다. 하지만, 그들은 얼음 핵 표본의 동위 원소 수치를 측정함으로써 수천 년 전으로 거슬러 올라가는 환경 온도를 규명할 수 있었다. 동위 원소는 분자가 함유하는 중성자의 수에 따라 달라지는 뚜렷이 다른 분자의 형태이다. 예를 들어, 산소는 16, 17, 또는 18개의 중성자를 가진 3개의 동위 원소를 가지고 있다. 연구원들은 그들이 채취한 표본에서 각각의 산소 동위 원소의 수를 측정한다. 산소-18 동위 원소가 가장 무겁기 때문에, 가장 가벼운 산소-16 동위 원소가 더 많은 물보다 이 동위 원소(산소-18 동위 원소)가 함유된 물이 더 천천히 증발한다. 각 동위 원소의 비율은 표본이 형성되었을 때의 대기 온도에 따라 핵 표본에서 (A) 다르다. 이것은 대기 온도가 물의 순환과 특정 시기에 어떤 동위 원소가 물에 더 널리 퍼져 있는지에 영향을 미치기 때문이다. 더 더운 시기에 형성된 것들은 더 많은 산소-18 동위 원소를 가지고 있다. 그 결과, 연구원들은 얼음 핵이 형성될 당시 온도가 얼마나 (B) 높았는지를 판단하기 위해 동위 원소의 비율과 알고리즘을 활용할 수 있다.

	(A)	(B)
①	다르다	높은
②	방출한다	변화하는
③	다르다	정상인
④	방출한다	일정한

[해설]

(A) 빈칸 뒤 문장에서 대기 온도가 물의 순환과 어떤 동위 원소가 물에 더 널리 퍼져있는지에 영향을 미친다고 했으므로, (A)에는 각 동위 원소의 비율은 표본이 형성되었을 때의 대기 온도에 따라 '다르다(varies)'는 내용이 들어가야 한다. 지문 초반에서 동위 원소 수치를 측정함으로써 수천 년 전으로 거슬러 올라가는 환경 온도를 규명할 수 있었다고 하고, (B) 빈칸 앞부분에서 표본이 형성되었을 때의 대기 온도에 따라 동위 원소의 비율이 다르다고 하며, 더 더운 시기에 형성된 것들은 더 많은 산소-18 동위 원소를 가지고 있다고 했으므로, (B)에는 연구원들은 얼음 핵이 형성될 당시 온도가 얼마나 '높았는지(high)'를 판단하기 위해 동위 원소의 비율과 알고리즘을 활용할 수 있다는 내용이 들어가야 한다. 따라서 ①번이 정답이다.

정답 ①

[어휘]

thermometer 온도계 **establish** 규명하다, 밝히다 **isotope** 동위 원소

core 핵, 중심부 distinct 뚜렷이 다른 molecule 분자 neutron 중성자
evaporate 증발하다 ratio 비율 algorithm 알고리즘, 연산
variable 변화하는 constant 일정한

는데, 이것이 시간이 흐르면서 독립된 종의 표식이 되었다고 설명하고 있으
므로, 빈칸에는 '② 현존하는 유기체의 다양화'가 들어가야 한다.

[오답 분석]
① 생태계의 보호에 대해서는 언급되지 않았다.
③ 독특한 생명체의 발견에 대해서는 언급되지 않았다.
④ 종 보호의 중요성에 대해서는 언급되지 않았다.

정답 ②

어휘

identify 확인하다, 알아보다 exist 존재하다 evolution 진화
speciation 종 분화 suit 적합하다 lineage 혈통, 계통 reinforce 강화하다
observation 관측 finch 되새류(부리가 짧은 작은 새) beak 부리
thrive 번성하다, 잘 자라다 separate 독립된, 별개의
diversification 다양화 extant 현존하는 organism 유기체

---

20 독해 추론(빈칸 완성 - 구)   난이도 중 ●●○

밑줄 친 부분에 들어갈 말로 가장 적절한 것은?

To date, scientists have identified two million individual
species on Earth and believe that millions more may
actually exist. This large number of species is due to the
type of evolution first described by Charles Darwin in *On
the Origin of Species*. According to Darwin's book, the
_____ is due to a process of
speciation in which the individuals of a species that are best
suited to a space in the ecosystem will survive to pass on their
genes. Over many generations, the genetic lineage of these
individuals is reinforced and eventually, a new species is
formed. Darwin based this idea on observations of finches in
the Galapagos Islands. Although they were all of the same type
of bird, different individuals had specialized beaks that allowed
them to thrive by taking advantage of a particular food source
on the islands, which over time came to be the marker of a
separate species.

① protection of ecosystems
② diversification of extant organisms
③ discovery of unique life forms
④ importance of protecting species

해석

현재까지, 과학자들은 지구상에서 2백만 종의 개별 종을 확인했으며, 수
백만이 더 실제로 존재할 수 있다고 믿는다. 이 많은 종의 수는 찰스 다윈
이 『종의 기원』에서 처음 설명한 진화의 유형 덕분이다. 다윈의 저서에 의
하면, 현존하는 유기체의 다양화는 생태계 공간에 가장 적합한 종의 개체
들이 그들의 유전자를 물려주기 위해 살아남을 것이라는 종 분화 과정 때
문이다. 여러 세대에 걸쳐, 이러한 개체들의 유전적 혈통이 강화되고, 결
국 새로운 종이 형성된다. 다윈은 이 생각을 갈라파고스 제도의 되새류의
관측에 근거했다. 비록 모두 같은 종류의 새였지만, 각기 다른 개체는 그
섬들에서의 특정 식량 공급원을 이용함으로써 그들(새)을 번성하게 하는
분화된 부리를 가지고 있었는데, 이것은 시간이 흐르면서 독립된 종의 표
식이 되었다.

① 생태계의 보호
② 현존하는 유기체의 다양화
③ 독특한 생명체의 발견
④ 종 보호의 중요성

해설

지문 처음에서 과학자들이 현재까지 확인한 종보다 더 많은 종들이 실제로
존재할 수 있다고 하고, 빈칸 뒷부분에서 여러 세대에 걸쳐 개체들의 유전
적 혈통이 강화되고 결국 새로운 종이 형성된다고 설명하면서, 같은 종류의
새의 각기 다른 개체들이 그들을 번성하게 하는 분화된 부리를 가지고 있었

▶ 정답

p. 62

01	② 어휘 – 어휘&표현	11	① 어휘 – 어휘&표현
02	③ 어휘 – 어휘&표현	12	② 어휘 – 어휘&표현
03	④ 어휘 – 생활영어	13	① 문법 – 조동사
04	① 어휘 – 생활영어	14	④ 독해 – 전체내용 파악
05	④ 문법 – 상관접속사	15	④ 독해 – 전체내용 파악
06	③ 독해 – 전체내용 파악	16	④ 독해 – 세부내용 파악
07	③ 독해 – 세부내용 파악	17	④ 독해 – 논리적 흐름 파악
08	② 독해 – 논리적 흐름 파악	18	④ 문법 – 병치·도치·강조 구문&전치사
09	④ 독해 – 논리적 흐름 파악	19	① 독해 – 추론
10	③ 독해 – 세부내용 파악	20	② 독해 – 추론

▶ 취약영역 분석표

영역	세부 유형	문항 수	소계
어휘	어휘&표현	4	/6
	생활영어	2	
문법	상관접속사	1	/3
	조동사	1	
	병치·도치·강조 구문&전치사	1	
독해	전체내용 파악	3	/11
	세부내용 파악	3	
	추론	2	
	논리적 흐름 파악	3	
총계			**/20**

---

01 어휘 susceptible 난이도 중 ●●○

밑줄 친 부분에 들어갈 말로 가장 적절한 것은?

Chad is a nation that is _____ to drought, leaving its people vulnerable to severe instances of malnutrition when crops are ruined from lack of rainfall.

① suspensive
② susceptible
③ sympathetic
④ copious

해석

차드는 가뭄의 영향을 받기 쉬운 국가로, 강우량의 부족으로 인해 농작물이 황폐해지면 국민들을 영양실조라는 심각한 사례들에 피해를 입기 쉽게 만든다.

① 불안한
② 영향을 받기 쉬운
③ 동정적인
④ 풍부한

정답 ②

어휘

drought 가뭄 vulnerable 피해를 입기 쉬운, 상처 입기 쉬운 severe 심각한 instance 사례 malnutrition 영양실조 suspensive 불안한, 확실치 못한 susceptible 영향을 받기 쉬운 sympathetic 동정적인, 동조적인 copious 풍부한, 막대한

🔖 **이것도 알면 합격!**

susceptible(영향을 받기 쉬운)의 유의어
= vulnerable, prone, exposed

---

02 어휘 go all out for = put everything on 난이도 중 ●●○

밑줄 친 부분과 의미가 가장 가까운 것은?

My wife and I spent a long time deciding whether we wanted to go all out for our vacation this year.

① take a chance on
② take another look at
③ put everything on
④ do away with

해석

나의 아내와 나는 우리가 올해 휴가에 전력을 다하기를 원하는지 아닌지 결정하는 데 오랜 시간을 보냈다.

① ~을 운에 맡기고 해보다
② ~을 다시 보다
③ ~에 모든 것을 쏟다
④ ~을 없애다

정답 ③

어휘

go all out for ~에 전력을 다하다 take a chance on ~을 운에 맡기고 해보다 take another look at ~을 다시 보다 put everything on ~에 모든 것을 쏟다 do away with ~을 없애다

🔖 **이것도 알면 합격!**

go all out for(~에 전력을 다하다)와 유사한 의미의 표현
= do everything possible, make a great effort, do all one can

---

03 생활영어 We don't have any equipment. 난이도 하 ●○○

밑줄 친 부분에 들어갈 말로 가장 적절한 것을 고르시오.

A: The weather is so nice these days. Why don't we go camping?
B: That's a good idea. But aren't you forgetting something?
A: I don't think so. Am I?
B: _____.
A: Oh, that's no problem. My brother said he'd lend us all his gear.

① We should invite your brother

② It's supposed to rain this weekend

③ We already have another appointment

④ We don't have any equipment

해석

A: 요즘 날씨가 정말 좋다. 우리 캠핑 가는 게 어때?

B: 좋은 생각이야. 그런데 너는 뭔가 잊고 있지 않니?

A: 아닌 거 같은데. 내가 잊고 있는 게 있다고?

B: 우리는 장비가 아무것도 없잖아.

A: 아, 그건 문제없어. 내 형이 우리에게 그의 모든 장비를 빌려준다고 말했어.

① 우리는 너의 형을 초대해야만 해

② 이번 주말에 비가 오기로 되어 있어

③ 우리는 이미 다른 약속이 있어

④ 우리는 장비가 아무것도 없잖아

해설

자신이 무엇을 잊고 있는지를 묻는 A의 질문에 대해 B가 대답하고, 빈칸 뒤에서 다시 A가 Oh, that's no problem. My brother said he'd lend us all his gear(아, 그건 문제없어. 내 형이 우리에게 그의 모든 장비를 빌려준다고 말했어)라고 말하고 있으므로, 빈칸에는 '④ 우리는 장비가 아무것도 없잖아(We don't have any equipment)'가 오는 것이 자연스럽다.

정답 ④

어휘

gear 장비, 도구   equipment 장비, 용품

이것도 알면 합격!

캠핑과 관련된 표현

> Get your things together, but pack light.
짐을 챙기되, 가볍게 싸세요.

> Place your tinder bundle in the middle of your campfire site.
당신의 모닥불 가운데에 불쏘시개 묶음을 놓으세요.

> What's the most important consideration when selecting a campsite?
캠핑장을 고를 때 가장 중요한 고려 사항은 무엇입니까?

---

04   생활영어 What size do you need?   난이도 하 ●○○

밑줄 친 부분에 들어갈 말로 가장 적절한 것을 고르시오.

A: Hi, I bought this shirt here last week, but it doesn't fit.

B: Oh, I'm sorry to hear that. Would you like a refund?

A: Actually, I'd like to exchange it.

B: Okay. _____

A: It's a medium, so I think a small would work.

B: Give me a minute and I'll find you one.

A: Thank you so much.

---

① What size do you need?

② I think it'll look great on you.

③ Would you like it in another color?

④ They're on the shelf over there.

해석

A: 안녕하세요, 제가 지난주에 여기서 이 셔츠를 샀는데 맞지 않아서요.

B: 오, 유감이네요. 환불을 받으시겠어요?

A: 사실, 저는 그것을 교환하고 싶어요.

B: 좋아요. 어떤 사이즈가 필요하신가요?

A: 이것이 중간 사이즈이니, 제 생각에는 작은 사이즈가 괜찮을 것 같아요.

B: 잠시만 기다려주시면 제가 찾아드릴게요.

A: 정말 감사합니다.

① 어떤 사이즈가 필요하신가요?

② 제 생각에는 이것이 당신에게 잘 어울릴 것 같아요.

③ 다른 색깔로 드릴까요?

④ 그것들은 저쪽에 있는 선반에 있어요.

해설

A가 셔츠를 교환하고 싶다고 하고, 빈칸 뒤에서 A가 B에게 I think a small would work(제 생각에는 작은 사이즈가 괜찮을 것 같아요)라고 하고 있으므로, 빈칸에는 '① 어떤 사이즈가 필요하신가요?(What size do you need?)'가 오는 것이 자연스럽다.

정답 ①

어휘

fit (모양과 크기가) 맞다, 설치하다   refund 환불; 환불하다   shelf 선반

이것도 알면 합격!

환불과 관련된 표현

> Can I get a full refund?
전액 환불을 받을 수 있나요?

> Refund will come in the form of cash.
환불은 현금의 형태로 될 거예요.

> Talk to customer service about obtaining a refund.
환불을 받는 것에 대해 고객 센터와 이야기해 보세요.

---

05   문법 상관접속사   난이도 중 ●●○

우리말을 영어로 잘못 옮긴 것은?

① 잘 훈련된 개들은 언제나 그들의 주인들을 기쁘게 해 주려고 노력한다.

→ Well-trained dogs always try to please their owners.

② 나의 선생님이 없었다면, 나는 좋은 발표를 할 수 없었을 텐데.

→ Had it not been for my teacher, I couldn't have given a great presentation.

③ 그녀가 그녀의 남동생에 대한 이야기를 하고 있는 동안 그에게 전화를 받았다.
→ She got a call from her brother while she was telling a story about him.

④ 그녀를 설득한 것은 그의 많은 성과가 아니라 그의 상냥한 마음씨였다.
→ It was not his many successes and his kind heart that won her over.

해설

④ 상관접속사 '~은 그의 많은 성과가 아니라 그의 상냥한 마음씨였다'는 not A but B(A가 아니라 B)로 나타낼 수 있으므로 and를 but으로 고쳐야 한다.

[오답 분석]
① 동명사와 to 부정사 둘 다 목적어로 취하는 동사 동사 try는 '~하려고 노력하다'라는 미래의 의미를 나타낼 때는 to 부정사를 목적어로 취하므로 to 부정사 to please가 올바르게 쓰였다.

② 조동사 관련 표현 | 가정법 도치 '좋은 발표를 할 수 없었다'는 조동사 관련 표현 could have p.p.(~할 수 있었다)를 사용하여 나타낼 수 있으므로, couldn't have given이 올바르게 쓰였다. 또한, 가정법 문장에서 if가 생략되면 주어와 동사의 자리가 바뀌므로 Had it not been for my teacher이 올바르게 쓰였다.

③ 부사절 접속사 1: 시간 | 과거진행 시제 '이야기를 하고 있는 동안'은 시간을 나타내는 부사절 접속사 while(~하는 동안)을 사용하여 나타낼 수 있으므로 while이 올바르게 쓰였고, '남동생에 대한 이야기를 하고 있었다'라는 특정 과거 시점에서 진행되고 있었던 일을 표현하기 위해서는 과거진행 시제를 사용할 수 있으므로 과거진행 시제 was telling이 올바르게 쓰였다.

정답 ④

어휘

well-trained 잘 훈련된   win over 설득하다, 자기편으로 끌어들이다

이것도 알면 합격!

상관접속사는 짝이 맞는 것끼리 쓰여야 한다.

> The product is safe **not only** for people, **but also** for pets. (전치사구)
그 제품은 사람에게뿐만 아니라 애완동물에게도 안전하다.

> **Neither** coffee **nor** tea is her favorite beverage. (명사)
커피도 차도 그녀가 가장 좋아하는 음료는 아니다.

---

06 독해 전체내용 파악(제목 파악)   난이도 중 ●●○

글의 제목으로 가장 적절한 것은?

Although global warming is a serious problem, there are many who disagree that humans are causing this phenomenon. However, despite their denial, nearly 97 percent of researchers who specialize in studying the environment agree that humans are having a direct impact on climate change. They insist that we must make some changes soon if we are to stop climate change from growing worse and save the planet. One of the most common proposals is rethinking our transportation, electric, and industrial systems. These three factors alone account for 80 percent of the emissions that are causing climate change. By switching to cleaner, renewable fuel sources in only these three economic sectors, we could greatly cut pollution and reduce our effect on climate change.

① To Save the Planet, Reduce Human Activities
② Increased Industrial Output Causes Higher Global Temperatures
③ It Is Up to Us to End Human-Induced Climate Change
④ Scientists Disagree Over the Cause of Global Warming

해석

지구 온난화는 심각한 문제임에도 불구하고, 인간이 이 현상을 유발하고 있다는 것에 동의하지 않는 사람들이 많다. 그러나 그들의 부정에도 불구하고, 환경을 연구하는 것을 전문으로 하는 거의 97퍼센트의 연구원들은 인간들이 기후 변화에 직접적인 영향을 주고 있다는 것에 동의한다. 그들은 우리가 기후 변화가 더 안 좋아지는 것을 멈추고 지구를 지키고 싶다면 우리는 곧 몇 가지 변화들을 만들어내야 한다고 주장한다. 가장 공통적인 제안들 중 하나는 교통, 전기, 그리고 산업 체제를 다시 생각하는 것이다. 이 세 요인들만 해도 기후 변화를 일으키는 배기가스의 80퍼센트를 차지한다. 오직 이 세 경제 분야에서 더 깨끗하고 재생 가능한 연료로 바꿈으로써 우리는 오염을 크게 줄일 수 있고 기후 변화에 대한 우리의 영향을 감소시킬 수 있다.

① 지구를 지키기 위해, 인간의 활동을 감소시켜라
② 증가된 산업 생산량이 더 높은 지구 온도를 야기한다
③ 인간이 야기한 기후 변화를 끝내는 것은 우리에게 달려있다
④ 과학자들은 지구 온난화의 원인에 대해 동의하지 않는다

해설

지문 처음에서 환경을 연구하는 것을 전문으로 하는 거의 97퍼센트의 연구원들은 인간들이 기후 변화에 직접적인 영향을 주고 있다는 것에 동의한다고 하며 지구를 지키고 싶다면 우리가 곧 몇 가지 변화들을 만들어내야 한다고 주장한다고 했으므로, '③ 인간이 야기한 기후 변화를 끝내는 것은 우리에게 달려있다'가 이 글의 제목이다.

[오답 분석]
① 인간이 기후 변화의 원인이라고는 했지만, 인간의 활동을 감소시켜야 한다는 내용은 언급되지 않았다.
② 증가된 산업 생산량에 대해서는 언급되지 않았다.
④ 과학자들이 지구 온난화의 원인에 대해 동의하지 않는다는 것은 지문의 내용과 다르다.

정답 ③

어휘

phenomenon 현상   denial 부정, 부인   specialize in ~을 전문으로 하는   transportation 교통, 수송   electric 전기의   factor 요인   account for 차지하다   emission 배기가스, 배출   renewable 재생 가능한   fuel 연료   sector 분야   reduce 감소시키다, 줄이다

07 독해 세부내용 파악(내용 불일치 파악) 난이도 중 ●●○

글의 내용과 일치하지 않는 것은?

A hospital in New Jersey is demonstrating how health services react when they do not have adequate funding. In addition to reneging on their word to increase hourly pay for nurses, hospital administrators are under attack for letting nearly 50 janitorial employees go last week. This could be especially detrimental to public safety, as the cleaning crew plays an integral part in maintaining a sterile environment for patients and staff. The dismissed workers began protesting in front of the entrance, joined by a surprisingly large number of doctors and other medical professionals. A spokesman from the hospital put out a statement today, saying that a press conference will be held tomorrow morning to explain the need for the downsizing.

① The hospital's physicians protested a decision alongside discharged employees.
② Janitors at the hospital play a vital role in maintaining workplace hygiene.
③ Some hospital employees had to be fired in order to finance the nurses' raise.
④ A recent cutback will be explained tomorrow by the hospital.

해석

뉴저지에 있는 한 병원은 충분한 재정 지원이 없을 때 의료 서비스가 어떻게 반응하는지에 대해 보여주고 있다. 간호사들의 시급을 올리겠다는 그들의 약속을 어겼을 뿐만 아니라, 병원 관리자들은 지난주에 거의 50명의 청소부들을 해고한 것으로 비난을 받고 있다. 이것은 특히 공공의 안전에 해로울 수 있는데, 이는 청소부들이 환자들과 직원들을 위한 살균 환경을 유지하는 데 필수적인 역할을 하기 때문이다. 그 해고된 직원들은 놀랄 만큼 많은 수의 의사들과 다른 전문 의료진들과 함께 출입구 앞에서 시위하기 시작했다. 오늘 병원 대변인은 인원 삭감의 필요성을 설명하는 기자 회견이 내일 아침에 열릴 것이라는 성명을 발표했다.

① 병원의 의사들은 해고된 직원들과 함께 결정에 항의했다.
② 병원의 청소부들은 업무 현장의 위생을 유지하는 데 중요한 역할을 한다.
③ 일부 병원 직원들은 간호사들의 임금 인상에 자금을 조달하기 위해 해고되어야 했다.
④ 최근의 감축은 내일 병원에 의해 설명될 것이다.

해설

③번의 키워드인 the nurses' raise(간호사들의 임금 인상)를 바꾸어 표현한 their word to increase hourly pay for nurses(간호사들의 시급을 올리겠다는 그들의 약속) 주변에서 병원 관리자들이 간호사들의 시급을 올리겠다는 약속을 어겼을 뿐만 아니라 거의 50명의 청소부들을 해고했다고는 했지만 병원 직원들이 간호사들의 임금 인상을 위해 해고되었는지에 대해서는 언급되지 않았으므로, '③ 일부 병원 직원들은 간호사들의 임금 인상에 자금을 조달하기 위해 해고되어야 했다'는 것은 지문의 내용과 일치하지 않는다.

[오답 분석]

① 네 번째 문장에 해고된 직원들이 놀랄 만큼 많은 수의 의사들과 함께 시위하기 시작했다고 언급되었다.
② 세 번째 문장에 청소부들이 환자들과 직원들을 위한 살균 환경을 유지

하는 데 필수적인 역할을 하고 있다고 언급되었다.
④ 마지막 문장에 병원 대변인이 인원 삭감의 필요성을 설명하는 기자 회견이 내일 아침에 열릴 것이라는 성명을 발표했다고 언급되었다.

정답 ③

어휘

renege (약속을) 어기다, 저버리다 under attack 비난을 받고 있는
let ~ go ~를 해고하다 janitorial 청소부의, 잡역부의 detrimental 해로운
public safety 공공 안전 cleaning crew 청소부 integral 필수적인
sterile 살균한, 소독한 dismiss 해고하다 protest 시위를 하다, 항의하다
spokesman 대변인 statement 성명, 진술 press conference 기자 회견
downsizing 인원 삭감 physician 의사 discharge 해고하다
janitor 청소부, 잡역부 hygiene 위생 finance 자금을 조달하다
cutback 감축, 삭감

08 독해 논리적 흐름 파악(무관한 문장 삭제) 난이도 중 ●●○

글의 흐름상 가장 어색한 문장은?

Zambia, located in southern Africa, is quickly becoming a hotspot for the more adventurous traveler. ① As a safari destination, of course, it is one of the best places to witness exotic wildlife in their habitat. Tour agencies offer walking, canoeing, and guided jeep safaris. ② During the dry season in Zambia, visibility is increased due to the lack of foliage, and animals are forced to share water sources. But the living attractions are not the only reason for visiting. Zambia also boasts the world's largest waterfall, Victoria Falls. ③ In addition to their impressive size, the falls have a unique feature called the Devil's Pool. This is a natural swimming spot at the falls' lip that is created by rocks during the drier months. ④ The stone barrier lets brave visitors swim right up to the edge where the water cascades down, without engulfing them. However, visitors are only allowed to access Devil's Pool through seasonal boat tours with a guide.

해석

남아프리카에 위치한 잠비아는 더 대담한 여행객에게 빠르게 인기 있는 장소가 되고 있다. ① 사파리 여행의 목적지로는 물론이고, 그것은 그들의 서식지에 있는 이국적인 야생동물을 보기에 가장 좋은 장소 중 하나이다. 여행사들은 산책, 카누 타기, 그리고 가이드가 안내하는 지프차 사파리 여행을 제공한다. ② 잠비아의 건기 동안에는, 나뭇잎의 부족으로 인해 가시성이 증가되고, 동물들은 식수원을 공유해야만 한다. 하지만 살아있는 볼거리가 방문의 유일한 이유는 아니다. 잠비아는 또한 세계에서 가장 큰 폭포인 빅토리아 폭포를 가지고 있다. ③ 그것의 놀라운 크기와 더불어, 그 폭포는 악마의 수영장이라고 불리는 독특한 지형을 가지고 있다. 이것은 더 건조한 몇 달 동안 바위에 의해 형성되는 폭포의 가장자리에 있는 천연 수영장이다. ④ 그 돌로 된 벽은 용감한 방문객들을 휩쓸리게 하지 않으면서, 그들이 물이 폭포가 되어 아래로 떨어지는 바로 가장자리까지 수영하도록 해준다. 그러나, 방문객들은 오직 가이드와 함께하는 계절에 한정된 보트 투어를 통해서만 악마의 수영장에 접근이 가능하다.

지문 처음에서 잠비아가 더 대담한 여행객에게 인기 있는 장소가 되고 있다고 하고, ①번에서는 잠비아가 이국적인 야생동물을 보기에 가장 좋은 장소라고 소개한 뒤, ③, ④번에서는 잠비아에 있는 또 다른 볼거리인 빅토리아 폭포에 대해 설명하고 있다. 그러나 ②번은 잠비아의 걷기에 대한 내용으로 잠비아가 여행객들에게 인기 있는 이유를 알려주는 지문의 중심 내용과는 관련이 없다.

정답 ②

어휘

hotspot 인기 있는 장소　adventurous 대담한, 모험을 즐기는
safari 사파리 여행(특히 아프리카 동부나 남부에서 야생동물을 구경하는 여행)
witness 보다, 목격하다　exotic 이국적인　wildlife 야생동물　habitat 서식지
visibility 가시성, 눈에 보임　foliage 나뭇잎　attraction 볼거리, 주목의 대상
boast (자랑할 만한 것을) 가지고 있다, 자랑하다　waterfall 폭포
feature 지형　lip 가장자리, 테두리　barrier 벽, 장애물
cascade 폭포가 되어 떨어지다　engulf 휩쓸리게 하다, 에워싸다

---

09 독해 논리적 흐름 파악(문장 삽입)　난이도 중 ●●○

주어진 문장이 들어갈 위치로 가장 적절한 곳은?

> Although it was a new genre for Bloom, the work received largely favorable reviews from readers and was much praised by fellow critics.

> Literary critics are known for possessing an acerbic tongue, and Harold Bloom has perhaps one of the sharpest. (①) He is especially intolerant of poor writing; he'll censure a bad piece even if he was the one who composed it. (②) Bloom has produced numerous prestigious essays and scholarly articles, but he has also authored exactly one fictional story. (③) In 1979, he published *The Flight to Lucifer* as a sequel to a 1920 fantasy novel. (④) Notwithstanding this, he went on record stating that the book had no redeeming qualities and was absolutely atrocious. The mortified Bloom went so far as to disown the entire thing, demonstrating that no one was exempt from his biting critique.

해석

비록 그것이 블룸에게는 새로운 장르였지만, 그 작품은 독자들로부터 대체로 호평을 받았고 동료 비평가들로부터 많은 찬사를 받았다.

문학 평론가들은 신랄한 말투를 가진 것으로 알려져 있으며, 해럴드 블룸은 아마도 가장 모진 말투를 가진 이들 중 하나일 것이다. (①) 그는 특히 좋지 못한 글에 너그럽지 못하다. 그는 그가 그것을 쓴 사람이었다고 하더라도 형편없는 작품을 혹평할 것이다. (②) 블룸은 수많은 훌륭한 수필과 학술적 글을 창작했지만, 딱 하나의 소설을 쓰기도 했다. (③) 1979년에, 그는 1920년 작 판타지 소설의 속편으로 「The Flight to Lucifer」를 출간했다. (④) 그럼에도 불구하고, 그는 그 책이 결점을 보완할 만한 특징을 가지고 있지 않으며 완전히 형편없다고 공식적으로 표명했다. 굴욕감을 느낀 블룸은 그 모든 것이 자기 것이 아니라고 말하기까지 했고, 누구도 그의 신랄한 비평에서 면제될 수 없다는 것을 보여주었다.

---

④번 뒤 문장에 그럼에도 불구하고(Notwithstanding this), 그는 그 책이 결점을 보완할 만한 특징을 가지고 있지 않으며 완전히 형편없다고 공식적으로 표명했다는 내용이 있으므로, ④번 자리에 작품이 크게 호평을 받았다는 주어진 문장이 나와야 지문이 자연스럽게 연결된다.

[오답 분석]
① 앞 문장에 해럴드 블룸이 가장 모진 말투를 가진 문학 평론가들 중 하나일 것이라는 내용이 있고, ①번 뒤 문장에 그는 특히 좋지 못한 글에 너그럽지 못하다며 앞 문장을 설명하는 내용이 나오므로 ①번에 다른 문장이 삽입되면 문맥상 부자연스럽다.
② 앞 문장에 블룸이 좋지 못한 글에 너그럽지 못하다는 내용이 있고, 주어진 문장은 그 작품(the work)이 크게 호평을 받았다는 내용이므로 ②번에 주어진 문장이 삽입되면 문맥상 부자연스럽다.
③ 앞 문장에 블룸이 딱 하나의 소설을 쓰기도 했다는 내용이 있고, ③번 뒤 문장에 그가 쓴 소설에 대한 설명이 나오므로 ③번에 다른 문장이 삽입되면 문맥상 부자연스럽다.

정답 ④

어휘

critic 비평가, 평론가　literary 문학의　possess 가지다, 소유하다
acerbic 신랄한, 매서운　tongue 말투　intolerant 너그럽지 못한
censure 혹평하다, 질책하다　prestigious 훌륭한　scholarly 학술적인
author 쓰다, 저술하다　sequel 속편　notwithstanding ~에도 불구하고
go on record 공식적으로 표명하다
redeeming (결점 등을) 보완하는, 상쇄하는　atrocious 형편없는
mortify 굴욕감을 주다　go so far as to ~하기까지 하다
disown 자기 것이 아니라고 말하다　exempt 면제된　biting 신랄한, 통렬한
critique 비평, 평론

---

10 독해 세부내용 파악(내용 불일치 파악)　난이도 중 ●●○

글의 내용과 일치하지 않는 것은?

> German historian Hans Kaufmann has come up with a new theory that could rewrite our understanding of a famous artist. According to Kaufmann, the well-known story of how artist Vincent Van Gogh sliced off part of his ear in a fit of madness may be a cover up. After scrutinizing police records and Van Gogh's letters, Kaufmann now believes that he may have been attacked by long-time friend and fellow artist Paul Gauguin. This new theory holds that the friends were involved in a scuffle and Gauguin, a talented fencer, grabbed a rapier and maimed his friend after Van Gogh threw a glass of wine at him. As an act of self-preservation, he then pushed the idea that Van Gogh was mad. If proven true, Kaufmann's theory means that Van Gogh's mental issues could be pure fabrication.

① Hans Kaufmann theorized that Gauguin sliced off Van Gogh's ear.
② Hans Kaufmann studied official reports and personal correspondence.
③ Hans Kaufmann thinks Van Gogh lied to protect his friend.
④ Hans Kaufmann does not believe Van Gogh was truly mad.

해석

독일의 역사학자 한스 카우프만이 유명한 예술가에 대한 우리의 이해를 정정할 수 있는 새로운 이론을 내놓았다. 카우프만에 따르면, 어떻게 예술가 빈센트 반 고흐가 광분하여 그의 귀의 일부를 잘라냈는지에 대한 유명한 이야기는 은폐일 수도 있다. 경찰 기록과 반 고흐의 편지를 면밀히 검토한 후, 카우프만은 이제 그가 오랜 친구이자 동료 예술가인 폴 고갱에게 공격받았을지도 모른다고 믿는다. 이 새로운 이론은 그 친구들이 실랑이에 연루되었고, 반 고흐가 그(고갱)에게 와인잔을 던진 후 재능 있는 펜싱 선수인 고갱이 양날칼을 움켜잡았고 그의 친구(반 고흐)를 불구로 만들었다고 간주한다. 그리고 나서, 자기 보호의 행위로써 그(고갱)는 반 고흐가 미쳤었다는 생각을 몰아붙였다. 만약 사실이 입증된다면, 카우프만의 이론은 반 고흐의 정신적 문제가 완전한 위조일 수 있다는 것을 의미한다.

① 한스 카우프만은 고갱이 반 고흐의 귀를 잘랐다는 이론을 세웠다.

② 한스 카우프만은 공식 보고서와 개인 서신을 연구했다.

③ 한스 카우프만은 반 고흐가 그의 친구를 보호하기 위해 거짓말을 했다고 생각한다.

④ 한스 카우프만은 반 고흐가 진짜로 미쳤었다고 믿지 않는다.

해설

지문 중간에 독일의 역사학자인 카우프만은 고흐가 친구 고갱에게 공격받았을지도 모른다고 믿는다고 하고, 지문 마지막에 고갱이 자기 보호의 행위로써 고흐가 미쳤었다는 생각을 몰아붙였다는 내용이 있으므로, '③ 한스 카우프만은 반 고흐가 그의 친구를 보호하기 위해 거짓말을 했다고 생각한다'는 지문의 내용과 일치하지 않는다.

[오답 분석]

① 세 번째 문장에서 카우프만은 반 고흐가 고갱에게 공격받았을지도 모른다고 믿는다고 했고, 네 번째 문장에 고갱이 양날칼을 움켜잡았고 그의 친구를 불구로 만들었다고 언급되었다.

② 세 번째 문장에 카우프만은 경찰 기록과 반 고흐의 편지를 면밀히 검토했다고 언급되었다.

④ 두 번째 문장에 카우프만에 따르면 어떻게 반 고흐가 광분하여 귀의 일부를 잘라냈는지에 대한 유명한 이야기는 은폐일 수도 있다고 언급되었다.

정답 ③

어휘

fit (감정·행동 등의) 일시적 격발 cover up 은폐 scrutinize 면밀히 검토하다
fellow 동료 scuffle 실랑이, 옥신각신함 rapier (길고 가느다란) 양날칼
maim 불구로 만들다 self-preservation 자기 보호 fabrication 위조
correspondence 서신

---

11 어휘 beside the mark = irrelevant 난이도 중 ●●○

밑줄 친 부분과 의미가 가장 가까운 것을 고르시오.

To prove an argument's validity and logic, one must refrain from making comments that are beside the mark.

① irrelevant ② stamped
③ strange ④ false

해석

주장의 타당성과 논리를 증명하기 위해, 얼토당토않은 언급을 하는 것을 삼가야 한다.

① 상관없는 ② 우표를 붙인
③ 이상한 ④ 가짜의

정답 ①

어휘

argument 주장 validity 타당성 logic 논리 refrain 삼가다
beside the mark 얼토당토않은, 빗나간 irrelevant 상관없는

🖋 **이것도 알면 합격!**

beside the mark(얼토당토않은)와 유사한 의미의 표현
= beside the point, extraneous, immaterial, unrelated, off the subject

---

12 어휘 nomadic = wandering 난이도 하 ●○○

밑줄 친 부분과 의미가 가장 가까운 것을 고르시오.

Our early human ancestors abandoned their nomadic ways for an agricultural lifestyle.

① disciplined ② wandering
③ collaborative ④ unassuming

해석

우리의 초기 인류 조상들은 농경 생활방식을 위해 그들의 유목 방식을 그만두었다.

① 훈련받은 ② 유목의
③ 협력적인 ④ 겸손한

정답 ②

어휘

nomadic 유목의, 방랑의 agricultural 농경의, 농업의
disciplined 훈련받은 wandering 유목의, 방랑하는 unassuming 겸손한

🖋 **이것도 알면 합격!**

nomadic(유목의)의 유의어
= roaming, roving, migratory, peripatetic

---

13 문법 조동사 난이도 하 ●○○

어법상 옳은 것은?

① The professor required that we not cheat during the test.

② Neither the storm will strike the coast is not yet known.

③ Laura is a much active social media user and posts several times per day.

④ The more a challenge is difficult, the more determined he is to overcome it.

해석

① 그 교수님은 우리가 시험 도중 부정행위를 하지 않을 것을 요구했다.

② 폭풍이 해안 지대를 덮칠지 아닐지는 아직 밝혀지지 않았다.

③ Laura는 매우 활동적인 소셜 미디어 사용자이며 하루에 여러 번 게시 글을 올린다.

④ 도전이 더 어려울수록, 그는 그것을 극복하는 데 더 결연하다.

해설

① 조동사 should의 생략 요청을 나타내는 동사 require가 주절에 나오면 종속절에 '(should +) 동사원형'의 형태가 와야 하므로 종속절에 동사원형 cheat이 올바르게 쓰였다.

[오답 분석]

② 명사절 접속사 2: if와 whether 문맥상 '폭풍이 해안 지대를 덮칠지 아닐지'라는 의미가 되어야 자연스러우므로 부사 Neither을 '~인지 아닌지'라는 의미를 나타내는 명사절 접속사 Whether로 고쳐야 한다. 참고로, '~인지 아닌지'라는 의미를 나타내는 명사절 접속사 if가 이끄는 명사절은 주어로 쓰일 수 없다.

③ 강조 부사 문맥상 '매우 활동적인 소셜 미디어 사용자'라는 의미가 되어야 자연스럽고, 형용사(active)를 강조하고 있으므로, 비교급을 강조하는 부사 much를 형용사를 강조하는 부사 very로 고쳐야 한다.

④ 비교급 문맥상 '도전이 더 어려울수록, 그는 그것을 극복하는 데 더 결연하다'라는 의미가 되어야 자연스럽고, '더 ~할수록 더 -하다'는 비교급 표현 'the + 비교급(more difficult) + 주어(a challenge) + 동사(is) ~, the + 비교급(more determined) + 주어(he) + 동사(is) -'의 형태를 사용하여 나타낼 수 있으므로, The more a challenge is difficult를 The more difficult a challenge is로 고쳐야 한다.

정답 ①

어휘

coast 해안 지대, 연안   determined 결연한   overcome 극복하다

이것도 알면 합격!

제안·의무·요청·주장의 의미를 나타내어 주절에 나올 때 종속절에 '(should +) 동사원형'이 오는 동사

> request 요청하다	> command 명령하다	> recommend 추천하다
> ask 요청하다	> order 명령하다	> insist 주장하다
> desire 요구하다	> propose 제안하다	> demand 요구하다

---

14   독해   전체내용 파악(제목 파악)   난이도 중 ●●○

글의 제목으로 가장 적절한 것은?

In an idealized world, the aim of educators should be to help students become the best they can be based on their individual passions and strengths. Examinations should merely be a tool to aid in the attainment of that goal. In reality, however, the educational system has an unhealthy obsession with testing. It strictly focuses on preparing students for entrance exams. This is problematic because companies rarely seek graduates who are good at little else besides taking tests. Rather, the companies crave creativity and problem-solving skills. But the current system, regrettably, does not cater to that.

---

① How to Deal With Emotions Through Introspection

② What Introspection Tells Us About the World

③ The Drawbacks of Introspection

④ Introspection's Role in Understanding Ourselves

해석

자기 성찰은 그것들의 더 상위의 의미를 결정하기 위해 우리의 감정, 내적 생각, 그리고 기억들을 되돌아보는 과정이다. 자기 성찰은 우리가 현재와 과거 모두의 우리 자신과 정신 상태에 대해 알 수 있게 해준다. 이러한 자기 성찰적 지식은 종종 다른 모든 생각의 기초가 되는 것으로 여겨지는데, 그것(자기 성찰적 지식)은 외부 조언을 필요로 하지 않는 우리에 대한 가장 직접적인 형태의 지식이기 때문이다.

① 자기 성찰을 통해 감정을 다루는 방법

② 자기 성찰이 우리에게 세상에 대해 말해주는 것

③ 자기 성찰의 단점

④ 우리 자신을 이해하는 데 있어서 자기 성찰의 역할

해설

지문 처음에서 자기 성찰은 우리의 감정, 내적 생각, 그리고 기억들을 되돌아보는 과정이라고 하면서 우리 자신과 정신 상태에 대해 알 수 있게 해준다고 했으므로, '④ 우리 자신을 이해하는 데 있어서 자기 성찰의 역할'이 이 글의 제목이다.

[오답 분석]

① 자기 성찰을 통해 감정을 다루는 방법에 대해서는 언급되지 않았다.

② 자기 성찰을 통해 우리 자신과 정신 상태에 대해 알 수 있다고는 했지만 자기 성찰이 세상에 대해 말해주는 것에 대해서는 언급되지 않았다.

③ 자기 성찰의 단점에 대해서는 언급되지 않았다.

정답 ④

어휘

introspection 자기 성찰   internal 내적인   external 외부의
input 조언, 입력   drawback 단점

---

15   독해   전체내용 파악(주제 파악)   난이도 하 ●○○

글의 주제로 가장 적절한 것은?

Introspection is the process of reflecting on our emotions, internal thoughts, and memories to determine their higher meaning. Introspection allows us to learn about ourselves and our mental state, both current and past. This introspective knowledge is often considered to be the basis for all other thought, as it is our most direct form of knowledge, requiring no external input.

① how test obsession leads to job success

② tools for helping students retain information

③ the current education system's promotion of creativity

④ an unhealthy emphasis on testing

해석

이상화된 세계에서, 교육자들의 목표는 학생들이 그들 개인의 열정과 강점을 바탕으로 그들이 될 수 있는 최고가 되도록 돕는 것이어야 한다. 시험은 단지 그 목표의 달성을 돕기 위한 도구여야 한다. 하지만, 현실에서, 교육 제도는 시험에 무분별한 집착을 가지고 있다. 그것(교육 제도)은 오로지 학생들이 입학 시험을 준비하는 것에만 초점을 맞추고 있다. 이것은 문제가 많은데, 회사들은 시험을 치르는 것 외에 잘하는 것이 거의 없는 졸업생들을 좀처럼 찾지 않기 때문이다. 오히려, 회사들은 창의력과 문제 해결 능력을 요구한다. 그러나 애석하게도 현재의 제도는 그것을 충족시키지 않는다.

① 시험 강박이 직업적인 성공으로 이어지는 방법

② 학생들이 정보를 보유하는 데 도움을 주는 수단

③ 현재 교육 제도의 창의성 증진

④ 시험에 대한 무분별한 강조

해설

지문 전반에 걸쳐 교육자들의 목표는 학생들이 열정과 강점을 바탕으로 그들이 될 수 있는 최고가 되도록 돕는 것이어야 하고 시험은 단지 그 목표의 달성을 돕기 위한 도구여야 하지만 현실의 교육 제도는 시험에 무분별하게 집착하고 있고 이는 문제가 많다고 설명하고 있으므로, '④ 시험에 대한 무분별한 강조'가 이 글의 주제이다.

[오답 분석]

① 시험 강박이 직업적인 성공으로 이어지는 방법에 대해서는 언급되지 않았다.

② 학생들이 정보를 보유하는 데 도움을 주는 수단에 대해서는 언급되지 않았다.

③ 회사들이 창의력과 문제 해결 능력을 요구한다고는 했지만 현재 교육 제도의 창의성 증진에 대해서는 언급되지 않았다.

정답 ④

어휘

idealize 이상화하다 passion 열정 attainment 달성, 성취
unhealthy 무분별한, 비정상적인 obsession 집착, 강박
seek 찾다, 추구하다 crave 요구하다, 갈망하다
regrettably 애석하게, 유감스럽게 cater to ~을 충족시키다, ~에 영합하다
retain 보유하다, 기억하다

---

16 독해 세부내용 파악(내용 일치 파악) 난이도 중 ●●○

글의 내용과 일치하는 것은?

People in societies around the world celebrate events by toasting with champagne, and having a drink to relax is a normal part of life for many people. However, research indicates that this is more detrimental to one's health than many people assume. Medical professionals know that in addition to the damage excess drinking can do to the body, alcohol is a carcinogen. Yet, most people who drink alcohol do not know this. In fact, less than half of the American public

is aware that alcohol can cause cancer. Some believe that this ignorance is due to the interference of the alcohol industry. Liquor manufacturers lobby politicians to prevent legislation that would require them to notify consumers of the risks of consuming alcohol, such as warning labels. Further, they fund research that shows purported benefits of drinking in moderation. Together, these hide the true dangers of drinking and confuse consumers.

* carcinogen: 발암 물질

① 전 세계 대부분의 사회에서는 주류 소비를 비정상적인 활동으로 본다.

② 최근 연구에 따르면 술을 마시면 건강을 증진시키는 데 도움이 된다.

③ 50% 이하의 미국인들이 술과 암 발생의 연관성에 대해 알고 있다.

④ 주류업체들은 과도한 음주의 위험성에 대해 연구자들의 주의를 촉구한다.

해석

전 세계 사회의 사람들은 샴페인과 함께 건배함으로써 중요한 일을 축하하고, 긴장을 풀기 위해 술을 한잔하는 것은 많은 사람들에게 있어 평범한 삶의 한 부분이다. 그러나, 연구는 이것이 많은 사람들이 추정하는 것보다 더 건강에 유해하다는 것을 보여준다. 의학 전문가들은 과도한 음주가 몸에 줄 수 있는 손상에 더하여, 술이 발암 물질이라는 것을 안다. 그러나, 술을 마시는 대부분의 사람들은 이것을 모른다. 사실, 미국 대중의 절반 이하만이 술이 암을 유발할 수 있다는 것을 알고 있다. 일부는 이 무지함이 주류산업의 간섭 때문이라고 믿는다. 주류 제조업체들은 경고 딱지같이 그들이 소비자들에게 술 섭취를 하는 것에 대한 위험성을 알리도록 요구할 수도 있는 법률의 제정을 막기 위해 정치가들에게 로비 활동을 한다. 뿐만 아니라, 그들(주류 제조업체)은 적당히 술을 마시는 것의 이점으로 알려진 것을 보여주는 연구에 자금을 댄다. 이것들이 합쳐져서 음주의 진정한 위험을 숨기고 소비자들을 혼란스럽게 한다.

해설

지문 중간에서 미국 대중의 절반 이하만이 술이 암을 유발할 수 있다는 것을 알고 있다고 했으므로, '③ 50% 이하의 미국인들이 술과 암 발생의 연관성에 대해 알고 있다'는 지문의 내용과 일치한다.

[오답 분석]

① 첫 번째 문장에서 전 세계 사회의 많은 사람들에게 술을 한잔하는 것은 평범한 삶의 한 부분이라고 언급했으므로 지문의 내용과 다르다.

② 두 번째 문장에서 연구는 음주가 많은 사람들이 추정하는 것보다 더 건강에 유해하다는 것을 보여준다고 언급했으므로 지문의 내용과 다르다.

④ 여덟 번째 문장에서 주류 제조업체들은 적당히 술을 마시는 것의 이점으로 알려진 것을 보여주는 연구에 자금을 댄다고 언급했으므로 지문의 내용과 다르다.

정답 ③

어휘

toast 건배하다 detrimental 유해한 assume 추정하다
excess 과도한; 초과 ignorance 무지함, 무식 interference 간섭, 참견
lobby 로비 활동을 하다, 압력을 가하다 legislation 법률의 제정, 입법 행위
notify 알리다, 통지하다 fund 자금을 대다 purported ~이라고 알려진
in moderation 적당히, 알맞게

17 독해 논리적 흐름 파악(문단 순서 배열) 난이도 중 ●●○

주어진 글 다음에 이어질 글의 순서로 가장 적절한 것은?

World leaders and economies were in a flutter as the UK prepared to leave the European Union by the summer of 2019. But while the financial consequences may have been extreme for Britain for a few years, the rest of the world did not suffer Britain's fate.

(A) Another statistic from the International Monetary Fund emphasized the misplaced anxiety even more. Over the past 20 years, the UK's share of the global GDP had been steadily declining.

(B) In 2015, it only accounted for about 2.4 percent of the total. This meant that on a global scale, an economic slowdown in Britain would barely nudge the world's larger markets.

(C) In a report released by international investment banking group Goldman Sachs, for instance, the spillover effect into the US, the UK's top import partner, would be a mere 0.1 percent.

① (A) – (C) – (B)
② (B) – (A) – (C)
③ (B) – (C) – (A)
④ (C) – (A) – (B)

해석

영국이 2019년 여름까지 유럽 연합을 떠날 준비를 하면서 세계의 지도자들과 경제가 동요했다. 하지만 몇 년 동안 그 재정상의 결과가 영국인에게는 심각했을 수도 있는 반면에, 세계의 나머지 국가들은 영국의 운명에 고통받지 않았다.

(C) 예를 들어, 국제 투자은행 그룹 골드만 삭스에 의해 발표된 보고에서는 영국의 최대 수입 파트너인 미국에 미치는 여파는 겨우 0.1퍼센트일 것이었다.

(A) 국제 통화 기금에서 나온 또 다른 통계 자료는 잘못된 불안을 한층 더 강조했다. 지난 20년 동안, 세계 GDP에서 영국이 차지하는 비중은 꾸준히 하락해왔다.

(B) 2015년에, 그것은 전체의 겨우 2.4퍼센트 정도를 차지했다. 이것은 전 세계적 범위에서 볼 때, 영국의 경기 침체가 세계의 더 큰 시장들을 거의 자극하지 않을 것임을 의미했다.

해설

주어진 문장에서 세계의 지도자들과 경제는 영국이 유럽 연합을 떠나는 것에 동요했지만, 그 재정상의 결과는 영국인에게만 심각했을 수 있다고 한 후, (C)에서 영국의 최대 수입 파트너인 미국에 미치는 여파는 0.1퍼센트에 불과할 것이라는 골드만 삭스의 보고를 예로 들고 있다. 이어서 (A)에서 국제 통화 기금에서 나온 또 다른 통계 자료는 잘못된 불안을 한층 더 강조했다고 하며 세계 GDP에서 영국이 차지하는 비중이 꾸준히 하락해왔음을 언급하고, (B)에서 그것(영국의 세계 GDP 점유율)은 전체의 겨우 2.4퍼센트 정도이고, 영국의 경기 침체는 세계의 더 큰 시장들을 거의 자극하지 않을 것임을 의미했다고 설명하고 있다.

정답 ④

어휘

in a flutter 동요하여, 당황하여   fate 운명   statistic 통계 자료
emphasize 강조하다   misplaced 잘못된, 잘못 짚은
account for ~을 차지하다   slowdown 경기 침체
nudge 자극하다, 슬쩍 찌르다   spillover effect 여파, 부작용   import 수입

18 문법 병치·도치·강조 구문&전치사 난이도 중 ●●○

밑줄 친 부분 중 어법상 옳은 것은?

① Before people gets excited about finding a low-fat version of their favorite food, there's something they should know. Low-fat foods aren't ② usual as healthy as they may sound. Manufacturers add additional sugar to ③ help them being made lower fat foods that are still tasty and have a good texture. This increases the calorie count and ④ hinders people on some diets from getting the benefits of a lower fat snack.

해석

사람들이 가장 좋아하는 음식의 저지방 버전을 찾아낸 것에 열광하기 전에, 그들이 알아야 할 것이 있다. 저지방 음식은 보통 들리는 것만큼 건강에 좋지는 않다. 제조업체들은 여전히 맛있고 식감이 좋은 저지방 식품을 만드는 것을 돕기 위해 추가적인 설탕을 넣는다. 이것은 칼로리 수치를 증가시키고 일부 다이어트를 하는 사람들이 저지방 과자의 혜택을 받는 것을 방해한다.

해설

④ **병치 구문 | 기타 전치사** 접속사(and)로 연결된 병치 구문에서는 같은 구조끼리 연결되어야 하는데, and 앞에 3인칭 단수 동사 increases가 왔으므로, and 뒤에도 3인칭 단수 동사 hinders가 올바르게 쓰였다. 또한, 문맥상 '사람들이 저지방 과자의 혜택을 받는 것을 방해한다'라는 의미를 나타내기 위해 전치사 숙어 표현 'hinder A from B'(A가 B 하는 것을 막다)를 쓸 수 있으므로 hinders people on some diets from getting이 올바르게 쓰였다.

[오답 분석]
① **주어와 동사의 수 일치** 주어 자리에 복수 명사 people이 왔으므로 단수 동사 gets를 복수 동사 get으로 고쳐야 한다.
② **원급 | 부사 자리** 문맥상 '들리는 것만큼 건강에 좋지는 않다'라는 의미가 되어야 자연스러우므로 'as + 형용사/부사의 원급 + as'를 사용해야 한다. 이때 as ~ as 사이가 형용사 자리인지 부사 자리인지는 as, as를 지우고 구별할 수 있는데, be 동사(aren't)의 보어 자리에 쓰일 수 있는 것은 형용사(healthy)이므로 as healthy as가 올바르게 쓰였다. 다만, 형용사(usual)는 형용사(healthy)를 수식할 수 없으므로 형용사 usual을 부사 usually로 고쳐야 한다.
③ **원형 부정사를 목적격 보어로 취하는 동사 | 능동태·수동태 구별** 준사역동사 help는 원형 부정사와 to 부정사를 목적격 보어로 취할 수 있고, 목적어(them)와 목적격 보어가 '그들이 만들다'라는 의미의 능동 관계이므로 동명사의 수동형 being made를 원형 부정사 make 또는 to 부정사 to make로 고쳐야 한다.

정답 ④

어휘

low-fat 저지방의　manufacturer 제조업체　tasty 맛있는　texture 식감
increase 증가시키다　hinder 방해하다　benefit 혜택

이것도 알면 합격!

형태가 유사해서 혼동을 주는 부사

> late 늦게	> high 높게
lately 최근에	highly 매우
> hard 열심히, 심하게	> near 가까이, 근처에
hardly 거의 ~않다	nearly 거의

19　독해　추론(빈칸 완성 - 절)　난이도 중 ●●○

밑줄 친 부분에 들어갈 말로 가장 적절한 것을 고르시오.

Free will has been a subject of debate for centuries among philosophers, and none take a more adamant stance against it than determinists. Determinism refers to the school of thought that claims everything, including our own actions, happens the way it does because of prior events that lead up to it. To put it simply, _____.
Many determinists abide by this notion based on the idea that our universe came about through cause and effect that follows natural laws. Free will, the idea that an individual can make choices and act without influence or prompting from outside factors, cannot be reconciled with determinism. In this regard, the ability to make a personal selection is not possible for determinists. They believe we are merely under the illusion that we have the freedom to choose A, B, or C, when in fact, whatever we pick is the inevitable outcome of everything in the past.

① everything can only occur in one specific way
② one's fate is uncertain at the time of birth
③ ensuring freedom is the goal of philosophy
④ all decisions are based on personal goals

해석

자유 의지는 수 세기 동안 철학자들 사이에서 토론의 주제였으며, 누구도 결정론자들보다 그것에 대해 더 단호한 입장을 취하지 않는다. 결정론은 우리 자신의 행동들을 포함한 모든 일이 그에 이르는 이전 사건들 때문에 그것이 일어나는 방식으로 일어난다고 주장하는 학설을 나타낸다. 간단히 말하면, 모든 것은 오직 한 가지의 특정한 방식으로만 발생할 수 있다. 많은 결정론자들은 우리의 우주가 자연의 법칙을 따르는 인과 관계를 통해 생겨났다는 생각에 근거한 이 관념을 따른다. 외부 요인들로부터의 영향이나 자극 없이 개인이 선택하고 행동할 수 있다는 개념인 자유 의지는 결정론과 조화될 수 없다. 그런 점에서, 개인적인 선택을 하는 능력은 결정론자들에게 가능한 것이 아니다. 그들은 실제로는 우리가 고르는 것이 무엇이든지 과거의 모든 것의 피할 수 없는 결과인데, 우리에게 A, B 아니면 C를 선택할 자유가 있는 것으로 착각하고 있을 뿐이라고 믿는다.

① 모든 것은 오직 한 가지의 특정한 방식으로만 발생할 수 있다

② 사람의 운명은 태어나는 순간에는 불확실하다
③ 자유를 보장하는 것이 철학의 목표이다
④ 모든 결정들은 개인적인 목표에 기반한다

해설

지문 처음에서 결정론은 우리 자신의 행동들을 포함한 모든 일이 그에 이르는 이전 사건들 때문에 그것이 일어나는 방식으로 일어난다고 주장하는 학설을 나타낸다고 하고, 빈칸 뒷부분에서 많은 결정론자들이 이 관념을 따른다고 하면서 개인적인 선택을 하는 능력은 결정론자들에게 가능한 일이 아니고, 실제로 우리가 고르는 것은 무엇이든지 과거의 모든 것의 피할 수 없는 결과라고 설명하고 있으므로, 빈칸에는 '① 모든 것은 오직 한 가지의 특정한 방식으로만 발생할 수 있다'가 들어가야 한다.

[오답 분석]

② 사람의 운명이 태어나는 순간에는 불확실한지에 대해서는 언급되지 않았다.
③ 철학의 목표는 글의 내용과 관련이 없다.
④ 모든 결정들이 개인적인 목표에 기반한다는 것은 지문의 내용과 다르다.

정답 ①

어휘

free will 자유 의지　philosopher 철학자　adamant 단호한, 확고한
stance 입장, 태도　determinist 결정론자　determinism 결정론
school of thought 학설, 학파　abide by ~을 따르다, 준수하다
notion 관념, 개념　come about 생기다, 발생하다
cause and effect 인과 관계　prompt 자극하다, 부추기다
reconcile 조화시키다　be under an illusion 착각하고 있다
inevitable 피할 수 없는

20　독해　추론(빈칸 완성 - 구)　난이도 중 ●●○

밑줄 친 부분에 들어갈 말로 가장 적절한 것을 고르시오.

Founded in 2004, Global Rescue is a crisis response company comprised of highly trained specialists from around the world, including military personnel, paramedics, and nurses. The team has been at the site of most major natural disasters, rescuing victims in highly dangerous situations. Although no one questions the good they do, their tendency to rescue mostly wealthy individuals and professionals is another issue. Global Rescue does make the effort to help anyone in danger, but being a private company with paying members means that aid is tier-based. At times, rescuers have had to pick up customers in perfectly fine condition first, leaving behind non-clients in dire need of medical attention. _____ has disturbed some of the staff, who are specialists trained to provide immediate assistance when someone is dying. It distresses them because they know how to save a person's life but cannot take action unless that person is a member. Global Rescue certainly provides a vital service for many who work in high-risk situations, such as war journalists or mountain guides, but it has also left others to wonder whether profiting should belong in rescue work at all.

① Charging more to wealthy people
② Prioritizing people for rescue
③ Ignoring the causes of natural disasters
④ Working in high-risk situations

해석

2004년에 설립된 Global Rescue는 군인, 긴급 의료원, 그리고 간호사를 포함한 전 세계의 고도로 훈련된 전문가들로 구성된 위기 대처 기업이다. 그 팀은 대부분의 주요 자연 재해 현장에 있었으며, 매우 위험한 상황에서 피해자들을 구조했다. 그들이 하는 선행에 대해서 그 누구도 의심하지 않지만, 대개 부유한 개인들과 전문직 종사자들을 구조하는 그들의 경향은 또 다른 문제이다. Global Rescue는 위험에 처한 누구든지 돕기 위해 노력하고 있지만, 돈을 지불하는 회원을 가진 사기업이라는 것은 그 도움이 계층에 바탕을 둔다는 것을 의미한다. 때때로, 구조 대원들은 치료를 절실히 필요로 하는 비고객들을 남겨두고, 완전히 상태가 좋은 고객들을 먼저 구조해 내야 했다. 구조를 요청하는 사람들에게 우선순위를 매기는 것은 누군가가 죽어 가고 있을 때 즉각적인 도움을 제공하도록 훈련을 받은 전문가들인 일부 직원들을 혼란스럽게 했다. 이것은 그들이 사람의 생명을 구하는 방법을 알고 있지만, 그 사람이 회원이 아니라면 조치를 취할 수 없기 때문에 그들을 고통스럽게 한다. Global Rescue는 분명 전쟁 기자나 산악 안내원과 같은 위험성이 큰 상황에서 일하는 많은 사람들에게 필수적인 서비스를 제공하고 있지만, 그것은 또한 다른 사람들로 하여금 이익을 얻는 것이 구조 사업에 속해야 하는지를 의아하게 여기게 만들었다.

① 부유한 사람들에게 더 많은 요금을 청구하는 것
② 구조를 요청하는 사람들에게 우선순위를 매기는 것
③ 자연 재해의 원인들을 무시하는 것
④ 고위험 상황에서 일하는 것

해설

지문 중간에서 Global Rescue는 돈을 지불하는 회원을 가진 사기업이며, 이는 그 도움이 계층에 바탕을 둔다는 것을 의미한다고 했으므로, '② 구조를 요청하는 사람들에게 우선순위를 매기는 것'이 들어가야 한다.

[오답 분석]
① Global Rescue가 부유한 개인들을 구조한다고 언급되긴 했지만 그들에게 더 많은 요금을 청구하는 것에 대해서는 언급되지 않았다.
③ 자연 재해의 원인들을 무시하는 것에 대한 내용은 언급되지 않았다.
④ Global Rescue는 매우 위험한 상황에서 피해자들을 구조한다고 했지만 지엽적이다.

정답 ②

어휘

found 설립하다   crisis 위기   comprised of ~으로 구성된
paramedic 긴급 의료원, 의료 보조원   natural disaster 자연 재해
victim 피해자, 희생자   question 의심하다   tier-based 계층에 바탕을 둔
pick up ~를 구조해 내다   in dire need of ~을 절실히 필요로 하는
medical attention 치료   disturb 혼란스럽게 하다, 방해하다
distress 고통스럽게 하다   take action 조치를 취하다   vital 필수적인
wonder 의아하게 여기다, 궁금해하다   belong in ~에 속하다, ~에 알맞다
prioritize ~에 우선순위를 매기다

구문 분석

[19행] ~, but it has also left / others to wonder / whether profiting should belong in rescue work at all.
: 이처럼 whether가 이끄는 절(whether profiting ~)이 목적어인 경우 '~하는지'라고 해석한다.

❯ 정답

p. 70

01	③ 어휘 – 어휘&표현	11	② 어휘 – 어휘&표현
02	① 어휘 – 어휘&표현	12	② 어휘 – 어휘&표현
03	③ 어휘 – 생활영어	13	③ 독해 – 추론
04	③ 어휘 – 생활영어	14	④ 독해 – 추론
05	③ 문법 – 분사	15	④ 독해 – 논리적 흐름 파악
06	② 문법 – 부사절	16	③ 문법 – 시제&능동태·수동태
07	④ 독해 – 논리적 흐름 파악	17	① 독해 – 세부내용 파악
08	③ 독해 – 세부내용 파악	18	③ 독해 – 세부내용 파악
09	② 독해 – 전체내용 파악	19	② 독해 – 추론
10	④ 독해 – 논리적 흐름 파악	20	② 독해 – 추론

❯ 취약영역 분석표

영역	세부 유형	문항 수	소계
어휘	어휘&표현	4	/6
	생활영어	2	
문법	분사	1	/3
	부사절	1	
	시제&능동태·수동태	1	
독해	전체내용 파악	1	/11
	세부내용 파악	3	
	추론	4	
	논리적 흐름 파악	3	
총계			/20

---

01   어휘   flout = disregard   난이도 중 ●●○

밑줄 친 부분의 의미와 가장 가까운 것을 고르시오.

> Although the authorities threatened to fine both motorists and pedestrians, traffic laws in the city continue to be <u>flouted</u>.

① coveted
② resumed
③ disregarded
④ circumvented

해석

비록 당국이 운전자와 보행자 모두에게 벌금을 부과하겠다고 위협했지만, 도시의 교통 법규는 계속해서 <u>무시되고</u> 있다.

① 갈망했다
② 재개했다
③ 무시했다
④ 피했다

정답 ③

어휘

motorist 운전자   pedestrian 보행자   flout 무시하다, 어기다
covet 갈망하다, 몹시 탐내다   resume 재개하다   disregard 무시하다
circumvent 피하다, 우회하다

 이것도 알면 **합격!**

flout(무시하다)의 유의어
= ignore, scorn, defy, disdain

---

02   어휘   dull = bland   난이도 중 ●●○

밑줄 친 부분의 의미와 가장 가까운 것을 고르시오.

> The head of the HR at the firm said that she was disappointed with this year's batch of applicants. Based on feedback from interviewers, she thinks the applicants should prepare better. Most of the interviewers said that many of the answers the applicants gave during their interviews were <u>dull</u>.

① bland
② detailed
③ inspiring
④ brave

해석

그 회사의 인사과 부장은 올해의 지원자 무리에게 실망했다고 말했다. 면접관들의 피드백을 바탕으로, 그녀(인사과 부장)는 지원자들이 더 잘 준비해야 한다고 생각한다. 대부분의 면접관들은 지원자들이 면접 중에 한 많은 대답들이 <u>지루했다</u>고 말했다.

① 재미없는
② 상세한
③ 격려하는
④ 용감한

정답 ①

어휘

batch 무리, 집단   applicant 지원자   dull 지루한, 재미없는
bland 재미없는, 단조로운   detailed 상세한, 자세한   inspiring 격려하는

이것도 알면 **합격!**

dull(지루한)의 유의어
= uninteresting, vapid, trite, colorless, commonplace

---

03   생활영어   I'm really glad you enjoyed it.   난이도 하 ●○○

두 사람의 대화 중 가장 어색한 것은?

① A: I must have called him ten times.
   B: Maybe he's still mad at you, so he didn't answer.
② A: Let's eat out somewhere.
   B: I just had dinner, actually.
③ A: It's too bad you had to cancel your vacation.
   B: I'm really glad you enjoyed it.
④ A: Did you get the text message I sent you this morning?
   B: Sorry, I left my phone at home.

해석

① A: 내가 그에게 열 번은 전화했음이 틀림없어.
  B: 아마 그가 아직 너에게 화가 나서 받지 않았을 거야.
② A: 어디 가서 외식하자.
  B: 사실 나는 방금 저녁을 먹었어.
③ A: 네가 휴가를 취소해야 했다니 유감이야.
  B: 네가 그것을 즐겼다니 나는 매우 기뻐.
④ A: 너는 내가 오늘 아침에 너에게 보낸 문자 메시지를 받았니?
  B: 미안, 나는 휴대전화를 집에 두고 왔어.

해설

③번에서 A는 B가 휴가를 취소한 것에 대해 유감을 표하고 있으므로, A가 그것을 즐겼다니 매우 기쁘다는 B의 대답 '③ I'm really glad you enjoyed it (네가 그것을 즐겼다니 나는 매우 기뻐)'는 어울리지 않는다.

정답 ③

어휘

mad 화난   eat out 외식하다

 이것도 알면 **합격!**

유감을 나타낼 때 쓸 수 있는 다양한 표현

> I'm sorry about what happened. 그 일은 유감입니다.
> My heart is heavy today. 오늘은 마음이 무겁습니다.
> My deepest sympathies. 깊은 조의를 표합니다.
> My heart goes out to you. 심심한 조의를 보냅니다.

---

04 생활영어 Do you need help with the research?
난이도 중 ●●○

밑줄 친 부분에 들어갈 말로 가장 적절한 것은?

A: Have you finished the research for our group project?
B: Not quite. It's taking longer than I thought.
A: Really? I didn't think it would be that difficult. You should be able to find most of the information on the Internet.
B: To be totally honest, I've been busy with my other classes. I need to turn in five assignments next week.
A: _____?
B: It would really be appreciated if you could.

① How will you finish your assignments
② How can you do this to the group
③ Do you need help with the research
④ What else will you be doing this week

해석

A: 너는 우리 조별 과제에 필요한 조사를 다 했니?
B: 아직. 내가 생각했던 것보다 더 오래 걸리고 있어.
A: 정말? 나는 그것이 그렇게 어려울 거라고 생각하지 않았는데. 너는 대부분의 정보를 인터넷에서 찾을 수 있을 거야.

B: 완전히 솔직하게 말하면, 나는 다른 수업들로 바빴어. 나는 다음 주에 5개의 과제를 제출해야 하거든.
A: 너는 조사에 도움이 필요하니?
B: 네가 그래줄 수 있다면 정말 고마울 거야.

① 너의 과제를 어떻게 끝낼 거니
② 그 조에 어떻게 그럴 수 있니
③ 너는 조사에 도움이 필요하니
④ 이번 주에 또 뭐 할 거니

해설

다른 수업으로 바빴고 다음 주에 과제 5개를 제출해야 한다는 B의 말에 A가 질문하고, 빈칸 뒤에서 B가 It would really be appreciated if you could(네가 그래줄 수 있다면 정말 고마울 거야)라고 말하고 있으므로 빈칸에는 '③ 너는 조사에 도움이 필요하니(Do you need help with the research)'가 들어가는 것이 자연스럽다.

정답 ③

어휘

turn in 제출하다, 건네주다   appreciate 고마워하다, 가치를 인정하다

이것도 알면 **합격!**

누군가를 격려하는 상황에서 쓸 수 있는 다양한 표현

> Keep your spirits up. 기운 내.
> Things will work out for the best. 결국엔 잘 될 거예요.
> Break a leg! 행운을 빌어요!
> You're on the right track. 잘하고 있어요.

---

05 문법 분사
난이도 중 ●●○

밑줄 친 부분 중 어법상 옳지 않은 것은?

Some people never ① consume expired food, while others have no problem eating things well past their expiration date. But just when should food be discarded? In point of fact, ② as much as 35 percent of food in the United States — $160 billion worth — is thrown away even when it's still edible. So much perfectly good food is being ③ wasting the due to confusion regarding the meaning of dates on food packages and the fact ④ that people associate these dates with how safe the food is.

해석

다른 사람들은 유통기한이 훨씬 지난 것들을 먹는 데 아무 문제가 없는데 반해, 어떤 사람들은 기한이 지난 음식을 절대 먹지 않는다. 하지만 정확히 언제 음식이 버려져야 하는 걸까? 사실, 미국에서 1,600억 달러의 가치가 있는 약 35퍼센트만큼 많은 음식이 심지어 그것을 여전히 먹을 수 있음에도 불구하고 버려진다. 그렇게 많은 완벽하게 괜찮은 음식이 낭비되고 있는 것은 음식 포장지에 있는 날짜의 의미에 관한 혼동과 사람들이 이러한 날짜들을 그 음식이 얼마나 안전한지와 관련지어 생각한다는 사실 때문이다.

해설

③ 현재분사 vs. 과거분사 수식받는 명사 food와 분사가 '완벽하게 괜찮은 음식이 낭비된다'라는 의미의 수동 관계이므로 현재분사 wasting을 be 동사(being) 뒤에서 수동태를 완성하는 과거분사 wasted로 고쳐야 한다.

[오답 분석]

① 주어와 동사의 수 일치 주어 자리에 복수 명사 Some people이 왔으므로 복수 동사 consume이 올바르게 쓰였다.

② 원급 문맥상 '약 35퍼센트만큼 많은'이라는 의미가 되어야 자연스러운데, '~만큼 많은-'은 원급 표현 'as + much + as'로 나타낼 수 있으므로 as much as가 올바르게 쓰였다. 참고로, as ~ as 사이의 수량 형용사는 뒤의 명사가 가산 명사인지 불가산 명사인지 유의하여 쓰는데, 뒤의 명사가 불가산 명사(35 percent of food)이므로 수량 형용사 much를 쓴다.

④ 명사절 접속사 1: that 완전한 절(people ~ food is)을 이끌며 명사 fact와 함께 쓰여 동격절을 이끄는 명사절 접속사 that이 올바르게 쓰였다.

정답 ③

어휘

consume 먹다, 마시다 expired 기한이 지난 past 지난
expiration date 유통기한 just 정확히 discard 버리다
worth ~의 가치가 있는 edible 먹을 수 있는 confusion 혼동, 혼란
package 포장지, 용기 associate ~ with - ~을 -과 관련시켜 생각하다

 이것도 알면 **합격!**

동격절을 취하는 명사

> fact that ~라는 사실	> truth that ~라는 사실
> statement that ~라는 언급	> idea that ~라는 의견, 생각
> opinion that ~라는 의견	> report that ~라는 보도, 소문

06 문법 부사절 난이도 중 ●●○

어법상 옳은 것은?

① The security system prevented her from gain access to the website.

② He will lose the chance to earn big profits unless he invests in the stock.

③ The promotion of his friend must have been caused him to feel uncomfortable at work.

④ Listening to music was one of my relax hobby today.

해석

① 그 보안 시스템은 그녀가 웹사이트에 대한 접근을 얻는 것을 막았다.

② 그는 주식에 투자하지 않으면 큰 이익을 얻을 기회를 잃을 것이다.

③ 그의 친구의 승진이 그가 직장에서 불편함을 느끼게 했음이 틀림없다.

④ 음악을 듣는 것은 요즘 나의 마음을 느긋하게 해주는 취미 중 하나이다.

해설

② 부사절 접속사 1: 조건 '주식에 투자하지 않으면'은 조건을 나타내는 부

사절 접속사 unless(만약 ~가 아니라면)를 사용하여 나타낼 수 있는데, unless는 이미 부정의 의미를 포함하고 있어서 부사절 내의 동사에 다시 부정어를 쓰지 않아야 하므로, unless he invests가 올바르게 쓰였다.

[오답 분석]

① 전치사 자리 전치사(from) 뒤에는 명사 역할을 하는 것이 와야 하므로 동사원형 gain을 동명사 gaining으로 고쳐야 한다.

③ 능동태·수동태 구별 l 조동사 관련 표현 주어 The promotion과 동사가 '그의 친구의 승진이 ~ 불편함을 느끼게 하다'라는 의미의 능동 관계이므로 수동태 been caused를 능동태 caused로 고쳐야 한다. 또한, '불편함을 느끼게 했음이 틀림없다'는 조동사 관련 표현 must have p.p.(~ 했음에 틀림없다)를 사용하여 나타낼 수 있으므로, must have caused가 올바르게 쓰였다.

④ 수량 표현 l 형용사 자리 수량 표현 one of(~ 중 하나)는 복수 명사 앞에 오는 수량 표현이므로 단수 명사 hobby를 복수 명사 hobbies로 고쳐야 한다. 또한, 명사(hobby)를 수식하는 것은 형용사 역할을 하는 것이므로 명사 hobby 앞의 동사 relax를 형용사 relaxing으로 고쳐야 한다.

정답 ②

어휘

prevent 막다 promotion 승진

이것도 알면 **합격!**

조건을 나타내는 부사절 접속사

> provided / providing (that) 오직 ~하는 경우에 (= only if)
> once 일단 ~하면, 일단 ~하자
> as long as ~하는 한, ~하면
> if 만약 ~이라면
> in case ~(의 경우)에 대비하여

07 독해 논리적 흐름 파악(문단 순서 배열) 난이도 중 ●●○

주어진 글 다음에 이어질 글의 순서로 가장 적절한 것은?

Some people appear to have no bounds to their positivity while others walk around with a dark raincloud above their heads. And pessimists are often told that they should "look on the bright side," but it's easier said than done.

(A) Participants were given images of disturbing situations to look at and asked to think "positively" about the possible outcomes while their brains were scanned. Those who were classified as optimists consistently showed less activity in specific regions of the brain associated with stress compared with their pessimistic counterparts.

(B) A new study found that this difference among people may be biological. Researchers divided the study participants into optimists and pessimists based on their responses to a questionnaire.

(C) That is, the way their minds are inherently formed means that worriers cannot break free of their tendencies even when they imagine optimistic endings.

① (A) – (B) – (C)

② (A) – (C) – (B)

③ (B) – (C) – (A)

④ (B) – (A) – (C)

해석

어떤 사람들은 그들의 긍정에 한계가 없는 것처럼 보이는 반면, 다른 사람들은 머리 위에 어두운 비구름을 가지고 걸어 다닌다. 그리고 비관주의자들은 종종 그들이 '밝은 면을 보아야 한다'는 말을 듣지만, 그것은 말하기는 쉬우나 실행하기는 어렵다.

(B) 새로운 연구는 사람들 사이의 이러한 차이가 생물학적인 것일 수도 있다는 것을 발견했다. 연구원들은 설문지에 대한 응답에 기초하여 연구 참가자들을 낙관론자와 비관론자로 나누었다.

(A) 참가자들에게는 보기에 충격적인 상황들의 사진들이 주어졌고 그들의 뇌가 정밀 촬영되는 동안 가능한 결과에 대해 '긍정적으로' 생각하도록 요청받았다. 낙관론자로 분류된 사람들은 그들의 비관적인 상대들에 비해 스트레스와 관련된 뇌의 특정 영역에서 지속적으로 더 적은 활동을 보였다.

(C) 즉, 그들의 마음이 본질적으로 형성되는 방식은 걱정을 많이 하는 사람들이 낙관적인 결말을 상상할 때에도 그들의 성향을 깰 수 없다는 것을 의미한다.

해설

주어진 문장에서 어떤 사람들은 긍정에 한계가 없는 것처럼 보이는 반면 비관주의자들은 긍정적이게 되기 쉽지 않다고 설명하고, (B)에서 이러한 차이(this difference)가 생물학적인 것일 수도 있다고 하며 낙관론자와 비관론자로 나누어 진행할 실험을 언급했다. 이어서 (A)에서 참가자들은 충격적인 상황들의 사진들을 보고 긍정적으로 생각하도록 요청받았지만, 낙관론자들이 비관론자보다 스트레스와 관련된 뇌의 특정 영역에서 지속적으로 더 적은 활동을 보였다고 했고, (C)에서 즉(That is) 걱정을 많이 하는 사람들은 낙관적으로 생각해도 그들의 성향을 깰 수 없다고 하며 실험의 결론에 관해 설명하고 있다.

정답 ④

어휘

bound 한계 positivity 긍정, 확실함 raincloud 비구름
pessimist 비관주의자 disturbing 충격적인, 불안한 optimist 낙관론자
counterpart 상대 inherently 본질적으로 worrier 걱정을 많이 하는 사람
tendency 성향, 경향

---

08 독해 세부내용 파악(내용 일치 파악) 난이도 중 ●●○

다음 글의 내용과 일치하는 것은?

Zole-X Corporation regrets to announce that a company-wide hiring freeze will be implemented. Company spokesperson Mary White explains that the temporary halt in employee acquisition is a panacea to the dips in revenue the organization suffered earlier this year. Zole-X is a major employer in the Hartville region with an employee roster of 50,000 spread across several warehouses, factories, and offices. The company was founded in 1992 and has since been a leader in network security solutions and production. Deployed in conjunction with an overall streamlining effort and on the advice of an outside consulting agency, the freeze will allow Zole-X to avert any layoffs in the foreseeable future. Selected personnel will be required to undergo additional training to diversify their skill sets and cover the potential dearth of new talent that may occur as a consequence of the freeze. A year hence, Zole-X will reassess operations to determine the policy's effectiveness.

* panacea: 만병통치약   * dearth: 부족

① The hiring freeze is expected to cause profits to fall.

② Zole-X Corporation has plans to eliminate 50,000 positions.

③ An external advisor's input impacted the decision to freeze hiring.

④ Employee training will also be halted as part of the hiring freeze.

해석

Zole-X사는 회사 전반에 걸친 고용 동결이 시행될 것임을 발표하게 된 것을 유감스럽게 생각한다. 회사의 대변인 Mary White는 직원 채용의 일시적인 중단이 올해 초에 조직이 겪었던 수익 감소에 대한 만병통치약이라고 설명한다. Zole-X사는 여러 개의 창고, 공장, 그리고 사무실에 걸쳐있는 50,000명의 직원 명단을 가진 Hartville 지역의 주요 고용 사업체이다. 이 회사는 1992년에 설립되었고 그 후 네트워크 보안 솔루션 및 생산 분야의 선두 기업이 되었다. 전반적인 간소화 노력과 함께 외부 컨설팅 업체의 조언에 따라 전개되는 동결은 Zole-X사가 가까운 미래에 어떠한 강제 해고도 피할 수 있도록 할 것이다. 선택된 직원들은 그들의 기술을 다양화하기 위해 추가적인 교육을 받고 그 동결의 결과로 발생할 수도 있는 잠재적인 새로운 인재 부족을 메워야 할 것이다. 일 년 후에, Zole-X사는 그 방침의 유효성을 알아내기 위해 사업들을 재평가할 것이다.

① 고용 동결은 이윤을 감소시킬 것으로 예상된다.

② Zole-X사는 50,000개의 일자리를 없앨 계획을 가지고 있다.

③ 외부 고문의 조언이 고용 동결에 대한 결정에 영향을 미쳤다.

④ 고용 동결의 일환으로 직원 교육도 중단될 것이다.

해설

③번의 키워드인 An external advisor와 관련된 지문의 the advice of an outside consulting agency(외부 컨설팅 업체의 조언) 주변의 내용을 살펴보면 전반적인 간소화 노력과 함께 Zole-X사의 고용 동결이 외부 컨설팅 업체의 조언에 따라 전개되었다는 것을 알 수 있으므로, '③ 외부 고문의 조언이 고용 동결에 관한 결정에 영향을 미쳤다'는 지문의 내용과 일치한다.

[오답 분석]

① 두 번째 문장에서 직원 채용의 일시적인 중단이 수익 감소에 대한 만병통치약이라고 설명했으므로 지문의 내용과 다르다.

② 세 번째 문장에서 Zole-X사가 50,000명의 직원 명단을 가진 Hartville 지역의 주요 고용 사업체라고 했고, 다섯 번째 문장에서 동결을 통해 가까운 미래에 어떠한 강제 해고도 피할 것이라고 언급했으므로 지문의 내용과 다르다.

④ 여섯 번째 문장에서 선택된 직원들은 추가적인 교육을 받고 그 동결의 결과로 발생할 잠재적인 인재 부족을 메워야 할 것이라고 언급했으므로 지문의 내용과 다르다.

정답 ③

어휘

hiring freeze 고용 동결 implement 시행하다 spokesperson 대변인

halt 중단; 중단하다 **dip** 감소, 하락 **revenue** 수익 **roster** 직원 명단
deploy 전개하다 **in conjunction with** ~과 함께
streamline 간소화하다, 합리화하다 **avert** 피하다, 막다 **layoff** 강제 해고
foreseeable future 가까운 미래 **undergo** 받다, 겪다
diversify 다양화하다 **reassess** 재평가하다 **operation** 사업
determine 알아내다 **effectiveness** 유효성 **eliminate** 없애다
advisor 고문 **input** 조언

---

09 독해 전체내용 파악(주제 파악)   난이도 중 ●●○

다음 글의 주제로 가장 적절한 것은?

Some countries are wary about becoming multicultural, fearing that they may lose their unity and identity. Here's what research says about that. In Canada, multiculturalism contributes to the people's national identity. It bridges the gap between French and English-speaking citizens who reside there, and makes them feel as one. The largely homogenous South Korea views multiculturalism as a symbol of modernization. Being multicultural is associated with liberal, forward-thinking nations. In both cases, the atmosphere of openness and tolerance toward other cultures has afforded them opportunities not had by countries that are less open. Canada and South Korea have had an influx of outside talent, foreign investment, and international students. The result has been a boost to their economies, and they now rank as leaders in the international arena. For example, foreign-born residents make up only 20 percent of the current Canadian population, yet proportionally they win more literary, research and performing arts awards. In addition, Canadian culture gets a boost from the ethnic restaurants and supermarkets that are now part of the communities across the country. Finally, immigrants who become citizens have high voter rates and invest in local projects.

① multiculturalism as a national identity
② multiculturalism and its advantages
③ reasons for sudden boosts in economies
④ nations with advanced thinking and talents

해석

몇몇 국가들은 그들의 통일성과 정체성을 잃을지도 모른다고 두려워하며 다문화가 되는 것을 경계한다. 그것에 대해 연구가 말하는 바는 이와 같다. 캐나다에서, 다문화는 국민들의 국가 정체성에 기여한다. 그것은 그곳(캐나다)에 거주하는 프랑스어와 영어를 사용하는 시민들 사이의 간극을 메우고 그들이 하나인 것처럼 느끼게 한다. 대체로 동족인 한국은 다문화를 현대화의 상징으로 여긴다. 다문화인 것은 자유민주적이고 진보적인 국가들과 연관된다. 두 가지 사례 모두에서, 다른 문화들에 대한 개방성과 관용의 분위기는 덜 개방적인 국가들은 가지지 못했던 기회를 그들(진보적인 국가)에게 제공했다. 캐나다와 한국은 외부의 인재, 해외 투자, 그리고 유학생의 유입을 겪었다. 그 결과는 그들의 경제에 부양책이 되어왔고, 이제 그들은 국제적인 활동 무대에서 선두로 평가된다. 예를 들어, 외국인 출신 거주자들은 현재 캐나다 인구의 20퍼센트에 불과하지만, 비례적으로, 그들은 더 많은 문학, 연구, 그리고 공연 예술상을 수상한다. 게다가, 캐나다

문화는 현재 전국에 걸친 지역사회의 일부인 소수 민족 식당과 슈퍼마켓으로부터 힘을 얻고 있다. 마지막으로, 시민이 되는 이민자들은 높은 투표율을 기록하고 지역 프로젝트에 투자한다.

① 국가의 정체성으로서의 다문화주의
② 다문화주의와 그것의 이점
③ 경제 급성장의 이유
④ 진보된 생각과 인재를 가진 국가들

해설

지문 전반에 걸쳐 몇몇 국가들은 다문화가 되는 것을 경계하지만, 캐나다에서는 다문화가 다른 언어를 사용하는 시민들 사이의 간극을 메워 국민들의 국가 정체성에 기여하였으며, 한국에서는 다문화를 현대화의 상징으로 여긴다고 설명하고 있다. 이어서 두 국가 모두가 외부의 인재, 해외 투자, 유학생의 유입을 겪었고, 그 결과가 국가의 경제에 부양책이 되어 왔다고 설명하고 있으므로, '② 다문화주의와 그것의 이점'이 이 글의 주제이다.

[오답 분석]
① 다문화가 국민들의 국가 정체성에 기여한다는 것은 캐나다의 사례를 설명하는 것이므로 지엽적이다.
③ 경제 급성장의 이유에 대해서는 언급되지 않았다.
④ 진보된 생각과 인재를 가진 국가들은 한국이 다문화를 바라보는 방식을 나타내므로 지엽적이다.

정답 ②

어휘

wary 경계하는, 조심하는 **multicultural** 다문화의 **unity** 통일성
bridge the gap 간극을 메우다 **homogeneous** 동족의, 역사적 상동의
modernization 현대화 **liberal** 자유민주적인 **forward-thinking** 진보적인
openness 개방성 **tolerance** 관용 **afford** 제공하다 **influx** 유입
boost 부양책 **rank as** ~으로 평가하다 **arena** 활동 무대, 경쟁의 장
proportionally 비례적으로 **immigrant** 이민자

---

10 독해 논리적 흐름 파악(무관한 문장 삭제)   난이도 중 ●●○

글의 흐름상 가장 어색한 문장은?

More than ever these days, high school graduates are choosing to take a year off from academics before heading to university. ① Known as a "gap year," this time off gives students a chance to gain valuable work or volunteer experience, travel the world, or pursue other hobbies. ② But critics dismiss the increasingly common practice as an unnecessary diversion, arguing that it increases the chances of young people not wanting to continue on their educational path. ③ This is a valid argument, as some do end up losing their way, but a gap year can provide a host of benefits to others who take them. ④ A few gain admission to university before requesting to defer their freshman year. Many educators believe that the experience helps teens blossom into independent adults, resulting in more mature individuals who have a better idea of what they want in life.

[해석]

최근 그 어느 때보다도, 고등학교 졸업생들이 대학으로 향하기 전에 학업을 일 년간 쉬는 것을 선택하고 있다. ① '학업 중단 기간'으로 알려진 이 휴식은, 학생들에게 가치 있는 일이나 자원봉사 경험을 얻고, 세계를 여행하거나, 다른 취미들에 깊이 빠져들 기회를 준다. ② 그러나 비판하는 사람들은 그것이 젊은이들이 그들의 교육상의 진로를 계속하기를 원하지 않을 가능성을 증가시킨다고 주장하며 점점 더 흔해지는 이 관행을 불필요한 기분 전환이라고 일축한다. ③ 어떤 이들은 결국 길을 잃기 때문에 이는 타당한 주장이지만, 학업 중단 기간은 그것을 선택하는 다른 사람들에게 많은 이익을 제공할 수 있다. ④ 일부(학생들)는 그들의 1학년 기간을 연기하는 것을 요청하기 전에 대학에 입학한다. 많은 교육자들은 그 경험이 십대들이 독립적인 성인으로 성장하도록 도와서 인생에서 그들이 원하는 것에 대해 더 나은 생각을 가지는 더욱 성숙한 개인이 되도록 한다고 믿는다.

[해설]

지문 처음에서 고등학교 졸업생들이 대학 입학 전에 학업을 일 년간 쉬기로 선택하는 것을 언급한 뒤, ①번에서 이 기간에 대한 장점을 설명하고, ②번에서는 이 기간을 반대하는 사람들의 의견에 관해서 설명하고 있고, ③번에서는 반대하는 사람들의 주장이 타당하지만 그것(학업 중단 기간)을 선택하는 다른 사람들에게는 많은 이익을 제공할 수 있다고 설명하고 있으므로 모두 '학업 중단 기간'과 관련이 있다. 그러나 ④번은 일부 학생들이 1학년 기간의 연기를 요청하기 전에 대학에 입학한다는 내용으로, 지문의 내용과 관련이 없다.

정답 ④

[어휘]

graduate 졸업생 gap year 학업 중단 기간 time off 휴식, 일시적 중단
pursue 깊이 빠져들다 dismiss 일축하다, 묵살하다
diversion 기분 전환, 오락 valid 타당한 a host of 많은, 다수의
defer 연기하다, 미루다 blossom into ~으로 성장하다 mature 성숙한

---

11 어휘 deprived of = kept from 난이도 중 ●●○

밑줄 친 부분의 의미와 가장 가까운 것을 고르시오.

Parents can be overly frugal at times, but as time goes by, some feel they were deprived of the good things while young.

① averse to
② kept from
③ exchanged for
④ impressed on

[해석]

부모들은 때때로 지나치게 검소할 수 있지만, 시간이 흐르면서, 몇몇 사람들은 그들(부모들)이 젊었을 때 좋은 것들을 박탈당했다고 이해한다.

① ~을 싫어하는
② ~을 하지 못하게 된
③ ~과 교환된
④ ~에 감명받은

정답 ②

[어휘]

frugal 검소한 deprived of ~을 박탈당한 averse to ~을 싫어하는

[이것도 알면 합격!]

deprived of(~을 박탈당한)와 유사한 의미의 표현
= robbed of, stripped of, dispossessed of, cheated of

---

12 어휘 get the hang of = become skilled at 난이도 중 ●●○

밑줄 친 부분의 의미와 가장 가까운 것을 고르시오.

In order to get the hang of tying the appropriate knots, new sailors often have to practice them many times.

① be amazed by
② become skilled at
③ make do with
④ make a mess of

[해석]

적절한 매듭을 묶는 것의 요령을 익히기 위해, 새로운 선원들은 종종 그것들을 여러 번 연습해야 한다.

① ~에 깜짝 놀라다
② ~에 능숙해지다
③ ~으로 때우다
④ ~을 엉망으로 만들다

정답 ②

[어휘]

appropriate 적절한 knot 매듭 sailor 선원 amaze 놀라게 하다
make do with ~으로 때우다, 임시변통하다 mess 엉망인 상황

[이것도 알면 합격!]

get the hang of(~의 요령을 익히다)와 유사한 의미의 표현
= acquire knowledge of, learn the basics of, get good at

---

13 독해 추론(빈칸 완성 - 단어) 난이도 중 ●●○

밑줄 친 (A), (B)에 들어갈 말로 가장 적절한 것을 고르시오.

The Literary Digest successfully predicted the outcomes of five consecutive US presidential elections between 1916 and 1932 by using public opinion surveys. In 1936, though, this string of accurate ____(A)____ came to an end. After tabulating 2.3 million survey responses, the publication confidently proclaimed that Alf Landon would defeat Franklin D. Roosevelt. However, Roosevelt collected 62 percent of the actual votes. The result ____(B)____ with the expectation because of selection bias. *The Literary Digest* mailed out its ballots based on lists of names in telephone directories, and telephones were a luxury item in the 1930s, available only to the affluent.

	(A)	(B)
①	reproaches	was forged
②	occurrences	contracted
③	forecasts	contrasted
④	analyses	was forgone

[해석]

「The Literary Digest」는 여론 조사를 이용하여 1916년부터 1932년 사이에 다섯 번의 연이은 미국 대통령 선거 결과를 성공적으로 예측했다. 하지만, 1936년에 이 연이은 정확한 (A) 예언은 끝났다. 230만 개의 설문 응답들을 표로 만든 후, 그 간행물은 알프 랜든이 프랭클린 D. 루스벨

트를 이길 것이라고 확신을 가지고 공포했다. 그러나, 루스벨트는 실제 표의 62퍼센트를 모았다. 결과는 선택 편향 때문에 예상과는 (B) 차이를 보였다. 『The Literary Digest』는 그들의 투표용지를 전화번호부에 있는 이름을 바탕으로 발송했고, 1930년대에는 전화기가 부유한 사람들만 이용할 수 있는 사치품이었다.

(A)	(B)
① 비난	위조되었다
② 발생	약속했다
③ 예언	차이를 보였다
④ 분석	예측되었다

해설

(A) 빈칸 앞 문장에 『The Literary Digest』가 1916년부터 1932년 사이에 다섯 번의 연이은 미국 대통령 선거 결과를 성공적으로 예측했다는 내용이 있고, 빈칸이 있는 문장에 대조의 의미를 나타내는 접속사 though(하지만)이 쓰였으므로, (A)에는 1936년에 이 연이은 정확한 '예언(forecasts)'이 끝났다는 내용이 들어가야 한다. (B) 빈칸 앞 문장에 그 간행물은 알프 랜든이 프랭클린 D. 루스벨트를 이길 것이라고 공포했으나 루스벨트가 실제 표의 62퍼센트를 모았다는 내용이 있으므로, (B)에는 결과는 선택 편향 때문에 예상과는 '차이를 보였다(contrasted)'는 내용이 들어가야 한다. 따라서 ③번이 정답이다.

정답 ③

어휘

predict 예측하다 outcome 결과 consecutive 연이은, 연속적인
public opinion survey 여론 조사 accurate 정확한 tabulate 표로 만들다
publication 간행물, 출판물 confidently 확신을 가지고 proclaim 공포하다
defeat 이기다, 물리치다 bias 편향, 편견 ballot 투표용지
telephone directory 전화번호부 affluent 부유한 reproach 비난
forge 위조하다 occurrence 발생 forecast 예언 forgone 예측된

---

14 독해 추론(빈칸 완성 – 연결어) 난이도 중 ●●○

밑줄 친 (A), (B)에 들어갈 말로 가장 적절한 것을 고르시오.

As individuals with our own sets of eyes and ears, we experience a subjective reality that is unique to us based on our personal observations. However, we should not let our interpretations of reality be in opposition to facts. ____(A)____ we pursue a nuanced interpretation, it might lead to overgeneralizations. For example, a person whose female friends wear high heels may assume that all women wear high heels. Yet, when this person observes a larger population, he or she will realize this assumption is false. This example may be harmless, but such thinking can lead to prejudices. ____(B)____, such thinking is dangerously commonplace, occurring in everything from trivial instances, as in the previous example, to more-damaging situations with lasting consequences. To combat this tendency, people need to critically analyze the conclusions they come to and the data they're presented.

(A)	(B)
① If	In contrast
② If	Likewise
③ Unless	As a result
④ Unless	Unfortunately

해석

각자의 눈과 귀가 있는 개인으로서, 우리는 개인적인 판단에 근거하여 우리 특유의 주관적인 현실을 경험한다. 그러나, 우리는 현실에 대한 우리의 해석을 사실과 반대되게 두어서는 안 된다. (A) 만약 우리가 미묘한 차이가 있는 해석을 따르지 않는다면, 그것(우리의 해석)은 과잉 일반화로 이어질 수 있다. 예를 들어, 여자인 친구들이 하이힐을 신는 사람은 모든 여성이 하이힐을 신는다고 추측할 수도 있다. 그러나, 이 사람이 더 큰 모집단을 관찰하면, 그나 그녀는 이러한 추측이 틀렸다는 것을 깨달을 것이다. 이 예시는 무해할 수도 있지만, 이러한 사고는 편견으로 이어질 수 있다. (B) 안타깝게도, 그러한 사고는 앞의 예시에서와 같이 사소한 경우에서부터 지속적인 영향이 있는 더 해로운 상황에 이르기까지 모든 것에서 발생하기 때문에 위험하게 흔한 일이다. 이러한 경향과 싸우기 위해, 사람들은 그들이 내린 결론과 그들이 제시한 데이터를 비판적으로 분석할 필요가 있다.

(A)	(B)
① 만약	대조적으로
② 만약	마찬가지로
③ 만약 ~이 아니라면	결과적으로
④ 만약 ~이 아니라면	안타깝게도

해설

(A) 빈칸 앞 문장에서 우리는 현실에 대한 우리의 해석을 사실과 반대되게 두어서는 안 된다고 했고, 빈칸이 있는 문장은 그것(우리의 해석)이 과잉 일반화로 이어질 수 있다는 내용이므로, (A)에는 부정적 의미의 조건을 나타내는 연결어인 Unless(만약 ~이 아니라면)가 들어가야 한다. (B) 빈칸 앞 문장은 모든 여성이 하이힐을 신는다고 추측하는 이 예시가 무해할 수도 있지만, 이것은 편견으로 이어질 수도 있다고 설명하는 내용이고 빈칸 뒤 문장은 그러한 사고는 사소한 것부터 더 해로운 것까지 모든 경우에 발생하기 때문에 위험하게 흔하다는 내용이므로, (B)에는 유감을 나타내는 연결어인 Unfortunately(안타깝게도)가 들어가야 한다. 따라서 ④번이 정답이다.

정답 ④

어휘

subjective 주관적인 unique to 특유의 personal 개인적인
observation (관찰에 의한) 판단, 정보 interpretation 해석, 판단
opposition (~에 대한 강한) 반대 nuanced 미묘한 차이가 있는
overgeneralization 과잉 일반화 population 모집단
assumption 추측, 가정 prejudice 편견 commonplace 아주 흔한
trivial 사소한 combat 싸우다 tendency 경향, 성향 conclusion 결론

15 독해 논리적 흐름 파악(문장 삽입) 난이도 중 ●●○

주어진 문장이 들어갈 위치로 가장 적절한 것은?

This idea couldn't be further from the truth, as it provides benefits for participating students.

Two out of three college seniors say they feel unprepared to enter the job market after they graduate. (①) Yet much of this uncertainty can be assuaged by taking advantage of Career Services, free job counseling offered at schools. (②) Unfortunately, many do not even know about the service, while others fail to realize it is free and end up not making use of it. (③) Furthermore, there are those who do not believe the guidance program can help them at all. (④) Students who utilize Career Services' programs feel less intimidated entering the workforce, so it is imperative that schools encourage their students to utilize this valuable resource.

해석

이러한 생각은 사실과 아주 동떨어진 것인데, 그것은 참여하는 학생들에게 이익을 주기 때문이다.

대학 졸업반 학생 세 명 중 두 명은 그들이 졸업 후에 취업 시장에 들어갈 준비가 되지 않았다고 느낀다고 말한다. (①) 그러나 이러한 불확실성의 대부분은 학교에서 제공되는 무료 취업 상담인 Career Services를 이용함으로써 완화될 수 있다. (②) 안타깝게도, 많은 사람들은 심지어 이 서비스를 알지도 못하고, 다른 사람들은 이것이 무료라는 것을 알아차리지 못해 결국 이것을 활용하지 않게 된다. (③) 게다가, 그 지도 프로그램이 그들(대학 졸업반 학생들)을 도울 수 있다는 것을 전혀 믿지 않는 사람들도 있다. (④) Career Services의 프로그램을 활용하는 학생들은 노동 인구에 진입하는 것에 겁을 덜 먹으므로, 학교들이 학생들에게 이 유용한 자원을 이용하도록 권장하는 것이 필수적이다.

해설

④번 앞 문장에서 지도 프로그램이 그들(대학 졸업반 학생들)을 도울 수 있다는 것을 전혀 믿지 않는 사람들이 있다고 하고, ④번 뒤 문장에서 Career Services의 프로그램을 활용하는 학생들은 노동 인구에 진입하는 것에 겁을 덜 먹는다고 설명하고 있으므로, ④번 자리에 이러한 생각(This idea)은 사실과 아주 동떨어지는데, 그것(지도 프로그램)은 참여하는 학생들에게 이익을 주기 때문이라는 내용의 주어진 문장이 나와야 지문이 자연스럽게 연결된다.

[오답 분석]
① 뒤 문장의 'this uncertainty(이러한 불확실성)'는 앞 문장의 '대학 졸업반 학생들의 다수가 취업 시장에 들어갈 준비가 되지 않았다고 느낀다'는 것을 의미하고 있으므로 ①번에 다른 문장이 삽입되면 문맥상 부자연스럽다.
② 뒤 문장의 'the service(이 서비스)'는 앞 문장의 'Career Services'를 의미하므로 ②번에 다른 문장이 삽입되면 문맥상 부자연스럽다.
③ 앞 문장에서 사람들이 서비스에 대해 알지 못해 이용하지 않는 경우가 많다고 이야기하고, ③번 뒤 문장에서 '게다가(Furthermore)' 이런 프로그램의 유용성을 의심하는 사람이 있다고 말하는 내용이 있으므로 ③번에 다른 문장이 삽입되면 문맥상 부자연스럽다.

정답 ④

어휘

uncertainty 불확실성, 불안정 assuage 완화하다, 달래다
take advantage of ~을 이용하다 guidance 지도, 안내
intimidate 겁을 주다 imperative 필수적인

구문 분석

[1행] This idea / couldn't be further / from the truth, / as it provides benefits / for participating students.
: 이처럼 접속사 as가 이끄는 절의 경우, '~ 때문에,' '~하면서'라고 해석하며, 이 경우에는 '~ 때문에'라고 해석한다.

16 문법 시제 & 능동태·수동태 난이도 중 ●●○

우리말을 영어로 잘못 옮긴 것은?

① 그가 극장에서 볼 새로운 영화가 있었다.
  → There was a new movie for him to watch at the theater.
② 저는 당신 친구와의 언쟁을 엿들을 수밖에 없었습니다.
  → I couldn't help overhearing your discussion with your friend.
③ 그 행사는 왕실에 의해 몇 세기 동안 매년 참석 되어왔다.
  → The ceremony has attended by the royal family every year for centuries.
④ 오직 지연이 없는 경우에, 우리는 일을 끝낼 수 있다.
  → We can finish the job, provided there are no delays.

해설

③ 현재완료 시제 | 능동태·수동태 구별 '몇 세기 동안 매년 참석 되어왔다'라는 과거에 시작된 일이 현재까지 계속되는 상황을 표현하고 있으므로 현재완료 시제가 와야 하고, 주어 The ceremony와 동사가 '그 행사가 참석 되다'라는 의미의 수동 관계이므로 현재완료 능동태 has attended를 현재완료 수동태 has been attended로 고쳐야 한다.

[오답 분석]
① to 부정사의 역할 | to 부정사의 의미상 주어 문맥상 '볼 영화'라는 의미가 되어야 자연스러우므로 형용사처럼 명사(a movie)를 수식할 수 있는 to 부정사 to watch가 올바르게 쓰였다. 또한, 문장의 주어와 to 부정사의 행위 주체가 달라 to 부정사의 의미상 주어가 필요한 경우 'for + 목적격 대명사'를 to 부정사 앞에 써야 하므로 for him이 to watch 앞에 올바르게 쓰였다.
② 동명사 관련 표현 '엿들을 수밖에 없다'는 동명사구 관용 표현 cannot help -ing(~할 수밖에 없다)를 사용하여 나타낼 수 있으므로 couldn't help overhearing이 올바르게 쓰였다.
④ 부사절 접속사 1 : 조건 '오직 지연이 없는 경우에'는 조건을 나타내는 부사절 접속사 provided(오직 ~하는 경우에)를 사용하여 나타낼 수 있고, 조건의 부사절에서는 미래의 일을 나타내더라도 현재 시제를 써야 하므로, provided there are no delays가 올바르게 쓰였다.

정답 ③

어휘

overhear 엿듣다 ceremony 행사 royal 왕실 delay 지연

이것도 알면 합격!

동명사구 관용 표현

> it's no use[good] -ing –해도 소용없다
> be busy in -ing –하느라 바쁘다
> spend + 시간/돈 + (in) -ing –하는 데 시간/돈을 쓰다
> be worth -ing –할 가치가 있다
> on[upon] -ing –하자마자

---

17 독해 세부내용 파악(내용 불일치 파악) 난이도 상 ●●●

다음 글의 내용과 일치하지 않는 것을 고르시오.

Flowering plants offer the incentive of sweet nectar to entice insect pollinators, but some orchids rely on sexual deception instead. They produce petals that bear a close resemblance to the females of a particular bee, and some use particular colors of petals in order to attract males. While visual deception works best at shorter ranges, chemical deception is more effective from afar, leading some to produce pheromones that duplicate those produced by female bees. Unsuspecting males are attracted to the dummy females and try mating with them, picking up pollen that inadvertently gets deposited onto the next orchid they encounter. Researchers had long been perplexed by the efficacy of using this trick as an evolutionary strategy, since it concentrates on luring in a single species. Multiple pollinators can mean more opportunities for pollination. However, a team discovered that the pollen picked up in such cases were often dropped or moved to unrelated species, rendering the act futile. Deceptive orchids deal with one reliable pollinator that solely specializes in fertilizing them, so their pollen is adeptly spread among their own species.

① Every type of flowering plant provides pollinators with nectar.
② Bees pollinate orchids by picking up pollen accidentally.
③ Deceptive orchids entice bees by stimulating both their sight and smell.
④ Attracting a wide range of pollinators isn't always an efficient approach.

해석

꽃이 피는 식물들은 꽃가루 매개자인 곤충들을 유인하기 위해 달콤한 꿀이라는 보상을 제공하지만, 일부 난초들은 그 대신에 성적인 속임수에 의지한다. 그것들은 특정 벌의 암컷들을 닮은 꽃잎을 만들고, 몇몇은 수컷의 마음을 끌기 위해 특정 꽃잎 색깔을 이용한다. 시각적인 속임수는 더 짧은 거리에서 가장 잘 작용하지만, 화학적인 속임수는 멀리서도 더 효과적이어서, 어떤 것은 암컷 벌에 의해 만들어진 페로몬을 복제하는 페로몬을 생산하게 한다. 의심하지 않는 수컷들은 가짜 암컷들에게 끌려 그것들과 짝짓기를 시도하는데, 이때 그것들이 마주치는 그다음 난초 위에 우연히 놓이게 되는 꽃가루를 얻는다. 이것이 단 하나의 종을 꾀는 데 집중하기 때문에 연구원들은 이 속임수를 진화적 전략으로 쓰는 것의 효능에 대해 오랫동안 혼란스러워해 왔다. 다양한 꽃가루 매개자들은 수분을 위한 더 많은

기회를 의미할 수 있다. 그러나, 한 연구팀이 그런 경우(더 많은 기회)에 얻어진 꽃가루는 흔히 떨어지거나 관계없는 종으로 옮겨져 그 행위를 헛되게 만든다는 것을 발견했다. 기만적인 난초들은 오로지 그것들을 수분시키는 것을 전문으로 하는 하나의 믿을 만한 꽃가루 매개자를 상대하므로, 그들의 꽃가루는 같은 종들 사이에서 뛰어나게 퍼진다.

① 꽃이 피는 식물의 모든 종류는 꽃가루 매개자들에게 꿀을 제공한다.
② 벌은 우연히 꽃가루를 주워서 난초를 수분시킨다.
③ 기만적인 난초는 꿀벌의 시력과 냄새를 모두 자극함으로써 꿀벌을 유인한다.
④ 광범위한 수분 공급자를 끌어들이는 것이 항상 효율적인 방법은 아니다.

해설

지문 처음에서 일부 난초들은 꽃가루 매개자인 곤충들을 유인하기 위해 달콤한 꿀 대신에 성적인 속임수에 의지한다고 했으므로, '① 꽃이 피는 식물의 모든 종류는 꽃가루 매개자들에게 꿀을 제공한다'는 것은 지문의 내용과 일치하지 않는다.

[오답 분석]
② 네 번째 문장에서 수컷들은 그들이 마주치는 그 다음 난초 위에 우연히 놓이게 되는 꽃가루를 얻는다고 언급되었다.
③ 세 번째 문장에서 시각적인 속임수는 짧은 거리에서 가장 잘 작용하고 화학적인 속임수는 멀리서도 더 효과적이라고 언급되었다.
④ 여섯 번째 문장에서 다양한 꽃가루 매개자들은 수분을 위한 더 많은 기회를 의미할 수 있지만, 일곱 번째 문장에서 한 연구팀이 그런 경우(더 많은 기회)에 얻어진 꽃가루는 흔히 떨어지거나 관계없는 종으로 옮겨져 그 행위를 헛되게 만든다는 것을 발견했다고 언급되었다.

정답 ①

어휘

flowering 꽃이 피는 incentive 보상 nectar (꽃의) 꿀 entice 유인하다
pollinator 꽃가루 매개자 orchid 난초 deception 속임수, 기만 petal 꽃잎
bear a resemblance to ~을 닮다, 유사성이 있다 duplicate 복제하다
unsuspecting 의심하지 않는 dummy 가짜의 mate 짝짓기를 하다
pick up ~을 얻다 pollen 꽃가루 inadvertently 우연히, 자기도 모르게
encounter 마주치다 perplexed 혼란스러워하는, 당황한 efficacy 효능, 효험
futile 헛되게 deceptive 기만적인 adeptly 뛰어나게

---

18 독해 세부내용 파악(내용 불일치 파악) 난이도 중 ●●○

다음 글의 내용과 일치하지 않는 것을 고르시오.

People in their forties and fifties often experience a phenomenon known as a "midlife crisis." As people age, their health tends to decline, and they invariably lose their parents. This makes them more aware of their own mortality. Consequently, they begin to think about their accomplishments, reassessing them in terms of their previous goals. If, after this period of reflection, they believe they have fallen short, they may decide that it is necessary to make adjustments to their lives while they still have the chance. This may involve transitioning to a new career or pursuing a passion that had been put on hold. On the other hand, the changes people make during this period can just as easily be harmful, because in the pursuit to find oneself anew, one might make reckless financial and personal decisions.

① The combination of worsening health and dying parents causes people to question their lives.

② People rethink their lives, successes, and failures by comparing them to earlier dreams.

③ People give up making changes to their lives even when their goals haven't been met.

④ The choices people make during a midlife crisis can be negative as well as positive.

해석

40대와 50대의 사람들은 흔히 '중년의 위기'라고 알려진 현상을 경험한다. 사람들이 나이가 들어감에 따라, 그들의 건강은 쇠하기 쉽고, 그들은 예외 없이 부모를 잃는다. 이것은 그들이 자기 자신의 죽음에 대해 더욱 의식하게 한다. 결과적으로, 그들은 그들의 성취에 대해 생각하기 시작하고, 그들의 이전 목표의 측면에서 그것(성취)들을 재평가한다. 이 숙고의 기간 이후에, 만약 자신이 (그 목표에) 미치지 못했다고 생각하면, 그들은 아직 기회가 있을 때 삶을 조정할 필요가 있다는 결론을 내릴지도 모른다. 이것은 새로운 직업이나 보류되어 왔던 열망을 추구하는 것으로 전환하는 것을 수반할지도 모른다. 한편, 사람들이 이 시기 동안 만든 변화는 어쩌면 해로울 수 있는데, 이것은 자기 자신을 새롭게 찾아내려고 추구하는 과정에서 무모한 재정적이고 개인적인 결정을 내릴 수 있기 때문이다.

① 악화되는 건강과 돌아가시는 부모의 결합은 사람들로 하여금 그들의 삶에 의문을 갖게 한다.

② 사람들은 그들의 삶, 성공, 그리고 실패를 이전의 꿈과 비교하여 다시 생각한다.

③ 사람들은 그들의 목표가 달성되지 않았을 때도 그들의 삶에 변화를 주는 것을 포기한다.

④ 중년의 위기 기간 동안 사람들이 하는 선택들은 긍정적일 수 있을 뿐만 아니라 부정적일 수도 있다.

해설

지문 중간에 중년의 사람들은 자신이 이전 목표의 측면에서 그것에 미치지 못했다고 생각하면 아직 기회가 있을 때 삶을 조정할 필요가 있다는 결론을 내릴지도 모른다고 했으므로, '③ 사람들은 그들의 목표가 달성되지 않았을 때도 그들의 삶에 변화를 주는 것을 포기한다'는 것은 지문의 내용과 일치하지 않는다.

[오답 분석]

① 두 번째 문장에 사람들은 나이가 들어감에 따라 건강이 쇠하고 부모를 잃게 된다고 언급되었으며, 세 번째 문장에 이는 사람들이 자기 자신의 죽음에 대해 더욱 의식하게 한다고 언급되었다.

② 네 번째 문장에 사람들은 성취에 대해 다시 생각하고 이전의 목표의 측면에서 그것들을 재평가한다고 언급되었다.

④ 일곱 번째 문장에 사람들이 '중년의 위기' 기간 동안 만든 변화는 어쩌면 해로울 수도 있으며, 자기 자신을 새롭게 찾아내려고 추구하는 과정에서 무모한 결정을 내릴 수 있다고 언급되었다.

정답 ③

어휘

phenomenon 현상 decline 쇠하다, 감퇴하다
invariably 예외 없이, 불가피하게 reassess 재평가하다
in terms of ~ 측면에서 reflection 숙고, 반성
fall short 미치지 못하다, 부족하다 adjustment 조정, 수정

---

transition 전환하다, 이행하다 put on hold ~을 보류하다
anew 새롭게, 새로이 reckless 무모한 worsen 악화되다

---

19 독해 추론(빈칸 완성 – 절) 난이도 중 ●●○

밑줄 친 부분에 들어갈 말로 가장 적절한 것을 고르시오.

According to the ancient Greek philosopher Epicurus, humans retain an unfounded terror regarding death. He contended that a person dying inflicts no material harm to those who are currently living. For the departed also, _____: they no longer exist as an individual and therefore do not feel any pain. Epicurus dismissed the notion that the common attitude toward death could logically arise from the thought of an unpleasant afterlife. Though he accepted the concept of souls, he argued that they must be composed of atoms. Since the body's atoms disperse once people die, he believed that there is no way the soul can be harmed in the afterlife—thus concluding that humans' fear of their own eventual demise was irrational.

① death is a cause for celebration

② being dead is of no consequence

③ living is a much worse fate

④ treatment is of the gods' choosing

해석

고대 그리스 철학자 에피쿠로스에 따르면, 인간은 죽음에 대해 근거 없는 두려움을 가진다. 그는 한 사람이 죽는 것이 현재 살아 있는 이들에게 물리적인 해를 가하지 않는다고 주장했다. 고인에게도 마찬가지로, <u>죽는 것은 중요하지 않다</u>. 그들은 더 이상 개인으로서 존재하는 것이 아니고 따라서 어떤 고통도 느끼지 못한다. 에피쿠로스는 죽음에 대한 일반적인 사고방식이 불쾌한 사후 세계에 대한 생각에서 논리적으로 기인한 것일 수도 있다는 관념을 일축했다. 그는 영혼이라는 개념을 인정하기는 했으나, 그것이 원자로 구성되었을 것이라고 주장했다. 그는 사람들이 죽으면 신체의 원자들은 흩어지기 때문에 영혼이 사후 세계에서 해를 입을 방법이 없다고 믿었으며, 따라서 사람들이 그들 자신의 궁극적인 죽음에 대해 불안감을 품는 것은 비논리적이라고 결론을 내렸다.

① 죽음은 축하할 만한 이유이다

② 죽는 것은 중요하지 않다

③ 살아있는 것은 더 최악의 운명이다

④ 치료는 신들의 선택이다

해설

빈칸 앞부분에서 에피쿠로스는 인간이 죽음에 대해 근거 없는 두려움을 가진다고 했다고 했고, 빈칸 뒤에서 죽은 사람들은 개인으로서 존재하지도 않고 어떤 고통도 느끼지 못할뿐더러 사후 세계에서 해를 입을 방법이 없다고 했으므로, 빈칸에는 고인에게도 마찬가지로, '② 죽는 것은 중요하지 않다'가 들어가야 한다.

[오답 분석]

① 죽음이 축하할 만한 이유라는 내용은 언급되지 않았다.

③ 살아있는 것이 더 최악의 운명이라는 내용은 언급되지 않았다.

④ 치료가 신들의 선택이라는 내용은 언급되지 않았다.

정답 ②

어휘

unfounded 근거 없는 contend 주장하다 inflict (괴로움 등을) 가하다, 안기다
material 물리적인 the departed 고인 dismiss 일축하다, 묵살하다
attitude 사고방식, 태도 afterlife 사후 세계, 내세 atom 원자
disperse 흩어지다, 해산하다 eventual 궁극적인 demise 죽음
irrational 비논리적인 of consequence 중요한

---

20 독해 추론(빈칸 완성 – 단어) 난이도 중 ●●○

밑줄 친 부분에 들어갈 말로 가장 적절한 것을 고르시오.

Most websites have grown to become approximately twice as large now as they were three years ago due to their more frequent use of videos and images, not to mention the addition of new data tracking and security technologies. While these are all things that enhance a website's appearance and provide a better experience for the viewer, the increased bulk and higher level of involvedness is causing them to become more sluggish. To make matters worse, mobile consumption of web content has increased dramatically, forcing developers to _____ numerous versions of sites in order to accommodate each Internet-accessible device that hits the market. This grows the density of the code that needs to be written, which contributes to a website's complexity and ultimately causes it to load less quickly than before, even if it isn't something immediately noticeable to most users.

① deteriorate

② create

③ relocate

④ abandon

해석

대부분의 웹사이트는 3년 전에 그것들이 그랬던 것보다 현재는 거의 두 배가 되도록 성장했는데, 이는 새로운 데이터 추적 및 보안 기술의 추가는 물론이고, 그것들의 더 빈번한 영상과 이미지 사용 때문이다. 이것들은 모두 웹사이트의 겉모습을 향상시키고 보는 사람들에게 더 나은 경험을 제공하는 것들이지만, 커진 규모와 더 높은 수준의 복잡함은 그것들을 더욱 느리게 만들고 있다. 설상가상으로, 웹 콘텐츠의 휴대기기 소비량은 극적으로 증가해왔는데, 이는 개발자들이 시장에 출시되는 인터넷 접속이 가능한 각각의 기기에 맞추기 위해 사이트들의 수많은 버전을 만들 수밖에 없게 했다. 이것은 쓰여져야 하는 코드의 밀도를 증가시키는데, 이것은 웹사이트의 복잡성의 원인이 되며, 궁극적으로는 대부분의 사용자가 즉시 알아차리지 못한다고 하더라도 이전보다 덜 빠르게 로딩되게 한다.

① 악화시키다

② 만들다

③ 이동하다

④ 버리다

해설

빈칸 앞부분에서 웹 콘텐츠의 휴대기기 소비량이 극적으로 증가해서 개발자들이 시장에 출시되는 인터넷 접속이 가능한 각각의 기기에 맞출 수밖에 없게 했다고 했으므로, 빈칸에는 개발자들이 사이트들의 수많은 버전을 '② 만들' 수밖에 없게 했다는 내용이 들어가야 한다.

정답 ②

어휘

approximately 거의, 대략 frequent 빈번한 addition 추가
track 추적하다 security 보안, 안전 enhance 향상시키다
viewer 보는 사람, 시청자 bulk 규모, 크기 involvedness 복잡함
sluggish 느린, 기능이 둔한 to make matters worse 설상가상으로
consumption 소비량 accommodate 맞추다, 부응하다
hit the market 시장에 출시하다 density 밀도 deteriorate 악화시키다

▶ 정답

p. 78

01	① 어휘 – 어휘&표현	11	④ 어휘 – 생활영어
02	④ 어휘 – 어휘&표현	12	④ 어휘 – 생활영어
03	③ 어휘 – 어휘&표현	13	② 독해 – 추론
04	① 어휘 – 어휘&표현	14	③ 독해 – 전체내용 파악
05	④ 문법 – 어순	15	③ 독해 – 논리적 흐름 파악
06	② 문법 – 조동사	16	④ 독해 – 논리적 흐름 파악
07	③ 문법 – 동명사	17	⑤ 독해 – 논리적 흐름 파악
08	② 독해 – 전체내용 파악	18	③ 독해 – 세부내용 파악
09	④ 독해 – 전체내용 파악	19	① 독해 – 추론
10	① 독해 – 세부내용 파악	20	② 독해 – 추론

▶ 취약영역 분석표

영역	세부 유형	문항 수	소계
어휘	어휘&표현	4	/6
	생활영어	2	
문법	어순	1	/3
	조동사	1	
	동명사	1	
독해	전체내용 파악	3	/11
	세부내용 파악	2	
	추론	3	
	논리적 흐름 파악	3	
총계			/20

---

01 어휘 circumspect = cautious 난이도 중 ●●○

밑줄 친 부분의 의미와 가장 가까운 것을 고르시오.

> Film studios try to be extremely circumspect about how much information they reveal about each of its movies prior to their release.

① cautious
② casual
③ hasty
④ isolated

해석

영화 제작사들은 그것들(영화)의 개봉 전에 각 영화에 대해 얼마나 많은 정보를 공개할 것인지에 대해 매우 신중하려고 노력한다.

① 조심스러운
② 태평한
③ 성급한
④ 고립된

정답 ①

어휘

circumspect 신중한 release 개봉, 출시 casual 태평한 hasty 성급한

📝 **이것도 알면 합격!**

circumspect(신중한)의 유의어
= careful, guarded, heedful, wary

---

02 어휘 pretentious = showy 난이도 중 ●●○

밑줄 친 부분의 의미와 가장 가까운 것을 고르시오.

> Many customers who complained about the hotel's rooms after it was remodeled said the decorations were too pretentious.

① appalling
② flawless
③ modest
④ showy

해석

그것(호텔)이 리모델링 된 후에 호텔의 방에 대해 불평한 많은 손님들은 장식이 너무 겉치레뿐이라고 말했다.

① 소름 끼치는
② 결점 없는
③ 수수한
④ 사치스러운

정답 ④

어휘

pretentious 겉치레뿐인 appalling 소름 끼치는 flawless 결점 없는
modest 수수한 showy 사치스러운, 겉멋만 든

📝 **이것도 알면 합격!**

pretentious(겉치레뿐인)의 유의어
= ostentatious, pompous, extravagant, flamboyant

---

03 어휘 upside down = inverted 난이도 중 ●●○

밑줄 친 부분의 의미와 가장 가까운 것을 고르시오.

> After the artist's abstract painting had been hung, he was upset to find that it was upside down.

① balanced
② privileged
③ inverted
④ compelled

해석

그 예술가의 추상화가 걸린 후에, 그는 그것이 뒤집혀 있는 것을 발견해서 마음이 상했다.

① 균형 잡힌
② 특권을 가진
③ 뒤집힌
④ 강요된

정답 ③

어휘

abstract painting 추상화 privileged 특권을 가진 inverted 뒤집힌
compel 강요하다

이것도 알면 합격!

upside down(뒤집힌)과 유사한 의미의 표현
= upturned, flipped, turned over

---

04 어휘 have a soft spot for = adore 난이도 중 ●●○

밑줄 친 부분의 의미와 가장 가까운 것을 고르시오.

The art critic has a soft spot for the early works of Pablo
Picasso, which he says are some of the artist's best.

① adores ② collects

③ scrutinizes ④ mentions

해석

그 예술 비평가는 파블로 피카소의 초기 작품들을 무척 좋아했는데, 그는
그것들이 그 예술가의 최고의 작품 중 일부라고 말한다.

① 아주 좋아하다 ② 수집하다
③ 면밀히 조사하다 ④ 언급하다

정답 ①

어휘

have a soft spot for ~을 무척 좋아하다 adore 아주 좋아하다
scrutinize 면밀히 조사하다

이것도 알면 합격!

have a soft spot for(~을 무척 좋아하다)와 유사한 의미의 표현
= delight in, take a fancy to, be keen on, have a passion for

---

05 문법 어순 난이도 중 ●●○

어법상 옳은 것은?

① I'll respond right away as soon as I'll receive your invitation.

② The top speed that a dog can run at is faster than those of a human.

③ People who work hard generally get further in life than the laze.

④ The restaurant's dishes are expensive compared to how much the
separate ingredients cost.

해석

① 나는 너의 초대장을 받자마자 바로 답장을 보낼 것이다.
② 개가 달릴 수 있는 최대 속력은 사람의 그것(최대 속력)보다 더 빠르다.
③ 열심히 일하는 사람들은 보통 게으른 사람들보다 인생에서 더 성공한다.
④ 그 식당의 요리들은 각각의 재료에 드는 비용과 비교했을 때 비싸다.

해설

④ 의문문의 어순 의문문이 다른 문장 안에 포함된 간접 의문문은 '의문사
+ 주어 + 동사'의 어순이 되어야 하므로 how much the separate
ingredients cost가 올바르게 쓰였다.

[오답 분석]

① 현재 시제 시간을 나타내는 부사절(as soon as ~ invitation)에서는
미래를 나타내기 위해 미래 시제 대신 현재 시제를 사용하므로 미래 시
제 will receive를 현재 시제 receive로 고쳐야 한다.

② 지시대명사 대명사가 지시하는 명사가 단수 명사 The top speed
(최대 속력)이므로 복수 지시대명사 those를 단수 지시대명사 that으
로 고쳐야 한다.

③ 정관사 the '게으른 사람들'이라는 의미를 나타내기 위해 'the + 형용
사(~한 사람들/것들)'를 사용할 수 있으므로 명사 laze(게으름)를 형용
사 lazy(게으른)로 고쳐야 한다.

정답 ④

어휘

get far 성공하다 ingredient 재료

이것도 알면 합격!

'the + 형용사'는 '~한 사람들'이라는 뜻으로 복수 명사 역할을 하며, 따라서 'the
+ 형용사' 뒤에는 복수 동사가 온다.

> **The poor** have been more negatively affected by the economic
downturn.

가난한 사람들은 경기 침체에 더 부정적으로 영향을 받아왔다.

---

06 문법 조동사 난이도 중 ●●○

우리말을 영어로 가장 잘 옮긴 것은?

① 내가 그 번호로 전화를 걸자마자 상대편의 누군가가 전화를 받았다.

→ Hardly did I finish dialing the number when someone on the
other end picked up.

② 건물 주인은 바깥에 있는 차량을 옮겨달라고 요구했다.

→ The owner of the property demanded that the vehicle outside
be moved.

③ 팀원 중 단 한 명만이 문제를 이해하고 해결책을 제시할 수 있었다.

→ Only one member of the team was understood by the problem
and was able to provide a solution.

④ 그녀는 대학을 위해 대출받은 빚을 갚았다.

→ She paid back the loan that she will take out for college.

해설

② 조동사 should의 생략 요구를 나타내는 동사 demand가 주절에 나오
면 종속절에 '(should +) 동사원형'의 형태가 와야 하므로 종속절에 동
사원형 be가 올바르게 쓰였다.

[오답 분석]

① 도치 구문: 부사구 도치 1 부정을 나타내는 부사(Hardly)가 강조되
어 문장 맨 앞에 나오면 주어와 조동사가 도치되어 '조동사 + 주어 +
동사'의 어순이 되어야 하고, 주절에 Hardly가 오고 종속절에 when
이 오는 경우, 주절에는 과거완료 시제를 사용하고 종속절에는 과거

시제를 사용하므로, Hardly did I finish를 Hardly had I finished 로 고쳐야 한다.

③ **능동태·수동태 구별** 주어 one member와 동사가 '한 명만이 이해했 다'라는 의미의 능동 관계이므로 수동태 was understood by를 능 동태 understood로 고쳐야 한다.

④ **시제 일치** 주절의 시제가 과거(paid)일 경우 종속절에는 과거나 과거 완료가 와야 하므로, 미래 시제 will take를 과거 시제 took 또는 과 거완료 시제 had taken으로 고쳐야 한다.

정답 ②

[어휘]

dial 전화를 걸다 pick up 전화를 받다 property 건물, 부동산

이것도 알면 합격!

주절에 hardly/scarcely가 오고 종속절에 before/when이 오는 경우, 주절에 는 과거완료 시제를 사용하고 종속절에는 과거 시제를 사용한다.

> **Hardly** had she entered the room **when** the lights went out.
  그녀가 방에 들어가자마자 불이 꺼졌다.

---

07 문법 동명사 난이도 중 ●●○

우리말을 영어로 잘못 옮긴 것은?

① 집에 도착하자마자 당신의 식료품을 치우고 부엌을 정돈하는 것은 현 명하다.
  → It is prudent to put away your groceries and clean the kitchen as soon as you get home.

② 그들이 그들의 우상을 만나게 되었을 때, 그들은 너무 긴장해서 눈을 마주칠 수 없었다.
  → When they got to meet their idol, they were too nervous to make eye contact.

③ 그 경찰관은 그 남자가 협조하지 않으면 체포될 것이라고 그를 위협했다.
  → The police officer threatened the man with arresting if he did not cooperate.

④ 그 시위자는 자신을 건물의 앞에 수갑 채웠다.
  → The protester handcuffed himself to the front of the building.

[해설]

③ **동명사의 형태** 의미상 주어(the man)와 동명사(arresting)가 '그 남자 가 체포되다'라는 의미의 수동 관계이므로 동명사의 능동형 arresting을 동명사의 수동형 being arrested로 고쳐야 한다.

[오답 분석]

① **가짜 주어 구문 | 병치 구문** to 부정사구(to put away ~ you get home)와 같이 긴 주어가 오면 진짜 주어인 to 부정사구를 맨 뒤로 보 내고 가주어 it이 주어 자리에 대신해서 쓰이므로, 진짜 주어 자리에 to 부정사구를 이끄는 to 부정사 to put이 올바르게 쓰였다. 또한, 접 속사(and)로 연결된 병치 구문에서는 같은 구조끼리 연결되어야 하는 데, and 앞에 to 부정사(to put)가 왔으므로 and 뒤에도 to 부정사가 와야 한다. 병치 구문에서 두 번째 나온 to는 생략될 수 있으므로 (to) clean이 올바르게 쓰였다.

② **to 부정사 관련 표현** '너무 긴장해서 눈을 마주칠 수 없었다'는 to 부정

사 관용 표현 'too ~ to'(너무 ~해서 −할 수 없다)를 사용하여 나타낼 수 있으므로 too nervous to make가 올바르게 쓰였다.

④ **재귀대명사** 동사(handcuffed)의 목적어가 지칭하는 대상이 문장의 주어(The protester)와 동일하므로 동사 handcuffed의 목적어 자 리에 재귀대명사 himself가 올바르게 쓰였다.

정답 ③

[어휘]

prudent 현명한, 신중한 grocery 식료품 idol 우상 arrest 체포하다
cooperate 협조하다, 협력하다 protester 시위자 handcuff 수갑을 채우다

이것도 알면 합격!

재귀대명사 관용 표현

> by oneself(= alone, on one's own) 홀로, 혼자 힘으로
> by itself 저절로
> for oneself 자기를 위하여, 혼자 힘으로
> beside oneself 이성을 잃고, 흥분하여
> in spite of oneself 자기도 모르게
> in itself 자체로, 본질적으로

---

08 독해 전체 내용 파악(요지 파악) 난이도 중 ●●○

다음 글의 요지로 가장 적절한 것은?

Everyone has opinions about a variety of issues, and many openly make claims based on those views, which they use to try to get others to think about an issue in a certain way. What should we do when we are faced with these kinds of unproven claims? One of the most important things to do is to fact-check them when they are made. This will help us avoid being taken in by attempts to direct our thoughts or decisions. There are a few things we must do when presented with a dubious claim: 1. Ask for elaboration. A claim may be a summary of a more complicated idea that requires context to better understand and appreciate. 2. Request sources. Find out where the claimant discovered this information so that you can review the source itself and see if your interpretations match up. 3. Pose questions. Determine the extent of the claimant's knowledge of the topic and how much personal investment they have in whether or not the claim is true. If it is of no great concern to them, further scrutiny is unnecessary.

① We can question the sincerity of a claimant who lacks proper sources.

② We should engage in skeptical inquiry to assess unverified assertions.

③ We must construct an argument of our own before confronting claims.

④ We evaluate which claims are true or false for ourselves.

해석

모든 사람들은 다양한 문제들에 대해 의견을 갖고 있고, 많은 사람들은 그러한 의견에 기반해서 솔직하게 주장하는데, 그들은 이를 사용하여 다른 사람들이 어떤 이슈에 대해 특정한 방식으로 생각하게 한다. 이러한 종류의 증명되지 않은 주장에 마주했을 때 우리는 무엇을 해야 할까? 해야 할 가장 중요한 것 중 하나는 그것(증명되지 않은 주장)들이 만들어졌을 때 사실 확인을 하는 것이다. 이것은 우리가 우리의 생각이나 결정을 지시하려는 시도에 속아 넘어가지 않도록 도와줄 것이다. 의심스러운 주장이 제기될 때 우리가 해야 하는 몇 가지 일이 있다. 1. 상세함을 요구하라. 그 주장은 더 잘 이해하고 감상하기 위한 문맥을 필요로 하는 더 복잡한 개념의 요약일 수도 있다. 2. 출처를 요청하라. 당신이 출처 그 자체를 검토하고 당신의 해석이 일치하는지 확인하기 위해 주장하는 사람이 어디에서 이 정보를 찾았는지 알아내라. 3. 질문을 하라. 주장하는 사람의 그 주제에 대한 지식의 범위를 알아내고 그 주장이 사실인지 아닌지에 대해서 그들이 얼마나 개인적인 투자를 했는지 알아내라. 만약 그것(의심스러운 주장)이 그들에게 그다지 중요한 것이 아니라면, 더 철저한 조사는 불필요하다.

① 우리는 적절한 근거가 부족한 주장하는 사람의 진정성을 의심할 수 있다.

② 우리는 증명되지 않은 주장을 평가하기 위해 회의적인 질문에 참여해야 한다.

③ 우리는 주장을 마주하기 전에 우리만의 주장을 구성해야 한다.

④ 우리는 스스로 어떤 주장이 사실인지 가짜인지 평가한다.

해설

지문 처음에서 모든 사람들은 다양한 문제들에 대한 의견을 갖고 있고, 이를 사용하여 다른 사람들이 어떤 이슈에 대해 특정한 방식으로 생각하게 하므로 우리가 이러한 증명되지 않는 주장을 마주했을 때 속아 넘어가지 않도록 사실 확인을 해야 한다고 설명하고 있다. 이어서 지문 중간에서 의심스러운 주장이 제기될 때 우리가 해야 하는 몇 가지를 상세함을 요구하고, 출처를 요청하며, 질문을 하는 것이라고 설명하고 있으므로 '② 우리는 증명되지 않은 주장을 평가하기 위해 회의적인 질문에 참여해야 한다'가 이 글의 요지이다.

[오답 분석]

① 우리가 주장이 사실인지 아닌지를 알아내기 위해 할 수 있는 세 번째 방법에 대한 내용이므로 지엽적이다.

③ 주장을 마주하기 전에 우리만의 주장을 구성해야 하는지에 대해서는 언급되지 않았다.

④ 우리가 스스로 어떤 주장이 사실인지 가짜인지 평가하는지에 대해서는 언급되지 않았다.

정답 ②

어휘

openly 솔직하게, 숨김없이 **unproven** 증명되지 않은 **attempt** 시도
present 제기하다 **dubious** 의심스러운, 불확실한
elaboration 상세함, 정교함 **appreciate** 감상하다 **claimant** 주장하는 사람
scrutiny 철저한 조사 **sincerity** 진정성 **skeptical** 회의적인
inquiry 질문, 조사 **unverified** 증명되지 않은 **assertion** 주장
construct 구성하다 **confront** 마주하다

---

09 독해 전체내용 파악(제목 파악) 난이도 중 ●●○

다음 글의 제목으로 가장 적절한 것은?

Technology is changing in a multitude of exciting and sometimes frightening ways. Not only are more concepts being created and developed all over the world, but independent inventors are making use of crowd-funding platforms to finance their own creations. In Japan, for instance, a team has created a prototype for a real flying car. In the United States, a man has built a large exoskeleton that can lift lumber and other heavy objects. In the UK, after having successfully developed a trial model, plans are underway to release a commercial quantum computer, which will operate at speeds well beyond current computers. It's unclear how such technologies will enter our everyday lives. They may take the form of social media and smart phones, which required their gradual adoption by millions of people until they became the standard for modern communication. Or they may be introduced like electric scooters, which suddenly popped up all over cities and became instantly adopted as the preferred mode of transportation for many. Some may be temporary trends that people lose interest in quickly, while others may endure, and others still may be but a stepping stone to the next innovation.

① What Urban Changes Did New Vehicles Cause?

② How Will Flying Cars Change the Automobile Market?

③ What Benefits Will Next-Level Computers Offer?

④ How Will Technology Affect the Future of the World?

해석

기술은 다수의 흥미롭고 때로는 무서운 방식으로 변화하고 있다. 전 세계적으로 더 많은 개념들이 창조되고 개발되고 있을 뿐만 아니라, 독립 개발자들은 그들 자신의 창작물들의 자금을 대기 위해 크라우드 펀딩 플랫폼을 사용하고 있다. 예를 들어, 일본에서는, 한 팀이 실제로 날 수 있는 자동차의 견본을 만들어 냈다. 미국에서는, 한 남성이 목재와 다른 무거운 물체들을 들어 올릴 수 있는 외골격을 만들었다. 영국에서는, 성공적으로 시험 모델을 개발한 후에, 현재 컴퓨터를 훨씬 넘어선 속도로 작동될 업무용 양자 컴퓨터를 출시하기 위한 계획이 진행 중이다. 그러한 기술들이 어떻게 우리의 일상생활에 들어올지는 분명하지 않다. 그것(기술)들은 소셜 미디어와 스마트폰의 형태를 취할 수도 있는데, 이것은 그것(기술)들이 현대 의사소통의 표준이 되기까지 수백만 명의 사람들이 점진적으로 그것들을 채택하는 것을 요구했다. 아니면 그것들은 전동 스쿠터와 같이 도입될 수도 있는데, 이것은 도시 전체에 갑자기 불쑥 나타났고 즉시 많은 사람들에게 우선시 되는 이동 수단의 형태로 채택되었다. 다른 것들이 계속되는 동안, 일부는 사람들이 빠르게 흥미를 잃는 일시적인 유행이 될 수도 있고, 다른 것들은 여전히 차기 혁신에 대한 발판일 뿐일지도 모른다.

① 새로운 탈것은 어떠한 도시의 변화를 일으켰는가?

② 날 수 있는 자동차는 자동차 시장을 어떻게 변화시킬 것인가?

③ 다음 단계의 컴퓨터는 어떠한 이익을 제공할 것인가?

④ 기술은 세상의 미래에 어떻게 영향을 미칠 것인가?

해설

지문 처음에서 기술은 흥미롭고 때로는 무서운 방식으로 변화하고 있다고 하고, 지문 전반에 걸쳐 그에 대한 예시를 보여주며 기술이 우리의 일상생활에 어떻게 들어오는지를 보여주고 있으므로, '④ 기술은 세상의 미래에 어떻게 영향을 미칠 것인가?'가 이 글의 제목이다.

[오답 분석]

① 새로운 탈것인 전동 스쿠터는 기술의 발전에 대한 한 예시이므로 지엽적이다.

② 날 수 있는 자동차는 기술의 발전에 대한 일본의 예시이므로 지엽적이다.

③ 다음 단계의 컴퓨터인 업무용 양자 컴퓨터는 기술의 발전에 대한 영국의 예시이므로 지엽적이다.

정답 ④

어휘

prototype 견본, 원형 exoskeleton 외골격 lumber 목재
commercial 업무용의, 상업의 quantum 양자
stepping stone 발판, 디딤돌

---

10 독해 세부내용 파악(내용 불일치 파악) 난이도 중 ●●○

다음 글의 내용과 일치하지 않는 것은?

Often called Earth's lungs, forests are ecosystems dominated by the presence of trees. These important areas cover nearly one-third of Earth's surface and are found on every continent, aside from Antarctica. However, not all forests are the same, as various factors related to their location have a great impact on forest ecology. Near the equator, where temperatures, precipitation, and humidity levels are constantly high, we find the most iconic type of forest, the tropical rainforest. These lush jungles have incredibly high biodiversity and are home to an unmatched number of plant and animal species. At extreme northerly latitudes in North America, Europe, and Asia, where winters are long and harsh, are the taiga. These forests have much lower floral biodiversity and are dominated by coniferous trees, which are more tolerant of the freezing temperatures, low rainfall, and low-light conditions found in the area. In places away from the polar and tropical zones, most woodland takes the form of temperate deciduous forests. The seasonal weather changes in these forests allow them to have great diversity of both trees and understory vegetation, which refers to the plants that form the forest's underlying layer.

① There are forests on every continent on Earth.

② Consistently high temperatures and precipitation characterize tropical rainforests.

③ The harsh conditions of the taiga limit the types of trees that can inhabit it.

④ Temperate deciduous forests make up most woodland outside of tropical and polar zones.

해석

종종 지구의 허파라고 불리는 숲은, 나무의 존재가 가장 중요한 특징이 되는 생태계이다. 이 중요한 지역들은 지구 표면의 거의 3분의 1을 덮으며 남극 대륙을 제외한 모든 대륙에서 발견된다. 하지만, 숲의 위치와 관련된 다양한 요인들이 숲 생태 환경에 큰 영향을 미치기 때문에, 모든 숲이 똑같지는 않다. 기온, 강수량, 그리고 습도 수준이 지속적으로 높은 적도 근처에서, 우리는 가장 상징적인 유형의 숲인 열대 우림을 발견한다. 이 무성한 정글은 믿을 수 없을 정도로 높은 생물 다양성을 가지고 있고 타의 추종을 불허하는 수의 식물과 동물 종의 서식지이다. 타이가는 겨울이 길고 혹독한 북아메리카, 유럽 및 아시아의 극북위도 지역에 있다. 이 숲은 꽃의 생물 다양성이 훨씬 낮으며, 그 지역에서 발견되는 추운 온도, 적은 강수량, 그리고 저조도 조건을 더 잘 견디는 침엽수가 가장 중요한 특징이 된다. 극지방과 열대지방에서 떨어진 곳에서는, 대부분의 삼림지가 온대 낙엽성 숲의 형태를 취한다. 이 숲에서의 주기적인 날씨 변화는 나무와 숲의 하부층을 형성하는 식물을 일컫는 하층 식물이 모두 매우 다양하게 자랄 수 있도록 한다.

① 지구상의 모든 대륙에는 숲이 있다.

② 지속적으로 높은 기온과 강수량은 열대 우림의 특징이 된다.

③ 타이가의 가혹한 조건은 서식할 수 있는 나무의 종류를 제한한다.

④ 온대 낙엽수림은 열대 및 극지방 범위 밖의 대부분의 삼림지를 구성한다.

해설

지문 처음에서 숲은 지구 표면의 거의 3분의 1을 덮고 남극 대륙을 제외한 모든 대륙에서 발견된다고 했으므로, '① 지구상의 모든 대륙에는 숲이 있다'는 지문의 내용과 일치하지 않는다.

[오답 분석]

② 네 번째 문장에 우리는 기온, 강수량, 그리고 습도 수준이 지속적으로 높은 적도 근처에서 열대 우림을 발견한다고 언급되었다.

③ 일곱 번째 문장에 타이가는 꽃의 생물 다양성이 훨씬 낮으며, 그 지역에서 발견되는 추운 온도, 적은 강수량, 그리고 저조도 조건을 더 잘 견디는 침엽수가 가장 중요한 특징이 된다고 언급되었다.

④ 여덟 번째 문장에 극지방과 열대지방에서 떨어진 곳에서는 대부분의 삼림지가 온대 낙엽성 숲의 형태를 취한다고 언급되었다.

정답 ①

어휘

ecosystem 생태계 dominate 가장 중요한 특징이 되다 presence 존재
continent 대륙 aside from ~을 제외하고 Antarctica 남극 대륙
factor 요인, 요소 ecology 생태 환경 equator 적도
precipitation 강수량 humidity 습도 iconic 상징적인
tropical rainforest 열대 우림 lush 무성한 biodiversity 생물 다양성
unmatched 타의 추종을 불허하는 latitude 위도 floral 꽃의
coniferous 침엽수의 woodland 삼림지 temperate 온대의
deciduous 낙엽성의 seasonal 주기적인, 계절적인 understory 하층
vegetation 식물 characterize (~의) 특징이 되다

구문 분석

[11행] At extreme northerly latitudes in North America, Europe, and Asia, / where winters are long and harsh, / are the taiga.

: 이처럼 장소를 나타내는 부사구가 문장의 맨 앞에 와서 도치가 일어난 경우, 주어와 동사가 무엇인지 빠르게 파악한 다음 '주어 + 동사 + 부사구'의 순서대로 해석한다.

11 생활영어 Just make a left over there. 난이도 하 ●○○

두 사람의 대화 중 가장 어색한 것은?

① A: Do you ever go bowling?

　B: Only once in a while.

② A: What do you think of this song?

　B: It's got a really nice melody.

③ A: Have you been to Hawaii?

　B: No, it's been on my bucket list.

④ A: Can you give me a lift later?

　B: Just make a left over there.

해석

① A: 너는 볼링 치러 가니?

　B: 가끔씩만.

② A: 너는 이 노래에 대해 어떻게 생각해?

　B: 이 노래는 아주 좋은 멜로디를 가지고 있어.

③ A: 하와이에 가본 적 있니?

　B: 아니, 그건 내 버킷 리스트에 있었어.

④ A: 나중에 나를 태워줄 수 있어?

　B: 저기에서 바로 좌회전해.

해설

④번에서 A는 나중에 태워줄 수 있는지 묻고 있으므로, 좌회전하라는 B의 대답 '④ Just make a left over there(저기에서 바로 좌회전해)'는 어울리지 않는다.

정답 ④

어휘

give A a lift A를 태워주다

🖍️ **이것도 알면 합격!**

운전할 때 사용할 수 있는 표현

> There's a detour ahead. 저기 앞에 우회로가 있어.
> Take the next exit. 다음 출구로 나가.
> The road is closed. 그 도로는 폐쇄됐어.
> Check the speed limit. 제한 속도를 확인해.

12 생활영어 Are they both the same price? 난이도 하 ●○○

밑줄 친 부분에 들어갈 말로 가장 적절한 것은?

A: Hello, this is the Spencer Center Box Office. I'm Hans. How can I assist you today?

B: I'd like to reserve a ticket to the play *Monica's Mother* for Friday night.

A: OK. We still have a few floor seats and some on the balcony.

B: _____?

A: No. The balcony seats are more expensive, but they are larger and more comfortable.

B: I see. I don't think I need that. I'd prefer to save some money.

A: Then I recommend the floor seats.

B: OK, I'll take two.

① How long will the show play

② Can I get four seats together

③ Which has a better view of the stage

④ Are they both the same price

해석

A: 안녕하세요, Spencer Center 매표소입니다. 저는 Hans입니다. 오늘은 어떻게 도와드릴까요?

B: 저는 금요일 저녁에 있는 연극 〈Monica's Mother〉의 표를 예매하고 싶어요.

A: 좋습니다. 우리는 아직 몇 개의 지면 좌석들과 발코니석들이 있어요.

B: 두 좌석 모두 가격이 같나요?

A: 아니요. 발코니석이 좀 더 비싸지만, 더 넓고 더 편안합니다.

B: 그렇군요. 저는 그게 필요할 것 같지 않아요. 저는 돈을 아끼는 편이 낫겠어요.

A: 그렇다면 지면 좌석을 추천해 드립니다.

B: 네, 두 장 주세요.

① 공연이 얼마나 오래 진행될까요

② 네 개의 자리를 함께 얻을 수 있을까요

③ 어떤 자리가 더 무대 전망이 좋을까요

④ 두 좌석 모두 가격이 같나요

해설

연극 표를 예약하고 싶다는 B의 말에 A가 질문하고, 빈칸 뒤에서 다시 A가 The balcony seats are more expensive(발코니석이 좀 더 비싸요)라고 말하고 있으므로, 빈칸에는 '④ 두 좌석 모두 가격이 같나요(Are they both the same price)'가 오는 것이 자연스럽다.

정답 ④

어휘

assist 돕다　reserve 예매하다, 예약하다　balcony 발코니
comfortable 편안한　recommend 추천하다

🖍️ **이것도 알면 합격!**

티켓 예약 시 사용할 수 있는 표현

> Do you offer group discounts? 단체 할인을 제공하나요?
> Has the performance sold out? 그 공연은 매진되었나요?
> How many are still available? 아직 몇 개나 남아있습니까?

13 독해 추론(빈칸 완성 - 연결어) 난이도 중 ●●○

밑줄 친 (A), (B)에 들어갈 말로 가장 적절한 것은?

Experimental learning is an approach to education that prioritizes experience over rote memorization and recall of text material. While some qualities of experimental learning are necessarily present in schools of all types, such as in a high school science class, only a few schools tailor their curriculum with this approach in mind. Notably, experimental learning puts an emphasis on how the students feel and react to the scholastic activities. Therefore, this focus is best achieved in smaller classes in which the teacher can give his or her full attention to individual students. Teachers encourage students to think critically about the activities. _____(A)_____, if students are conducting experiments about the force of gravity, a teacher will follow up after with several questions. The teacher will ask students why they think the results happened, which probes their existing knowledge about gravitational forces rather than just feeding them the answers. _____(B)_____, students are asked how the subject, such as gravity, can be used elsewhere in life. This forces students to look at their own experiences, such as when flying in a plane, as well as to think creatively about potential uses.

	(A)	(B)
①	Nonetheless	Still
②	For example	Moreover
③	Nonetheless	Specifically
④	For example	On the other hand

해석

경험 학습은 기계적 암기와 글로 된 자료를 기억하는 능력보다 경험을 우선시하는 교육 방식이다. 경험 학습의 일부 특징들은 필연적으로 고등학교의 과학 수업과 같은 모든 종류의 학교에 존재하는 반면, 일부 학교만이 이 방식으로 그들의 교육 과정을 조정하는 것을 고려한다. 특히, 경험 학습은 학생들이 학문적 활동에 대해 어떻게 생각하고 반응하는지를 강조한다. 그러므로, 이러한 중점은 선생님이 학생 개개인에게 그 혹은 그녀의 모든 관심을 기울일 수 있는 소규모 수업에서 가장 잘 성취된다. 선생님들은 학생들이 활동에 대해 비판적으로 생각할 수 있도록 장려한다. (A) 예를 들어, 만약 학생들이 중력에 대한 실험을 진행한다면, 선생님은 몇 가지 질문들을 덧붙일 것이다. 그 선생님은 학생들에게 왜 그 결과가 일어났다고 생각하는지를 물을 것이고, 이것은 그들(학생들)에게 그저 정답만을 제공하는 대신에 중력에 대한 그들의 기존의 지식을 탐색한다. (B) 게다가, 학생들은 중력과 같은 주제가 생활의 다른 곳에서 어떻게 사용될 수 있는지 질문을 받는다. 이는 학생들이 잠재적인 용도에 관한 창의적인 생각을 하게 할 뿐만 아니라, 비행기에서 날고 있을 때와 같은 그들 자신의 경험을 살펴보도록 한다.

	(A)	(B)
①	그럼에도 불구하고	그런데도
②	예를 들어	게다가
③	그럼에도 불구하고	구체적으로 말하면
④	예를 들어	반면에

해설

(A) 빈칸 앞 문장은 선생님들은 학생들이 활동에 대해 비판적으로 생각할 수 있도록 장려한다는 내용이고, 빈칸 뒤 문장은 학생들이 중력에 대한 실험을 진행한다면 선생님은 그 결과가 왜 일어났다고 생각하는지를 물을 것이라며 예시를 드는 내용이므로, (A)에는 예시를 나타내는 연결어인 For example(예를 들어)이 들어가야 한다. (B) 빈칸 앞 문장은 선생님들이 학생들의 기존 지식을 탐색한다는 내용이고, 빈칸 뒤 문장은 학생들이 실험의 주제인 중력이 생활의 다른 곳에서 어떻게 사용될 수 있는지에 대한 질문을 받는다는 첨가하는 내용이므로, (B)에는 첨가를 나타내는 연결어인 Moreover(게다가)가 들어가야 한다. 따라서 ②번이 정답이다.

정답 ②

어휘

prioritize 우선시하다　rote memorization 기계적 암기
recall 기억(하는 능력); 기억해 내다　tailor 조정하다, 맞추다
scholastic 학문적인　give one's full attention 모든 관심을 기울이다
follow up (방금 한 것에) ~을 덧붙이다, 추가하다　probe 탐색하다, 살피다

14 독해 전체내용 파악(주제 파악) 난이도 하 ●○○

다음 글의 주제로 가장 적절한 것은?

Many people continue to go to work in an office, but due to the changing nature of work and technology, the majority of work is conducted on a computer and online, leading to the question of whether an office setting is even necessary. For some, the flexibility of home is advantageous, cutting down on the time spent commuting and its related costs. For others, the change brings its own set of complications. Many find an office environment conducive to work, such that it's harder to be productive outside it. Moreover, working from home presents all different kinds of distractions and responsibilities one can get away from while in an office.

① increased demands of working remotely
② flexibility for workers in an office
③ pros and cons of working from home
④ hidden costs of the office environment

해석

많은 사람들은 계속해서 사무실에 일하러 가지만, 업무와 기술의 변화하는 특성으로 인해 다수의 업무는 컴퓨터와 온라인으로 시행되며, 이는 사무실 환경이 필요한지에 대한 의문으로 이어진다. 일부 사람들에게는, 통근하는 데 소비되는 시간과 이에 관련된 비용을 줄이기 때문에 집이라는 유연성은 이롭다. 다른 사람들에게는, 그 변화가 그 자체로 복잡한 문제를 가져온다. 많은 사람들은 사무실 외부에서는 생산적이기 더 어려울 정도로 사무실 환경이 업무에 도움이 된다고 생각한다. 게다가, 집에서 일하는 것은 한 사람이 사무실에 있는 동안에는 멀리할 수 있는 온갖 종류의 방해 요소들과 책임을 겪게 한다.

① 원격 근무에 대한 늘어난 수요
② 사무실에서 일하는 직원들을 위한 유연성
③ 집에서 근무하는 것의 장단점
④ 직장 환경의 간접 비용

해설

지문 전반에 걸쳐 업무와 기술의 변화하는 특성으로 인해 다수의 업무가 온라인으로 시행되어 사무실의 필요성에 의문이 생긴다고 설명하며, 집이라는 유연성이 일부 사람들에게는 이롭기도 하지만, 다른 사람들에게는 그 자체로 복잡한 문제를 가져와 사무실 환경이 업무에 도움이 된다고 생각하게 한다고 이야기하고 있으므로, '③ 집에서 근무하는 것의 장단점'이 이 글의 주제이다.

[오답 분석]
① 원격 근무에 대한 수요가 늘어난다는 내용은 언급되지 않았다.
② 집의 유연성에 대해서는 언급되었으나, 사무실에서 일하는 직원들을 위한 유연성에 대해서는 언급되지 않았다.
④ 집에서 일하는 것이 통근하는 데 소비되는 시간과 이에 관련된 비용을 줄일 수 있다고 언급되었으나 지엽적이다.

정답 ③

어휘

flexibility 유연성, 융통성 advantageous 이로운, 유리한
commute 통근하다 complication 복잡한 문제 conducive 도움이 되는
distraction 방해 요소 responsibility 책임, 맡은 일 demand 수요
pros and cons 장단점, 찬반양론 hidden cost 간접 비용

---

15 독해 논리적 흐름 파악(문단 순서 배열) 난이도 중 ●●○

주어진 글 다음에 이어질 글의 순서로 가장 적절한 것은?

> Being confined to a wheelchair as the result of a life-altering accident brings a host of new challenges. This necessarily means that regular routines and activities will have to change according to this new lifestyle.

(A) What if these installations cannot be made? In the case of elderly people who have mobility trouble, assisted living is a common solution, but can people manage to get by on their own?

(B) In many cases, they can, but this may involve moving to locations with more accessibility options, such as an apartment building with an elevator and close access to public transportation.

(C) For example, one's home will have to be fitted with ramps instead of steps on the outside, or to have a mobile stairlift installed for homes with an upstairs floor.

① (A) – (C) – (B)　　　② (B) – (A) – (C)
③ (C) – (A) – (B)　　　④ (C) – (B) – (A)

해석

> 인생을 변화시키는 사고의 결과로 휠체어를 타게 되는 것은 다수의 새로운 문제를 일으킨다. 이는 필연적으로 일상적인 일과와 활동들이 이 새로운 생활 방식에 따라 변해야 한다는 것을 의미한다.

(C) 예를 들어, 한 사람의 집은 외부에 계단 대신 경사로가 설치되거나 위층이 있는 집의 경우 이동식 계단 승강기가 설치되어야 할 것이다.

(A) 이러한 장치들이 설치될 수 없다면 어떠할까? 움직이는 것에 문제가 있는 나이 든 사람들의 경우, 생활지원시설이 흔한 해결책이지만, 사람들이 그들 스스로 살아갈 수 있을까?

(B) 많은 경우에 그들은 그럴 수 있지만, 이는 엘리베이터와 대중교통에 대한 접근이 가까운 아파트 건물과 같이 더욱 접근성이 있는 선택지를 가진 곳으로 이주하는 것을 수반할 수도 있다.

해설

주어진 문장에서 사고의 결과로 휠체어를 타게 되는 것은 일상적인 일과와 활동들이 변해야 한다는 것을 의미한다고 하고, (C)에서 예를 들어(For example) 집에 경사로나 이동식 계단 승강기가 설치되어야 할 것이라고 설명하고 있다. 이어서 (A)에서 이러한 장치들(these installations)이 설치될 수 없는 경우에 대해 이야기하며, 사람들이 스스로 살아갈 수 있을지 질문하고, (B)에서 많은 경우에(In many cases) 그럴 수 있지만(스스로 살아갈 수 있지만) 더욱 접근성이 있는 곳으로 이주하는 것이 수반될 수도 있다고 이야기하고 있다.

정답 ③

어휘

alter 변하다, 달라지다 a host of 다수의 routine 일과, 일상
installation 장치, 설치 assisted living 생활지원시설
accessibility 접근성이 있음 ramp 경사로 stairlift 계단 승강기

---

16 독해 논리적 흐름 파악(무관한 문장 삭제) 난이도 중 ●●○

다음 글의 흐름상 가장 어색한 문장은?

> Melatonin is a hormone produced by humans that regulates the sleep-wake cycle. Its production is prevented when the eyes take in sunlight; thus it is brought on by night time and the associated darkness. Humans first produce it in infancy, and its effect takes place later at night during teenage years. ① People who experience difficulty falling asleep often take melatonin supplements, but these do not guarantee the intended effect of easier, longer, or sounder sleep. ② This is partly a reflection of the continued uncertainty about the role melatonin plays in the human body. ③ For example, melatonin has been observed to interact with the immune system, but it is as yet unknown what function it serves. ④ White blood cells in the immune system locate foreign bodies in the bloodstream and attack them. For now, there are no known side effects from melatonin supplements, so its consumption is considered harmless regardless of effectiveness.

해석

멜라토닌은 인간에 의해 생성되는 수면 각성 순환을 규제하는 호르몬이다. 그것의 생성은 눈이 햇빛을 받아들일 때 방해된다. 따라서 저녁 시간과 그것과 관련된 어둠에서 야기된다. 인간은 유아기에 이것(멜라토닌)을 처음으로 생성하며, 그것의 효과는 이후 십 대의 기간 동안 밤에 발생한다. ① 잠드는 데 어려움을 겪는 사람들은 종종 멜라토닌 보조 식품들을 섭취하지만, 이것들은 더 쉬운, 더 긴, 또는 더 깊은 수면과 같은 의도한 효과를 보장하지는 않는다. ② 이것은 부분적으로 멜라토닌이 신체에서 수행하는 역할에 대한 지속적인 불확실성을 반영한 것이다. ③ 예를 들어, 멜라

토닌은 면역 체계와 상호 작용하는 것으로 관찰되었지만, 아직 그것이 어떤 기능을 수행하는지 알려지지 않았다. ④ 면역 체계의 백혈구는 혈류 속 이물질의 위치를 찾아내어 그것들을 공격한다. 현재로는, 멜라토닌 보조 식품의 알려진 부작용이 없어서 그것을 소비하는 것은 실효성에 상관없이 해롭지 않다고 여겨진다.

해설

지문 처음에서 멜라토닌은 수면 각성 순환을 규제하는 호르몬이며 어둠 속에서 야기된다고 언급하고 있고, ①, ②, ③번에서 잠드는 데 어려움을 겪는 사람들이 종종 복용하는 멜라토닌 보조 식품은 효과를 보장하기 어려운데, 그 이유는 멜라토닌이 신체에서 수행하는 역할이 불확실하기 때문이라고 설명하고 있다. 그러나 ④번은 백혈구가 이물질의 위치를 찾아내어 그것들을 공격한다는 내용으로, 멜라토닌의 역할의 불확실성에 관해 설명하고 있는 지문의 전반적인 내용과 관련이 없다.

정답 ④

어휘

regulate 규제하다   infancy 유아기   supplement 보조 식품, 보충
sound 깊은, 건강한   reflection 반영한 것   immune system 면역 체계
foreign body 이물질   bloodstream 혈류   effectiveness 실효성

---

17 독해 논리적 흐름 파악(문장 삽입)   난이도 중 ●●○

주어진 문장이 들어갈 위치로 가장 적절한 것은?

> This forced them to think of another use for their product and they decided to market it as a type of insulating material instead, but it was only moderately useful in this regard.

> In the 1950s, two engineers wanted to create a new type of wallpaper that would be both tactile and three-dimensional. They attempted to achieve this effect by gluing together two shower curtains. (①) When the glue began to harden, air pockets between the two curtains created bubbles that gave precisely the effect the engineers were seeking. (②) Sadly for them, nobody else was seeking wallpaper with such properties, and the invention proved to be a failure. (③) With two disappointments behind them, they caught wind of IBM's plan to release a new computer product. (④) They figured that their invention might be useful when wrapped around fragile items in transit so as to cushion them from damage. Thus, the concept of bubble wrap was born.

해석

> 이는 그들의 상품에 대해 그들이 다른 용도를 생각하게 했고 그들은 대신에 그것(발명품)을 단열재의 종류로 시장에 내놓기로 결정했지만, 그것은 이와 관련하여 적당히 유용할 뿐이었다.

1950년대에, 두 명의 기술자는 만질 수 있고 입체적인 새로운 형태의 벽지를 만들어 내기를 원했다. 그들은 두 개의 샤워 커튼을 함께 접착시켜 이러한 효과를 얻기 위해 노력했다. (①) 접착제가 굳기 시작했을 때, 두 커튼 사이의 공기주머니가 정확히 그 기술자들이 찾고 있었던 효과를 주는 기포를 만들었다. (②) 그들에게는 유감스럽게도, 다른 누구도 그러한 특성

이 있는 벽지를 찾지 않았고, 그 발명품은 실패작으로 판명되었다. (③) 과거의 두 번의 실망스러운 일에도 불구하고, 그들은 IBM의 새로운 컴퓨터 제품 출시 계획의 낌새를 챘다. (④) 그들은 운송 중에 부서지기 쉬운 물건들을 포장할 때 그들의 발명품이 그것들의 손상을 완화하는 데 유용할 수도 있을 것이라고 판단했다. 이렇게 하여, 버블랩의 발상이 탄생했다.

해설

③번 앞 문장에서 그들(두 기술자)에게 유감스럽게도(Sadly for them) 누구도 그들이 발명한 벽지를 찾지 않았다고 하고, ③번 뒷부분에서 과거의 두 번의 실망스러운 일에도 불구하고(With two disappointments behind them) 그들은 IBM의 새로운 컴퓨터 제품 출시 계획의 낌새를 채고, 부서지기 쉬운 제품의 손상을 그들의 발명품(기포가 있는 벽지)이 완화할 수 있을 것이라고 판단했다고 했으므로, ③번에 그들(두 기술자)은 발명품을 단열재의 종류로 시장에 내놓기로 결정했지만, 적당히 유용할 뿐이었다고 하는 두 번째 실망스러운 일에 대한 내용의 주어진 문장이 나와야 지문이 자연스럽게 연결된다.

[오답 분석]

① 앞 문장에서 두 명의 기술자가 새로운 형태의 벽지를 만들어내려고 노력했다고 했고, 뒤 문장에서 그에 따른 결과로 기포를 만들었다는 내용이 있으므로 ①번에 다른 문장이 삽입되면 문맥상 부자연스럽다.

② 뒤 문장의 그러한 특성(such properties)은 ②번 앞 문장의 '그 기술자들이 찾고 있었던 효과'를 의미하므로 ②번에 다른 문장이 삽입되면 문맥상 부자연스럽다.

④ 앞 문장에서 새로운 컴퓨터의 출시 계획을 눈치챘다고 했고, 뒤 문장에서 운송 중에 부서지기 쉬운 물건들을 포장할 때 그들의 발명품이 유용할 수도 있을 것이라고 판단했다는 내용이 이어지므로 ④번에 다른 문장이 삽입되면 문맥상 부자연스럽다.

정답 ③

어휘

insulating 단열의, 전열의   moderately 적당히, 중간 정도로
tactile 만질 수 있는, 촉각의   three-dimensional 입체적인
effect 효과, 외형   property 특성, 재산   catch wind of ～의 낌새를 채다
fragile 부서지기 쉬운   in transit 운송 중에

---

18 독해 세부내용 파악(내용 불일치 파악)   난이도 중 ●●○

다음 글의 내용과 일치하지 않는 것은?

> Ittoqqortoormiit, located on the east coast of Greenland, was settled in the early 20th century and is home to only a few hundred residents. Because of both the latitude of Greenland and its proximity to water, the settlement rarely experiences nonfreezing temperatures. This makes travelling by boat a challenge, since the surrounding waters remain frozen roughly nine months of the year. Even travel by land is prohibitive when as much as six feet of snow and ice can accumulate. Therefore, passage by helicopter is the preferred mode of transport to reach a major airport or city. Despite all this, the settlement is gradually becoming of interest to tourists. Its distinctive houses, some of which are no longer occupied, are becoming more attractive to visitors as summer homes.

① Ittoqqortoormiit의 주민들은 천 명이 채 되지 않는다.
② 바다를 통한 Ittoqqortoormiit로의 여행은 1년 중 대부분 시기 동안 불가능하다.
③ Ittoqqortoormiit에는 더욱 튼튼한 관광 산업이 필요하다.
④ 관광객들은 Ittoqqortoormiit만의 특징적인 빈집들을 이용하고 싶어 한다.

해석

그린란드의 동쪽 해변에 위치한 Ittoqqortoormiit는 20세기 초반에 정착되었으며 오직 몇백 명의 주민들의 거주지이다. 그린란드의 고도와 바닷물의 가까움 모두 때문에, 그 정착지는 얼지 않는 온도를 거의 경험하지 않는다. 이것은 보트로 여행하는 것을 어렵게 만드는데, 주위의 바닷물이 연중 대략 9개월 동안 얼어있기 때문이다. 심지어 내륙으로 여행하는 것도 6피트만큼의 눈과 얼음이 쌓일 수 있을 때 금지된다. 그러므로, 헬리콥터로 통행하는 것이 주요 공항이나 도시에 도달하는 데 선호되는 이동 방법이다. 이러한 모든 것에도 불구하고, 그 정착지는 서서히 관광객들에게 흥미로워지고 있다. 일부는 더 이상 사용되지 않는 그것의 독특한 집들은 방문객들에게 피서용 별장으로 더욱 매력적으로 다가오고 있다.

해설

지문 마지막에서 Ittoqqortoormiit는 관광객들에게 흥미로워지고 있다고 했지만, Ittoqqortoormiit에 더욱 튼튼한 관광 산업이 필요한지는 알 수 없으므로, '③ Ittoqqortoormiit에는 더욱 튼튼한 관광 산업이 필요하다'는 지문의 내용과 일치하지 않는다.

[오답 분석]
① 첫 번째 문장에 오직 몇백 명의 주민들의 거주지라고 언급되었다.
② 세 번째 문장에 주위의 바닷물이 연중 대략 9개월 동안 얼어있어 보트로 여행하는 것은 어렵다고 언급되었다.
④ 마지막 문장에 그것의 독특한 집들은 방문객들에게 피서용 별장으로 더욱 매력적으로 다가오고 있다고 언급되었다.

정답 ③

어휘

latitude 고도 proximity 가까움, 근접 prohibitive 금지하는, 엄청나게 비싼
accumulate 쌓이다, 모으다 distinctive 독특한 occupied 사용되는

---

19 독해 추론(빈칸 완성 – 단어) 난이도 상 ●●●

밑줄 친 (A), (B)에 들어갈 말로 가장 적절한 것은?

When a metal is combined with one or more metals or elements, the result is known as an alloy, which exhibits properties of its constituents. An amalgam is specifically an alloy of which one part is mercury. Although undiluted mercury in liquid form is known to be toxic to humans, it is generally harmless as a hardened amalgam; otherwise it wouldn't be such a popular substance among dentists for filling cavities. Amalgams are preferable in dentistry for several reasons. They are relatively inexpensive, though far more _____(A)_____ in their metallic appearance, compared to substances that resemble the color of teeth. Furthermore, they are easily malleable when first placed on teeth, after which they _____(B)_____ to withstand great

pressure and last longer than other restorative substances. However, advances in substance production have resulted in new resins that are closing the gap on amalgams in both durability and cost, making it likely for amalgams to be phased out of dentistry within a generation.

	(A)	(B)
①	conspicuous	harden
②	expensive	fail
③	uncomfortable	fail
④	dangerous	harden

해석

금속이 한 가지 혹은 그 이상의 금속이나 성분과 결합되면, 그 결과물은 합금이라고 알려져 있는데, 이것은 그것(금속)의 구성 성분의 속성을 드러낸다. 아말감은 특히 한 부분이 수은인 합금이다. 희석되지 않은 액체 형태의 수은은 사람들에게 치명적이라고 알려져 있지만, 보통 굳어진 아말감으로는 무해하다. 그렇지 않으면 그것(아말감)은 의사들 사이에서 충치 구멍을 채우기 위한 것으로 그렇게 인기 있는 물질이 되지 않았을 것이다. 아말감은 치과 진료에서 여러 이유로 선호된다. 그것들은 치아의 색과 비슷한 물질과 비교했을 때 그것의 금속으로 된 외관으로 훨씬 더 (A) 눈에 띄지만, 상대적으로 저렴하다. 게다가, 그것들은 처음 치아에 놓였을 때 쉽게 펴서 늘일 수 있으며, 그 후에 그것은 (B) 굳어져 엄청난 압력을 견디고 다른 복원 물질보다 더 오래 지속된다. 하지만, 물질 생산 발전의 결과로 아말감의 내구성과 비용의 두 가지 측면 모두에서 간격을 좁히는 새로운 합성수지가 생겼고, 이는 한 세대 이내에 아말감이 치과 진료에서 단계적으로 중단될 가능성이 있게 했다.

	(A)	(B)
①	눈에 띄는	굳어지다
②	비싼	실패하다
③	불편한	실패하다
④	위험한	굳어지다

해설

(A) 빈칸이 있는 문장에서 아말감은 상대적으로 저렴하지만, 치아의 색과 비슷한 물질과 비교했을 때 금속으로 된 외관이라고 했으므로, (A)에는 훨씬 더 '눈에 띈다(conspicuous)'는 내용이 들어가야 한다. (B) 빈칸이 있는 문장에서 아말감은 처음 치아에 놓였을 때 쉽게 펴서 늘일 수 있고 그 후에 엄청난 압력을 견디고 다른 복원 물질보다 더 오래 지속된다고 했으므로, (B)에는 그것은 그 후에 '굳어져(harden)' 엄청난 압력을 견딘다는 내용이 들어가야 한다. 따라서 ①번이 정답이다.

정답 ①

어휘

alloy 합금 exhibit 드러내다 constituent 구성 성분 mercury 수은
undiluted 희석되지 않은 cavity 충치 (구멍), 구멍 dentistry 치과 진료
resemble 비슷하다, 닮다 malleable 펴 늘일 수 있는, 잘 변하는
withstand 견디다 restorative (신체 부위를) 복원하는 resin 합성수지
durability 내구성 phase out 단계적으로 중단하다
conspicuous 눈에 띄는, 두드러진

20 독해 추론(빈칸 완성 – 구)　　난이도 중 ●●○

정답 ②

밑줄 친 부분에 들어갈 말로 가장 적절한 것은?

Beetles make up roughly 22 percent of all known extant species on earth, outnumbering vertebrates by massive numbers. The reason for this wide range of speciation is both simple and complex. For one thing, there is relatively little evidence in the fossil record of extinct species of beetles when compared with other animal classifications. What this means is that most of the times a species of existing beetle evolved, the new species developed _____. Whereas there are records of many mammals, fish, and plants that have gone extinct, proportionately more species of beetles that ever existed are still around. It is also thought that beetles may divide into new species at a faster rate than other animal species, although this has yet to be supported. Researchers are still on the lookout for beetle species that they have yet to document, given that new species are being discovered every year.

① more complex defense mechanisms

② evolutionary traits necessary for survival

③ social divisions that protected the species

④ faster ways to locate prey species

어휘

extant 현존하는　outnumber 수가 더 많다, ~보다 수적으로 우세하다
vertebrate 척추동물　speciation 종 형성, 종 분화　extinct 멸종된
classification 부류, 범주　proportionately 비율적으로
be on the lookout 세심히 살피다, 지켜보다　division 분화, 구분

해석

딱정벌레는 지구상에 알려진 현존하는 모든 종의 대략 22퍼센트를 차지하는데, 그 수가 척추동물들보다 훨씬 많다. 이렇게 종 형성의 폭이 넓은 이유는 간단하기도 하고 복잡하기도 하다. 한 가지로는, 다른 동물 부류와 비교했을 때 딱정벌레의 멸종된 종의 화석 기록에 대한 증거가 상대적으로 적다. 이것이 의미하는 것은 대부분의 경우 기존 딱정벌레의 종이 진화했고, 새로운 종은 생존에 필요한 진화적인 특성들을 발달시켰다는 것을 의미한다. 멸종된 많은 포유 동물, 어류, 그리고 식물들의 기록들이 있는 반면에, 비율적으로 지금까지 존재해왔던 더 많은 딱정벌레 종이 여전히 주위에 있다. 또한, 비록 아직 뒷받침되지는 않았지만, 딱정벌레가 다른 동물 종보다 더 빠른 속도로 새로운 종으로 분화되었을 수도 있다고 생각된다. 연구원들은 새로운 종들이 매년 발견되고 있다는 것을 고려하여 그들이 아직 기록하지 않은 딱정벌레 종을 여전히 세심히 살피고 있다.

① 더욱 복잡한 방어 방법들

② 생존에 필요한 진화적인 특성들

③ 그 종을 보호한 사회적 분화

④ 피식자 종의 위치를 찾아내는 더욱 빠른 방법들

해설

빈칸 앞 문장에서 딱정벌레의 멸종된 종의 화석 기록에 대한 증거가 적다고 하고, 빈칸 뒤 문장에서 지금까지 존재해왔던 더 많은 딱정벌레 종이 여전히 주위에 있고, 새로운 종들이 매년 발견되고 있다는 내용이 있으므로, 빈칸에는 '② 생존에 필요한 진화적인 특성들'이 들어가야 한다.

[오답 분석]

① 방어 방법은 지문의 내용과 관련이 없다.

③ 생물학적 분화에 대해서는 언급되었으나, 사회적 분화에 대해서는 언급되지 않았다.

④ 피식자 종의 위치를 찾아내는 더욱 빠른 방법은 지문의 내용과 관련이 없다.

▶ 정답

p. 86

01	② 어휘 – 생활영어	11	② 어휘 – 어휘&표현
02	④ 어휘 – 생활영어	12	② 독해 – 논리적 흐름 파악
03	③ 문법 – 우리말과 영작문의 의미상 불일치	13	① 문법 – 가정법
04	③ 문법 – 병치·도치·강조 구문 & 수 일치	14	③ 문법 – 비교 구문
05	② 어휘 – 어휘&표현	15	④ 독해 – 추론
06	① 어휘 – 어휘&표현	16	③ 독해 – 추론
07	③ 어휘 – 어휘&표현	17	③ 독해 – 추론
08	② 독해 – 논리적 흐름 파악	18	④ 독해 – 논리적 흐름 파악
09	④ 독해 – 세부내용 파악	19	② 독해 – 세부내용 파악
10	④ 독해 – 세부내용 파악	20	③ 독해 – 추론

▶ 취약영역 분석표

영역	세부 유형	문항 수	소계
어휘	어휘&표현	4	/6
	생활영어	2	
문법	우리말과 영작문의 의미상 불일치	1	/4
	병치·도치·강조 구문 & 수 일치	1	
	가정법	1	
	비교 구문	1	
독해	세부 내용 파악	3	/10
	추론	4	
	논리적 흐름 파악	3	
총계			/20

---

01 생활영어 My fuel gauge was broken. 난이도 하 ●○○

밑줄 친 부분에 들어갈 말로 가장 적절한 것을 고르시오.

> Amy: What's wrong, Jun?
>
> Jun: I was stuck on the highway for almost two hours because I ran out of gas!
>
> Amy: Don't you normally fill up the tank when it gets close to empty?
>
> Jun: _____.
>
> Amy: Oh, I see. That's why you should have your car checked regularly.

① Yeah. I should try a different highway next time

② My fuel gauge was broken

③ Yes, that's why the tank is full

④ I'm going to bring it in for a checkup soon

해석

> Amy: Jun, 무슨 문제 있니?
>
> Jun: 나는 가스가 떨어져서 거의 2시간 동안 고속도로에서 꼼짝 못했어!
>
> Amy: 너는 보통 연료통이 비어가면 가득 채우지 않니?
>
> Jun: 연료 측정기가 고장 났어.
>
> Amy: 아, 그렇구나. 그게 네가 정기적으로 너의 차를 점검받아야 하는 이유야.

① 맞아. 다음번에는 다른 고속도로를 시도해야겠어

② 연료 측정기가 고장 났어

③ 그래, 그게 연료통이 가득 차 있는 이유야

④ 나는 곧 점검을 위해 그것을 가지고 올 거야

해설

연료통이 비어가면 보통 가득 채우지 않냐는 Amy의 질문에 대한 Jun의 대답에 대해, 빈칸 뒤에서 Amy가 Oh, I see. That's why you should have your car checked regularly(아, 그렇구나. 그게 네가 정기적으로 너의 차를 점검받아야 하는 이유야)라고 말하고 있으므로, 빈칸에는 '② 연료 측정기가 고장 났어(My fuel gauge was broken)'가 오는 것이 자연스럽다.

정답 ②

어휘

run out of (다 써서) ~가 떨어지다 　fuel gauge 연료 측정기

🔖 이것도 알면 합격!

무언가 고장 났을 때 쓸 수 있는 표현

> > My computer crashed. 컴퓨터가 망가졌어요.
> > Our faucet is leaking badly. 수도꼭지가 심하게 새요.
> > The bike is beyond repair. 그 자전거는 수리가 불가능해요.

---

02 생활영어 We should've gotten here earlier. 난이도 하 ●○○

밑줄 친 부분에 들어갈 말로 가장 적절한 것을 고르시오.

> A: I can't believe so many people are here already! The show doesn't start for another hour.
>
> B: I know. I thought we would have plenty of time to get a good spot up front.
>
> A: Can we get any closer to the stage?
>
> B: Not a chance.
>
> A: _____.
>
> B: I guess so, at least two or three hours beforehand.

① We should've waited for everyone to leave

② We should've stayed at home today

③ We should've bought tickets in the front

④ We should've gotten here earlier

해석

A: 벌써 이렇게 많은 사람이 이곳에 있다니 믿을 수가 없어! 공연은 한 시간 뒤에나 시작하잖아.

B: 그러게 말이야. 나는 우리가 앞줄에 좋은 자리를 차지할 시간이 충분할 거라고 생각했는데.

A: 우리가 무대로 조금 더 가까이 갈 수 있을까?

B: 전혀 가능성이 없어.

A: 우리는 이곳에 더 일찍 도착했어야 했어.

B: 그런 것 같아, 적어도 두세 시간 전에 말이야.

① 우리는 모두가 떠나기를 기다렸어야 했어
② 우리는 오늘 집에 있었어야 했어
③ 우리는 앞쪽의 티켓을 샀어야 했어
④ 우리는 이곳에 더 일찍 도착했어야 했어

해설

무대로 조금 더 가까이 갈 수 있을지 묻는 A의 질문에 대해 B가 전혀 가능성이 없다고 대답하고, 빈칸 뒤에서 다시 B가 I guess so, at least two or three hours beforehand(그런 것 같아, 적어도 두세 시간 전에 말이야)라고 말하고 있으므로, 빈칸에는 '④ 우리는 이곳에 더 일찍 도착했어야 했어(We should've gotten here earlier)'가 오는 것이 자연스럽다.

정답 ④

어휘

spot 자리, 위치 up front 앞줄의 beforehand ~ 전에

이것도 알면 합격!

후회나 유감을 나타내는 다양한 표현

> If only I had ~ 내가 ~하기만 했더라면
> What a shame. 정말 안타까운 일이야.
> What a pity. 애석한 일이다.
> I messed up. 내가 망쳤어.

---

03 문법 우리말과 영작문의 의미상 불일치 난이도 중 ●●○

우리말을 영어로 잘못 옮긴 것을 고르시오.

① John은 훌륭한 아파트를 놓쳤는데, 왜냐하면 그가 더 낮은 가격의 아파트를 살펴보고 있었기 때문이다.
　→ John missed out on a great apartment, because he was looking at lower-cost apartments.

② GPS를 이용했음에도, 우리는 숲을 지나는 도보 여행 중 길을 잃었다.
　→ Even with a GPS, we got lost on our hike through the woods.

③ 비가 그쳤다. 퍼레이드는 계획된 대로 진행할 수 있다.
　→ The rain has stopped. The parade can precede as planned.

④ 이 부티크는 훌륭해. 이곳은 내가 가장 좋아하는 옷 사는 곳이야.
　→ This boutique is wonderful. It is my favorite place to get clothes.

해설

③ 우리말과 영작문의 의미상 불일치 '진행하다'는 동사 'proceed(진행하다)'를 사용하여 나타낼 수 있으므로 동사 precede(~에 앞서다)를 proceed로 고쳐야 한다.

[오답 분석]

① 가산 명사·불가산 명사 | 형용사 자리 가산 명사(apartment)는 앞에 부정관사(a/an)를 쓰거나 복수형으로 써야 하므로 a great apartment와 apartments가 올바르게 쓰였다. 또한, 명사(apartment)를 수식하는 것은 형용사이므로, 형용사 great(훌륭한)과 lower-cost(더 낮은 가격의)가 올바르게 쓰였다.

② 보어 자리 동사 get(got)은 주격 보어를 취하는 동사인데, 보어 자리에는 명사나 형용사 역할을 하는 것이 올 수 있으므로 형용사 lost(길을 잃은)가 올바르게 쓰였다.

④ to 부정사의 역할 '옷 사는 곳'이라는 의미를 나타내기 위해 형용사처럼 명사(place)를 수식할 수 있는 to 부정사 to get이 올바르게 쓰였다.

정답 ③

어휘

miss out 놓치다 hike 도보 여행 precede ~에 앞서다
boutique 부티크(양품점)

이것도 알면 합격!

get은 목적어와 목적격 보어가 능동 관계이면 목적격 보어 자리에 to 부정사가 오지만, 수동 관계일 때는 목적격 보어로 과거분사를 취할 수 있다.

> David **got** me to feed his cat.
　David는 내가 그의 고양이에게 먹이를 주도록 했다.

> I will **get** my dog washed.
　나는 내 개를 씻길 것이다.

---

04 문법 병치·도치·강조 구문 & 수 일치 난이도 중 ●●○

우리말을 영어로 잘못 옮긴 것을 고르시오.

① 그 콘서트가 끝나서, 모든 사람들은 그 장소를 떠나려고 했다.
　→ The concert having finished, everyone tried to leave the venue.

② 제가 찾는 물건을 어디서 찾을 수 있을지 알려줄 수 있나요?
　→ Could you tell me where I might find an item I'm looking for?

③ 직장과 가까운 곳에 살고 돈을 모으는 것이 내가 이사하는 이유였다.
　→ To live closer to work and saving some money was my reasons for moving.

④ 목격자의 이야기는 종종 부정확한 것으로 드러난다.
　→ It often turns out that eyewitness accounts are inaccurate.

해설

③ 병치 구문 | 접속사로 연결된 주어의 수 일치 접속사(and)로 연결된 병치 구문에서는 같은 구조끼리 연결되어야 하는데, and 앞에 to 부정사(to live)가 왔으므로 and 뒤에도 to 부정사가 와야 한다. 병치 구문에서 두 번째 나온 to는 생략될 수 있으므로 동명사 saving을 to 부정사 to save 또는 동사원형 save로 고쳐야 한다. 또한, 접속사 and로 연결된 주어(To live closer to work and to save some money)는 복수 취급하므로 단수 동사 was를 복수 동사 were로 고쳐야 한다.

[오답 분석]
① 분사구문의 의미상 주어 주절의 주어(everyone)와 분사구문의 주어 (The concert)가 달라 분사구문의 의미상 주어가 필요한 경우 명사 주어를 분사구문 앞에 써야 하므로 분사구문의 주어 The concert가 현재분사 having 앞에 올바르게 쓰였다.
② 명사절 접속사 3: 의문사 | 의문문의 어순 완전한 절(I might find an item I'm looking for)을 이끌며 동사 tell의 직접 목적어 자리에 올 수 있는 의문부사 where이 올바르게 쓰였다. 또한, 의문문이 다른 문장 안에 포함된 간접 의문문은 '의문사 + 주어 + 동사'의 어순이 되어야 하므로 where I might find an item이 올바르게 쓰였다.
④ 빈도 부사 빈도 부사는 보통 일반동사(turns) 앞에 쓰이므로 often turns가 올바르게 쓰였다.

정답 ③

 어휘

venue 장소 turn out ~으로 드러나다 eyewitness 목격자
account 이야기, 말 inaccurate 부정확한

이것도 알면 **합격!**

주어가 아래 접속사들로 연결된 경우, B에 동사를 수 일치시킨다.

> A or B A나 B
> not A but B A가 아니라 B
> either A or B A 또는 B 중 하나
> not only A but (also) B A뿐만 아니라 B도
> neither A nor B A도 B도 아닌

05 어휘 contravene = violate 난이도 중 ●●○

밑줄 친 부분과 의미가 가장 가까운 것을 고르시오.

The legal document had to be checked numerous times to ensure it did not contravene any of the stipulations previously agreed upon by the two parties, but no one caught a minor omission: dates had not been changed to reflect the delay in its signing.

① justify
② violate
③ retract
④ dislocate

해석

그 법률 서류는 두 당사자에 의해 사전에 합의된 조건 중 어느 것도 위배하지 않았는지를 확실하게 하기 위해 여러 차례 확인되어야 했지만, 아무도 사소한 누락을 찾아내지 못했다. 날짜는 그것(서류)의 서명 지연을 반영하도록 변경되지 않았다.

① 정당화하다
② 위반하다
③ 취소하다
④ 혼란에 빠뜨리다

정답 ②

어휘

ensure 확실하게 하다 contravene 위배하다, 반대하다
stipulation 조건, 조항 agree upon ~에 합의하다 omission 누락, 생략
retract 취소하다 dislocate 혼란에 빠뜨리다

이것도 알면 **합격!**

contravene(위배하다)의 유의어
= contradict, infringe, refute, disregard, break, transgress

06 어휘 look back on = reminisce about the past 난이도 중 ●●○

밑줄 친 부분과 의미가 가장 가까운 것을 고르시오.

She looks back on her time at university as one of exploration and growth.

① reminisces about the past
② considers with a critical eye
③ endeavors to set right
④ experiences with a sense of awe

해석

그녀는 대학 시절을 탐구와 성장의 (시기 중) 하나로 되돌아본다.
① 과거에 대해 추억하다
② 비판적인 시선으로 숙고하다
③ 바로잡기 위해 노력하다
④ 경외감을 경험하다

정답 ①

어휘

exploration 탐구, 탐험 reminisce 추억하다 critical eye 비판적인 시선
endeavor 노력하다 set right 바로잡다 awe 경외감

이것도 알면 **합격!**

look back on(되돌아보다)과 유사한 의미의 표현
= think about, recall, fondly remember

07 어휘 inefficacious = worthless 난이도 중 ●●○

밑줄 친 부분과 의미가 가장 가까운 것을 고르시오.

Funding artists may seem inefficacious to some people, but a nation's progress almost always correlates with its advancement in the arts.

① dubious
② associative
③ worthless
④ irresponsible

해석

예술가들에게 투자하는 것이 어떤 사람들에게는 효과가 없는 것처럼 보일지도 모르지만, 한 국가의 발전은 거의 언제나 그것(국가)의 예술에서의 진흥과 관련이 있다.

① 의심하는
② 결합적인
③ 쓸모없는
④ 책임감 없는

정답 ③

어휘

inefficacious 효과가 없는 correlate 관련이 있다 advancement 진흥
dubious 의심하는 associative 결합적인 worthless 쓸모없는
irresponsible 책임감 없는

 이것도 알면 **합격!**

inefficacious(효과가 없는)의 유의어
= wasteful, unproductive, unprofitable, useless

---

08 독해 논리적 흐름 파악(문장 삽입) 난이도 중 ●●○

주어진 문장이 들어갈 위치로 가장 적절한 곳은?

> These are the massive pieces of the planet's crust upon which the seven continents sit.

> Looking at a map or a globe from hundreds of years ago, one sees basically the same general layout of Earth's landmasses. This may lead one to believe that the continents have remained in their current locations for all time. (①) In fact, geologists believe that all the objects on Earth's surface are continually moving at a very slow pace due to the movement of tectonic plates. (②) The plates float atop the molten rock contained in the mantle, which is constantly moving due to convection currents. (③) Over time, this slow movement can have a major effect on the location of the plates and, therefore, the continents. Scientists theorize that the continents began as a single landmass called Gondwana. (④) As the plates slowly moved apart, the former supercontinent was broken apart into the landmasses we now know, which drifted into their current positions over billions of years.

해석

> 이것들은 7개의 대륙이 있는 지구의 지각의 거대한 조각들이다.

수백 년 전의 지도나 지구본을 보면, 기본적으로 똑같은 지구 대륙의 일반적인 배치를 볼 수 있다. 이것은 대륙들이 항상 현재의 위치에 놓여 있었다고 믿게 할 수도 있다. (①) 사실, 지질학자들은 지각판의 움직임으로 인해 지구 표면의 모든 물체들이 계속해서 매우 느린 속도로 움직이고 있다고 믿는다. (②) 그 판들은 맨틀에 들어 있는 용해 암석 맨 위에 떠 있는데, 이것은 대류로 인해 끊임없이 움직이고 있다. (③) 시간이 지남에 따라, 이러한 느린 움직임은 판, 그리고 그 결과 대륙의 위치에 큰 영향을

줄 수 있다. 과학자들은 대륙들이 곤드와나라고 불리는 단일 대륙에서 시작되었다고 이론을 세운다. (④) 판이 서서히 떨어져 나감에 따라, 이전의 초대륙은 우리가 현재 알고 있는 대륙들로 분열하게 되었고, 이것은 수십억 년에 걸쳐 현재의 위치가 되었다.

해설

②번 뒤 문장에서 그 판들(The plates)은 맨틀에 들어있는 용해 암석 맨 위에 떠 있다고 했으므로 ②번에 이것들(These)은 7개의 대륙이 있는 지구의 지각의 거대한 조각들이라는 주어진 문장이 나와야 지문이 자연스럽게 연결된다.

[오답 분석]

① 앞부분에서 수백 년 전 기록에서도 똑같은 지구 대륙의 배치를 볼 수 있는 것이 대륙들이 항상 현재의 위치에 놓여 있었다고 믿게 할 수도 있다고 했지만, ①번 뒤 문장에 사실(In fact) 지질학자들은 지구 표면의 모든 물체들이 계속해서 움직이고 있다고 믿는다는 대조적인 내용이 있으므로 ①번에 다른 문장이 삽입되면 문맥상 부자연스럽다.

③ 뒤 문장의 이러한 느린 움직임(this slow movement)은 ③번 앞 문장의 맨틀에 들어 있는 용해 암석이 대류로 인해 끊임없이 움직이는 것을 의미하므로 ③번에 다른 문장이 삽입되면 문맥상 부자연스럽다.

④ 뒤 문장의 이전의 초대륙(the former supercontinent)은 ④번 앞 문장에 나오는 곤드와나라고 불리는 단일 대륙을 의미하므로 ④번에 다른 문장이 삽입되면 문맥상 부자연스럽다.

정답 ②

어휘

massive 거대한 crust 지각, 표면 continent 대륙 globe 지구본
landmass 대륙, 광대한 토지 geologist 지질학자 tectonic plate 지각판
float 떠 있다 atop 맨 위에, 꼭대기에 molten rock 용해 암석
convection current 대류 (현상) supercontinent 초대륙
drift into ~하게 되다

---

09 독해 세부내용 파악(내용 불일치 파악) 난이도 중 ●●○

다음 글의 내용과 일치하지 않는 것은?

> In the mid-20th century, increased international sea trade brought about a unique and, to many, baffling superstition regarding part of the Caribbean known as the Bermuda Triangle. This region was reputed to be the location of the strange and unexplained disappearance of many ships. However, it is also home to tropical storms and cyclones, increasing the likelihood of these incidents. Many such disappearance stories conveniently omitted this fact or contradicted it completely, describing ships vanishing in calm waters. Additionally, when compared on a global scale, the rate of disappearances in the area was proportionate to the number of ships that got lost or sank in other parts of the world. For whatever reasons, those who embellished the idea of a Bermuda Triangle curse did so without regard for factual accuracy, creating disproportionate fear where none was warranted.

① Many in the mid-20th century believed disappearances in the Bermuda Triangle were unusual.

② The Bermuda Triangle is a turbulent area due to tropical storms.

③ Stories about the Bermuda Triangle featured intentionally omitted details.

④ More ships disappeared in the Bermuda Triangle than in any other region of the world.

해석

20세기 중반에, 증가된 국제 해상 무역은 버뮤다 삼각지대로 알려진 카리브해의 지역과 관련된 독특하고 많은 사람들에게 당혹스러운 미신을 가져왔다. 이 지역은 많은 선박의 이상하고 설명되지 않은 실종 장소로 알려져 있었다. 하지만, 이곳은 열대 폭풍과 온대성 저기압의 본거지이기도 해서 이러한 사건들의 가능성을 증가시킨다. 이러한 많은 실종 이야기들은 이 사실을 편리하게 생략하거나 이것을 완전히 부인하며, 선박이 잔잔한 바다에서 사라지는 것으로 묘사한다. 게다가, 세계적인 규모와 비교했을 때, 그 지역에서의 실종 비율은 세계 다른 지역들에서 길을 잃거나 침몰한 선박의 수와 비례했다. 어떠한 이유 때문이든, 버뮤다 삼각지대의 저주라는 발상을 꾸며낸 사람들은 사실에 기반을 둔 정확성을 고려하지 않은 채 그렇게 했고, 아무것도 정당화되지 않은 어울리지 않는 두려움을 만들어 냈다.

① 20세기 중반의 많은 사람들은 버뮤다 삼각지대에서의 실종이 특이한 일이라고 믿었다.

② 버뮤다 삼각지대는 열대 폭풍 때문에 험난한 지역이다.

③ 버뮤다 삼각지대에 관한 이야기들은 의도적으로 생략된 세부 사항이 특징이었다.

④ 세계 다른 어느 지역보다 버뮤다 삼각지대에서 더 많은 선박이 사라졌다.

해설

지문 중간에서 세계적인 규모와 비교했을 때, 버뮤다 삼각지대에서의 실종 비율은 세계 다른 지역들에서 길을 잃거나 침몰한 선박의 수와 비례했다고 했으므로, '④ 세계 다른 어느 지역보다 버뮤다 삼각지대에서 더 많은 선박이 사라졌다'는 것은 지문의 내용과 일치하지 않는다.

[오답 분석]

① 첫 번째 문장에서 20세기 중반에 버뮤다 삼각지대의 실종이 독특하고 많은 사람들에게 당혹스러운 미신을 가져왔다고 했고, 두 번째 문장에 이 지역은 많은 선박의 이상하고 설명되지 않은 실종 장소인 것으로 알려져 있었다고 언급되었다.

② 세 번째 문장에 버뮤다 삼각지대는 열대 폭풍과 온대성 저기압의 본거지라고 언급되었다.

③ 네 번째 문장에 버뮤다 삼각지대에 대한 많은 실종 이야기들은 사실을 편리하게 생략하거나 이를 완전히 부인했다고 언급되었다.

정답 ④

어휘

baffling 당혹스러운, 당황하게 하는 **superstition** 미신
reputed ~이라고 알려진 **cyclone** 온대성 저기압, 사이클론
likelihood 가능성 **omit** 생략하다, 빠뜨리다 **contradict** 부인하다, 반박하다
vanish 사라지다 **proportionate** 비례한, 균형 잡힌
embellish 꾸미다, 장식하다 **disproportionate** 어울리지 않는, 불균형의
warrant 정당화하다 **turbulent** 험난한, 휘몰아치는

---

10 독해 세부내용 파악(내용 일치 파악) 난이도 중 ●●○

다음 글의 내용과 가장 일치하는 것은?

Thanks to changing societal views and protective legislation, equality in the workplace has come a long way over the years, but there is one occupation that continues to show an enormous gender division: commercial airline pilots. Men made up a staggering 93 percent of passenger pilots as of just a few years ago. What first instigated the gap can largely be traced back to past prejudices. At one time, women were not allowed to fly planes at all. The first female pilot wasn't hired till 1934, and she wound up leaving the industry after only 10 months due to poor treatment. Moreover, aviation companies at the time demanded unreasonable height and strength requirements, so many women were disqualified before they could even apply. Such biased provisions have all fallen by the wayside these days, but their effects remain, as evidenced by the continued lack of female aviators in the commercial aviation sector.

① The commercial airline industry has long been a pioneer in workplace equality.

② Males accounted for 93 percent of all passenger pilots in 1934.

③ The first female pilot enjoyed a long and fruitful career in aviation.

④ Certain physical demands used to bar females from applying as pilots.

해석

변화하는 사회적 인식과 보호 법률 덕분에 직장에서의 평등은 수년간 크게 진보했지만, 계속해서 심한 성별 분열을 보이는 한 직업이 있다. 바로 민간 항공 조종사들이다. 불과 몇 년 전만 해도 남성들이 여객기 조종사의 무려 93퍼센트를 차지했다. 이 격차를 처음으로 유발시킨 것은 주로 과거의 편견으로 거슬러 올라갈 수 있다. 예전에는, 여성들이 비행기를 조종하는 것이 전혀 허락되지 않았다. 최초의 여성 조종사는 1934년까지 고용되지 않았는데, 좋지 못한 대우로 인해 그녀는 결국 10개월 만에 그 업계를 떠나게 되었다. 게다가, 당시의 항공사들은 불합리한 신장과 체력 요건을 요구했고, 그래서 많은 여성들은 지원해보기도 전에 자격을 박탈당했다. 이러한 편향된 규정들은 오늘날에는 모두 밀려났지만, 그것들의 영향은 민간 항공 분야의 여성 비행사들의 지속적인 부족에 의해 입증된 채로 남아있다.

① 민간 항공 산업은 오랫동안 직장에서의 평등에 있어 선구자였다.

② 1934년에 남성들은 전체 여객기 조종사들 중 93퍼센트를 차지했다.

③ 첫 번째 여성 조종사는 길고 알찬 비행 경력을 즐겼다.

④ 특정한 신체적 요구 사항들이 한때 여성들이 조종사에 지원하는 것을 막았다.

해설

지문 중간에서 1930년대의 항공사들은 불합리한 신장과 체력 요건을 요구해서 여성들이 조종사에 지원해보기도 전에 자격을 박탈당했다는 내용이 있으므로, '④ 특정한 신체적 요구 사항들이 한때 여성들이 조종사에 지원하는 것을 막았다'는 지문의 내용과 일치한다.

[오답 분석]

① 첫 번째 문장에서 직장에서의 평등은 수년간 크게 진보했으나, 민간 항공 조종사 직종은 계속해서 심한 성별 분열을 보이고 있다고 언급했

으므로 지문의 내용과 다르다.

② 두 번째 문장에서 불과 몇 년 전까지 남성들이 여객기 조종사의 93퍼센트를 차지했다고 언급되었으나, 1934년의 수치에 대해서는 언급되지 않았다.

③ 다섯 번째 문장에서 최초의 여성 조종사는 좋지 못한 대우로 인해 10개월 만에 그 업계를 떠났다고 언급했으므로 지문의 내용과 다르다.

정답 ④

어휘

equality 평등, 균등   come a long way 크게 진보하다, 회복하다
occupation 직업   enormous 심한, 엄청난   instigate 유발시키다
prejudice 편견   aviation 항공   unreasonable 불합리한
requirement 요건   disqualify 자격을 박탈하다   biased 편향된
provision 규정, 단서   fall by the wayside 밀려나다, 중도에 무산되다
pioneer 선구자   bar 막다

---

11 어휘 make over   난이도 중 ●●○

밑줄 친 부분에 공통으로 들어갈 말로 가장 적절한 것은?

- Instead of changing apartments, she opted to _____ her current place.
- The company will _____ its website so that it looks more modern.

① make out
② make over
③ make off
④ make up

해석

- 아파트를 바꾸는 대신에, 그녀는 현재의 공간을 고치기로 선택했다.
- 그 회사는 웹사이트를 더 현대적으로 보이게 하기 위해 그것을 고칠 것이다.

① 해 나가다
② 고치다
③ 급히 떠나다
④ 만들어 내다

정답 ②

어휘

opt to ~하기로 선택하다   make out 해 나가다   make over 고치다
make off 급히 떠나다

 이것도 알면 합격!

보기에 제시된 표현들의 다양한 의미

> make out 해 나가다, 이해하다
> make over 고치다, 개조하다, 양도하다
> make up 만들어 내다, ~을 이루다

---

12 독해 논리적 흐름 파악(문단 순서 배열)   난이도 중 ●●○

주어진 글 다음에 이어질 글의 순서로 가장 적절한 것은?

Over the years, inventions have changed our lives, making jobs easier and/or enabling further advances. While most of these inventions came after years of research and development, some were the results of accidents.

(A) In addition to its well-known culinary use, Teflon has been excellent for industrial use as an insulator in cabling, circuit boards, and solar panels. It has even been used by NASA to line the heat shields and space suits that protect astronauts.

(B) One of these accidents was the invention of Teflon. Roy Plunkett, a researcher working with refrigerants, accidentally converted a gas he was working on into a powder. Testing revealed this new substance to be heat resistant and to have a very low surface friction.

(C) As a result of these qualities, Plunkett's discovery attracted attention from cookware engineers looking to create durable nonstick pots and pans. Teflon was perfect for this purpose, as it prevented sticking, but did not break down or release toxic chemicals when heated.

① (A) – (B) – (C)
② (B) – (C) – (A)
③ (C) – (A) – (B)
④ (C) – (B) – (A)

해석

지난 몇 년 동안, 발명품들은 일을 더 쉽게 만들어주고 더 많은 발전을 가능하게 해주며, 우리의 삶을 바꿔놓았다. 이러한 발명품들의 대부분은 수년간의 연구와 개발 후에 나왔지만, 몇몇은 우연의 결과였다.

(B) 이러한 우연들 중 하나는 테플론의 발명이었다. 냉매를 연구하던 연구원인 Roy Plunkett은 그가 작업하던 가스를 우연히 가루로 바꾸었다. 실험은 이 새로운 물질이 내열성이 있고 매우 낮은 표면 마찰력을 가지고 있다는 것을 드러냈다.

(C) 이러한 특징들의 결과로서, Plunkett의 발견은 내구성이 있고 들러붙지 않는 냄비와 팬을 만들 방법을 찾는 주방용품 기술자들의 관심을 끌었다. 테플론은 들러붙는 것을 방지했지만 열을 가했을 때 독성 화학물질을 분해하거나 방출하지 않기 때문에 이 목적에 완벽했다.

(A) 그것의 잘 알려진 요리 용도에 더하여, 테플론은 케이블, 회로 기판, 그리고 태양 전지판의 절연체로써 산업용으로도 매우 우수했다. 그것은 심지어 미국항공우주국(NASA)에 의해 우주 비행사들을 보호하는 열 보호막을 형성하고 우주복에 안감을 대기 위해 사용되었다.

해설

주어진 문장에서 몇몇 발명품들은 우연의 결과였다고 한 뒤, (B)에서 이러한 우연들 중 하나(One of these accidents)는 테플론이며 연구원인 Plunkett이 내열성 있고 매우 낮은 표면 마찰력을 가진 새로운 물질을 우연히 발견했다고 설명하고 있다. 이어서 (C)에서 이러한 특징들(these qualities)의 결과로서 Plunkett의 발견은 내구성이 있고 들러붙지 않는 냄비와 팬을 만들 방법을 찾는 주방용품 기술자들의 관심을 끌었다고 했고, (A)에서 그것(테플론)의 잘 알려진 요리 용도에 더하여(In addition to its well-known culinary use) 테플론이 케이블, 회로 기판, 태양 전지판의

절연체, 그리고 심지어 우주복에도 사용되었다고 설명하고 있다.

정답 ②

어휘

culinary 요리의 insulator 절연체 circuit 회로
line 막을 형성하다, (옷에) 안감을 대다 shield 보호막 refrigerant 냉매
convert 바꾸다 heat resistant 내열성의 surface friction 표면 마찰력
cookware 주방용품 durable 내구성이 있는 nonstick 들러붙지 않는

---

13 문법 가정법 난이도 중 ●●○

어법상 옳은 것을 고르시오.

① If my roof hadn't leaked, I wouldn't have had to stay at a hotel.

② The cost of homes in urban areas have increased greatly in the last year.

③ Contestants in the singing contest are required to bringing musics to sing along with.

④ I forgot to tell you that your appointment has rescheduled to Friday.

해석

① 만약 나의 지붕이 새지 않았다면, 나는 호텔에 묵을 필요가 없었을 텐데.

② 도시 지역의 집값은 작년에 크게 증가했다.

③ 노래 경연대회의 참가자들은 그들이 따라 부를 음악을 가지고 오도록 요구된다.

④ 나는 너에게 약속이 금요일로 일정이 변경되었다는 것을 말하는 것을 잊어버렸다.

해설

① **가정법 과거완료** 문맥상 '만약 나의 지붕이 새지 않았다면, 나는 호텔에 묵을 필요가 없었을 텐데'라는 의미가 되어야 자연스러운데 과거의 상황을 반대로 가정할 때는 가정법 과거완료를 사용해 나타낼 수 있으므로 'If + 주어 + had p.p., 주어 + would/should/could/might + have p.p.(만약 ~했었다면 -했을 텐데)'의 형태로 나타낼 수 있다. 따라서 If my roof hadn't leaked, I wouldn't have had to stay at a hotel이 올바르게 쓰였다.

[오답 분석]

② **주어와 동사의 수 일치** 주어 자리에 단수 명사 The cost가 왔으므로 복수 동사 have increased를 단수 동사 has increased로 고쳐야 한다. 참고로, 주어와 동사 사이의 수식어 거품(of ~ areas)은 동사의 수 결정에 영향을 주지 않는다.

③ **to 부정사를 취하는 동사 | 가산 명사·불가산 명사** 동사 require은 to 부정사를 목적격 보어로 취하는 동사이므로 bringing을 to 부정사를 완성하는 동사원형 bring으로 고쳐야 한다. 또한, 불가산 명사(music)는 복수형으로 쓰일 수 없으므로 musics를 music으로 고쳐야 한다.

④ **능동태·수동태 구별** 주어 your appointment와 동사가 '약속 일정이 변경되다'라는 의미의 수동 관계이므로 능동태 has rescheduled를 수동태 has been rescheduled로 고쳐야 한다.

정답 ①

어휘

leak 새다 contestant 참가자 reschedule 일정을 변경하다

🌱 **이것도 알면 합격!**

to 부정사를 목적격 보어로 갖는 동사

~가 -하기를 원하다	want, need, expect, invite, require
~가 -하게 부추기다	cause, ask, convince, encourage
~가 -하게 강요하다	force, compel, get, tell
~가 -하게 허락하다	allow, permit, enable
~가 -하라고 알려주다	remind, advise, warn

---

14 문법 비교 구문 난이도 중 ●●○

어법상 옳은 것을 고르시오.

① The teacher had the student to resubmit her essay.

② They played tennis during four hours this morning.

③ The security guard never so much as looks away from the CCTV monitors.

④ Carmen tried to be full honest with her boss about the problem.

해석

① 그 선생님은 학생이 그녀의 에세이를 다시 제출하게 했다.

② 그들은 오늘 아침에 4시간 동안 테니스를 쳤다.

③ 그 보안 요원은 CCTV 화면에서 눈길을 돌리는 것조차 하지 않았다.

④ Carmen은 그 문제에 대해 그녀의 상사에게 전적으로 정직하려고 노력했다.

해설

③ **원급 관련 표현** 문맥상 '눈길을 돌리는 것조차 하지 않았다'가 되어야 자연스러운데, '~조차도 하지 않다'는 원급 관련 표현 never so much as를 사용하여 나타낼 수 있으므로 never so much as looks away가 올바르게 쓰였다.

[오답 분석]

① **5형식 동사** 동사 have(had)는 5형식 동사로 쓰일 때 동사원형을 목적격 보어로 취하는 동사이므로 to 부정사 to resubmit을 동사원형 resubmit으로 고쳐야 한다.

② **전치사 2: 기간** 숫자를 포함한 시간 표현(four hours) 앞에 와서 '얼마나 오래 지속되는가'를 나타내는 전치사는 for이므로 전치사 during을 for로 고쳐야 한다.

④ **부사 자리** 형용사(honest)를 수식할 수 있는 것은 부사이므로, 형용사 full을 부사 fully로 고쳐야 한다. 참고로, 부사가 동사 이외의 것을 수식할 때 부사는 수식받는 것 앞에 온다.

정답 ③

어휘

resubmit 다시 제출하다 look away from ~에서 눈길을 돌리다

'~만큼 −하지 않은'을 의미하는 경우 'not + as[so] ~as'로 쓴다.

> The second movie in the series was **not as good as** the first one.

시리즈의 두 번째 영화는 첫 번째 영화만큼 좋지 않았다.

---

15 독해 추론(빈칸 완성 – 단어) 난이도 중 ●●○

밑줄 친 부분에 들어갈 말로 가장 적절한 것을 고르시오.

I always dreamed of being a powerful prosecutor, bringing the hand of justice swiftly to bear on abusers of the law. I endured sleepless nights in law school to earn a desirable place in a prominent law firm. However, it soon became apparent how misguided my notions of quick justice had been. Not only was the law inconsistent in application, it was also often _____, cumbersome legal procedures made it difficult to get anything done at all.

① hasty   ② oppressive

③ perplexing   ④ stagnant

해석

나는 언제나 영향력 있는 검사가 되는 것을 꿈꾸었고, 사법권이 법을 어기는 자들에게 신속하게 행사되게 하고 싶었다. 나는 유명한 법률 사무소에서 탐나는 자리를 얻기 위해 법학 대학원에서 잠 못 이루는 밤들을 견뎠다. 하지만, 신속한 정의에 대한 나의 관념이 얼마나 잘못되었는지는 곧 명백해졌다. 법은 적용 시 일관성이 없었을 뿐만 아니라, 종종 정체되어 있어서, 복잡하고 느린 법적 절차들은 어떤 것도 하는 것을 어렵게 만들었다.

① 성급한   ② 억압하는

③ 당혹스러운   ④ 정체된

해설

지문 전반적으로 화자가 사법권이 신속하게 행사되도록 하고 싶었으나 이에 대한 자신의 관념은 잘못되었음이 명백해졌다고 설명하고 있다. 이어서 빈칸이 있는 문장에서 법은 적용 시에 일관성이 없었을 뿐만 아니라 복잡하고 느린 법적 절차들은 어떤 것도 하는 것을 어렵게 만들었다는 내용이 있으므로, 빈칸에는 '④ 정체된'이 들어가야 한다.

정답 ④

어휘

prosecutor 검사   hand of justice 사법권   swiftly 신속하게
bear on 행사하다, 미치다   endure 견디다   desirable 탐나는, 바람직한
prominent 유명한   apparent 명백한   misguided 잘못된, 잘못 이해한
notion 관념   inconsistent 일관성이 없는   application 적용
cumbersome 복잡하고 느린   hasty 성급한   oppressive 억압하는
perplexing 당혹스러운   stagnant 정체된, 침체된

---

16 독해 추론(빈칸 완성 – 구) 난이도 중 ●●○

밑줄 친 부분에 들어갈 말로 가장 적절한 것을 고르시오.

Urban sprawl, the spreading of a city into undeveloped land nearby, is often cited as a problem for animal species. However, it causes problems for humans as well. In fact, it is one of the many factors currently being linked to North America's growing obesity problem. This is because urban sprawl _____ _____. Residential areas that are still developing are relatively far from business districts and do not yet have extensive transportation systems. Unlike people who live in cities, suburban residents are not close enough to their workplaces to bicycle there, and do not get the opportunity to walk to and from bus stops and subway stations. The limited access to subways and buses means they are more likely to resort to driving everywhere, which contributes to weight gain.

① spreads transport pollution to more areas

② drives businesses away from urban centers

③ invariably promotes a reliance on automobiles

④ needlessly encourages the building of large houses

해석

도시가 인근의 미개발 지역으로 확산되는 도시 스프롤 현상은 동물 종에 있어 문제점으로 종종 언급된다. 하지만, 이는 사람들에게도 문제를 야기한다. 사실, 이것은 최근 북아메리카의 증가하는 비만 문제와 연관되어 있는 많은 요소들 중 하나이다. 이는 도시 스프롤 현상이 불가피하게 자동차에 대한 의존을 증가시키기 때문이다. 아직 발전 중인 주거 지역은 상업 지역과는 비교적 거리가 멀고 아직까지 광범위한 대중교통 체계를 갖추고 있지 않다. 도시에 사는 사람들과는 달리, 교외 주민들은 직장까지 자전거를 타고 갈 만큼 충분히 가까이에 있지 않으며, 버스 정류장과 지하철역을 걸어서 오고 갈 기회도 얻지 못한다. 지하철과 버스에 대한 제한된 접근은 그들(교외 주민들)이 어디를 가든 운전에 의존할 가능성이 높다는 것을 의미하며, 이것은 몸무게 증가에 기여한다.

① 교통 오염을 더 많은 지역들로 확산시킨다

② 기업들을 도시 중심에서 벗어나게 한다

③ 불가피하게 자동차에 대한 의존을 증가시킨다

④ 큰 집들을 짓는 것을 쓸데없이 부추긴다

해설

지문 중간에 아직 발전 중인 주거 지역에는 아직까지 광범위한 대중교통 체계가 갖추어져 있지 않다는 내용이 있고, 이어서 지문 마지막에 교외 주민들은 버스 정류장과 지하철역을 걸어서 오고 갈 기회도 얻지 못하기 때문에 어디를 가든지 운전에 의존할 가능성이 높아지고, 이것이 몸무게 증가에 기여한다는 내용이 있으므로, 빈칸에는 '③ 불가피하게 자동차에 대한 의존을 증가시킨다'가 들어가야 한다.

[오답 분석]

① 도시 스프롤 현상이 교통 오염을 더 많은 지역들로 확산시킨다는 것은 언급되지 않았다.

② 기업들을 도시 중심에서 벗어나게 한다는 것은 언급되지 않았다.

④ 큰 집들을 짓는 것을 쓸데없이 부추긴다는 것은 언급되지 않았다.

정답 ③

어휘

obesity 비만　residential 주거의, 거주의　extensive 광범위한
resort to ~에 의존하다　invariably 불가피하게, 예외 없이

17　독해　추론(빈칸 완성 – 단어)　난이도 중 ●●○

밑줄 친 부분에 들어갈 말로 가장 적절한 것을 고르시오.

The average time a person lingers on a magazine advertisement is about three seconds. That's all the time marketers have to catch a consumer's eye, making it difficult to entice them into buying their product. But the Vision 2000 may give advertisers an edge. This eye-tracking device, normally used in hospitals, can mark a person's eye movement 120 times per second. The areas the pupils look at show up as dots on the advertisement. That makes it easier to know whether a particular word, color, or picture stood out, since more dots would surround that part of the advertisement. Although using the machine does not guarantee that consumers will buy a product, it allows companies to better their chances of making an ad that will hold the readers' _____ for a little longer.

① influence　　　② credence
③ attention　　　④ faith

해석

한 사람이 잡지 광고에 머무는 평균 시간은 약 3초이다. 그것이 마케팅 담당자들이 고객의 시선을 끌기 위해 갖는 시간의 전부인데, 이는 고객들이 그들의 제품을 사도록 유인하는 것을 어렵게 한다. 하지만 Vision 2000은 광고주들에게 우위를 줄지도 모른다. 보통 병원에서 사용되는 이 시선 추적 장치는 한 사람의 눈의 움직임을 1초당 120번 기록할 수 있다. 동공이 바라보는 부분들이 광고 위에 점으로 나타난다. 그것은 특정한 단어나 색상 또는 사진이 눈에 쉽게 띄는지를 아는 것을 더욱 용이하게 하는데, 더 많은 점이 광고의 그 부분(특정한 단어나 색상 또는 사진)을 에워쌀 것이기 때문이다. 비록 그 기계를 사용하는 것이 고객들이 제품을 살 것이라는 것을 보장해 주지는 않지만, 그것은 회사들이 독자의 주의를 약간 더 오래 끄는 광고를 만들 가능성을 향상시키도록 한다.

① 영향　　　② 신임
③ 주의　　　④ 믿음

해설

지문 중간에 시선 추적 장치인 Vision 2000이 사람들의 눈의 움직임을 기록하고, 동공이 바라보는 부분들이 광고 위에 점으로 나타나게 함으로써 특정 단어나 색상 또는 사진이 눈에 쉽게 띄는지를 아는 것을 더욱 용이하게 한다는 내용이 있으므로, 빈칸에는 그 기계는 회사들이 독자의 '③ 주의'를 약간 더 오래 끄는 광고를 만들 가능성을 향상시키도록 한다는 내용이 어어가야 한다.

정답 ③

어휘

linger 머물다, 꾸물거리다　entice 유인하다, 꾀다　edge 우위, 강점
track 추적하다　device 장치, 기기　pupil 동공　show up 나타나다
stand out 눈에 쉽게 띄다　credence 신임, 신용

18　독해　논리적 흐름 파악(무관한 문장 삭제)　난이도 상 ●●●

다음 글의 흐름상 가장 어색한 문장은?

Despite their fierce reputation, sharks rarely go after humans, which is why experts are puzzled as to what's behind the recent spate of attacks. A 2014 report lists several possible reasons, including global warming and changed migration patterns. But there may be another, indirect explanation. ① Since the 1970s, measures to protect sea lions and seals have been in place to boost their critically low numbers. ② Those concentrated efforts may have worked a little too well; their populations have rebounded to the point where there are now actually almost too many of them. ③ The growing abundance of prey located near the coast was likely noted by the carnivores. ④ Seals and sea lions eat a variety of fish, including salmon, sardines, and squid. Knowing they could get an easy meal near the beach, the sharks probably spent more time there, resulting in higher chances of encountering people.

해석

그들의 흉포한 명성에도 불구하고, 상어들은 좀처럼 인간을 공격하지 않는데, 이것이 전문가들이 최근 많은 공격의 이면에 무엇이 있는지에 관해 당혹스러워하는 이유이다. 2014년의 한 보고서는 지구 온난화와 바뀐 이주 형태들을 포함하여 몇몇 가능한 이유들을 열거한다. 그러나 또 다른 간접적인 원인이 있을 수도 있다. ① 1970년대부터, 바다사자와 바다표범들의 위태롭게 적은 수를 증가시키기 위해 그것들을 보호하기 위한 조치들이 준비되어 왔다. ② 그러한 집중적인 노력들은 조금 지나치게 효과가 좋았는지, 그들(바다사자와 바다표범)의 개체 수는 사실 이제는 그들이 너무 많은 정도까지 반등했다. ③ 해안 근처에 위치한 먹이(바다사자와 바다표범)의 풍부함의 증가는 아마 그 육식 동물들에 의해 주목된 듯했다. ④ 바다표범과 바다사자는 연어, 정어리, 그리고 오징어를 포함한 다양한 어류를 먹는다. 해변 근처에서 그들(상어들)이 손쉬운 식사를 할 수 있다는 것을 알았기 때문에, 상어들은 그곳에서 더 많은 시간을 보냈을 것이고, 그 결과 사람들과 마주칠 더 높은 가능성을 초래했다.

해설

지문 처음에서 상어들은 좀처럼 인간을 공격하지 않기 때문에 최근 많은 공격의 이면에 무엇이 있는지에 대해 전문가들이 당혹스러워하고 있다고 설명하고 있고, 지문 중간에서 간접적인 이유가 있을 수도 있다고 언급하며 ① 번에서 바다사자와 바다표범의 수를 증가시키기 위해 보호 조치가 시행되었음을 설명하고, ②번에서는 그러한 노력(보호 조치)으로 인해 그들(바다사자와 바다표범)의 개체 수가 많아졌다고 언급하고 있다. 또한 ③번에서는 해안 근처의 이러한 풍부함(개체 수의 증가)을 상어들이 알아챘다는 내용으로, 상어의 공격성의 간접적인 이유에 대해 설명하고 있으므로 지문의 흐름과 관련이 있다. 하지만 ④번은 바다표범과 바다사자의 먹이의 종류에 대한 내용으로, 지문의 전체적인 흐름과 관련이 없다.

정답 ④

어휘

fierce 흉포한, 험악한　go after ~을 공격하다　puzzled 당혹스러운
spate 많음, 빈발　migration 이주, 이동　measure 조치　seal 바다표범
concentrated 집중적인　rebound 반등하다　carnivore 육식 동물
sardine 정어리　encounter 마주치다

19 독해 세부내용 파악(내용 불일치 파악) 난이도 하 ●○○

다음 글의 내용과 일치하지 않는 것은?

The capybara is the largest species of rodent on the planet, growing up to 134 centimeters in length and weighing as much 77 kilograms. They are native to the countries of South America and feed on grasses and aquatic plants, though the rodents are rather selective about the type of flora they choose to eat. Because the capybara is considerably large, slow-moving, and nonthreatening, it is easy prey for many predators. Despite this, capybaras are not a threatened species due to their ability to breed rapidly and their short reproductive cycle. Each pregnancy lasts only 140 days on average and produces anywhere from 4 to 8 offspring. Capybaras are valued as a source of protein in some parts of the continent, but they are also becoming more common as pets because of their gentle nature. They enjoy being petted and rubbed and will usually allow humans to hand-feed them. Their sociability extends to other species as well; they have been seen getting along easily with animals such as cats and birds.

① Capybaras are herbivores, but they have rather limited preferences and do not eat all plants.

② Capybaras normally breed anywhere from 4 to 8 times in a single year.

③ Capybaras are safe from extinction due to their ability to create offspring fairly rapidly.

④ Capybaras have become popular pets because of their temperament.

해석

카피바라는 지구상에서 가장 큰 설치류의 종이며, 길이가 134센티미터까지 자라고 무게가 77킬로그램 정도까지 나간다. 그들은 남아메리카 국가들의 토종 동물이고, 이 설치류는 그것들이 먹으려고 고르는 식물의 종류에 관해 꽤 까다롭기는 하지만 풀과 수생 식물을 먹는다. 카피바라가 상당히 크고, 느리게 움직이고, 위협적이지 않기 때문에, 이것은 많은 포식자에게 쉬운 사냥감이다. 그럼에도 불구하고, 카피바라는 빠르게 새끼를 낳는 능력과 짧은 번식 주기 덕분에 멸종 위기 종은 아니다. 각 임신 기간은 평균 140일 동안만 지속되며 네 마리에서 여덟 마리의 새끼를 낳는다. 카피바라는 대륙의 몇몇 지역에서 단백질원으로 가치 있게 여겨지지만, 그들의 온순한 성질 덕분에 애완동물로도 더 흔해지고 있다. 그들은 쓰다듬어지고 문질러지는 것을 즐기고 대개 사람들이 그들에게 손으로 먹이를 줄 수 있게 한다. 그들의 사교성은 다른 종들에게까지도 미치는데, 그들은 고양이와 새 같은 동물들과 쉽게 잘 지내는 것으로 보여져 왔다.

① 카피바라는 초식 동물이지만, 그들은 다소 한정된 선호를 가지고 있고 모든 식물을 먹지 않는다.

② 카피바라는 보통 한 해에 대략 4번에서 8번 새끼를 낳는다.

③ 카피바라는 새끼를 꽤 빠르게 만드는 그들의 능력으로 인해 멸종으로부터 안전하다.

④ 카피바라는 그것의 기질 때문에 인기 있는 애완동물이 되었다.

해설

지문 중간에서 각 임신 기간은 평균 140일 동안만 지속되며 네 마리에서 여덟 마리의 새끼를 낳는다고 했으나, 한 해에 새끼를 몇 번 낳는지에 대해서

는 언급되지 않았으므로 '② 카피바라는 보통 한 해에 대략 4번에서 8번 새끼를 낳는다'는 것은 지문의 내용과 일치하지 않는다.

[오답 분석]

① 두 번째 문장에 카피바라는 먹으려고 고르는 식물의 종류에 관해 꽤 까다롭기는 하지만 풀과 수생 식물을 먹는다고 언급되었다.

③ 네 번째 문장에 카피바라는 빠르게 새끼를 낳는 능력과 짧은 번식 주기 덕분에 멸종 위기 종이 아니라고 언급되었다.

④ 여섯 번째 문장에 카피바라는 그들의 온순한 성질 덕분에 애완동물로도 더 흔해지고 있다고 언급되었다.

정답 ②

어휘

rodent 설치류 feed on ~을 먹다 selective 까다로운, 선별적인
flora 식물(상) considerably 상당히 predator 포식자, 포식 동물
breed 새끼를 낳다 reproductive 번식의, 생식의 offspring 새끼
pet 애완동물; 쓰다듬다 sociability 사교성 get along with ~와 잘 지내다
herbivore 초식 동물 temperament 기질, 성미

20 독해 추론(빈칸 완성 – 절) 난이도 중 ●●○

밑줄 친 부분에 들어갈 말로 가장 적절한 것은?

Eleven fitness centers were monitored in a study that revealed that the air in gyms contains levels of pollutants exceeding acceptable standards for indoor air quality. "Most troubling were the large amounts of carbon dioxide, dust, and various chemicals released from equipment and cleaning products," said David Warden, one of the study's authors. Levels became especially high during classes that _____. In aerobics rooms, for instance, exercisers stirred up great quantities of dust and chemical fumes. The increased activity led to participants inhaling these substances with regularity, which can cause respiratory conditions like asthma. Furthermore, people produce a lot of carbon dioxide when they moved excessively due to heavy breathing. The amount released in these gyms was not enough to be fatal, but it can lead to fatigue in high doses. Overall, it seems as though recreation centers may actually be detrimental, rather than conducive, to exercise.

① lasted longer than other classes

② were held in newly cleaned rooms

③ involved a lot of movement

④ took place with the windows open

해석

체육관의 공기가 실내 공기 청정도의 허용 기준을 초과하는 수준의 오염 물질을 포함하고 있다는 것을 밝혔던 한 연구에서 열한 곳의 헬스클럽이 추적 관찰되었다. "가장 문제가 되는 것은 많은 양의 이산화탄소, 먼지, 그리고 장비와 청소용품에서 방출되는 다양한 화학 물질이었습니다."라고 연구의 저자 중 한 명인 David Warden이 말했다. 수치는 많은 움직임을 수반했던 강습 중에 특히 높아졌다. 예를 들어, 에어로빅실에서 운동하는 사람들은 많은 양의 먼지와 화학적 가스를 일으켰다. 그 증가한 활동은 참

가자들이 이러한 물질들을 규칙적으로 들이마시는 것을 야기했는데, 이것은 천식과 같은 호흡기 질환을 일으킬 수 있다. 게다가, 사람들은 그들이 과도하게 움직였을 때 거친 호흡으로 인해 많은 이산화탄소를 생산한다. 이러한 체육관에 방출된 양은 치명적일 만큼 충분하지는 않지만, 많이 마시면 피로로 연결될 수 있다. 전체적으로, 운동 시설은 사실 운동에 도움이 되기보다는 해로울 수도 있는 것처럼 보인다.

① 다른 강습들보다 오래 지속된
② 최근에 청소된 방에서 열린
③ 많은 움직임을 수반했던
④ 창문이 열린 상태로 이루어진

해설

빈칸 뒤 문장에서 에어로빅실에서 운동하는 사람들은 많은 양의 먼지와 화학적 가스를 일으켰고 증가한 활동은 참가자들이 이러한 물질들을 규칙적으로 들이마시는 것을 야기했다고 설명하고, 이어서 사람들이 과도하게 움직였을 때 다량의 호흡으로 인해 많은 이산화탄소를 생산한다고 설명하고 있으므로, 빈칸에는 수치는 '③ 많은 움직임을 수반했던' 강습 중에 특히 높아졌다는 내용이 들어가야 한다.

[오답 분석]

① 다른 강습들보다 오래 지속된 강습이 수치가 더 높았다는 내용은 언급되지 않았다.
② 최근에 청소된 방에서 열린 강습이 수치가 더 높았다는 내용은 언급되지 않았다.
④ 창문이 열린 상태로 이루어진 강습이 수치가 더 높았다는 내용은 언급되지 않았다.

정답 ③

어휘

pollutant 오염 물질 stir up 일으키다 inhale 들이마시다
respiratory 호흡 기관의 asthma 천식 fatigue 피로
conducive to ~에 도움이 되는

구문 분석

[14행] The amount / released in these gyms / was not enough to be fatal, / but it can lead to fatigue / in high doses.
: 이처럼 'enough to ~' 구문이 정도를 나타내는 경우 '~하기에 충분한'이라고 해석한다.

▶ 정답

01	① 어휘 – 어휘&표현	11	④ 어휘 – 생활영어
02	① 어휘 – 어휘&표현	12	④ 독해 – 전체내용 파악
03	④ 문법 – 명사절	13	① 독해 – 논리적 흐름 파악
04	② 문법 – 분사	14	④ 어휘 – 생활영어
05	④ 어휘 – 어휘&표현	15	③ 독해 – 추론
06	① 어휘 – 어휘&표현	16	③ 독해 – 전체내용 파악
07	② 문법 – 가정법	17	① 독해 – 추론
08	② 문법 – 시제&to 부정사	18	③ 독해 – 세부내용 파악
09	③ 독해 – 논리적 흐름 파악	19	③ 독해 – 논리적 흐름 파악
10	④ 독해 – 전체내용 파악	20	② 독해 – 추론

p. 94

▶ 취약영역 분석표

영역	세부 유형	문항 수	소계
어휘	어휘&표현	4	/6
	생활영어	2	
문법	명사절	1	/4
	분사	1	
	가정법	1	
	시제&to 부정사	1	
독해	전체내용 파악	3	/10
	세부내용 파악	1	
	추론	3	
	논리적 흐름 파악	3	
총계		/20	

01　어휘 downright = total　　난이도 중 ●●○

밑줄 친 부분의 의미와 가장 가까운 것을 고르시오.

> The <u>downright</u> disregard for worker safety in the company's factories is a serious issue.

① total
② angry
③ vague
④ secret

해석

그 회사 공장의 노동자 안전에 대한 <u>완전한</u> 무관심은 심각한 문제이다.

① 완전한
② 화난
③ 애매한
④ 비밀의

정답 ①

어휘

downright 완전한　disregard 무관심　vague 애매한, 모호한

 **이것도 알면 합격!**

downright(완전한)의 유의어
= utter, complete, blatant, outright

02　어휘 look down one's nose at = feel superior toward　　난이도 중 ●●○

밑줄 친 부분의 의미와 가장 가까운 것을 고르시오.

> The boy <u>looked down his nose at</u> his classmates because their test scores were lower than his.

① felt superior toward
② felt melancholy about
③ became sympathetic to
④ became gracious for

해석

그 소년은 반 친구들의 시험 점수가 자기(의 시험 점수)보다 낮았기 때문에 그들을 얕보았다.

① ~에 우월함을 느꼈다
② ~에 울적함을 느꼈다
③ ~에 동정심이 생겼다
④ ~에 친절해졌다

정답 ①

어휘

look down one's nose at ~를 얕보다　superior 우월한
melancholy 울적한　sympathetic 동정심이 있는
gracious 친절한, 자애로운

이것도 알면 합격!

look down one's nose at(~를 얕보다)과 유사한 의미의 표현
= disdain, put down, sneer at, disregard, disparage

03　문법 명사절　　난이도 중 ●●○

밑줄 친 부분 중 어법상 옳지 않은 것은?

> This is in regard to my membership in your Frequent Guest Program. I have renewed every year ① <u>for the last five years</u> and stayed at least five participating hotels. Therefore, I believe that I qualify for the rewards ② <u>described</u> in your plan, but have not heard from you regarding this matter. Please check my account ③ <u>to verify</u> my claim. I'm certain your records will show ④ <u>what</u> I am entitled to these perks as a five-year member.

해석

이것은 단골손님 프로그램에서의 제 회원 자격에 관한 것입니다. 저는 지난 5년 동안 매년 갱신해왔고, 적어도 다섯 개의 참가 호텔에 투숙했습니다. 그래서 저는 귀사의 방침에 서술된 보상 대상으로 적합하다고 생각하는데, 이 문제와 관련하여 귀사로부터 어떠한 연락도 받지 못했습니

다. 제 요구를 입증하기 위해 제 계정을 확인해주세요. 귀사의 기록이 제가 5년 회원으로서 이러한 특권에 자격이 있다는 것을 보여줄 것이라고 확신합니다.

해설

④ **명사절 접속사 1 : that** 완전한 절(I am ~ five-year member)을 이끌며 동사 show의 목적어 자리에 올 수 있는 것은 명사절 접속사 that이므로, 불완전한 절을 이끄는 명사절 접속사 what을 완전한 절을 이끄는 명사절 접속사 that으로 고쳐야 한다.

[오답 분석]

① **전치사 2 :** 기간 숫자를 포함한 시간 표현(the last five years) 앞에 와서 '얼마나 오래 지속되는가'를 나타내는 전치사 for이 올바르게 쓰였다.

② **현재분사 vs. 과거분사** 수식받는 명사 rewards와 분사가 '서술된 보상'이라는 의미의 수동 관계이므로 과거분사 described가 올바르게 쓰였다.

③ **to 부정사의 역할** 문맥상 '요구를 입증하기 위해 계정을 확인하다'라는 의미가 되어야 자연스러우므로 부사처럼 목적을 나타낼 수 있는 to 부정사 to verify가 올바르게 쓰였다.

정답 ④

어휘

in regard to ~에 관한 renew 갱신하다, 연장하다 participate 참가하다
qualify for ~ 대상으로 적합하다 reward 보상 describe 서술하다
verify 입증하다, 확인하다 claim 요구, 주장 be entitled to ~에 자격이 있다
perk 특권

이것도 알면 합격!

next, last, this, that, one, every, each, some, any, all 등을 포함한 시간 표현 앞에는 전치사가 오지 않는다.

> I'll see you ~~on next~~(→ next) Saturday at the party.
다음 주 토요일에 파티에서 보자.

> He practices the piano ~~in every~~(→ every) afternoon.
그는 매일 오후에 피아노를 연습한다.

---

04 문법 분사 난이도 중 ●●○

우리말을 영어로 잘못 옮긴 것은?

① 그 대학교는 발표가 되었을 때 결과를 게시했었다.
→ The university had posted the results when the announcement was made.

② 시험이 끝나서, John은 그의 시험지를 교수에게 제출했다.
→ Being over, John turned his test paper in to the professor.

③ 그녀가 우리에게 준 몇몇 충고는 믿음직했다.
→ Some of the advice she gave us was reliable.

④ 그들은 그들이 도착하자마자 우리에게 연락했어야 했다.
→ They should have contacted us as soon as they arrived.

해설

② **분사구문의 의미상 주어** 주절의 주어(John)와 분사구문의 주어(the test)가 달라 분사구문의 의미상 주어가 필요한 경우 명사 주어를 분사

구문 앞에 써야 하므로 Being over를 The test being over로 고쳐야 한다.

[오답 분석]

① **과거완료 시제** '결과를 게시했던' 것은 특정 과거 시점(발표가 되었을 때)보다 이전에 일어난 일이므로 과거완료 시제 had posted가 올바르게 쓰였다.

③ **부분 표현의 수 일치** 부분을 나타내는 표현(Some of)을 포함한 주어는 of 뒤의 명사에 동사를 수 일치시켜야 하는데, of 뒤에 불가산 명사 advice가 왔으므로 단수 동사 was가 올바르게 쓰였다.

④ **조동사 관련 표현** '연락했어야 했다'는 조동사 관련 표현 should have p.p.(~했어야 했다)를 사용하여 나타낼 수 있으므로, should have contacted가 올바르게 쓰였다.

정답 ②

어휘

announcement 발표 turn in 제출하다 reliable 믿음직한, 의지가 되는
contact 연락하다

이것도 알면 합격!

분사구문의 의미를 분명하게 하기 위해 부사절 접속사가 분사구문 앞에 올 수 있다.

> **While** playing tennis, I sprained my ankle.
테니스를 치는 동안에, 나는 발목을 접질렸다.

---

05 어휘 mystifying = puzzling 난이도 하 ●○○

밑줄 친 부분의 의미와 가장 가까운 것은?

The songwriter and recording artist was regarded as a mystifying figure, even by music industry insiders.

① obvious ② trivial
③ visible ④ puzzling

해석

그 작사가 겸 작곡가이자 가수는 음악 산업 관계자들에게도 수수께끼 같은 인물로 여겨졌다.

① 분명한 ② 사소한
③ 뚜렷한 ④ 헷갈리게 하는

정답 ④

어휘

mystifying 수수께끼 같은 figure 인물 insider 관계자, 내부자
trivial 사소한 visible 뚜렷한

이것도 알면 합격!

mystifying(수수께끼 같은)의 유의어
= confounding, perplexing, baffling, bewildering, stupefying

06 어휘 keep it up

난이도 중 ●●○

밑줄 친 부분에 들어갈 말로 가장 적절한 것은?

> Anthony's legs burned as he neared the finish line. He was cycling faster than ever before, but he wasn't sure he could continue to _____ much longer.

① keep it up
② keep an eye out
③ bring it up
④ live it up

해석

Anthony의 다리는 그가 결승점에 가까워지면서 화끈거렸다. 그는 어느 때보다 더 빨리 자전거를 타고 있었지만, 더 오래 계속해 나갈 수 있을지 확신하지 못했다.

① 계속해 나가다
② 지켜보다
③ 꺼내다
④ 신나게 살다

정답 ①

어휘

bring up 꺼내다 live it up (돈을 펑펑 쓰면서) 신나게 살다

🖋️ 이것도 알면 **합격!**

keep it up(계속해 나가다)의 유의어
= maintain, sustain, continue, manage, endure

07 문법 가정법

난이도 중 ●●○

어법상 옳은 것은?

① You may approach to the supervisor if you have any questions.
② If it were not for her kindness, we would not have a ride to the airport.
③ The furniture in these stores are cheaper than we thought it would be.
④ The more she reads about philosophy, the least she understands it.

해석

① 만약 문의 사항이 있다면 당신은 감독관에게 다가가도 된다.
② 그녀의 친절함이 아니었다면, 우리는 공항까지 차를 타고 갈 수 없었을 것이다.
③ 이 상점들에 있는 가구는 우리가 생각했던 것보다 더 저렴하다.
④ 그녀가 철학에 대해 더 읽을수록, 그녀는 이것을 더욱더 이해하지 못한다.

해설

② **가정법 과거** 문맥상 '그녀의 친절함이 아니었다면, 우리는 공항까지 차를 타고 갈 수 없었을 것이다'라는 의미가 되어야 자연스러운데 현재의 상황을 반대로 가정할 때는 가정법 과거를 사용해 나타낼 수 있으므로 'If + 주어 + 과거 동사(be 동사는 were), 주어 + would/should/could/might + 동사원형(만약 ~하다면 -할 텐데)'의 형태로 나타낼 수 있다. 따라서 If it were not for her kindness, we would not have a ride to the airport가 올바르게 쓰였다.

[오답 분석]

① **타동사** 동사 approach는 '~에 접근하다'라는 의미로 쓰일 때 전치사 없이 바로 목적어(the supervisor)를 취하는 타동사이므로 approach to the supervisor를 approach the supervisor로 고쳐야 한다.

③ **주어와 동사의 수 일치 | 가산 명사·불가산 명사** 불가산 명사(furniture)는 단수 취급하므로 복수 동사 are을 단수 동사 is로 고쳐야 한다. 참고로, 주어와 동사 사이의 수식어 거품(in these stores)은 동사의 수 결정에 영향을 주지 않는다. 또한, 불가산 명사(furniture)는 앞에 부정관사(a)를 쓰거나 복수형으로 쓰일 수 없으므로 furniture가 올바르게 쓰였다.

④ **비교급** '그녀가 철학에 대해 더 읽을수록, 그녀는 이것을 더욱더 이해하지 못한다'는 '더 ~할수록 더-하다'라는 의미의 비교급 표현 'the + 비교급(more) + 주어(she) + 동사(reads) ~, the + 비교급 + 주어(she) + 동사(understands) -'의 형태를 사용하여 나타낼 수 있으므로, 최상급 표현 least를 비교급 표현 less로 고쳐야 한다.

정답 ②

어휘

approach ~에 다가가다 supervisor 감독관 kindness 친절함
furniture 가구 philosophy 철학

🖋️ 이것도 알면 **합격!**

than 대신 to를 쓰는 비교 표현

> superior to ~보다 뛰어난	> junior to ~보다 더 어린
> inferior to ~보다 열등한	> prior to ~보다 이전에
> senior to ~보다 더 나이 든	> prefer A to B B보다 A를 선호하다

08 문법 시제 & to 부정사

난이도 중 ●●○

우리말을 영어로 옳게 옮긴 것은?

① 충분한 지원자들이 나타나지 않아서, 우리는 가지고 있는 인원으로 임시변통해야 할 것이다.
→ We didn't have enough volunteers show up, so we'll have to make it do with what we have.

② 관리자는 지난주에 직원들의 업무를 검사하기 위해 책상 사이를 거닐었다.
→ The manager walked among the desks last week to inspect his employees' work.

③ 그 상점의 대부분의 직원들은 휴일에 일하는 것에 반대한다.
→ Most of the store's employees object to work on holidays.

④ 나는 공포 영화를 보는 것을 싫어하는데, 거기에는 위로가 되는 것이 아무것도 없기 때문이다.
→ I dislike watching horror movies because there is nothing comforted in them.

해설

② **과거 시제 | to 부정사의 역할** '책상 사이를 거닌 것'은 이미 끝난 과거의 동작을 표현하고 있으므로 과거 시제 walked가 올바르게 쓰였다. 또한, '검사하기 위해 책상 사이를 거닐었다'라는 의미를 표현하기 위해 부사

112 공무원시험전문 해커스공무원 **gosi.Hackers.com**

처럼 목적을 나타낼 수 있는 to 부정사 to inspect가 올바르게 쓰였다.

[오답 분석]

① **숙어 표현** '임시변통해야 할 것이다'는 숙어 표현 make do with(임시변통하다)를 사용하여 나타낼 수 있으므로, make it do with를 make do with로 고쳐야 한다.

③ **동명사 관련 표현** '휴일에 일하는 것에 반대한다'는 동명사 관련 표현 object to -ing(~에 반대하다)로 나타낼 수 있으므로 동사원형 work를 동명사 working으로 고쳐야 한다.

④ **현재분사 vs. 과거분사** 수식받는 명사 nothing과 분사가 '위로가 되는 것이 아무것도 없다'라는 의미의 능동 관계이므로 과거분사 comforted를 현재분사 comforting으로 고쳐야 한다.

정답 ②

어휘

make do with ~으로 임시변통하다　inspect 검사하다
employee 직원, 고용인　object to ~에 반대하다
comfort 위로하다, 위안하다

 이것도 알면 **합격!**

to 부정사가 목적을 나타낼 때 to 대신 in order to, so as to를 쓸 수 있다.

> She studied diligently (**in order to**, **so as to**) **pass** her exams.
　그녀는 시험을 통과하기 위해 성실하게 공부했다.

---

09 독해 논리적 흐름 파악(무관한 문장 삭제)　난이도 중 ●●○

다음 글의 흐름상 가장 어색한 문장은?

The English lexicon is constantly evolving, with new terms coming from various sources. For instance, technological innovations have often made it necessary to adjoin existing words in order to more accurately distinguish them. ① The word "camera" is an example; prior to the 1960s, a camera was a device that used film to take photographs. ② But when digital and smartphone cameras came along, it became necessary to refer to the earlier gadgets as "film cameras." ③ Film cameras were less convenient because the film could not be developed until it was used up. ④ Similarly, as the electric guitar rose in popularity, the older type had to be preceded by the identifier "acoustic."

해석

새로운 용어들이 다양한 출처에서 나오면서, 영어의 어휘 목록은 끊임없이 진화하고 있다. 예를 들어, 기술적 혁신은 종종 기존의 단어들을 더 정확히 구별하기 위해 그것들을 결합하는 것이 필요하게 만들었다. ① '카메라'라는 단어가 한 예인데, 1960년대 이전에, 카메라는 사진을 찍기 위해 필름을 사용하는 기기였다. ② 하지만 디지털카메라와 스마트폰 카메라가 등장했을 때, 이전의 기계를 '필름 카메라'라고 부를 필요가 생겼다. ③ 필름을 다 쓰기 전에는 필름을 현상할 수 없었기 때문에 필름 카메라는 덜 편리했다. ④ 유사하게, 전자 기타의 인기가 상승했을 때, 이전의 종류는 앞에 '어쿠스틱'이라는 식별명이 와야 했다.

해설

지문 첫 문장에서 새로운 용어들이 다양한 출처에서 나오면서 영어의 어휘 목록이 끊임없이 진화하고 있으며 기술적 혁신으로 인해 기존의 단어들을 결합하는 것이 필요해졌다고 언급한 뒤, ①, ②, ④번에서 새로운 카메라의 등장으로 인해 기존에 사용되던 '카메라'라는 단어가 '필름 카메라'로 바뀌어 불리는 것과 전자 기타의 상승하는 인기로 인해 이전의 기타 앞에는 '어쿠스틱'이라는 식별명이 와야 했다는 예시를 설명하고 있다. 그러나 ③번은 필름을 다 쓰기 전에는 현상할 수 없었던 필름 카메라의 특징에 대한 내용으로 지문의 흐름과 관련이 없다.

정답 ③

어휘

lexicon 어휘 목록, 어휘　term 용어　come from 나오다, 생산되다
existing 기존의　distinguish 구별하다　come along 등장하다
gadget 기계, 장치　develop 현상하다, 발달시키다　precede ~의 앞에 두다
identifier 식별명, 식별자

---

10 독해 전체내용 파악(요지 파악)　난이도 중 ●●○

다음 글의 요지로 가장 적절한 것은?

An old man wanted to retire after a long career as a carpenter. He had enjoyed his work, but by this point, all he wanted to do was relax. His boss was sad, but he understood. "Will you do me a favor?" His boss asked. "There's one last house I'd like you to build." The carpenter agreed to do the job, but his heart wasn't in it. He cut corners and sped through the work. He knew the house wasn't up to his usual high standards and that the future occupants would have problems, but he just wanted to be done with it. When the old man was finished, his boss handed him the keys to the house. "It's my goodbye gift to you. I hope you have a wonderful retirement here." The carpenter was shocked and wished that he could start again from scratch, but he knew that it was too late.

① People will take notice if you don't do well.
② It's always good to take your time.
③ No one builds a better house than a carpenter.
④ What you do today will affect your future.

해석

한 노인이 목수로서의 오랜 경력 이후 은퇴하고 싶어 했다. 그는 그의 일을 즐겼지만, 이 시점에서, 그가 원하는 것은 오직 쉬는 것이었다. 그의 상사는 슬펐지만, 이해했다. "한 가지 부탁을 들어주시겠습니까?" 그의 상사가 물었다. "당신이 지어주었으면 하는 마지막 하나의 집이 있습니다." 그 목수는 그 일을 하기로 동의했지만, 그의 마음은 그곳에 있지 않았다. 그는 원칙을 무시하고 일을 서둘러 해버렸다. 그는 그 집이 그의 평소의 높은 기준에 맞지 않고, 향후 입주자가 문제를 겪을 것이라는 것을 알고 있었지만, 그는 단지 그것을 끝내버리고 싶었다. 그 노인이 일을 마쳤을 때, 그의 상사는 그에게 그 집의 열쇠를 건넸다. "이것은 당신을 위한 내 작별 선물입니다. 나는 당신이 여기에서 멋진 은퇴 생활을 하기를 바랍니다." 그 목수는 충격을 받았고 그가 처음부터 다시 시작할 수 있기를 바랐지만, 이미 너무 늦었다는 것을 알고 있었다.

① 만약 당신이 잘하지 않는다면 사람들이 알아차릴 것이다.

② 서두르지 않고 하는 것은 언제나 좋다.

③ 누구든지 목수보다 좋은 집을 짓지 못한다.

④ 당신이 오늘 하는 것은 당신의 미래에 영향을 미칠 것이다.

해설

지문 전반에 걸쳐 은퇴를 앞둔 목수에게 그의 상사가 마지막으로 집을 지을 것을 요청했고, 목수는 원칙을 무시하고 일을 서둘러 해버렸지만 상사로부터 그 집을 선물 받게 되어 자신의 행동을 후회하게 되었다는 일화를 이야기하고 있으므로, '④ 당신이 오늘 하는 것은 당신의 미래에 영향을 미칠 것이다'가 이 글의 요지이다.

[오답 분석]

① 만약 당신이 잘하지 않는다면 사람들이 알아차릴 것이라는 것은 지문의 내용과 관련이 없다.

② 서두르지 않고 하는 것이 언제나 좋다는 것은 지문의 내용과 관련이 없다.

③ 누구든지 목수보다 좋은 집을 짓지 못한다는 것은 지문의 내용과 관련이 없다.

정답 ④

어휘

cut corners (일을 쉽게 하려고) 원칙을 무시하다, 절차를 생략하다

---

11 생활영어 Actually, I needed something larger.
난이도 하 ●○○

밑줄 친 부분에 들어갈 말로 가장 적절한 것은?

> A: Kim's Real Estate. How may I help you?
> B: I was wondering if it would be possible to see some units in the Prestige Tower.
> A: Sure. We have a studio available for showing now.
> B: _____.
> A: Can you come by tomorrow? We'll have a two-bedroom ready then.

① I'd like to move in this weekend

② Well, I have a payment plan

③ I need to get a housing loan

④ Actually, I needed something larger

해석

> A: Kim 부동산입니다. 무엇을 도와드릴까요?
> B: Prestige Tower에 있는 몇몇 가구들을 볼 수 있는지 알고 싶습니다.
> A: 물론이죠. 현재 전시용 원룸이 있습니다.
> B: 사실, 저는 좀 더 큰 것이 필요했어요.
> A: 내일 들르실 수 있나요? 그러면 저희가 침실 2개짜리로 준비하겠습니다.

---

① 저는 이번 주 주말에 이사 오고 싶어요

② 음, 저는 지불 계획이 있어요

③ 저는 주택 담보 대출을 받아야 해요

④ 사실, 저는 좀 더 큰 것이 필요했어요

해설

현재 전시용 원룸이 있다고 한 A에 B가 대답하고, 빈칸 뒤에서 A가 Can you come by tomorrow? We'll have a two-bedroom ready then(내일 들르실 수 있나요? 그러면 저희가 침실 2개짜리로 준비하겠습니다)이라고 하고 있으므로, 빈칸에는 '④ 사실, 저는 좀 더 큰 것이 필요했어요(Actually, I needed something larger)'가 들어가는 것이 자연스럽다.

정답 ④

어휘

unit 한 가구   come by 들르다   housing loan 주택 담보 대출

이것도 알면 합격!

집을 구할 때 쓸 수 있는 표현

> > Is there an initial deposit? 초기 보증금이 있나요?
> > What are the lease terms? 임대 조건은 무엇인가요?
> > How do I pay rent? 임대료는 어떻게 지불하나요?
> > Are utilities included? 각종 공공요금이 포함되어 있나요?
> > Who takes care of maintenance? 누가 보수 관리를 담당하나요?

---

12 독해 전체내용 파악(글의 감상)
난이도 하 ●○○

다음 글에 나타난 화자의 심경으로 가장 적절한 것은?

> I was cleaning out the attic when I came across the pictures Evelyn and I took last year on our hiking trip. I remember how the raccoons stole my socks and we laughed until our bellies ached. All these years, we've always had such good times together. I know she would agree, too. But recently, I'm at a loss as to what happened between us. Even after I tried to reach out to her, she has remained distant and withdrawn. I stopped calling because I thought she needed time. It's been a few weeks now, and I must admit that her attitude still perplexes me. If she's willing, I'd like it if we could get together and maybe she can explain what's going on. I'd like to understand how we ended up like this.

① tranquil and undisturbed

② energetic and cheerful

③ indignant and enraged

④ sad and confused

해석

내가 Evelyn과 작년 등산 여행에서 찍은 사진들을 우연히 발견했을 때 나는 다락방을 청소하고 있었다. 나는 너구리들이 내 양말을 어떻게 훔쳤는지와 우리가 배가 아플 때까지 웃었던 것을 기억한다. 오랜 세월 동안, 우리는 항상 그렇게 좋은 시간을 함께했었다. 나는 그녀도 동의할 것을 안다. 하지만 최근에, 나는 우리 사이에 일어난 일에 대해 어쩔 줄을 모르겠다.

내가 그녀에게 연락을 취하려고 한 후에도, 그녀는 거리를 두고 소극적이었다. 나는 그녀가 시간이 필요하다고 생각해서 전화하는 것을 멈췄다. 이제 몇 주가 지났고, 나는 그녀의 태도가 여전히 나를 당혹스럽게 한다는 것을 인정해야 한다. 만약 그녀가 원한다면, 우리가 함께 모여서 그녀가 무슨 일이 일어나고 있는지 설명해 줄 수 있다면 좋겠다. 나는 우리가 어떻게 이렇게 되어버린 것인지 알고 싶다.

① 평온하고 방해받지 않는
② 활기차고 명랑한
③ 분개하고 격분한
④ 슬프고 혼란스러운

해설

지문 전반에 걸쳐 화자는 다락방을 청소하다가 친구와 함께 찍은 사진을 발견하고 추억을 회상하며, 함께 좋은 시간을 보냈던 친구가 거리를 두고 소극적인 것에 당혹스러워하며 어떻게 이렇게 되어버린 것인지 설명을 듣고 싶다고 말하고 있으므로, '④ 슬프고 혼란스러운'이 글에 나타난 화자의 심경으로 적절하다.

정답 ④

어휘

attic 다락방 come across ~을 우연히 발견하다 ache 아프다
at a loss 어쩔 줄 모르는 reach out 연락을 취하려 하다
withdrawn 소극적인 perplex 당혹스럽게 하다 tranquil 평온한
indignant 분개한 enraged 격분한

(B) 따라서, 'you're'는 'ur'가 되었고, 'laugh out loud'는 'LOL'이 되었다. 단어 전체를 쓰는 것은 불편하고 시간이 오래 걸리는 것으로 보여졌고, 축약형은 그것들이 타자 치기 쉽고 기억하기 더 쉬워지면서 곧 표준이 되었다.

(A) 하지만 이제 '인터넷 은어'라고 불리는 이 글쓰기 유형은 여전히 변화하고 있고, 이제 인터넷 사용자들은 구문 규칙, 또는 문장들이 구성되는 방식을 바꾸기를 원한다.

(C) 실제로, 우리는 이제 완전한 문장 대신 따로 떨어진 종속절이 등장하는 것을 목격하고 있다.

해설

주어진 문장에서 인터넷이 아주 흔해지게 되었을 때 사용자들이 거의 모든 것을 축약하기 시작했다고 한 뒤, (B)에서 따라서(Thus) 타자 치고 기억하기 쉬워지면서 축약형이 곧 표준이 되었다고 설명하고 있다. 이어서 (A)에서 하지만(But) '인터넷 은어'라고 불리는 이 글쓰기 유형(this mode of writing)은 여전히 변화하고 있고 사용자들은 이제 문장들이 구성되는 방식을 바꾸기를 원한다고 설명하고, 뒤이어 (C)에서 우리는 이제 따로 떨어진 종속절의 등장을 목격하고 있다고 언급하고 있다.

정답 ①

어휘

abbreviate 축약하다, 줄여 쓰다 netspeak 인터넷 은어
syntax 구문 규칙, 통사론 abbreviation 축약형 norm 표준, 규범
emergence 등장, 출현, 부상 subordinate clause 종속절

---

13 독해 논리적 흐름 파악(문단 순서 배열) 난이도 중 ●●○

주어진 문장 다음에 이어질 글의 순서로 가장 적절한 것은?

When the Internet became ubiquitous, it wasn't long before users began abbreviating almost everything they wrote.

(A) But this mode of writing, which is now called "netspeak," is still changing, and Internet users now want to modify syntax, or the way sentences are constructed.

(B) Thus, "you're" became "ur" and "laugh out loud" became "LOL." Writing out entire words was seen as inconvenient and time-consuming, and abbreviations soon became the norm as they were easy to type and easier to remember.

(C) In fact, we are now seeing the emergence of the isolated subordinate clause in place of full sentences.

* ubiquitous: 아주 흔한, 편재하는

① (B) – (A) – (C)
② (B) – (C) – (A)
③ (C) – (A) – (B)
④ (C) – (B) – (A)

해석

인터넷이 아주 흔해지게 되었을 때, 사용자들은 머지않아 그들이 쓴 거의 모든 것을 축약하기 시작했다.

---

14 생활영어 I'll see it through to the end. 난이도 중 ●●○

밑줄 친 부분에 들어갈 말로 가장 적절한 것을 고르시오.

A: The marathon's next week. How's the training going?
B: I knew it would be difficult, but working full-time and training every day is harder than I imagined.
A: But you're still going to keep at it, right?
B: _____.

① We have all day
② No, but thanks for offering
③ I won't put off exercising anymore
④ I'll see it through to the end

해석

A: 마라톤이 다음 주예요. 훈련은 어떻게 되어가고 있어요?
B: 힘들 것이라는 건 알고 있었지만, 풀타임으로 일하면서 매일 훈련하는 건 제가 생각했던 것보다 더 힘드네요.
A: 그렇지만 당신은 계속 견뎌낼 거예요, 그렇죠?
B: 저는 끝까지 그대로 해낼 거예요.

① 우리는 시간이 넉넉해요
② 아니요, 하지만 제안해줘서 고마워요
③ 저는 운동하는 것을 더 이상 미루지 않을 거예요
④ 저는 끝까지 그대로 해낼 거예요

해설

풀타임으로 일하면서 매일 훈련하는 것이 생각했던 것보다 더 힘들다는 B의 말에 대해 빈칸 앞에서 A가 But you're still going to keep at it, right? (그렇지만 당신은 계속 견뎌낼 거예요, 그렇죠?)라고 말하고 있으므로, 빈칸에는 '④ 저는 끝까지 그대로 해낼 거예요(I'll see it through to the end)'가 오는 것이 자연스럽다.

정답 ④

어휘

keep at it 견디어 내다   put off 미루다, 연기하다

 이것도 알면 **합격!**

see it through(그대로 해내다)와 유사한 의미의 표현
= stay the course, stick with it, plug away, stand firm

---

15 | 독해 추론(빈칸 완성 – 절) | 난이도 중 ●●○

밑줄 친 부분에 들어갈 말로 가장 적절한 것을 고르시오.

It used to bother me when my coworker gossiped about other people behind their backs. So one day when she said, "You'll never guess what I heard about Sue," and I stopped her. "Hang on," I said. "Are you sure that what you're about to say is true?" To me, _____. She paused before admitting, "Well, it's just something I heard." I continued, "Is it something good about Sue?" She shook her head and began to look hesitant. I asked, "Will knowing about it help me in any way?" She shrugged and answered, "Probably not." I nodded. "If it might be untrue, something negative, and useless to me, then I don't need to know." I can only hope that my coworker will now think twice before talking about someone else and hurting that person's reputation.

① it's all smoke and mirrors
② a little white lie never hurt anyone
③ no good comes of spreading rumors
④ some things are too good to be true

해석

나의 동료가 다른 사람들 뒤에서 그들에 대해 험담을 할 때 그것은 나를 신경 쓰이게 하곤 했다. 그래서 어느 날 그녀가 "내가 Sue에 대해 무슨 이야기를 들었는지 당신은 상상도 못 할걸요"라고 말했을 때 나는 그녀를 멈췄다. 나는 "잠깐만요"라고 말했다. "당신이 지금 말하려는 것이 사실이라고 확신하나요?" 나에게는 소문을 퍼뜨리는 것으로 아무런 좋은 일도 일어나지 않는다. 그녀는 "글쎄요, 이건 그냥 제가 들은 거예요."라고 인정하기 전에 잠시 멈췄다. 나는 "Sue에 대해 뭔가 좋은 건가요?"라고 계속했다. 그녀는 고개를 가로저었고, 주저하는 듯 보이기 시작했다. 나는 "그것에 대해 아는 게 어떤 식으로든 제게 도움이 될까요?"라고 물었다. 그녀는 "아마도 아니겠지요."라고 어깨를 으쓱하며 대답했다. 나는 머리를 끄덕였다. "만약 그것이 사실이 아닐 수도 있는 부정적이고 제게 쓸모없는 것이라면, 저는 알 필요가 없어요." 나는 오직 나의 동료가 다른 사람에 대해 말하고 그 사람의 평판에 피해를 주기 전에 이제 신중히 생각하기를 바랄 뿐이다.

① 그것은 모두 교묘한 속임수이다

---

② 약간의 선의의 거짓말은 누구도 기분 상하게 하지 않는다
③ 소문을 퍼뜨리는 것으로 아무런 좋은 일도 일어나지 않는다
④ 어떤 것은 너무 좋아서 믿어지지 않는다

해설

지문 전반에 걸쳐 다른 사람들에 대해 험담을 하는 동료 때문에 신경이 쓰이던 화자가 어느 날 그 동료에게 다른 사람에 대한 이야기가 사실이 아닐 수도 있는 부정적이고 쓸모없는 것이라면 알고 싶지 않다고 말하며 이제 그 동료가 다른 사람에 대해 말하고 그 사람의 평판에 피해를 주기 전에 신중히 생각하기를 바란다고 했으므로, 빈칸에는 '③ 소문을 퍼뜨리는 것으로 아무런 좋은 일도 일어나지 않는다'가 들어가야 한다.

[오답 분석]

① 그것이 모두 교묘한 속임수였다는 것은 지문의 내용과 관련이 없다.
② 약간의 선의의 거짓말이 누구도 기분 상하게 하지 않는다는 것은 지문의 내용과 관련이 없다.
④ 어떤 것은 너무 좋아서 믿어지지 않는다는 것은 언급되지 않았다.

정답 ③

어휘

bother 신경 쓰이게 하다   gossip 험담을 하다   pause (잠시) 멈추다
admit 인정하다, 시인하다   hesitant 주저하는, 망설이는
shrug 어깨를 으쓱하다   nod 머리를 끄덕이다   useless 쓸모없는
reputation 평판   smoke and mirrors 교묘한 속임수
white lie 선의의 거짓말

---

16 | 독해 전체내용 파악(제목 파악) | 난이도 상 ●●●

다음 글의 제목으로 가장 적절한 것은?

A young deer that was discovered in northern Myanmar in 1997 was in fact a new species, called the leaf deer. The inhabitants of the area where it was found called the animal the "leaf deer" because it was small enough to be wrapped inside a large leaf. Unfortunately, due to the animal's isolated existence, little is known about its precise behavior or numbers. The leaf deer's small stature probably leaves it vulnerable to predation. In addition, it is believed to lead a solitary lifestyle, meaning it does not live or travel in herds. Herds have the ability to relocate when humans intrude on their territory, so it remains unclear how leaf deer populations as a whole would respond to human encroachment. For this reason, it is difficult to take measures to protect them. Scientists fear that by the time the leaf deer is fully understood, it will be at enormous risk of extinction.

① Do Not Mistake the Leaf Deer for a Fawn
② Survival Advantages of the Leaf Deer's Size
③ Why the Leaf Deer Population Is Endangered
④ Coexistence with Humans: How the Leaf Deer Adapts

해석

1997년에 미얀마 북부에서 발견된 어린 사슴은 사실 잎 사슴이라고 불리는 새로운 종이었다. 그것이 발견된 지역의 거주민들은 그 동물이 큰 잎사귀 안에 쌓일 수 있을 만큼 충분히 작았기 때문에 그것을 '잎 사슴'이라고 불렀다. 안타깝게도, 이 동물의 고립된 생활 때문에, 이것의 정확한 행동이나 수에 대해서는 알려진 것이 거의 없다. 그 잎 사슴의 작은 키는 아마도 그것을 포식에 취약하게 만들 것이다. 게다가, 그것은 무리를 지어 살거나 여행하지 않는다는 것을 의미하는, 고독한 생활방식을 가지고 있다고 믿어진다. (동물) 무리는 인간이 그들의 영토에 침입할 때 이주할 수 있는 능력을 갖추고 있기 때문에, 잎 사슴 개체군이 전체적으로 인간의 침략에 어떻게 반응할지는 여전히 불분명하다. 이런 이유로, 그들을 보호하기 위한 조치를 취하는 것은 어렵다. 과학자들은 잎 사슴이 완전히 이해될 때쯤이면, 그것이 엄청난 멸종 위험에 처하게 될 것이라고 걱정한다.

① 잎 사슴을 새끼 사슴과 오인하지 말라

② 잎 사슴 크기의 생존에의 이점

③ 왜 잎 사슴의 개체군이 멸종 위기에 처해있는가

④ 사람과의 공존: 어떻게 잎 사슴이 적응하는가

해설

지문 중간에서 잎 사슴의 작은 키는 그것을 포식에 취약하게 만들 것이라고 말하며 고독한 생활방식을 가지고 있다고 설명하고 있고, 이런 생활 방식 때문에 잎 사슴 개체군이 인간의 침략에 어떻게 반응할지는 여전히 불분명하며, 그들을 보호하기 위한 조치를 취하는 것은 어렵다고 이야기한다. 지문 마지막에서는 과학자들이 잎 사슴이 완전히 이해될 때쯤이면 그들이 엄청난 멸종 위기에 처하게 될 것이라고 걱정한다고 했으므로, '③ 왜 잎 사슴의 개체군이 멸종 위기에 처해있는가'가 이 글의 제목이다.

[오답 분석]

① 미얀마 북부에서 발견된 어린 사슴은 사실 잎 사슴이라고 불리는 새로운 종이었다고 했으나 이는 지엽적이다.

② 생존에 대한 잎 사슴 크기의 이점에 대해서는 언급되지 않았다.

④ 잎 사슴이 사람과 공존하기 위해 적응한다는 것은 지문의 내용과 다르다.

정답 ③

어휘

inhabitant 거주민 stature 키 vulnerable 취약한, 연약한
predation 포식 solitary 고독한, 혼자의 herd 무리 intrude 침입하다
encroachment 침략 measure 조치 fawn 새끼 사슴

구문 분석

[12행] For this reason, / it is difficult / to take measures / to protect them.

: 이처럼 긴 진짜 주어를 대신해 가짜 주어 it이 쓰인 경우, 가짜 주어 it은 해석하지 않고 뒤에 있는 진짜 주어 to 부정사(to take ~ them)를 가짜 주어 it의 자리에 넣어 '~하는 것은'이라고 해석한다.

---

17 독해 추론(빈칸 완성 - 연결어) 난이도 중 ●●○

밑줄 친 (A), (B)에 들어갈 말로 가장 적절한 것은?

Since the scientific revolution, researchers have been writing about their studies of the natural world. The earliest texts were composed in Latin, but English eventually surpassed Latin, German, and French in the early 1800s to become the dominant language of science. _____(A)_____ having a more commonly used tongue has allowed for a higher exchange of information than ever before, it also presents many difficulties for the global scientific community today. For one, important findings that aren't written in the common language may go unnoticed. In 2004, for instance, Chinese researchers discovered that H5N1, a lethal strain of avian flu, had infected pigs — an event that could very well pave the way for eventual human infection. The paper was unavailable in English, _____(B)_____, and because of this, the World Health Organization, which strives to be prepared for potential public health emergencies, was not even aware of the finding until several months later. As a result, the report authors' warning of the need for urgent action went unheeded during the time when the problem could have been dealt with most easily.

	(A)	(B)
①	While	however
②	Since	therefore
③	Since	fortunately
④	While	similarly

해석

과학 혁명 이후로, 연구원들은 자연계에 관한 그들의 연구에 대해 집필해 왔다. 가장 초창기 문서들은 라틴어로 작성되었지만, 1800년대 초에 영어가 마침내 라틴어, 독일어, 그리고 프랑스어를 뛰어넘어 과학의 지배적인 언어가 되었다. 흔히 사용되는 언어를 가지는 것은 그 어느 때보다 더 많은 정보 교환을 가능하게 한 (A) 반면에, 이것은 또한 오늘날 전 세계의 과학계에 많은 어려움을 제기한다. 한 가지로, 공통의 언어로 쓰여지지 않은 중요한 연구 결과들이 눈에 띄지 않고 넘어가게 될지도 모른다. 예를 들어, 2004년에 중국의 연구원들은 조류 독감의 치명적인 변종인 H5N1이 돼지를 감염시켰다는 것을 알게 되었는데, 이것은 궁극적인 인간 감염의 길을 열 수 있었던 사건이었다. (B) 하지만, 이 논문은 영어로는 이용할 수 없었고, 이 때문에, 잠재적인 공중보건 비상사태에 대비하기 위해 노력하는 세계보건기구는 몇 달이 지난 후에도 그 연구 결과에 대해 심지어 모르고 있었다. 결과적으로, 긴급한 조치가 필요하다는 보고서 저자들의 경고는 문제가 가장 쉽게 해결될 수 있었던 시기에 무시되었다.

	(A)	(B)
①	반면에	하지만
②	~했기 때문에	그러므로
③	~했기 때문에	다행스럽게도
④	반면에	마찬가지로

해설

(A) 빈칸이 있는 문장에서 흔히 사용되는 언어를 가지는 것은 많은 정보 교환을 가능하게 했고 이는 오늘날 전 세계의 과학계에 많은 어려움을 제기한다고 설명하고 있으므로, (A)에는 대조를 나타내는 연결어인 While(반면에)이 들어가야 한다. (B) 빈칸 앞 문장에서 중국의 연구원들이 조류 독감의 변종이 인간 감염의 길을 열 수 있다는 것을 알게 되었다고 설명하고 있고, 빈칸이 있는 문장에서 이 논문이 영어로는 이용할 수 없어서 세계보건기구가 몇 달이 지난 후에도 그 연구 결과에 대해 모르고 있었다고 설명하고 있으므로, (B)에는 대조를 나타내는 연결어인 however(하지만)가 들어가야 한다. 따라서 ①번이 정답이다.

정답 ①

어휘

compose 작성하다, 쓰다 surpass 뛰어넘다, 능가하다 dominant 지배적인
tongue 언어, 말 lethal 치명적인 strain 변종 avian flu 조류 독감
infection 감염 strive 노력하다, 분투하다 unheeded 무시된

---

18 독해 세부내용 파악(내용 불일치 파악) 난이도 중 ●●○

다음 글의 내용과 일치하지 않는 것은?

Feats that were unimaginable a mere century ago are now possible in our tech-infused world. For instance, synthetic biologists are combining techniques from genetic engineering and computer programming to craft "novel organisms." In 2010, a company called Synthetic Genomics declared that it had created a self-replicating bacterium that does not exist in the natural world—its genetic code had been written on a computer and its DNA assembled from chemicals in a lab. Since then, researchers have been scrambling to design artificial organisms, claiming that they will have useful applications in medicine and fuel production. The discipline is currently advancing so quickly that other scientists, risk analysts, policy makers, and the public are having trouble keeping up—but they need to keep pace. Very little is known about synthetic organisms or even how to begin assessing their safety once they leave the confines of the lab and enter the real world. Therefore, it is critical that regulations be put in place before the technology develops beyond our control.

* synthetic: 합성의, 인조의

① Advances in genetic code manipulation must be controlled to ensure the safety of people.

② High technology has made it possible to produce new organisms by changing their DNA.

③ Organisms that are fabricated through technology are considered organic.

④ Scientifically created organisms may be used in the fields of medicine and energy.

해석

단지 한 세기 전에는 상상할 수 없었던 위업들이 이제 우리의 기술이 스며든 세상에서는 가능하다. 예를 들어, 합성 생물학자들은 '새로운 유기체'를 만들기 위해 유전 공학과 컴퓨터 프로그래밍에서 나온 기술들을 결합하고 있다. 2010년에, Synthetic Genomics라는 한 회사는 그것이 자연계에는 존재하지 않는 자가 증식하는 박테리아를 만들어 냈다고 발표했고, 그것(박테리아)의 유전자 암호는 컴퓨터에 쓰여졌으며 그것의 DNA는 실험실에 있는 화학 물질로 조립되었다. 그 이후, 연구원들은 인공 유기체를 만들기 위해 앞다투어왔으며, 그것(인공 유기체)들이 의학계와 연료 생산에 유용한 적용이 될 것이라고 주장했다. 현재 그 지식 분야는 너무 빠르게 발전하고 있어서 다른 과학자들, 위험 분석가들, 정책 입안자들, 그리고 대중이 따라가는 데 어려움을 겪고 있지만, 그들은 뒤처지지 않도록 해야 한다. 합성 유기체에 대해서 혹은 심지어 그것들이 실험실의 경계를

벗어나 현실 세계로 들어왔을 때 그것들의 안전성을 어떻게 평가하기 시작할지에 대해서조차 알려진 바가 거의 없다. 그러므로, 그 기술이 우리의 통제력을 벗어나 발달하기 전에 규제가 시행되는 것이 대단히 중요하다.

① 유전자 암호 조작의 발전은 사람들의 안전을 보장하기 위해 통제되어야만 한다.

② 첨단 기술은 그것들(새로운 유기체)의 DNA를 변형함으로써 새로운 유기체를 형성하는 것을 가능하게 했다.

③ 기술을 통해 조작된 유기체는 생물체에서 만들어진다고 여겨진다.

④ 과학적으로 창조된 유기체는 의학과 에너지 분야에서 사용될 수도 있다.

해설

지문 처음에서 합성 생물학자들이 '새로운 유기체'를 만들기 위해 유전 공학과 컴퓨터 프로그래밍에서 나온 기술들을 결합하고 있다는 내용이 있고, 지문 중간에 박테리아의 유전자 암호는 컴퓨터에 쓰여졌고, DNA는 화학 물질로 조립되었다고 설명하는 내용이 있으므로 '③ 기술을 통해 조작된 유기체는 생물체에서 만들어진다고 여겨진다'는 것은 지문의 내용과 일치하지 않는다.

[오답 분석]

① 마지막 문장에 기술이 우리의 통제력을 벗어나 발달하기 전에 규제가 시행되는 것이 중요하다고 언급되었다.

② 세 번째 문장에 한 회사가 만들어 낸 자가 증식하는 박테리아의 유전자 암호가 컴퓨터에 쓰여졌고, 그 DNA가 실험실에 있는 화학 물질로 조립되었다고 언급되었다.

④ 네 번째 문장에 연구원들은 인공 유기체가 의학계와 연료 생산에 유용하게 적용될 것이라고 주장했다고 언급되었다.

정답 ③

어휘

feat 위업, 공적 mere 단지 infuse 스며들게 하다 combine 결합하다
craft 만들다 self-replicating 자가 증식하는, 스스로 재생하는
assemble 조립하다, 모으다 scramble 앞다투다, 서로 밀치다
artificial 인공의 discipline 지식 분야 keep up 따라가다
assess 평가하다 confine 경계, 범위 manipulation 조작
ensure 보장하다 fabricate 조작하다
organic 생물체에서 만들어진, 유기적인 field 분야

---

19 독해 논리적 흐름 파악(문장 삽입) 난이도 중 ●●○

주어진 문장이 들어갈 위치로 가장 적절한 것은?

Saying "hit the books" to refer to studying hard, on the other hand, is not a metaphor.

Metaphors are linguistic devices that explain an abstract or difficult concept by comparing it to a seemingly unrelated thing or idea. They do this not by listing the similarities between the two things, but by directly stating that one is the other. "Life is a rollercoaster" is an example of a true metaphor. (①) Everyone knows that life, of course, is not a carnival ride, but the phrase points out a shared feature of the two that makes the intended point about life. (②) Rollercoasters famously move up and down, and in life, we experience similar highs and lows. (③) Although it serves a similar purpose—

helping people understand a concept—the direct comparison is missing. (④) Without this, it is simply a colorful idiomatic saying.

해석

반면에, 열심히 공부하는 것을 표현하기 위해 '책을 치다(열심히 공부하다)'라고 말하는 것은 은유가 아니다.

은유는 추상적이거나 어려운 개념을 겉보기에는 관련이 없어 보이는 사물이나 생각과 비교함으로써 설명하는 언어적 장치이다. 그것들은 두 사물 사이의 유사점을 나열함으로써가 아니라, 하나가 다른 것임을 직접 말함으로써 이를 수행한다. '인생은 롤러코스터이다'는 진정한 은유의 한 예이다. (①) 모든 사람들은 물론 인생이 축제 놀이기구가 아니라는 것을 알지만, 이 구절은 인생에 대한 의도된 의미를 이루는 두 가지의 공통된 특징을 보여준다. (②) 롤러코스터는 위아래로 움직이는 것으로 유명하고, 인생에서 우리는 비슷한 고저를 경험한다. (③) 비록 그것은 사람들이 하나의 개념을 이해하도록 돕는다는 비슷한 목적을 수행하지만, 직접적인 비교는 빠져있다. (④) 이것 없이는, 그것은 단지 화려한 관용적 격언일 뿐이다.

해설

③번 앞에 '인생은 롤러코스터이다'가 진정한 은유의 한 예라는 것을 언급하고, ③번 뒤에서 비록 그것은 사람들이 하나의 개념을 이해하도록 돕는다는 비슷한 목적을 수행하지만 직접적인 비교는 빠져있다고 설명하고 있으므로, ③번 자리에 반면에(on the other hand), 열심히 공부하는 것을 표현하기 위해 '책을 치다(열심히 공부하다)'라고 말하는 것은 은유가 아니라고 설명하는 내용의 주어진 문장이 나와야 지문이 자연스럽게 연결된다.

[오답 분석]

① 앞 문장에 진정한 은유의 예시로 '인생은 롤러코스터이다'를 들고 있고 뒤 문장에 이 구절(the phrase)은 인생에 대한 의도된 의미를 이루는 두 가지의 공통된 특징을 보여준다고 설명하는 내용이 이어지므로 ①번에 다른 문장이 삽입되면 부자연스럽다.

② 앞 문장에 축제 놀이기구에 대해 언급하고 뒤 문장에 롤러코스터가 위아래로 움직이는 것으로 유명하다고 설명하는 내용이 이어지므로 ②번에 다른 문장이 삽입되면 부자연스럽다.

④ 앞 문장에서 직접적인 비교는 빠져있다고 설명하고 뒤 문장에서 이것 없이는(Without this) 그것은 단지 화려한 관용적 격언일 뿐이라고 설명하고 있으므로 ④번에 다른 문장이 삽입되면 부자연스럽다.

정답 ③

어휘

hit the books 열심히 공부하다 metaphor 은유 linguistic 언어적인
device 장치, 기법 abstract 추상적인 seemingly 겉보기에는
similarity 유사점 state 말하다, 명시하다 carnival 축제 phrase 구절
feature 특징 intended 의도된 highs and lows 고저, 기복
purpose 목적 comparison 비교 colorful 화려한, 다채로운
idiomatic 관용적인 saying 격언, 속담

---

20 독해 추론(빈칸 완성 – 구) 난이도 중 ●●○

밑줄 친 부분에 들어갈 말로 가장 적절한 것은?

The ethnic Miao community in China's Guizhou province has its own unique version of courtship. A special festival allows a young woman to confirm her love for a man and to continue their romance. During the annual Miao Sisters Festival held in April, single women will cook rice in four different colors. They roll the food in handkerchiefs and send it to each male who has pursued them. Unwrapping the package is a tense moment for the young men. If a beloved suitor finds two red chopsticks with his dinner, he can breathe a sigh of relief since this means the girl is returning his affections and wants to continue their relationship. Garlic or chili with the food is bad news; the admirer has been rejected outright. A pine needle indicates the outcome is still up in the air. The lady has yet to make up her mind, so the courter may still have a chance. All in all, the custom is a tasty way for young girls to _____.

① meet new people
② communicate how they feel
③ learn to make traditional meals
④ confirm their ability to cook

해석

중국 구이저우성의 전통적인 묘족 사회에는 그들만의 독특한 구애 형태가 있다. 한 특별한 축제는 젊은 여성이 남성에 대한 그녀의 사랑을 확인하고 그들의 사랑을 이어가도록 한다. 4월에 열리는 연례 묘족 자매 축제 동안, 미혼 여성들은 네 가지 다른 색의 밥을 지을 것이다. 그들은 그 음식을 손수건에 말아서 그들을 따라다닌 각각의 남성에게 그것을 보낸다. 포장을 벗기는 것은 젊은 남성들에게 긴장되는 순간이다. 만약 친애하는 구혼자가 그의 요리와 함께 두 개의 빨간 젓가락을 발견한다면, 이것은 그 소녀가 그의 애정에 화답하고 그들의 관계를 지속하고 싶다는 의미이므로 그는 안도의 한숨을 쉴 수 있다. 마늘이나 고추가 든 음식은 나쁜 소식이다. 그 구애자는 완전히 거절당했다. 솔잎은 결과가 여전히 결정되지 않았음을 나타낸다. 그 여성은 아직 마음을 정하지 않았으므로, 구애하는 사람은 아직 기회가 있을 수 있다. 전반적으로, 그 풍습은 어린 소녀들이 <u>그들이 어떻게 생각하는지를 전달하는</u> 재미있는 방식이다.

① 새로운 사람들을 만나다
② 그들이 어떻게 생각하는지를 전달하다
③ 전통적인 식사를 만드는 법을 배우다
④ 요리하는 그들의 능력을 확인하다

해설

지문 전반적으로 구이저우성 묘족 사회의 독특한 구애 형태를 설명하고 있는데 이는 미혼 여성이 네 가지 다른 색의 밥을 지은 후 그것을 손수건에 말아서 구혼자에게 보내고, 이를 통해 남성의 애정에 대해 화답하거나 거절하거나 아직 마음을 정하지 않았다는 것을 전한다고 하고 있으므로, 빈칸에는 그 풍습은 어린 소녀들이 '② 그들이 어떻게 생각하는지를 전달하는' 재미있는 방식이라는 내용이 들어가야 한다.

[오답 분석]

① 새로운 사람들을 만난다는 것은 지문의 내용과 관련이 없다.

③ 전통적인 식사를 만드는 법을 배우는 것은 언급되지 않았다.

④ 요리하는 그들의 능력을 확인한다는 것은 언급되지 않았다.

정답 ②

어휘

ethnic 전통적인 province (행정 구역으로서의) 성, 주 courtship 구애
handkerchief 손수건 pursue 따라다니다, 얻으려고 애쓰다
unwrap 벗기다, 풀다 suitor 구혼자 relief 안도 return 화답하다
affection 애정 admirer 구애자 outright 완전한, 명백한
pine needle 솔잎 up in the air 결정되지 않은 courter 구애하는 사람
custom 풍습, 관습 tasty 재미있는, 풍미 있는

▶ 정답 p. 102

01	② 어휘 – 어휘&표현	11	④ 독해 – 세부내용 파악
02	② 어휘 – 어휘&표현	12	③ 독해 – 논리적 흐름 파악
03	④ 어휘 – 생활영어	13	② 독해 – 전체내용 파악
04	③ 어휘 – 생활영어	14	④ 어휘 – 어휘&표현
05	② 문법 – 우리말과 영작문의 의미상 불일치	15	③ 어휘 – 어휘&표현
06	④ 문법 – 우리말과 영작문의 의미상 불일치	16	③ 독해 – 추론
07	② 문법 – 분사	17	② 독해 – 논리적 흐름 파악
08	④ 문법 – 능동태·수동태	18	④ 독해 – 추론
09	④ 독해 – 전체내용 파악	19	② 독해 – 세부내용 파악
10	② 독해 – 전체내용 파악	20	④ 독해 – 논리적 흐름 파악

▶ 취약영역 분석표

영역	세부 유형	문항 수	소계
어휘	어휘&표현	4	/6
	생활영어	2	
문법	우리말과 영작문의 의미상 불일치	2	/4
	분사	1	
	능동태·수동태	1	
독해	전체내용 파악	3	/10
	세부내용 파악	2	
	추론	2	
	논리적 흐름 파악	3	
총계			/20

---

01 | 어휘 inspect = examine | 난이도 하 ●○○

밑줄 친 부분의 의미와 가장 가까운 것을 고르시오.

> In order to determine whether residents in rural communities had convenient and adequate access to key services, government researchers visited these areas to inspect public and private health facilities.

① mobilize
② examine
③ supervise
④ introduce

해석

시골 지역사회의 거주민들이 주요 서비스에 편리하고 충분한 접근이 가능한지 알아내기 위해, 정부 연구원들이 공공 및 민간 의료 시설을 면밀하게 살피려고 이 지역들에 방문했다.

① 동원하다
② 조사하다
③ 감독하다
④ 소개하다

정답 ②

어휘

rural 시골의 convenient 편리한 adequate 충분한, 적절한
inspect 면밀하게 살피다 mobilize 동원하다 examine 조사하다, 검사하다
supervise 감독하다 introduce 소개하다

이것도 알면 합격!

inspect(면밀하게 살피다)와 유사한 의미의 표현
= check, investigate, survey, look over

---

02 | 어휘 stick out = be pronounced | 난이도 중 ●●○

밑줄 친 부분의 의미와 가장 가까운 것을 고르시오.

> The neighbor's house, painted in hues of bright orange and yellow, sticks out from others in the neighborhood.

① is condemned
② is pronounced
③ is delivered
④ is obscured

해석

밝은 주황색과 노란색 색조로 칠해진 그 이웃의 집은 근처의 다른 집들에 비해 눈에 띈다.

① 비난받는다
② 두드러진다
③ 전달된다
④ 가려진다

정답 ②

어휘

hue 색조, 빛깔 stick out 눈에 띄다 condemn 비난하다
pronounce 두드러지다 obscure 가리다; 불명료한

이것도 알면 합격!

stick out(눈에 띄다)과 유사한 의미의 표현
= stand out, emerge, be distinct

---

03 | 생활영어 Out of sight, out of mind. | 난이도 하 ●○○

두 사람의 대화 중 가장 어색한 것은?

① A: When people ask me a personal question, I tend to change the subject.
  B: That's fine. Most people aren't likely to answer them.
② A: I hope I did well on the entrance examination.
  B: Me too. Just look on the sunny side.
③ A: They aired the last episode of my favorite TV show. I'm feeling sad.
  B: Really? It's just a TV show.
④ A: Do you mind if we get some coffee first?
  B: Out of sight, out of mind.

해석

① A: 사람들이 나에게 개인적인 질문을 하면, 나는 주제를 바꾸는 경향이 있어.
　 B: 괜찮아. 대부분의 사람들은 그것들에 잘 대답하지 않아.
② A: 내가 입학 시험을 잘 봤으면 좋겠어.
　 B: 나도 그래. 낙관적으로 보자.
③ A: 내가 제일 좋아하는 TV 쇼의 마지막 회를 방송했어. 나는 슬퍼.
　 B: 정말? 그건 그냥 TV 쇼일 뿐이잖아.
④ A: 커피 먼저 마셔도 될까?
　 B: 눈에서 멀어지면, 마음에서도 멀어집니다.

해설

④번에서 A는 커피를 먼저 마셔도 될지 질문했으므로, 눈에서 멀어지면, 마음에서도 멀어진다는 B의 대답 '④ Out of sight, out of mind(눈에서 멀어지면, 마음에서도 멀어집니다)'는 어울리지 않는다.

정답 ④

어휘

personal 개인적인　entrance examination 입학 시험　air 방송하다

Out of sight, out of mind와 같은 속담 표현

> Strike while the iron is hot. 쇠뿔도 단김에 빼랬다.
> Haste makes waste. 서두를수록 일은 꼬이게 마련이다.
> It never rains but it pours. 안 좋은 일은 겹쳐서 일어나기 마련이다.
> Actions speak louder than words. 말보다 행동이 중요하다.

04　생활영어　Is it still available?　난이도 하 ●○○

밑줄 친 부분에 들어갈 말로 가장 적절한 것은?

A: Hello. Can I help you?
B: Yes, I'm calling about the apartment you're advertising. ＿＿＿＿＿＿＿＿＿＿＿＿＿?
A: Well, one couple that came in to see it today was pretty interested.
B: I see. If they don't sign the lease by tomorrow morning, I'd like to take a look at it then.
A: Sure. Give me your phone number, and I'll let you know.

① Is maintenance included　② Is it OK to have a pet
③ Is it still available　④ Is it near a subway line

해석

A: 안녕하세요. 무엇을 도와드릴까요?
B: 네, 저는 당신이 광고하고 있는 아파트에 관해 전화했어요. 여전히 방이 있나요?
A: 음, 오늘 보러 온 한 부부가 상당히 관심 있어 했어요.
B: 그렇군요. 만약 그들이 내일 오전까지 계약하지 않으면 그때 그것을 보고 싶어요.

A: 그럼요. 전화번호를 주시면, 제가 연락드릴게요.

① 보수 관리가 포함되어 있나요　② 애완동물을 키워도 되나요
③ 여전히 방이 있나요　④ 지하철 노선 근처에 있나요

해설

광고하고 있는 아파트에 관해 전화했다는 B의 말에 대해 빈칸 뒤에서 A가 one couple that came in to see it today was pretty interested(오늘 보러 온 한 부부가 상당히 관심 있어 했어요)라고 말하고 있으므로, 빈칸에는 '③ 여전히 방이 있나요(Is it still available)'가 오는 것이 자연스럽다.

정답 ③

어휘

advertise 광고하다　maintenance 보수 관리

부동산 계약 시 사용할 수 있는 표현

> What is the price range of homes in this neighborhood?
　이 주변 집들의 가격대가 얼마인가요?
> How much is the down payment?
　계약금은 얼마인가요?
> What is included when I buy the house?
　집을 사면 무엇이 포함되어 있나요?

05　문법　우리말과 영작문의 의미상 불일치　난이도 하 ●○○

우리말을 영어로 잘못 옮긴 것을 고르시오.

① 그들은 지난주에 2살 난 골든리트리버와 함께 애완견 대회에 참가했다.
　→ They entered the dog show with their two-year-old golden retriever last week.
② 그녀는 특정한 필수 기술이 부족해서 직업을 구하지 못했다.
　→ She didn't get the job because she was full of certain required skills.
③ 당신에게 기대되는 것은 완벽함이 아니라 헌신이다.
　→ What is expected of you is not perfection but dedication.
④ 진열장의 상표에는 그 양탄자가 인도의 장인들에 의해 손으로 만들어졌다고 쓰여 있다.
　→ The labels on the display shelf say that the rugs were handcrafted by Indian artisans.

해설

② 우리말과 영작문의 의미상 불일치 '특정한 필수 기술이 부족해서'는 'lack'(~가 부족하다)을 사용하여 lacking certain required skills로 나타낼 수 있으므로 'full of'(~으로 가득한)를 lacking으로 고치거나 'was full of'를 lacked로 고쳐야 한다. 참고로, full of certain required skills는 어떤 사람의 특정 필수 기술이 충분함을 의미한다.

[오답 분석]

① 수량 표현 '수사 + 하이픈(-) + 단위 표현'(two-year-old)이 명사(golden retriever)를 수식하는 형용사로 쓰이는 경우, 단위 표현은 반드시 단수형이 되어야 하므로 two-year-old가 올바르게 쓰였다.

③ **명사절 접속사 3: 의문사 | 주어와 동사의 수 일치** 주어가 없는 불완전한 절(is expected of you)을 이끌며 문장의 주어 자리에 올 수 있는 명사절 접속사 What이 올바르게 쓰였다. 또한, 명사절 주어에는 단수 동사가 와야 하므로 단수 동사 is가 올바르게 쓰였다.

④ **주어와 동사의 수 일치** 주어 자리에 복수 명사 The labels가 왔으므로 복수 동사 say가 올바르게 쓰였다. 참고로, 주어와 동사 사이의 수식어 거품(on ~ shelf)은 동사의 수 결정에 영향을 주지 않는다.

정답 ②

어휘

required 필수의 perfection 완벽함 dedication 헌신
handcraft 손으로 만들다 artisan 장인

 **이것도 알면 합격!**

과거 시제와 자주 함께 쓰이는 표현

> yesterday 어제
> 시간 표현 + ago ~ 전에
> last + 시간 표현 지난 ~에

---

06 문법 우리말과 영작문의 의미상 불일치 난이도 중 ●●○

우리말을 영어로 잘못 옮긴 것을 고르시오.

① 나는 의사가 나의 체중에 대해서 경고했던 이래로 매일 운동을 해 오고 있다.
→ I have been exercising every day since the doctor warned me about my weight.

② 그녀는 내가 수업에 올 수 없었을 때 나에게 그녀의 필기를 빌려줄 만큼 충분히 너그러웠다.
→ She was generous enough to lend me her notes when I was unable to come to class.

③ 운전면허증은 신분증의 형태로 사용될 수 있고, 여권 또한 그렇다.
→ A driver's license can be used as a form of identification, and so can the passport.

④ 그 직원은 새 직원을 위해 책상 위에 컴퓨터가 있는 작업 장소를 마련했다.
→ The staff prepared a work station with a desktop computer for the new employee.

해설

④ **우리말과 영작문의 의미상 불일치** '책상 위에 있는 컴퓨터'는 'a computer on a desk'를 써서 나타낼 수 있으므로 a desktop computer를 a computer on a desk로 고쳐야 한다. 참고로, 형용사 desktop은 '탁상용의'라는 의미로 desktop computer는 '탁상용 컴퓨터'라는 의미가 된다.

[오답 분석]

① **현재완료 시제** 문장에 'since + 과거 시간 표현'(since the doctor warned me)이 왔고, '운동을 해 오고 있다'라며 과거에 시작된 일이 현재 시점까지 계속 진행 중임을 표현하고 있으므로, 현재완료진행 시제 have been exercising이 올바르게 쓰였다.

② **혼동하기 쉬운 어순** enough는 '형용사(generous) + enough +

---

to 부정사(to lend)' 순으로 와서 '~하기에 충분히 -하다'는 의미로 쓰이므로 generous enough to lend가 올바르게 쓰였다. 참고로, '빌려주다'라는 의미의 4형식 동사 lend를 3형식 문장에서 쓸 때는 전치사 to와 함께 써서 lend her notes to me의 형태로 쓸 수 있다.

③ **도치 구문: 기타 도치** 부사 so가 '~역시 그렇다'라는 의미로 쓰여 절 앞에 오면 주어와 조동사가 도치되어 '조동사(can) + 주어(the passport)'의 어순이 되어야 하므로 so can the passport가 올바르게 쓰였다.

정답 ④

어휘

warn 경고하다 generous 너그러운, 마음이 넓은 employee 직원

 **이것도 알면 합격!**

enough는 명사 앞에 오거나, 형용사나 부사 뒤에 온다.

• enough + 명사
> He had enough patience to deal with the difficult customer.
  그는 어려운 고객을 상대할 만큼 충분한 인내심을 갖고 있었다.

• 형용사/부사 + enough
> Jamie spoke loudly enough for everyone to hear.
  Jamie는 모든 사람이 들을 수 있을 만큼 크게 말했다.

• 형용사 + enough + 명사
> This tent is spacious enough to accommodate a family of four.
  이 텐트는 4인 가족을 수용할 수 있을 만큼 충분히 넓다.

---

07 문법 분사 난이도 중 ●●○

밑줄 친 부분 중 어법상 옳지 않은 것을 고르시오.

Recent events have brought attention to a world ① susceptible to fake news. Many people appear to readily accept information that is unverified. ② Publishing in newspapers and on the Internet, these so-called facts turn out to be untrue. These attempts ③ to mislead are eventually exposed by experts, but by that time, some individuals have already been influenced by these lies. One "fact" that was clearly ④ of questionable value was the recommendation of a drug meant for a disease caused by a parasite as a cure for the coronavirus.

해석

최근의 사건들은 가짜 뉴스에 영향을 받기 쉬운 세계에 관심을 가져왔다. 많은 사람들이 증명되지 않은 정보를 선뜻 받아들이는 것처럼 보인다. 신문과 인터넷에 발행된 이러한 소위 사실들은 사실이 아닌 것으로 드러난다. 오도하려는 이러한 시도들은 결국 전문가들에 의해 밝혀지지만, 그때쯤 몇몇 개인들은 이미 이러한 거짓말들에 영향을 받았다. 분명하게 의심할 만한 가치가 있던 하나의 '사실'은, 기생충에 의해 야기된 질병을 위한 약물을 코로나바이러스의 치료 약으로서 권장한 것이었다.

해설

② **현재분사 vs. 과거분사** 수식받는 명사 so-called facts와 분사가 '소위 사실들이 신문과 인터넷에 발행되다'라는 의미의 수동 관계이므로 현재

분사 Publishing을 과거분사 Published로 고쳐야 한다.

[오답 분석]

① 형용사 자리 -able/-ible로 끝나는 형용사는 명사를 뒤에서 수식할 수 있으므로 명사 world 뒤에 형용사 susceptible이 올바르게 쓰였다.

③ to 부정사의 역할 문맥상 '오도하려는 이러한 시도들'이라는 의미가 되어야 자연스러우므로 형용사처럼 명사(These attempts)를 수식할 수 있는 to 부정사 to mislead가 올바르게 쓰였다.

④ 형용사 자리 be 동사(was)는 주격 보어를 취하는 동사인데, 'of + 추상명사'는 형용사 역할을 하여 주격 보어 자리에 올 수 있으므로 of value의 of가 올바르게 쓰였다.

정답 ②

어휘

bring attention ~에 관심을 가져오다   susceptible to ~에 영향을 받기 쉬운
readily 선뜻, 기꺼이   unverified 증명되지 않은   so-called 소위
turn out ~으로 드러나다   attempt 시도   mislead 오도하다

 **이것도 알면 합격!**

to 부정사를 취하는 명사

> chance to ~할 기회	> time to ~할 시간
> right to ~할 권리	> opportunity to ~할 기회
> way to ~할 방법	

---

08   문법 능동태·수동태   난이도 상 ●●●

밑줄 친 부분 중 어법상 옳지 않은 것을 고르시오.

If you are trying to persuade someone or sell something to somebody with the written word, it ① helps to understand that big words and long sentences are not usually helpful. Complex sentence structures and words with three or more syllables force people ② to endeavor to figure out what someone is saying, especially if a word has twenty or more meanings; some may give up early in the battle. Let's say that your audience is ordinary people ③ that possess an intelligence quotient(IQ) of 100. This fact should encourage writers to use simple words, short sentences and fewer sentences, all of which ④ think of as factors that affect readability.

해석

만약 당신이 쓰여진 글을 가지고 누군가를 설득하거나 누군가에게 어떤 것을 팔려고 한다면, 거창한 단어와 긴 문장들은 보통 도움이 되지 않는다는 것을 이해하는 것이 도움이 된다. 복잡한 문장 구조와 세 개 이상의 음절을 가진 단어들은 특히 어떤 단어가 20개 이상의 의미를 가지고 있다면, 사람들에게 어떤 사람이 무슨 말을 하는지 알아내려고 노력하도록 강요한다. 몇몇은 (무슨 말을 하는지 알아내려는) 투쟁 초반에 포기할지도 모른다. 당신의 청중이 지능지수(IQ) 100을 가진 평범한 사람들이라고 해보자. 이 사실은 작가들이 간단한 단어, 짧은 문장, 그리고 보다 적은 문장을 사용하도록 장려해야 하며, 이 모든 것은 가독성에 영향을 미치는 요인들이라고 생각된다.

해설

④ 능동태·수동태 구별 주어 all of which와 동사가 '이 모든 것은 생각된다'라는 의미의 수동 관계이므로 능동태 think of as를 수동태 are thought of as로 고쳐야 한다.

[오답 분석]

① 원형 부정사를 목적격 보어로 취하는 동사 준 사역동사 help는 원형 부정사와 to 부정사를 목적격 보어로 취할 수 있으므로 to 부정사를 목적격 보어로 취한 helps to understand가 올바르게 쓰였다.

② to 부정사를 취하는 동사 문맥상 '알아내려고 노력하다'라는 의미가 되어야 자연스러운데, '~하려고 노력하다'는 'endeavor + to 부정사'를 사용하여 나타낼 수 있으므로 endeavor to figure out이 올바르게 쓰였다. 또한, '~가 -하게 강요하다'는 'force + 목적어 + to 부정사'를 통해 나타낼 수 있으므로 force people 뒤에 to 부정사 to endeavor이 올바르게 쓰였다.

③ 관계절 자리와 쓰임 선행사(ordinary people)가 사람이고, 관계절 내에서 동사 possess의 주어 역할을 하므로 주격 관계대명사 that이 올바르게 쓰였다. 참고로, 동사 possess는 진행 시제(be possessing)로 쓸 수 없다.

정답 ④

어휘

persuade 설득하다   big 거창한, 큰   complex 복잡한   syllable 음절
endeavor 노력하다   figure out 알아내다   possess 가지다, 소유하다
intelligence quotient 지능지수(IQ)   factor 요인
readability 가독성

이것도 알면 합격!

관계절의 동사 자리에 동사가 아닌 형태(준동사, 명사, 부사)는 올 수 없다.

> The employee who ~~performing~~(→ performs) well will get promoted.

일을 잘 수행하는 직원은 승진할 것이다.

---

09   독해 전체내용 파악(제목 파악)   난이도 중 ●●○

다음 글의 제목으로 가장 적절한 것은?

We are able to distinguish colors because of sensory receptors in our eyes. Called cones, these cells are located in the retina of the eye. Most people typically have three sets that allow them to see red, blue, and green pigments separately. However, if these cones develop improperly, such as when one or more cone cells are missing, or do not work properly, the perceived hues will run together instead, resulting in color blindness. Although no treatment or cure for the condition exists, sufferers can distinguish shades a little better now, thanks to technology. Sunglasses that were initially designed to protect surgeons' eyes during laser procedures let colorblind individuals discern different pigments more clearly. This is due to a special filter inside the lens that absorbs different wavelengths of light. It essentially creates a "wedge" between the light frequencies, thus enhancing the ability to separate one color from another.

① What Causes Colorblindness?
② Explaining Laser Procedures
③ Color Blindness Cured Via Technology
④ Special Glasses for Seeing Colors

해석

우리는 눈에 있는 감각 수용체 덕분에 색들을 구별할 수 있다. 추상체라고 불리는 이 세포들은 눈의 망막에 위치해 있다. 대부분의 사람들은 일반적으로 빨강, 파랑, 그리고 초록 색소를 따로따로 볼 수 있게 해주는 세 개의 집합체를 가지고 있다. 하지만, 만약 하나 혹은 그 이상의 추상체 세포들이 없어지거나 제대로 작동하지 않는 것처럼 이 추상체들이 부적절하게 발달하면, 그 대신에 인지된 색깔들이 섞일 것이고, 그 결과 색맹을 야기한다. 그 병에 대한 치료법이나 치료제는 존재하지 않지만, 현재 환자들은 기술 덕분에 색조를 조금 더 잘 구별할 수 있다. 원래 레이저 수술 동안 외과 의사들의 눈을 보호하기 위해 고안된 선글라스가 색맹인 사람들이 서로 다른 색소들을 더 분명하게 식별할 수 있게 해주었다. 이것은 렌즈 안에 있는 빛의 각기 다른 파장을 흡수하는 특수 필터 때문이다. 그것은 기본적으로 빛의 주파수 사이에 '조각'을 만들어 내고, 따라서 하나의 색을 다른 색과 구별할 수 있는 능력을 향상시킨다.

① 무엇이 색맹을 초래하는가?
② 레이저 시술을 설명하기
③ 기술을 통해 치료된 색맹
④ 색을 보기 위한 특수 안경

해설

지문 전반에 걸쳐 추상체의 부적절한 발달로 인해 야기된 색맹에 대한 치료법이나 치료제가 존재하지 않지만, 환자들은 빛의 각기 다른 파장을 흡수하는 특수 필터를 가진 렌즈를 사용한 선글라스를 통해 서로 다른 색소를 조금 더 분명하게 식별할 수 있게 되었다고 했으므로, '④ 색을 보기 위한 특수 안경'이 이 글의 제목이다.

[오답 분석]

① 추상체들이 부적절하게 발달하면 그 결과로 색맹이 야기된다는 내용이 언급되었지만 지엽적이다.
② 레이저 수술에 대한 내용이 언급되었지만 지엽적이다.
③ 색맹에 대한 치료법이나 치료제는 존재하지 않는다고 했으므로 지문의 내용과 다르다.

정답 ④

어휘

distinguish 구별하다 sensory receptor 감각 수용체 cone 추상체
retina 망막 pigment 색소 improperly 부적절하게 perceive 인지하다
hue 색깔 run together 섞이다 color blindness 색맹
treatment 치료법, 치료제 cure 치료제, 치료 condition 병, 이상
shade 색조, 미묘한 차이 surgeon 외과 의사 procedure 수술, 절차
discern 식별하다 absorb 흡수하다 wavelength 파장
wedge 조각, 쐐기 (모양) frequency 주파수 enhance 향상시키다

구문 분석

[4행] However, / if these cones develop improperly, / such as when one or more cone cells are missing, / or do not work properly, / the perceived hues will run together instead, / resulting in color blindness.
: 이처럼 분사구문이 문장 뒤에 올 경우, 종종 앞 문장에 대한 결과를 나타내는데, 이때 분사구문은 '그 결과(그래서) ~하다'라고 해석한다.

---

10 독해 전체내용 파악(요지 파악)   난이도 하 ●○○

다음 글의 요지로 가장 적절한 것은?

Mahatma Gandhi once said, "There is more to life than increasing its speed." In today's society, where we are expected to complete everything quickly, it is more important than ever to take this saying to heart. Rushing to meet or even beat every deadline can actually be detrimental. It is important to keep in mind that productivity does not increase in direct proportion to how fast one works. Rather, in the struggle to finish quickly, one often loses the ability to concentrate. This happens because our minds require some tranquility to come up with useful thoughts. It is impossible to be relaxed when we keep reminding ourselves of the importance of getting the task done swiftly. Ultimately, we sacrifice quality. Taking a longer time to do something, on the other hand, enables us to approach work with a greater sense of thoroughness. This allows us to not only complete the task at hand, but to do it well.

① Hurry in order to accomplish more.
② Do not act in haste or quality suffers.
③ Characterize your life through haste.
④ Report progress more than you hurry.

해석

마하트마 간디는 언젠가 "인생에는 서두르는 것보다 더 많은 것이 있다"라고 말했다. 우리가 모든 것을 빨리 끝내도록 요구되는 오늘날의 사회에서, 이 격언을 마음에 새기는 것은 그 어느 때보다 더 중요하다. 모든 마감 기한을 맞추고 심지어 먼저 마치기 위해 서두르는 것은 사실은 해로울 수 있다. 생산성은 얼마나 빨리 일하는지에 정비례하여 증가하지 않는다는 것을 명심하는 것이 중요하다. 오히려, 빨리 끝내기 위해 애쓰는 와중에 사람들은 종종 집중하는 능력을 잃어버린다. 이것은 쓸모 있는 생각들을 떠올리기 위해서 우리의 마음이 약간의 평온함을 필요로 하기 때문에 발생한다. 업무를 신속히 마치는 것의 중요성을 우리 스스로에게 계속 상기시키면 안정되기란 불가능하다. 결국, 우리는 품질을 희생시킨다. 반면, 무언가를 하는데 더 많은 시간을 들이는 것은 우리가 더 큰 철저함을 가지고 업무에 착수할 수 있게 한다. 이것은 우리가 당면한 업무를 끝낼 뿐만 아니라, 그것을 더 잘할 수 있게 해준다.

① 더 많이 성취하기 위해 서둘러라.
② 성급하게 행동하지 말아라, 아니면 품질이 나빠진다.
③ 서두름으로 당신의 삶을 나타내라.
④ 당신이 서두르기보다 과정을 더 기록해라.

해설

지문 처음에서 인생에는 서두르는 것보다 더 많은 것이 있다는 마하트마 간디의 격언을 마음에 새기는 것이 그 어느 때보다 중요하다고 하고, 이어서 생산성은 빠르게 일하는 것에 정비례하여 증가하지 않는다고 하며, 무언가를 하는데 많은 시간을 들이는 것은 더 큰 철저함을 가지고 업무에 착수할 수 있게 한다는 내용이 있으므로, '② 성급하게 행동하지 말아라, 아니면 품질이 나빠진다'가 이 글의 요지이다.

[오답 분석]

① 마감 기한을 맞추기 위해 서두르는 것은 품질을 희생시킬 수 있다고 이야기하고 있으므로 지문의 내용과 다르다.

③ 서두름으로 삶을 나타내라는 내용은 언급되지 않았다.
④ 서두르기보다 과정을 더 기록하라는 내용은 언급되지 않았다.

정답 ②

② 세 번째 문장에 Buzi는 '난민 국가'를 설립하기를 바란다고 언급되었다.
③ 다섯 번째 문장에 Buzi에게는 몇몇 지지자들이 있지만, 비평가들도 있다고 언급되었다.

정답 ④

11 독해 세부내용 파악(내용 불일치 파악)   난이도 하 ●○○

다음 글의 내용과 일치하지 않는 것은?

Government leaders today have so far been largely unsuccessful in finding homes for the 60 million refugees worldwide. But American real estate mogul Jason Buzi thinks he has a solution. He wants to establish a "refugee nation" that is a safe haven where displaced individuals can not only live, but also work. He suggests using vacant land in a developed nation, purchasing an unpopulated island, or even constructing an entirely new island. While he has some supporters, critics contend that shipping refugees to an isolated location neglects the larger issues. In addition, displaced people may not like the idea. Many would rather go to countries that are already developed or to regions where their loved ones are.

① Buzi는 난민들이 일할 수 있는 곳을 제공해야 한다고 했다.
② Buzi는 난민만을 위한 새로운 나라를 만들기를 제안했다.
③ Buzi의 난민 위기에 대한 해결책에는 지지자들과 비방하는 사람들이 모두 있다.
④ Buzi의 가상적인 국가에 대한 생각은 난민들의 관심을 끌 것이다.

해석

오늘날의 정부 지도자들은 지금까지 전 세계 6천만 명의 난민들을 위한 안식처를 찾는 데 대체로 성공하지 못했다. 그러나 미국의 부동산 거물 Jason Buzi는 그가 해결책을 가지고 있다고 생각한다. 그는 난민 개인들이 거주할 수 있을 뿐만 아니라 일을 할 수 있는 안전한 곳인 '난민 국가'를 설립하기를 바란다. 그는 선진국의 사용되지 않는 땅을 사용하거나, 무인도를 사거나, 심지어 완전히 새로운 섬을 건설할 것을 제안한다. 그에게는 몇몇 지지자들이 있지만, 비평가들은 외딴 장소로 난민들을 보내버리는 것은 더 큰 문제들을 등한시한다고 주장한다. 게다가, 난민들은 그 방안을 좋아하지 않을지도 모른다. 많은 사람들은 오히려 이미 발달한 나라나, 그들의 가족들이 있는 지역으로 가고 싶어 할 것이다.

해설

지문 마지막에 난민들은 '난민 국가'를 설립할 것을 제안하는 Jason Buzi의 방안을 좋아하지 않을지도 모르며, 많은 사람들은 이미 발달한 나라나 가족들이 있는 지역으로 가고 싶어 할 것이라는 내용이 있으므로, '④ Buzi의 가상적인 국가에 대한 생각은 난민들의 관심을 끌 것이다'는 지문의 내용과 일치하지 않는다.

[오답 분석]

① 세 번째 문장에 Buzi는 난민 개인들에게 거주할 수 있을 뿐만 아니라 일을 할 수 있는 안전한 곳을 제공하기를 바란다고 언급되었다.

12 독해 논리적 흐름 파악(무관한 문장 삭제)   난이도 중 ●●○

밑줄 친 부분 중 글의 흐름상 가장 어색한 문장은?

An economically independent nation is referred to as an autarky. In principle, this means that the nation exists and operates without participating in international trade or receiving any type of foreign aid. Nineteenth-century Japan is an example, as it had little to no contact with the rest of the world. ① But completely self-sufficient countries are rare today, if not non-existent, and attempts to convert to one have failed in practice. ② Adolf Hitler tried to turn Germany into an autarky by controlling imports, but imports of luxury goods actually increased. ③ The objectives of the Nazis' economic policy to create jobs, boost productivity, and stabilize the currency were met. ④ Moreover, he was unable to eliminate the country's dependence on other nations for resources like oil and rubber.

* autarky: 경제 자립 국가

해석

경제적으로 독립적인 국가는 경제 자립 국가로 일컬어진다. 이론적으로, 이것은 그 국가가 국제 무역에 참여하거나 어떤 종류의 대외 원조도 받지 않고 존재하고 운영된다는 것을 의미한다. 19세기의 일본이 한 예인데, 그것이 세계 나머지 국가들과 접촉이 거의 또는 전혀 없었기 때문이다. ① 그러나 존재하지 않는 것이 아니라면, 오늘날 완전히 자급자족하는 국가들은 드물며, 그것(완전한 자급자족하는 국가)으로 전환하려는 시도는 실제로 실패했다. ② 아돌프 히틀러는 수입을 규제함으로써 독일을 경제 자립 국가로 전환하려고 했지만, 실제로는 사치품들의 수입이 증가했다. ③ 일자리를 창출하고, 생산성을 높이며, 환율을 안정화하려는 나치의 경제 정책의 목표는 충족되었다. ④ 게다가, 그는 석유와 고무 같은 자원에 대한 국가의 다른 국가 의존도를 없앨 수 없었다.

해설

지문 처음에서 경제적으로 독립적인 국가는 경제 자립 국가라고 일컬어진다고 설명하고 이어서 ①번에서 오늘날에는 완전히 자급자족하는 국가가 드물며 그것으로 전환하려는 시도는 실제로 실패했다고 한 뒤, ②, ④번에서 아돌프 히틀러가 독일을 경제 자립 국가로 전환하려 했지만 실패한 것에 대해 설명하고 있다. 그러나 ③번은 나치의 경제 정책의 목표가 충족되었다는 내용으로 경제 자립 국가로의 전환 실패에 대한 내용과 관련이 없다.

정답 ③

어휘

in principle 이론적으로, 원칙적으로 foreign aid 대외 원조
self-sufficient 자급자족하는 non-existent 존재하지 않는 attempt 시도
convert 전환하다, 바꾸다 boost 높이다, 올리다 stabilize 안정화하다
currency 환율 meet 충족시키다 eliminate 없애다, 제거하다
dependence 의존도 rubber 고무

13　독해 전체내용 파악(주제 파악)　　난이도 중 ●●○

다음 글의 주제로 가장 적절한 것은?

Humans tend to be great at remembering objects, but much worse at remembering the specifics of how objects are arranged, relying instead on broad patterns of arrangement. We constantly face new situations, events, or locations that are arranged similarly to those we've faced in the past. This familiar layout and arrangement of objects can help us to navigate new situations and places. For example, the fact that the majority of restaurants in a society have a cashier at the front, near the doors, helps us to quickly figure out where a restaurant we've never been to collects payment. Meanwhile, when objects and their arrangement are nearly identical to those we've encountered before, it can trigger a feeling that there is a memory we should be able to recount, despite the fact that we're unable to recall a specific memory. This feeling is known as *déjà vu*, and it can be somewhat unsettling when we encounter it. Despite how strange this overfamiliarity with a situation can seem, it derives from an adaptation to our memory that serves a biological advantage in the majority of situations.

① strategies for memorization
② the processing of familiar object placement
③ the reason for false memories
④ the concept of object recognition

해석

인간은 사물을 기억하는 데는 뛰어난 경향이 있지만, 사물들이 어떻게 배열되는지에 대한 구체적인 내용을 기억하는 데는 훨씬 더 서툴러서, 대신에 배열의 광범위한 패턴에 의존한다. 우리는 우리가 과거에 직면했던 것들(상황들)과 유사하게 배열된 새로운 상황, 사건 또는 장소에 끊임없이 직면한다. 이 익숙한 사물의 배치와 배열은 우리가 새로운 상황 및 장소를 탐색하는 데 도움이 될 수 있다. 예를 들어, 한 사회의 대부분의 식당들이 문과 가까운, 앞쪽에 계산대가 있다는 사실은 우리가 한 번도 가본 적이 없는 식당이 어디에서 돈을 받는지 빨리 알아내는 데 도움이 된다. 하지만, 사물과 그것의 배열이 우리가 이전에 접했던 것과 거의 동일할 때, 우리가 특정한 기억을 떠올릴 수 없다는 사실에도 불구하고, 우리가 묘사할 수 있어야 할 기억이 있다는 느낌을 불러일으킬 수 있다. 이 감정은 '데자뷔(기시감)'라고 알려져 있고, 이것은 우리가 그것을 마주했을 때 다소 불안하게 만들 수 있다. 상황에 대한 이 지나친 친숙함이 얼마나 이상하게 보일 수 있는지에도 불구하고, 그것은 대부분의 상황에서 생물학적 이점을 제공하는 우리의 기억에 대한 적응에서 비롯된다.

① 암기를 위한 전략
② 익숙한 사물 배열의 처리 과정
③ 잘못된 기억의 이유
④ 사물 인식의 개념

해설

지문 처음에서 인간은 사물들이 어떻게 배열되는지에 대한 구체적인 내용을 기억하는 데는 훨씬 더 서툴러서, 대신에 배열의 광범위한 패턴에 의존한다고 하고, 우리가 끊임없이 직면하는 익숙한 사물의 배치와 배열은 우리가 새로운 상황 및 장소를 탐색하는 데 도움이 될 수 있다고 설명하고 있고 이어서 지문 중간에서 우리가 유사한 사물의 배열에 대한 특정한 기억을 떠올릴 수 없다는 사실에도 불구하고 묘사할 수 있어야 하는 기억이 있다고 느끼는 기시감이라는 감정을 소개하며 이에 대한 원인을 설명하고 있으므로 '② 익숙한 사물 배열의 처리 과정'이 이 글의 주제이다.

[오답 분석]
① 암기를 위한 전략에 대해서는 언급되지 않았다.
③ 잘못된 기억의 이유에 대해서는 언급되지 않았다.
④ 사물 인식의 개념에 대해서는 언급되지 않았다.

정답 ②

어휘

arrange 배열하다 rely 의존하다 face 직면하다 layout 배치
navigate 탐색하다 figure out 알아내다 identical 동일한
encounter 마주하다 trigger 불러일으키다, 촉발시키다
unsettling 불안하게 만드는 overfamiliarity 지나친 친숙함
adaptation 적응 recognition 인식

14　어휘 ancillary = additional　　난이도 중 ●●○

밑줄 친 부분의 의미와 가장 가까운 것을 고르시오.

Guests of the hotel must provide a credit card number to pay for <u>ancillary</u> services that can be charged to the room, like room service and laundry.

① appointed　　　　② authorized
③ attentive　　　　④ additional

해석

호텔의 손님들은 룸 서비스나 세탁과 같이 객실에 부과될 수 있는 <u>부수적인</u> 서비스의 대금을 치르기 위해 신용 카드 번호를 제공해야 한다.

① 지정된　　　　② 인정받은
③ 주의 깊은　　　　④ 보조적인

정답 ④

어휘

ancillary 부수적인 appointed 지정된, 정해진 authorized 인정받은
attentive 주의 깊은, 세심한 additional 보조적인

이것도 알면 합격!

ancillary(부수적인)의 유의어
= supplementary, secondary, accessory, extra, supporting

15 어휘 malfunction = break down 난이도 중 ●●○

밑줄 친 부분의 의미와 가장 가까운 것을 고르시오.

> Although he had recently had his car repaired, he needed to visit a mechanic again after his car malfunctioned.

① broke up
② broke off
③ broke down
④ broke out

해석

그는 최근에 그의 차를 수리했지만, 그의 차가 제대로 작동하지않고 난 후에 정비공을 다시 방문해야 했다.

① 부서졌다
② 분리되었다
③ 고장 났다
④ 달아났다

정답 ③

어휘

repair 수리하다   mechanic 정비공
malfunction (기계 등이) 제대로 작동하지 않다

이것도 알면 합격!

malfunction(제대로 작동하지 않다)과 유사한 의미의 표현
= fail, conk out, stall

16 독해 추론(빈칸 완성 – 연결어) 난이도 중 ●●○

밑줄 친 (A), (B)에 들어갈 말로 가장 적절한 것은?

> One of the most prominent areas for disagreement in modern philosophy involves ethics. Two normative theories, ideas that attempt to prescribe a particular set of ethics, can be seen as being at the center of the issue. Utilitarianism is one of these normative theories, and it is concerned primarily with the consequences of an action, as measured in pleasure or pain. ____(A)____, utilitarianism can be seen as "the ends justify the means." According to utilitarianism, behaviors which maximize pleasure while minimizing pain are said to be ethical. ____(B)____, deontology is concerned with the actions themselves, believing both the behavior and its consequences need to be moral in order for an action to be justified. A deontologist would not allow something he considers immoral, like lying, even if the reason is beneficial. These two conflicting theories form the basis of a number of the leading philosophies of ethics today.

	(A)	(B)
①	Additionally	At the same time
②	Furthermore	In conclusion
③	In effect	In contrast
④	However	In effect

해석

현대 철학에서 이견으로 가장 두드러진 분야 중 하나는 윤리학을 포함한다. 두 가지 규범적 이론, 즉 특정한 윤리 체계를 규정하려고 시도하는 생각들은 이 문제의 중심에 있는 것으로 볼 수 있다. 공리주의는 이러한 규범적 이론들 중 하나이며, 그것은 즐거움이나 고통으로 측정되는 행동의 결과들과 주로 관련이 있다. (A) 사실상, 공리주의는 '목적이 수단을 정당화하는' 것으로 보일 수 있다. 공리주의에 따르면, 고통을 최소화하는 동시에 즐거움을 극대화하는 행동들은 윤리적이다. (B) 그에 반해서, 의무론은 행동 그 자체와 관련이 있으며, 행동이 정당화되기 위해서는 행동과 그 결과가 둘 다 도덕적일 필요가 있다고 믿는다. 의무론자는 그 이유가 이롭다고 할지라도, 거짓말처럼 부도덕하다고 여기는 것을 허용하지 않을 것이다. 이 두 가지 상반된 이론들은 오늘날 윤리학의 많은 선두적인 이념의 토대를 이룬다.

	(A)	(B)
①	게다가	동시에
②	더욱이	결론적으로
③	사실상	그에 반해서
④	그러나	사실상

해설

(A) 빈칸 앞 문장은 공리주의가 규범적 이론들 중 하나이며, 주로 즐거움이나 고통으로 측정되는 행동의 결과들과 관련이 있다는 내용이고, 빈칸이 있는 문장은 공리주의는 '목적이 수단을 정당화하는' 것으로 보일 수 있다는 강조하는 내용이므로, (A)에는 강조를 나타내는 연결어인 In effect(사실상)가 들어가야 한다. (B) 빈칸 앞 문장은 공리주의에 대한 내용이고 빈칸이 있는 문장은 공리주의와 상반되는 이론인 의무론에 대한 내용이므로, (B)에는 대조를 나타내는 연결어인 In contrast(그에 반해서)가 들어가야 한다. 따라서 ③번이 정답이다.

정답 ③

어휘

prominent 두드러진   disagreement 이견   normative 규범적인
prescribe 규정하다   utilitarianism 공리주의   primarily 주로
consequence 결과   end 목적, 끝   justify 정당화하다   means 수단
behavior 행동   maximize 극대화하다   minimize 최소화하다
ethical 윤리적인   deontology 의무론   moral 도덕적인   beneficial 이로운
conflicting 상반되는

17 독해 논리적 흐름 파악(문장 삽입) 난이도 중 ●●○

주어진 문장이 들어갈 위치로 가장 적절한 것은?

> They measured the water flow at the top of the waterfall and then again downstream.

> The Devil's Kettle, a waterfall in Minnesota's state park, is a geological enigma that has been baffling scientists for decades. What makes the waterfall unique is that it splits into two: half of the water flows into the river below while the other half falls into a large cavern and seems to disappear. (①) Many have tried to figure out where the other half ends up by tossing various items into the hole, but nothing has ever been retrieved. In late 2016, though, two hydrologists reported

that they thought they had figured out the puzzle. (②) The results were nearly identical, meaning that the water that falls into the cavern does enter the river. (③) As to why none of the things thrown into the hole ever reappear, the scientists say that it is likely because everything gets smashed by the water in the Devil's Kettle, which has an incredibly powerful recirculating system. (④)

해석

그들은 그 폭포의 꼭대기에서 유수량을 측정하고 그다음에 다시 하류에서 측정했다.

미네소타주의 주립공원에 있는 폭포인 Devil's Kettle은 수십 년간 과학자들을 당황하게 해온 지질학상의 수수께끼이다. 그 폭포를 독특하게 만드는 것은 이것이 둘로 갈라진다는 것인데, 그 물의 절반은 아래의 강으로 흘러드는 데 반해 나머지 절반은 거대한 동굴로 흘러 들어가서 사라지는 것처럼 보인다. (①) 많은 사람들이 그 굴로 여러 가지의 물건을 던짐으로써 그 나머지 절반이 결국 어디에 도달하게 되는지를 알아내려고 애써왔지만, 어느 것도 회수된 적이 없다. 그러나 2016년 말에 두 명의 수문학자가 그들이 그 수수께끼를 해결한 것 같다고 발표했다. (②) 그 결과들은 거의 동일했고, 이는 그 동굴로 흘러 들어가는 물이 강으로 들어간다는 것을 의미했다. (③) 그 굴로 던져진 물건들 중 아무것도 다시 나타나지 않은 이유에 관해 그 과학자들은 모든 것이 Devil's Kettle의 물에 의해 박살 났기 때문인 것 같다고 말하는데, 이것(Devil's Kettle)은 믿을 수 없을 정도로 강력한 재순환 체계를 갖고 있다. (④)

해설

②번 앞 문장에 2016년 말에 두 명의 수문학자가 Devil's Kettle의 수수께끼를 해결한 것 같다고 발표했다는 내용이 있고, ②번 뒤 문장에 그 결과들(The results)은 거의 동일했으며 이는 그 동굴로 흘러 들어가는 물이 강으로 들어간다는 것을 의미했다는 내용이 있으므로, ②번 자리에 그들, 즉 수문학자들이 그 폭포의 꼭대기에서 유수량을 측정하고 그다음에 다시 하류에서 측정했다는 주어진 문장이 나와야 지문이 자연스럽게 연결된다.

[오답 분석]
① 앞 문장에 Devil's Kettle의 물의 절반이 거대한 동굴로 흘러 들어가서 사라지는 것처럼 보인다고 하고, 뒤 문장에 많은 사람들이 그 나머지 절반이 결국 어디로 가는지를 알아내기 위해 애써왔다고 말하는 내용이 있으므로 ①번에 다른 문장이 삽입되면 부자연스럽다.
③ 앞 문장에 (수문학자들이) 동굴로 흘러 들어가는 물이 강으로 들어간다는 것을 발견했다고 하고, 뒤 문장에 그럼에도 동굴로 흘러들어간 물건이 다시 나타나지 않은 이유에 대해 설명하는 내용이 있으므로 ③번에 다른 문장이 삽입되면 부자연스럽다.
④ 앞 문장에서 Devil's Kettle이 강력한 재순환 체계를 가지고 있다고 말하고 있으므로 ④번에 수문학자들이 유수량을 측정했다는 주어진 문장이 삽입되면 부자연스럽다.

정답 ②

어휘

measure 측정하다 waterfall 폭포 geological 지질학상의
enigma 수수께끼 baffle 당황하게 하다 split 갈라지다, 분열하다
cavern 동굴, 굴 toss 던지다 retrieve 회수하다, 검색하다
hydrologist 수문학자 identical 동일한, 똑같은 as to ~에 관해
smash 박살 내다 recirculate 재순환하다

---

18 독해 추론(빈칸 완성 – 절) 난이도 중 ●●○

밑줄 친 부분에 들어갈 말로 가장 적절한 것은?

What aspect of creating social equality is being overlooked by a majority of the population? _____ _____. This is a disregarded element because harboring such attitudes seems innocuous. After all, what's the harm in thinking that all Asian people are math geniuses or that all black people excel in sports? While these are good characteristics, constantly attaching them to individuals based on their race is as harmful as bigotry. For instance, doing so puts unrealistic expectations on those associated with that trait. Believing every Asian is good at mathematics can be depressing and alienating for an Asian person who has no interest in math. Such beliefs, no matter how favorable, can be just as detrimental. They must be eliminated if we truly want to form a community without discrimination.

① Critically, it's the ability to steer clear of intolerant people
② Generally, it's the necessity of spreading a good image for minorities
③ Typically, it's a means to learn the good qualities of each race
④ Often, it's the need to abolish and get rid of positive stereotypes

해석

사회적 평등을 만드는 것의 어떤 측면이 대다수의 사람들로 인해 간과되고 있는가? 보통, 그것은 긍정적인 고정관념을 폐지하고 없앨 필요성이다. 그러한 사고방식을 품는 것이 무해해 보이기 때문에 이것은 간과되는 요소이다. 어쨌든, 모든 아시아인들은 수학 천재라든가 모든 흑인들은 스포츠에 뛰어나다고 생각해서 나쁜 것이 무엇인가? 이러한 것들은 좋은 특징들이지만, 계속해서 그들을 그들의 인종에 근거하여 연관 짓는 것은 심한 편견만큼 해롭다. 예를 들어, 그렇게 하는 것은 그 특성과 연관된 사람들에게 비현실적인 기대감을 부과한다. 모든 아시아인들이 수학을 잘한다고 여기는 것은 수학에 흥미가 없는 아시아인을 우울하게 만들고 소외감을 느끼게 할 수 있다. 그러한 믿음들은 아무리 호의적이라고 하더라도, 그저 해로울 수 있다. 우리가 진정으로 차별 없는 사회를 만들기를 원한다면 그것(긍정적 고정관념)들은 반드시 없어져야 한다.

① 비판적으로, 그것은 편협한 사람들을 피하는 능력이다
② 일반적으로, 그것은 소수를 위한 좋은 이미지 확산의 필요성이다
③ 전형적으로, 그것은 각 인종의 좋은 자질을 배우는 수단이다
④ 보통, 그것은 긍정적인 고정관념을 폐지하고 없앨 필요성이다

해설

지문 전반에 걸쳐 모든 아시아인들은 수학 천재라든가 모든 흑인들은 스포츠에 뛰어나다는 사고방식을 예로 들며, 인종에 근거한 특성을 사람들과 연관 짓는 것은 아무리 호의적이라고 하더라도 그런 특성이 없는 사람들에게는 해로울 수 있다고 설명하고 있으므로, 빈칸에는 '④ 보통, 그것은 긍정적인 고정관념을 폐지하고 없앨 필요성이다'가 들어가야 한다.

[오답 분석]
① 편협한 사람들을 피하는 능력에 대해서는 언급되지 않았다.
② 소수를 위한 좋은 이미지 확산의 필요성은 지문의 내용과 다르다.
③ 아시아인과 흑인의 좋은 특징에 대해서는 언급했지만 각 인종의 좋은 자질을 배우는 수단에 대해서는 언급되지 않았다.

정답 ④

어휘

overlook 간과하다 **harbor** (생각을) 품다 **innocuous** 무해한, 악의 없는
excel in ~에 뛰어나다 **attach** 연관 짓다 **bigotry** 심한 편견
alienate 소외감을 느끼게 하다 **favorable** 호의적인 **discrimination** 차별
steer clear of ~을 피하다, ~에 가까이 가지 않다
intolerant 편협한, 너그럽지 못한

---

19 독해 세부내용 파악(내용 불일치 파악) 난이도 중 ●●○

다음 글의 내용과 일치하지 않는 것은?

Located in the Caribbean Sea, Puerto Rico is an unincorporated territory of the United States. The nature of this status is such that Puerto Ricans are granted US citizenship but cannot vote in federal elections. Its citizens have a local legal system to arbitrate matters in their own jurisdiction, but this can be overridden by the United States. For example, an attempt to establish Puerto Rican independence in 1914 was quickly denied by US Congress. Since then, numerous proposals have been made as to whether Puerto Rico should be independent, become an incorporated US state, or maintain its current status. Citizens remain divided over the issue, as a 2012 referendum showed that only 54 percent of Puerto Ricans rejected the region's current status. Given the choice of statehood or independence, a majority preferred to become an incorporated US state and 5.5 percent chose independence, but the results in general were bewildering because approximately 500,000 of the ballots were blank.

① In previous elections, a large number of citizens left questions of statehood unanswered.

② The population nearly unanimously supports the proposal to be incorporated as a US state.

③ The inhabitants of Puerto Rico hold the status of being citizens of the United States.

④ Puerto Rico made an attempt to become a sovereign nation in the early 20th century.

해석

카리브해에 위치한 푸에르토리코는 미국에 편입되지 않은 영토이다. 이 지위의 특징은 푸에르토리코인들이 미국 시민권은 부여받지만 연방 선거에서는 투표할 수 없다는 것이다. 그곳의 시민들에게는 자국 관할 구역의 문제를 중재하기 위한 지역 법률 체계가 있지만, 이것은 미국에 의해 기각될 수 있다. 예를 들어, 1914년에 푸에르토리코의 독립을 확립하려는 시도는 미국 의회에 의해 신속하게 거부되었다. 그 이후로, 푸에르토리코가 독립해야 하는지, 편입된 미국의 주가 되어야 하는지, 아니면 현재 지위를 유지해야 하는지에 대한 수많은 제안이 만들어졌다. 2012년 국민 투표가 푸에르토리코인의 54퍼센트만이 그 지역의 현재 지위를 거부했음을 보여줬듯이, 시민들은 이 문제에 관해 의견이 갈라져 있다. (미국의) 주의 지위 혹은 독립의 선택권이 주어졌을 때, 대다수는 편입된 미국의 주가 되기를 선호했고, 5.5퍼센트는 독립을 선택했으나, 약 50만 건의 투표용지가 백지였기 때문에 전반적인 결과는 갈피를 못 잡게 했다.

---

① 이전의 투표에서 많은 수의 시민들이 국가의 지위에 대한 질문에 답하지 않았다.

② 주민들은 미국의 주로 편입하자는 제안을 거의 만장일치로 지지한다.

③ 푸에르토리코의 주민들은 미국 시민으로서의 지위를 갖는다.

④ 푸에르토리코는 20세기 초에 주권 국가가 되기 위한 시도를 했다.

해설

지문 중간에서 푸에르토리코의 지위에 대해 국민 투표를 했고, 이에 대한 시민들의 의견이 갈라졌다고 했으므로, '② 주민들은 미국의 주로 편입하자는 제안을 거의 만장일치로 지지한다'는 지문의 내용과 일치하지 않는다.

[오답 분석]

① 마지막 문장에 약 50만 건의 투표용지가 백지였다고 언급되었다.

③ 두 번째 문장에 푸에르토리코인들에게는 미국 시민권이 부여된다고 언급되었다.

④ 네 번째 문장에 1914년에 푸에르토리코의 독립을 확립하려는 시도가 있었다고 언급되었다.

정답 ②

어휘

unincorporated 편입되지 않은, 합병되지 않은 **nature** 특징
status 지위, 상태 **federal election** 연방 선거 **arbitrate** 중재하다
jurisdiction 관할 구역, 사법권 **override** 기각하다, 무시하다
proposal 제안, 계획 **divide over** ~에 관해 의견이 갈라지다
referendum 국민 투표, 총선거 **reject** 거부하다
statehood 주의 지위, 국가의 지위 **bewildering** 갈피를 못 잡게 하는
ballot 투표용지 **unanimously** 만장일치로 **sovereign** 주권을 가진

---

20 독해 논리적 흐름 파악(문단 순서 배열) 난이도 중 ●●○

주어진 문장 다음에 이어질 글의 순서로 가장 적절한 것은?

When prices for soybeans and corn surged a few years ago, farmers across the United States saw an opportunity to profit.

(A) While this is great news for consumers, who can expect prices to drop to lower than they've been for years, farmers have a different perspective.

(B) They planted millions of acres of the crops in fields normally reserved for other produce. They were not deterred by the prospect of competition, as weather disasters routinely destroy a good percentage of each farmer's harvest.

(C) This year, however, the growing season for these particular crops was excellent across the board. It is expected that the farmers' efforts will bring about record-breaking yields of both corn and soybeans that will far exceed demand.

① (A) – (B) – (C) ② (A) – (C) – (B)
③ (B) – (A) – (C) ④ (B) – (C) – (A)

해석

> 몇 년 전 콩과 옥수수의 가격이 급등했을 때, 미국 전역의 농부들은 이익을 얻을 기회를 엿보았다.

(B) 그들은 보통은 다른 농작물을 위해 남겨지는 밭에 수백만 에이커의 그 농작물들을 심었다. 기상 재해가 언제나 각 농부의 수확물의 많은 부분을 파괴하기 때문에 그들은 경쟁의 가능성에도 단념하지 않았다.

(C) 하지만 올해 이 특정한 농작물의 생장 시기가 전반적으로 우수했다. 농부들의 노력은 수요를 훨씬 초과할 옥수수와 콩의 전례 없는 수확량을 가져올 것으로 예상된다.

(A) 이것은 가격이 지난 몇 년보다 더 낮게 하락할 것을 기대할 수 있는 소비자들에게는 좋은 소식인 반면에, 농부들은 다른 견해를 가지고 있다.

해설

주어진 문장에서 미국 전역의 농부들이 콩과 옥수수의 가격이 급등했을 때 이익의 기회를 엿보았다고 하고, (B)에서 그들(They)은 기상 재해가 언제나 수확물의 많은 부분을 파괴하는 것에 단념하지 않고 수백만 에이커를 심었다고 하며, 뒤이어 (C)에서 하지만(however) 이 특정 농작물(these particular crops)의 생장 시기가 우수해 엄청난 수확량을 가져올 것이라고 예상된다고 한 후, 이어서 (A)에서 이것(this)은 가격 하락을 기대할 수 있는 소비자들에게 좋은 소식이라고 설명하고 있다.

정답 ④

어휘

soybean 콩 surge 급등하다 profit 이익을 얻다 perspective 견해, 관점
acre 에이커, 토지 reserve 남겨 두다, 비축하다 deter 단념시키다
prospect 가능성 routinely 언제나, 일상적으로 good 많은, 상당한
across the board 전반적으로 record-breaking 전례 없는 yield 수확량
exceed 초과하다, 넘다

MEMO

해커스공무원 **단기 합격생**이 말하는

공무원 합격의 비밀!

해커스공무원과 함께라면
다음 합격의 주인공은 바로 여러분입니다.

대학교 재학 중,
7개월 만에 국가직 합격!

김*석 합격생

영어 단어 암기를 하프모의고사로!

하프모의고사의 도움을 많이 얻었습니다. 모의고사의
5일 치 단어를 일주일에 한 번씩 외웠고, 영어 단어
100개씩은 하루에 외우려고 노력했습니다.

가산점 없이
6개월 만에 지방직 합격!

김*영 합격생

국어 고득점 비법은 기출과 오답노트!

이론 강의를 두 달간 들으면서 이론을 제대로 잡고 바로
기출문제로 들어갔습니다. 문제를 풀어보고 기출강의를
들으며 틀렸던 부분을 필기하며 머리에 새겼습니다.

직렬 관련학과 전공,
6개월 만에 서울시 합격!

최*숙 합격생

한국사 공부법은 기출문제 통한 복습!

한국사는 휘발성이 큰 과목이기 때문에 반복 복습이
중요하다고 생각했습니다. 선생님의 강의를 듣고 나서
바로 내용에 해당되는 기출문제를 풀면서 복습
했습니다.

공무원 교육 1위* 해커스공무원
모바일 자동 채점 + 성적 분석 서비스

한눈에 보는 서비스 사용법

Step 1.

교재 구입 후 시간 내 문제 풀어보고
교재 내 수록되어 있는 QR코드 인식!

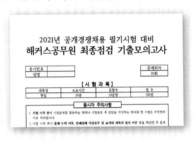

Step 2.

모바일로 접속 후 '지금 채점하기'
버튼 클릭!

Step 3.

OMR 카드에 적어놓은 답안과 똑같이
모바일 채점 페이지에 입력하기!

Step 4.

채점 후 내 석차, 문제별 점수, 회차별
성적 추이 확인해보기!

☑ 모바일로 채점하고 **실시간 나의 위치 확인하기**

☑ 문제별 정답률을 통해 **틀린 문제의 난이도 체크**

☑ 회차별 점수 그래프로 **한 눈에 내 점수 확인하기**

* [공무원 교육 1위 해커스공무원] 한경비즈니스 선정 2020 한국소비자만족지수 교육(공무원) 부문 1위

해커스공무원 gosi.Hackers.com

바로 이용하기 ▶